裏方将軍　北条時政

小野眞一
（歴史研究家）

裏方将軍　北条時政

小野眞一
（歴史研究家）

はしがき

私はかつ『静岡新聞』に「武将列伝」を連載し、源頼朝を始め狩野茂光・北条時政・入江一族・吉香友兼・浅羽宗信等、駿・遠・豆の武家十八氏について執筆した。それは間もなく静岡新聞社より『ふるさと百話』の第一巻に収録され、昭和四十六年に刊行された。さらに昭和六十一年には明文堂出版社より、駿遠豆ブックス4の『伊豆武将物語』が、単行の拙著として刊行されたが、同著には伊豆に関わる次の諸氏を紹介した。

源頼朝・狩野茂光・加藤景廉・田代信綱・天野遠景・北条時政・江間義時・仁田忠常・安達盛長・伊東祐親・宇佐見祐茂・工藤祐経・曾我兄弟

この中には貴種で流人の源頼朝もいれば、曽我兄弟のように武将ではないものも含まれているが、一応伊豆地方における武家の主要人物を網羅し、その生涯を史実に基いて描き、かつその子孫についても系図と共に触れておいた。

このほか私は本来が考古学専攻であったため、昭和四十五年以降、伊豆の韮山町地内において、北条時政の建立した願成就院や、北条氏の居館跡（御所之内・北条館）の発掘調査に幾度か関わってきた。

こうした経過の中で、頼朝の伊豆配流二十年の間に深く結ばれた伊豆や関東の武家が、やがて頼朝と共に平氏政権を倒し、新たに東国政権を樹立し、日本の中世が開かれていった事に、私は深い関心を持つに至った。その結果が、韮山町史編纂委員として、古代後半から中世前葉までを記述することになり、

『韮山町史』第十巻（通史1、平成七年刊）を執筆した。その中で「中世の幕開けは韮山から」として、頼朝や北条時政父子の業績を主体に記述を豊かに展開する事ができた。

そこへ、今回、計らずも叢文社殿より『北条時政』の単行本発刊のお話を受け、有り難くお受けした次第である。社長伊藤氏の御指摘の通り、過去に北条時政の単行本は耳にしたことが無く、不思議な現象でもあった。確かに吉川弘文館の人物叢書にも、『北条政子』（渡辺保著）、『北条義時』（安田元久著）、『北条泰時』（上横手雅敬著）はあっても、時政の書は無い。また近年、新人物往来社から『鎌倉北条一族』（奥富敬之著）、『北条高時のすべて』（佐藤和彦編）は出たが、時政についてては噂もない。何故であろうか。

資料が乏しいのか、時政が嫌われ者なのか、いろいろ考えた末、ひとまず『吾妻鏡』全巻を読み直し、「時政一族関係年表」を作製したところ、細字で書いた原稿用紙が五十余枚に達した。決して書けない人物ではない。それどころか、その政治的手腕に魅せられたし、他資料から姻戚関係のすばらしさを認知し、時政が決して田舎者で無いことを知ったのである。

かつて前著の『伊豆武将物語』の中でも、「北条時政」の稿で私は「頼朝との出合いが運命を開いた、鎌倉幕府創設の立役者北条時政」と表記し、次の各項を設けた。

北条時政の運命、北条氏の血筋と本據地、北条氏一族の館跡、挙兵の明暗、智将時政の政略、頼朝の代弁者として上洛、願成就院の建立、執権政治の端緒開く、牧氏の乱と陰棲。

しかし、同書は十三氏に亘る記事であり、紙面の制約もあって、結局は概説的なものにならざるを得なかった。今回はスペースもある単行本であり、より多くの項を設け、新資料を大幅に加え、視野を新たにした上、特に北条氏の姻戚関係や家臣団の御内人《みうちびと》（得宗被官）の動向にも細かく触れて、本書をまとめることができた。特に筆者が時政のふるさと「北条郷」（韮山町）に近いところに育ち、筆者の関わった考古学的資料が活用できたことも幸せであった。

時も時、今年は時政生誕満八六〇年の記念すべき年、本書が少しでも史学界や郷土社会のため寄与できれば幸いと気負い立ち執筆を進めた次第である。

終わりに、本書執筆に当たり、機会を与えて頂いた叢文社々長伊藤太文氏並びに筆者のよき研究仲間として終始協力された韮山町教育委員会の原茂光氏、その他多くの関係者各位に深甚の謝意を表する次第である。

平成十一年十一月吉日

著者　小野眞一

裏方将軍　北条時政■目次

第一章　時政をとりまく環境

（一）　院政期の東国

院政期といえば日本古代の最末期である。すなわち、旧石器・縄文・弥生といった原始時代を過ぎた後、古代に入り、国土統一が進んだ古墳時代、律令《りつりょう》制度の整えられた奈良時代を経て平安時代に入った。この平安時代は律令政治の続く前期（弘仁《こうにん》・貞観《じょうがん》期）、藤原氏が摂政《せっしょう》・関白《かんぱく》を独占し、貴族政治の栄えた中期（摂関《せっかん》期）、院政が展開し、武者の活躍する後期（院政期）に分けられる。

平安前期には九世紀以降律令制度の崩れて行く中で自墾地系荘園《じこんちけいしょうえん》が増え、中期には貴族や有力社寺に対する地方からの寄進地系荘園《きしんちけいしょうえん》が激増した。この荘園（庄園、私有地）という経済的基盤を背景に、皇室との姻戚関係を深め、摂政《せっしょう》・関白《かんぱく》を独占して行政に当たったのが藤原氏の摂関政治である。その最盛期は十一世紀前半で、天皇在位の朝廷で行われたが、やがて引退した天皇が上皇《じょうこう》・法皇《ほうおう》として新設された院庁《いんのちょう》で政治を行ったのが、院政期で十一世紀後半以降の現象である。

貴族や有力社寺の私有する諸国の荘園には、領家の不輸不入の特権によって国司の権限が及ばなくなり、残った官有地は国衙《こくが》領あるいは公領《くりょう》と呼ばれ、国司の私腹を肥やす基盤にもなった。これらの土地には武装した豪族、すなわち武士が発生し、成長していった。

一方、中央の政権は藤原北家《ほっけ》の摂関家《せっかんけ》に独占され、同じ北家の庶流や、南家その他の傍流及び皇別の源・平両氏などは、国司として地方に下向《げこう》し、退官後土着して開発領主となるものが多かった。これらの諸氏は近隣の小土豪を従えて武士団を構成し、さらに中央の武官として重きをなした桓武平氏や清和源氏の主流を武家の棟梁と仰ぐようになった。

この時期における東国の状況はいったいどうのようであったろうか。当時、東国といえば相模《さがみ》・武蔵《むさし》・安房《あわ》・上総《かずさ》・下総《しもふさ》・常陸《ひたち》・上《こう》野《づけ》・下野《しもつけ》の八ヵ国（関八州）と、伊豆・駿河・甲斐《かい》を含む地域であった。

保元・平治の乱から頼朝の挙兵の頃にかけて、東国各地では多くの武士団が乱立していたが、次第に統合される方向に進んだ。伊豆

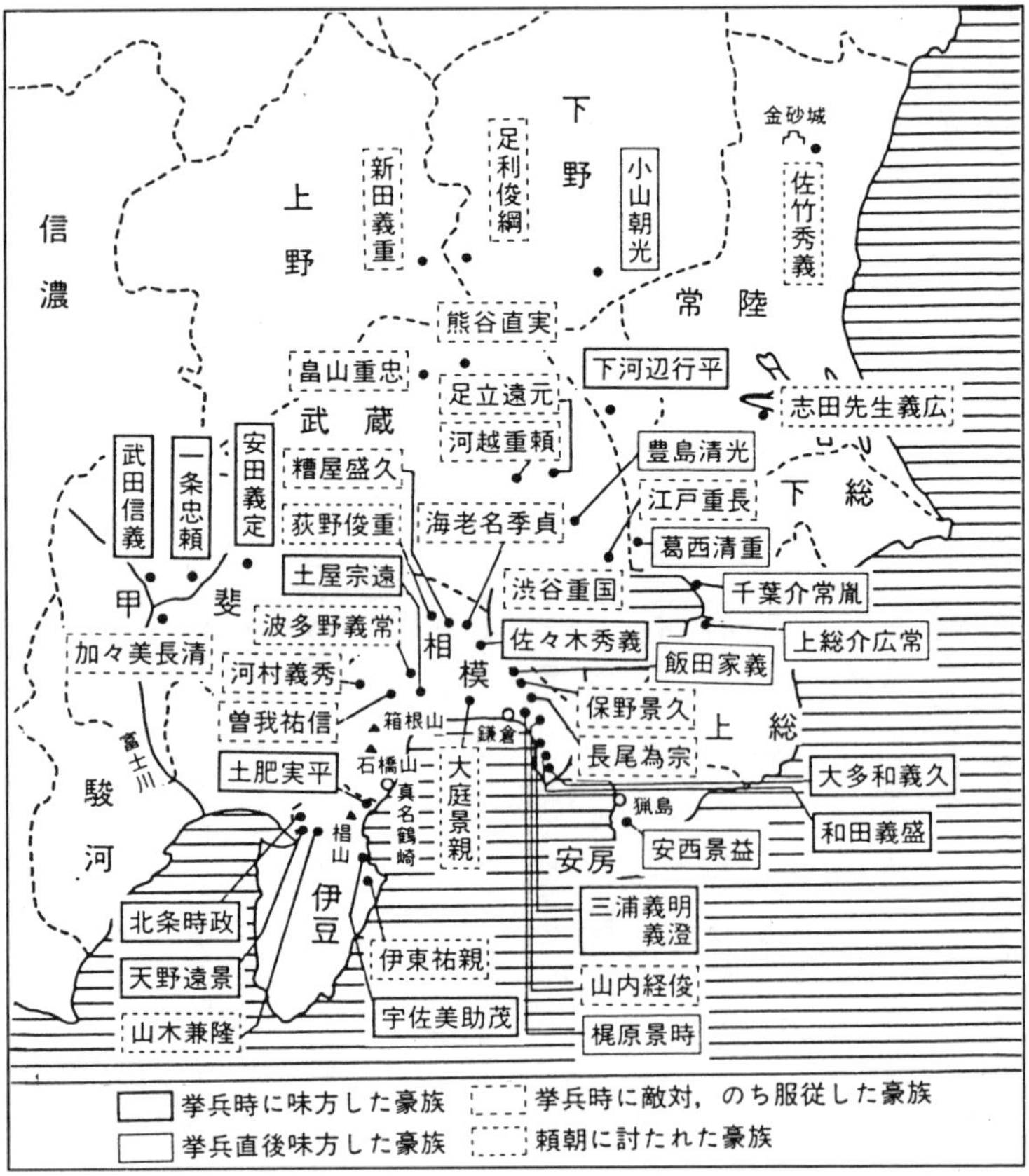

図1　頼朝挙兵時の関東豪族分布図（安田元久氏原図）

国に近い相模国では三浦半島（三浦郡）を本拠とする三浦・和田の一統が鎌倉に進出して杉本城を築き、大庭御厨《おおばみくりや》を據点とする大庭・梶原等の鎌倉党や、西相模の波多野・糟屋《かすや》氏等と対立していた。この三浦氏は中村氏と共に相模の国衙における有力な在庁官人《ざいちょうかんじん》であり、大庭氏はその祖鎌倉権五郎景正が開発領主として伊勢神宮へ寄進した土地（大庭御厨《みくりや》）の荘官である。また中村氏の一族には今の湯河原付近の土肥郷《といごう》を支配した土肥氏もいた。また隣国の武蔵国では武蔵七党を称えた秩父《ちちぶ》氏がおり、畠山・河越・江戸・中山・小山田の諸氏に分かれ、河越氏が有力な在庁官人であった。

同じく南関東の安房国《あわのくに》では海を越えた三浦氏の配下となった安西《あんざい》氏がおり、西北部の長狭《ながさ》氏のみが対立する立場にあった。この長狭氏は長狭郡の古族で平民に属していた。

一方、北関東においては下野《しもつけ》国で藤姓足利《とうせいあしかが》氏と小山氏及び源姓足利氏が鼎立《ていりつ》し、上野《こうづけ》国では新田氏及び藤姓足利氏配下の諸氏と争っていた。なお常陸国では佐竹氏が強大な勢力をもち、他に国衙《こくが》の大掾《だいじょう》職《しき》（国司）を世襲する大掾氏が居た。

これらの諸氏のうち、三浦・和田・中村・土肥・上総・千葉・畠山・大庭《おおば》・梶原の諸氏は、坂東平氏といわれた桓武平氏である。なお、大掾《だいじょう》氏や安西氏も平氏と称している。これに対し、波多野・小山及び下野の足利氏は藤原系、上野の新田氏及び佐竹氏は清和源氏の系統である。

その他の武家も含め関東武士の多くは前九年・後三年の両役における鎮守府将軍源頼義や義家に属して、その恩恵を受け、義家の曽孫義朝《よしとも》ともまた主従関係にあった。かつて相模の鎌倉に東国の根據地として居館を構えた平直方《たいらのなおつね》は、自分の後を受けて平忠常の追討使をつとめ成果を挙げた源頼信と親しくなり、頼信の子頼義を女婿として迎え、鎌倉の館《たち》を譲った。以来この館（武家屋敷）は頼義・義家・爲義・義朝・義平と清和源氏棟領《とうりょう》の館として受けつがれ、さらに義朝の子頼朝も後にこの地に本拠を置くわけであるが、その頼朝の妻政子は平直方より五代の孫であった。

源義朝はこの鎌倉にあって精力的に動き、関東武士との主従関係を固めた。千葉・上総・大庭・波多野・三浦・和田・土肥等の諸氏が保元の乱に義朝に従ったのもそれである。

こうした東国武士は激しい勢力争いの中で、自領を確保するために実力を貯え、また有力者との結びつきや、国衙の役人、すなわち在庁官人になるなど、種々の画策をした。伊豆における北条時政が駿河東部の大岡荘の荘官牧三郎宗親（平頼盛の家人）の女《むすめ》を後妻に迎えたのは、大岡牧の馬を得るためとの説もあり、また上野国の新田義重が平清盛の女《むすめ》を息子の嫁にしたり、上総・千葉・三浦・狩野・北条各氏が任用国司になって、上総介・千葉介・三浦介・狩野介・北条介等と称したのはその例である。

諸国は律令制の下、大国・上国・中国・下国に分けられて、その等級により国司《こくし》や、その下の国衙《こくが》職員（雑任《ぞうにん》）の数が定められていた。相模や駿河等上国には国司一等官の守《かみ》を始め、介《すけ》・掾《じょう》・目《さかん》が各一名ずつ任命されたが、常陸《ひたち》のような大国には守・介・大掾・小掾・大目・小目の六名がおり、中国には介が無く、伊豆のような下国には介・掾が欠けて守・目の二名のみであった。しかも、平安時代中期以降、年給・売官の幣風が強まり、国司はほとんど任国へ赴任せず、国司代あるいは目代《もくだい》と呼ばれる代官が現地の執務に当たっていた。それと共に現地採用（雑任）の職員、つまり在庁官人が、国司代《こくしだい》や目代の下で実務に付いていた。伊豆国の場合も十二世紀後半に源頼政が知行主《ちぎょうぬし》（国司任命権者）となり、その子仲綱が伊豆守《いずのかみ》（国司）、仲綱の乳母の子仲成が国司代を勤め、同様の現象が見られた。また、頼政一族が平氏政権に対抗して挙兵し滅亡した後は、大納言平時忠が知行主、その子時棟《ときむね》が伊豆守、同族の平兼隆（山木）が目代となったのも同例である。なお、介《すけ》以下の任用国司も国衙の在庁官人であるが、本来介（国司二等官）や掾（同三等官）の無い伊豆国にも出現し、前記の狩野介・工藤介・北条介等と呼称が世襲される傾向も見られた。結局売官の風と共に令外官《りょうげのかん》としての地方官の増員も行われ、律令制が大きく崩れてしまうわけである。

　こうした状況の中で、東国各地の武士団が成長し、対立抗争も激化する傾向にあった時、中央で政権を握った平家が、東国諸国の国主や国司・目代を次々に入れ替え、平家一門やその家人で掌握しようとする動きが現れ、不穏になってきた。前述の伊豆国の例もそれであるが、相模・安房・駿河等でもそれが見られた。すなわち伊豆では国衙在庁の狩野氏や北条氏と山木氏（目代）、相模では三浦・中村氏と大庭氏（目代）、駿河では入江一族（藤原系）と橘遠茂（目代、平氏郎党）といった従来の在庁官人と新人の平家目代の対立等が生じてきたわけである。この事は一面、また武士相互の対立を調停し得る機関の成立を望み、また結束するための棟梁の出現を期待することにもなった。そこへ源家の御曹子《おんぞうし》である貴種源頼

表1　養老令による等級別国司の定員と相当官位

	長官	次官	判官（3等官）	主典（4等官）	雑任
大国	守《かみ》 1（従五位上）	介《すけ》 1（正六位下）	大掾《じょう》1（正七位下）　少掾1（従七位上）	大目《さかん》1（従八位上）　少目1（従八位下）	史生3 医師1 博士1
上国	守 1（従五位下）	介 1（従六位上）	掾 1（従七位上）	目 1（従八位上）	
中国	守 1（正六位下）		掾 1（従八位上）	目 1（大初位下）	
下国	守 1（従六位下）			目 1（少初位下）	

朝が降って湧いたように来豆したのであるから、以後の歴史展開に大きな影響を与えたことになる。

系図1　源氏諸流系統図

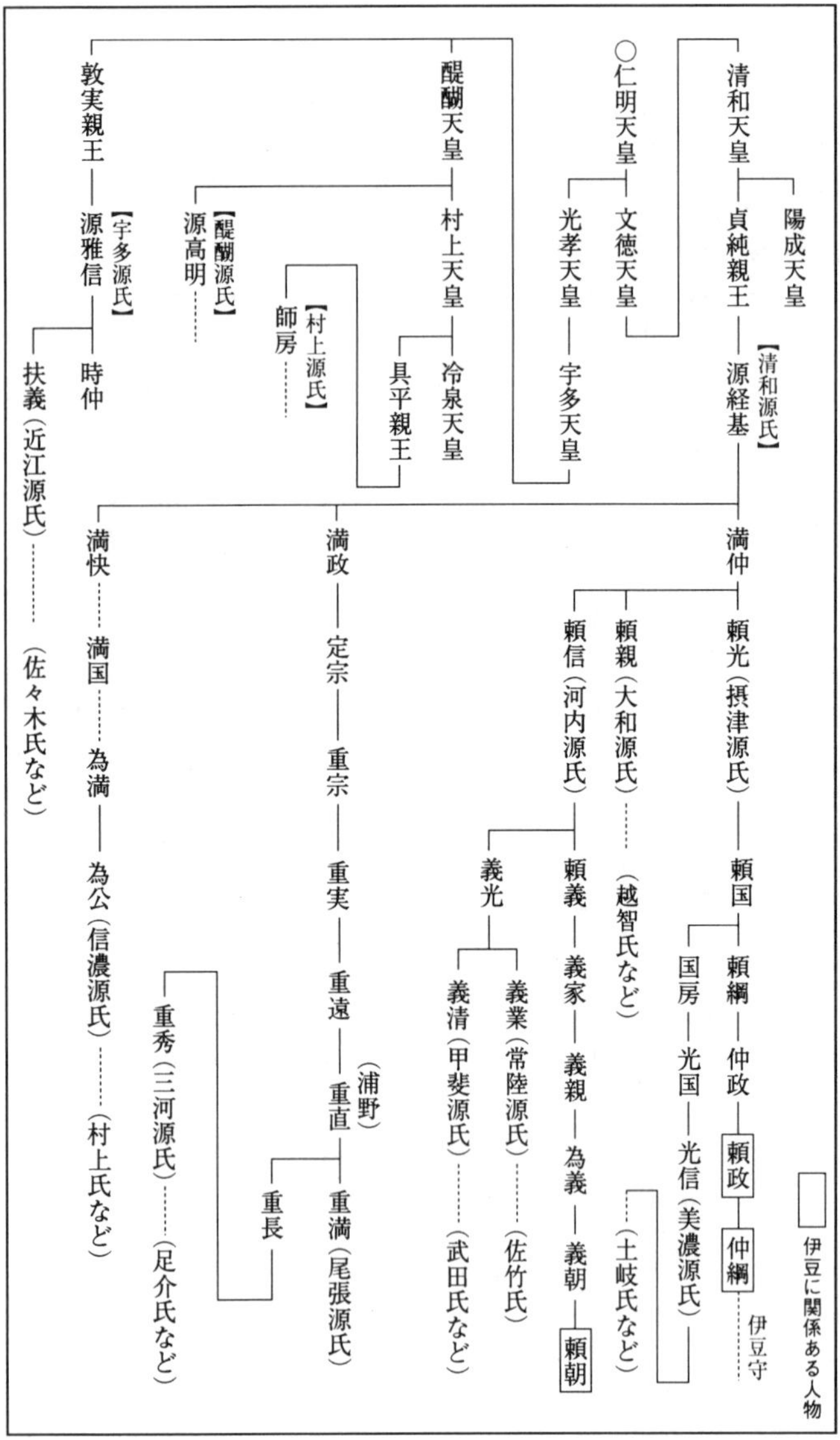

（二）　伊豆のもののふ（武士）

伊豆は小国であるが、その中央部に聳える天城山《あまぎさん》に源を発し、北上して田方平野を潤《うるお》し、徳倉山《とくらやま》の北側をめぐって西曲、駿河湾に注ぐ狩野川《かのがわ》は、北伊豆最大の川である。その流域には現在上流域から天城湯ヶ島・中伊豆・修善寺・大仁・伊豆長岡・韮山・函南《かんなみ》の諸町と三島市が順に連なり、最下流域に駿河に属する清水町と沼津市が存在する。これを平安時代の『倭名類聚抄《わみょうるいじょうしょう》』に照らしてみると、古代においては上流域に狩野郷（大仁中部〜天城湯ヶ島町）、支流の大見川流域に小川郷（中伊豆町）、中流域の東側に八牧《やまき》＝山木郷（韮山町東部）、茨木《ばらき》＝原木郷（韮山町西部）、天野《あまの》郷（伊豆長岡町南部）、依馬《えま》郷（同町北部）、佐婆《さわ》郷（函南町南部）、新居《あらい》郷（同北部）、鏡作《かがみつくり》郷（三島市南部？）、有辨《うえ》郷（同北部）、という配置になろう。なお三島市中央部の三島大社近隣に伊豆国府《いずのこう》が存在した。

これらの郷はいずれも田方郡《たがたごおり》に属していたが、同郡には伊豆東海岸の直美《あたみ》＝熱海郷（熱見市北半）、有雑《うさい》＝宇佐見郷（熱海市多賀《たが》〜伊東市宇佐美）、久寝《くすみ》＝玖須美郷（伊東市中部）、同西海岸の吉妾《きしょう》郷（沼津市内浦・西浦地区）、井田《いた》郷（戸田《へた》村）、都比《とい》郷（土肥町）があり、都比郷は倭名抄にはなく、平城宮出土の木簡《もっかん》（木札）により判明した。

これらの郷は直美郷の和田里《わだり》・他、有雑郷の多賀里・桜田里、吉妾郷の御津《みと》＝三津里、許保《こほ》（小宇）里《り》、瀬崎《せざき》里など、三つ前後の里から成り立っており、その郷里《ごうり》集落の名称は今日の地名につながっているものが多い。これが平安時代末期から鎌倉時代になると、狩野荘《かののしょう》、玖須美荘《くすみのしょう》、三津御厨《みとみくりや》など、荘園化されるものもあり、また牧ノ郷・北条郷・南条郷・天野郷・仁田《にった》郷などの名も生じた。これは開発領主により新たに開発されたり、また旧集落の肥大化によるものと思われる。（注、荘は庄とも書かれる）。

狩野荘や玖須美荘は藤原南家の工藤《くどう》氏一族により開発され、狩野荘では狩野氏、玖須美荘では伊東氏（伊東郷）、宇佐美氏（宇佐美郷）、河津氏（河津郷）が各々居館を構えていた。

この工藤氏一族は、藤原鎌足《かまたり》の孫武智麻呂《たけちまろ》から九代目の為憲《ためのり》が、木工助《もくのすけ》という官職についたことから「工」と「藤」を合わせた工藤姓を名乗り、その孫時信が駿河守《するがのかみ》となって以来維職《これもと》まで四代が駿河守に歴任され、その子孫は広く駿河国内に発展した。入江《いりえ》・船橋・原・岡部《おかべ》・橋爪・中庄・久野《くの》・息津《おきつ》・大田・蒲原《かんばら》・野辺・船越・澁川・吉川《きつかわ》の諸氏がそれで、中には伊豆の天野郷や仁田郷（函南町仁田付近）に移住してそれぞれ天野《あまの》や仁田《にった》を姓《せい》とするものもいた。

さらに維職は伊豆押領使《おうりょうし》となって伊豆国へ赴任し、その子維次は狩野郷に土着して狩野九郎と称した。彼はその開発地を、当時院政を行っていた鳥羽《とば》上皇の建立した蓮華王院《れんげおういん》に寄進したため狩野荘が成立し、狩野氏は代々その荘官となって、実質的に狩野地方を支配した。かくして工藤氏は院の受領《ずりょう》層（中級貴族、国司級）から開発領主となり、やがてその一族は山を越えて東伊豆地方に拡がった。すなわち維次の子家次（家継）が玖須美荘《くすみのしょう》を開発してその中心部の伊東郷に移転し、その子祐家は玖須美入道と称したが、父よりも先に死亡したため弟の祐次《すけつぐ》（継）が跡を継いで伊東氏を称した。また祐家の遺児祐親《すけちか》は同じ荘内の河津《かわず》郷を祖父から譲られ、末弟の茂光《もちみつ》が狩野荘を相続した。この内、河津郷を与えられた祐親は本来自分の家が玖須見荘の中心伊東郷を継ぐべきだと考えていたが、裕次が病死すると、その子祐経《すけつね》（工藤）が幼いのを理由に後見人となり、伊東郷へ移り、やがて祐経が元服後、院の武者所《むしゃどころ》へ出仕したのを幸い、伊東郷を横領した。これが原因で祐経にうらまれ、祐親の長子河津三郎祐泰が討たれ、祐泰の遺児曾我兄弟に祐経が殺害されるという事件が後に起こるのである。

祐泰亡き跡は弟の祐清が伊東氏を継ぐことになるが、その妻は頼朝の乳母比企尼《ひきのあま》の次女であった。また系図その他によると、伊東祐親には娘が五人あり、長女は伊豆の北条時政、次女は相模の住人三浦介《みうらのすけ》義澄、三女は工藤一臈《いちろう》祐経、後には土肥弥太郎《といのやたろう》（実平）に嫁し、四女は八重姫《やえひめ》と言って頼朝と結ばれ千《ち》鶴丸《づるまる》を生んだことが見えている。しかし、長女を時政の先妻にするには年齢的にも異論もあり、むしろ、祐親の妹（玖須美入道祐家の女）ではないかとも思われる。

頼朝が伊豆へ配流された当初は、伊藤祐親も頼朝に好意を示していたが、娘八重姫の事があってからは敵意を抱くようになった。それは伊東荘の領家《りょうけ》が平重盛《たいらのしげもり》で、祐親が平氏に仕える身であったためである。それにしても子息の祐清は比企氏との関係から頼朝に協力的であった。また工藤祐経は祐親との敵対関係からやがて頼朝の御家人《ごけにん》となった。彼は一臈《いちろう》と称したように、早くより平重盛の推挙で武者所に仕え、その長となったものである。

このほか狩野茂光の高祖父（三代前）維職の弟工藤次郎景任《かげとう》の孫景光は甲斐国《かいのくに》に住み、工藤庄司《くどうのしょうじ》と称したが、その子行光と共に甲斐の工藤氏として頼朝に協力した。また同族である駿河の入江一族の中にも入江景光のように伊豆の天野郷に来住して、天野藤内《とうない》と称し、その祖父清定《きよさだ》の兄船橋維綱《これつな》の流れを汲む仁田《にった》忠行は、伊豆の仁田郷（函南町）に住み仁田氏を称している。天野藤内景光の子に藤内遠景、仁田忠行の子に仁田四郎忠常がいるが、いずれも頼朝の御家人となっている。「藤内」の称は、藤原姓の内舎人《うちとねり》（官名）ということで、平姓の場合の平内、源姓の場合の源内と同様、出自《しゅつじ》を表す通称である。

地区名	荘（庄）名	郷名	現在の地名	領家名	在地武士名	文献名	備考
東伊豆		阿多美郷	熱海市熱海	伊豆山神社			
	葛美荘（久須美荘）	宇佐美郷	伊東市宇佐美	平重盛	宇佐美祐茂	吾妻鏡	宇佐美荘とも見える。
		伊東郷	伊東市（伊東）	平重盛	伊東祐親	吾妻鏡	伊東荘
		（鎌田）	伊東市鎌田	平重盛	鎌田俊長	吾妻鏡	
		河津郷	賀茂郡河津町	平重盛	河津祐泰	曽我物語	河津荘
北伊豆（田方郡）		佐野郷	三島市伊豆佐野	箱根神社		箱根山縁起	
		土倉郷	三島市徳倉	箱根神社		箱根山縁起	土倉・徳倉は「とくら」と読む
		河原ヶ谷郷	三島市河原ヶ谷	三島神社		矢田部文書	
						吾妻鏡	
		郡宅郷	三島市三島	三島神社		三島神社文書	
		玉河郷	三島市玉川	三島神社		三島神社文書	
		三園郷	三島市御園	三島神社		矢田部文書	
		鍬戸郷	三島市長伏				鍬戸神社あり。
		（安久）	三島市安久	三島神社		三島神社文書	
		桑原郷	函南町桑原・大竹	箱根神社	比企遠宗 安達盛長 （平井）	箱根山縁起	
		（平井）	函南町平井		小草井（平井）久重	吾妻鏡	
		沢郷	函南町上沢・大場		沢六郎宗家	吾妻鏡	
	馬宮荘	（間宮）	函南町間宮	伊豆山神社		走湯山所領目録	
	塚本御厨	（塚本）	函南町塚本	伊勢神宮		神鳳抄	
		仁田郷	函南町仁田		仁田忠行 仁田忠常	吾妻鏡 吾妻鏡	
		肥田郷	函南町肥田		肥田宗親 肥田宗直	伊豆氏系図 吾妻鏡	
		長崎郷	韮山町長崎	三島神社	近藤国平 近藤国澄 後に長崎盛綱	吾妻鏡 吾妻鏡 吾妻鏡	長前郷とも書く。
		（糠田）	韮山町原木辺	三島神社		吾妻鏡	
		（那古谷）	韮山町奈古谷		那古谷頼時 那古谷君時	吾妻鏡 吾妻鏡	奈古屋とも書く。
		山木郷	韮山町山木	箱根神社	山木兼隆	箱根山縁起	兼隆は流人。伊豆国目代。
		（韮山）	韮山町韮山		江川	江川系図	

表2　伊豆国の荘・郷と在地武士一覧表（平安末〜鎌倉初）

北伊豆（田方郡）		（多田） （蛭ヶ島）	韮山町多田 韮山町四日町	伊豆山神社	堤信遠 （源頼朝）	吾妻鏡 吾妻鏡 走湯山所領目録	信遠は在方官人であろう。
北伊豆（田方郡）	中村荘	（中村）	韮山町中		平盛国	中野文書（山口県・中野系図等）	北の中村（現函南町域）に対し南中村とも称した。
北伊豆（田方郡）	寺宮荘	北条郷	韮山町寺家・四日町		北条時政 北条宗時	吾妻鏡 吾妻鏡	寺家荘の誤りである。
北伊豆（田方郡）		（中条） （南条）	韮山町中条 韮山町南条		（中条法橋義勝） （中条藤次家長） 南条七郎時員	吾妻鏡 中条氏系図 吾妻鏡	中条氏は武蔵国の小野氏族。伊豆の中条に居住したと家譜に見える。
北伊豆（田方郡）		江間郷	伊豆長岡町北江間・南江間		江間義時	吾妻鏡	江間は依馬《えま》・江馬とも記す。
北伊豆（田方郡）		天野郷	伊豆長岡町天野		天野遠内遠景	萩藩閥閲録天野求馬系図	
北伊豆（田方郡）		三福郷	大仁町三福	三島神社		三島神社文書	
北伊豆（田方郡）	狩野荘	牧郷 大野郷 田代郷 （狩野郷）	修善寺町牧郷 修善寺町大野 修善寺町田代 修善寺町日向付近	蓮華王院 蓮華王院 蓮華王院 蓮華王院	加藤景員 加藤景廉 堀藤次親家 田代冠者信綱 狩野茂光 狩野親光	吾妻鏡 吾妻鏡	
北伊豆（田方郡）	（大見荘）	小河（郷） 八幡野（郷） 城（郷）	中伊豆町小川 伊東市八幡野 中伊豆町城		小河小四郎祐義 八幡三郎行氏 八幡七郎経氏 城平太		
西伊豆（那賀郡）	三津御厨	三津（郷）	沼津市三津・他 内浦・西浦地区	伊勢神宮	三戸次郎	建長二年道家処分帳	
西伊豆（那賀郡）	井田荘	井田郷	戸田村・土肥町			東福寺文書	
西伊豆（那賀郡）	仁科荘		西伊豆町・松崎町			吾妻鏡 長講堂領目録	
西伊豆（那賀郡）	三浦荘		松崎町石部・岩地・雲見			相州文書元弘三・十一・廿三	今でも三浦（さんぽ）といっている
南伊豆（賀茂郡）	蒲屋御厨		南伊豆町手石付近	伊勢神宮		神風抄	
南伊豆（賀茂郡）	伊豆諸島		東京都大島・その他	狩野茂光		保元物語巻三	

また仁田四郎には次郎忠俊、三郎忠次の兄、五郎忠正、六郎忠時の弟がいたが、太郎（長子）は早世のためか史上に出ていない。

次に大見荘《おおみのしょう》（中伊豆町）の大見氏、北条郷の北条氏、南条郷の南条氏は平姓であり、桓武平氏である。これらの諸氏については次項で触れることにするが、他氏も含めて十二世紀（平安末〜鎌倉初）における伊豆国内の荘（庄）・郷別在地武士を挙げれば表2の通りである。

表中、狩野荘には狩野郷の狩野氏を始め、牧ノ郷に加藤氏、大野に堀氏、田代《たしろ》に田代氏等が居住したが、これらの諸氏はいずれも狩野氏と関わる武士達であった。概述すれば加藤氏は本来藤原北家の祖房前《ふささき》の末裔《まつえい》で、房前から七代目に当たる利仁《としひと》（鎮守府将軍《ちんじゅふしょうぐん》）の子孫である。その六代の孫景道が前九年の役（一一世紀）に当たり源頼義の七騎武者として主従労苦を共にし、その功によって加賀介《かがのすけ》に任官した。そこで加賀の「加」と藤原の「藤」を組み合わせて「加藤」という姓を名乗ったわけである。同様の例は武蔵《むさし》の「武藤」、遠江《とうとうみ》の「遠藤」、尾張《おわり》の「尾藤《びとう》」、伊勢の「伊藤」、近江《おおみ》の「近藤《こんどう》」など多く見られる。加藤景道には景季、景清（景貞）の二子があり、景清の子景員《かげかず》は加藤判官《はんがん》と称し、検非違使《けびいし》に任官し武名も高かった。この景員がさる事情から伊勢平氏の有力な家人《けにん》伊藤某を殺害し、光員・景廉《かど》の二子を伴って東国へ下り、安住の地を求めたところ、狩野茂光の所へ落ち着くに至った。茂光は当時三津荘《みとのしょう》（現沼津市内浦）の三戸《みと》次郎と敵対関係にあり、剛勇の士を探していたため、景員に妹を嫁がせ、狩野荘の内の牧ノ郷（現在の修善寺町牧ノ郷）に住まわせた。なお、同じ北伊豆の伊豆山《いずさん》（熱海市伊豆山）には景員の子二人が僧となっており、加藤一族は伊豆に土着するに至ったわけである。

次に田代《たしろ》氏も狩野氏の縁者で、御三条《ごさんじょう》天皇の皇子輔仁《すけひと》親王（四男）の子が長永元年源姓を賜って臣

系図2　工藤・狩野氏一族系統図

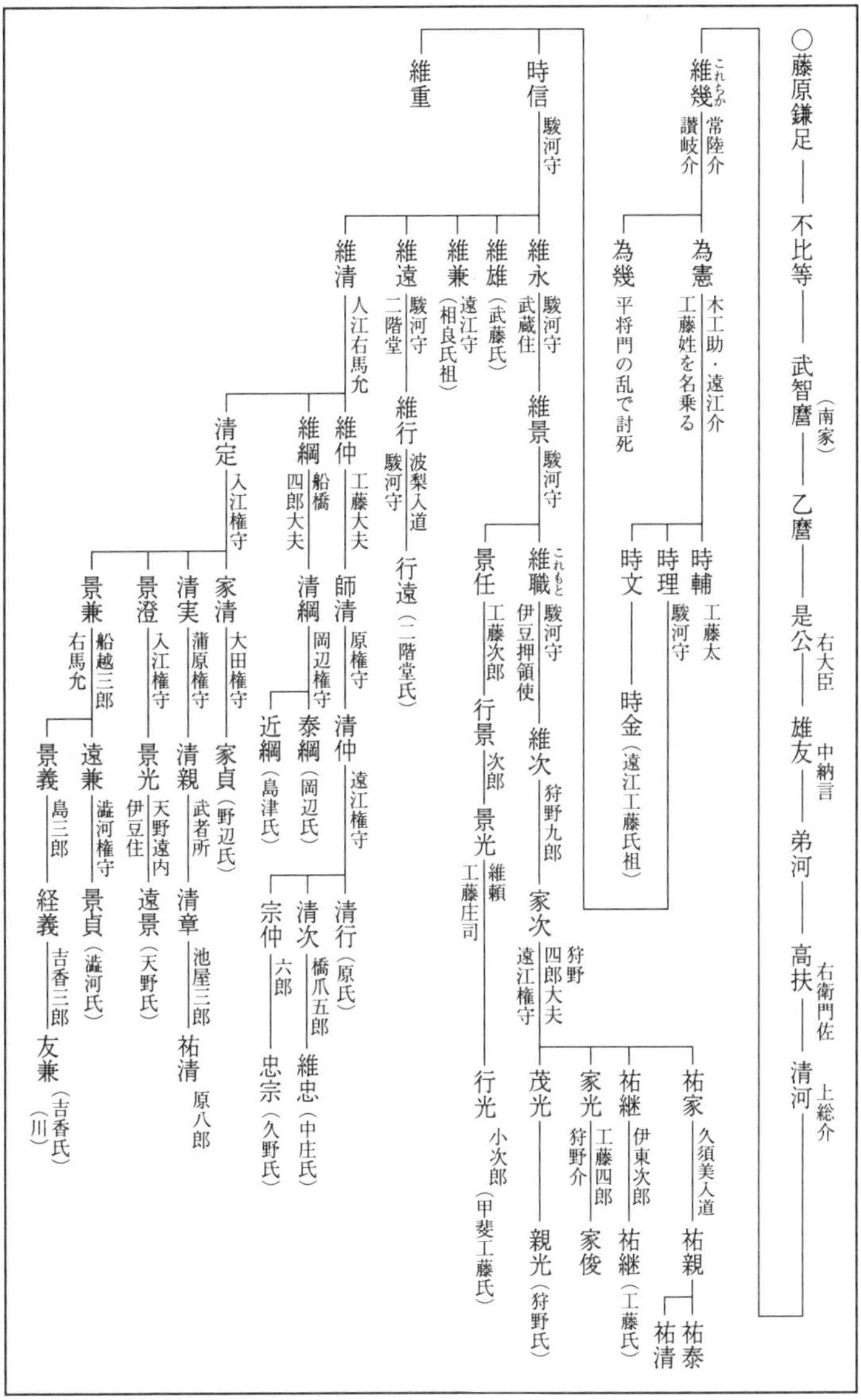

系図3　頼朝・時政をめぐる関東諸氏の親縁関係

（注『尊卑分脈』及び『古都家系図』等による）

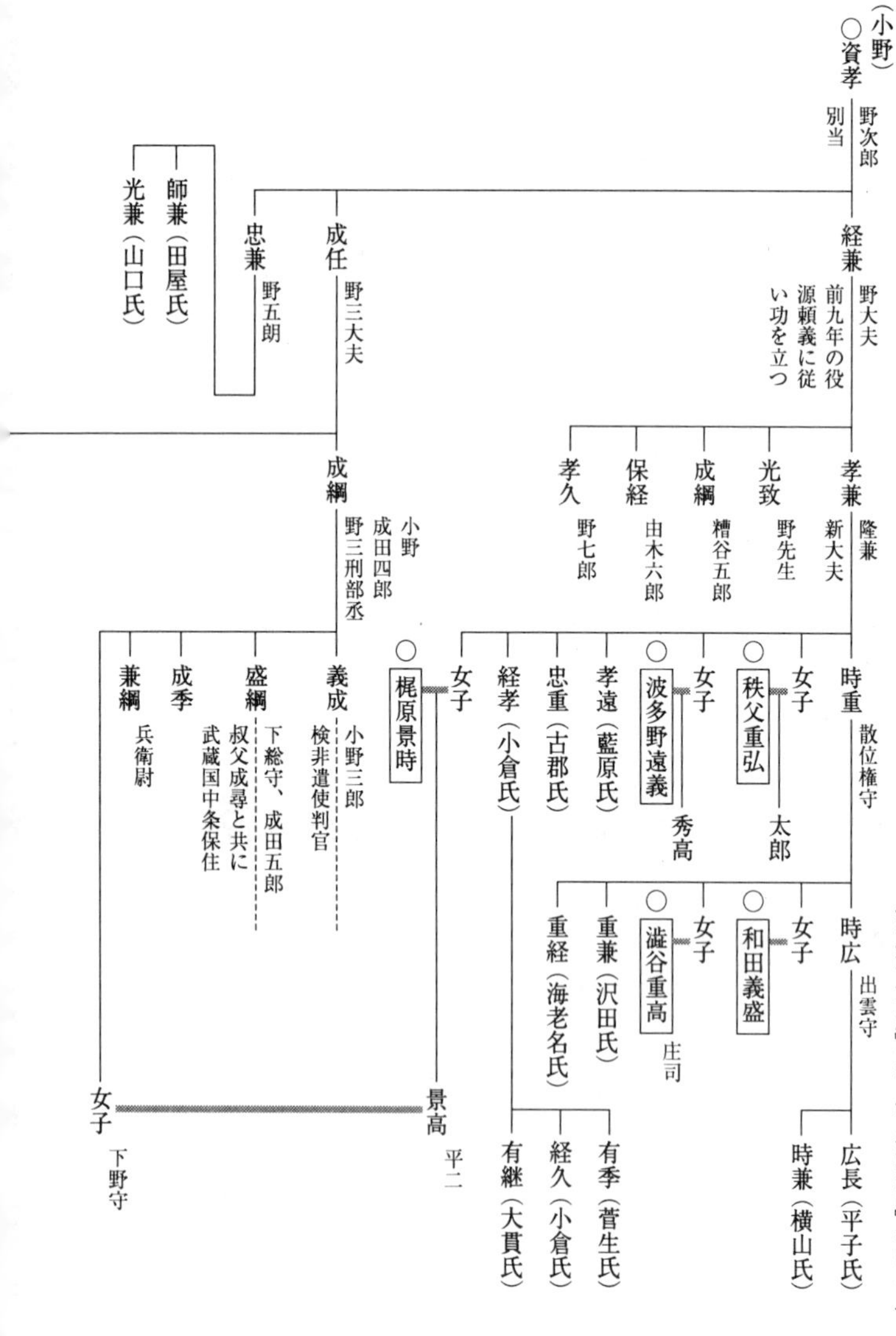

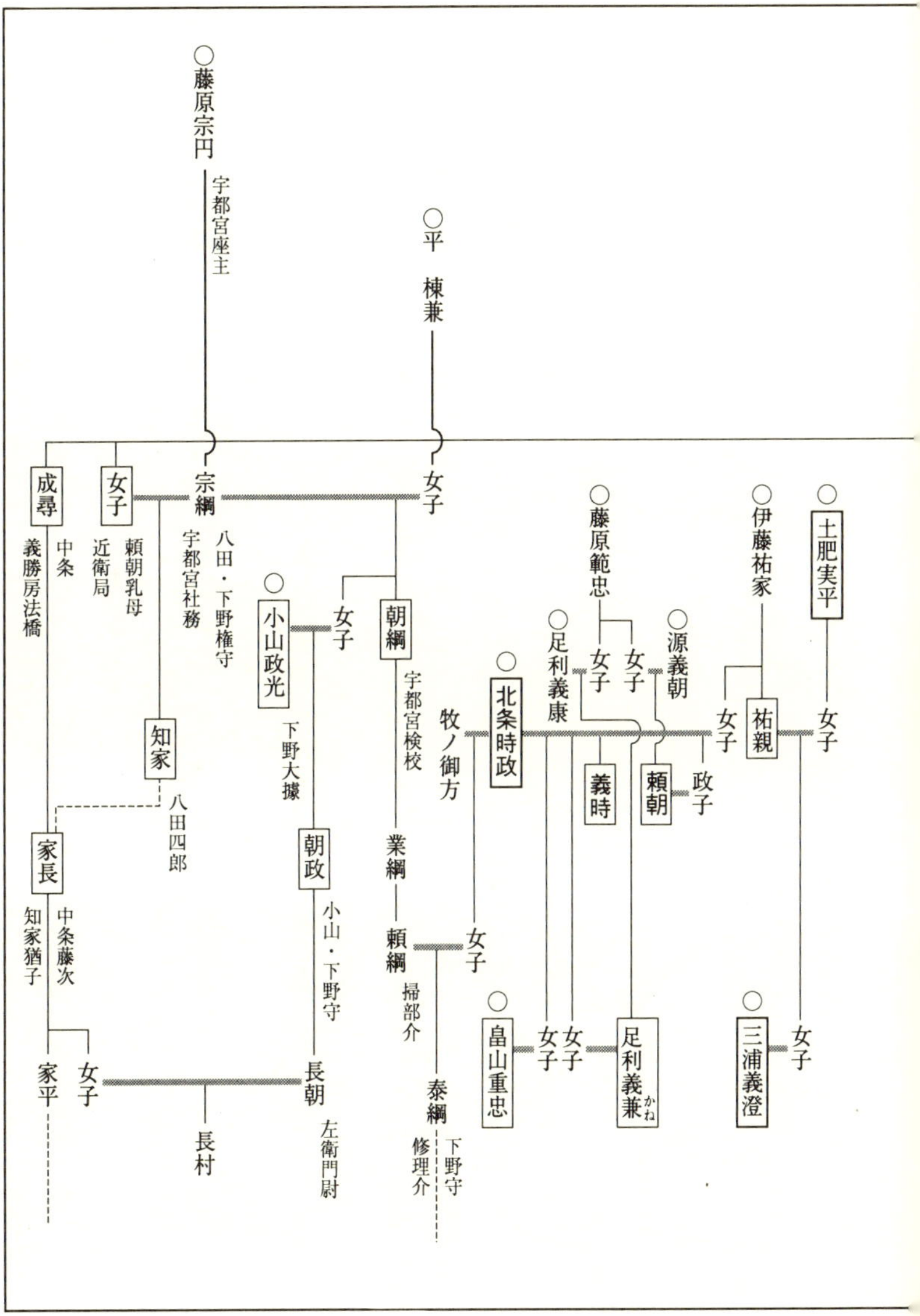

○藤原宗円
宇都宮座主
○平　棟兼
成尋
義勝房法橋
中条
女子
頼朝乳母
近衛局
宗綱
八田・下野権守
宇都宮社務
女子
知家
八田四郎
家長
中条藤次
知家猶子
家平
女子
長村
○小山政光
女子
下野大掾
朝政
小山・下野守
長朝
左衛門尉
朝綱
宇都宮検校
業綱
頼綱
掃部介
泰綱
下野守
修理介
女子
牧ノ御方
北条時政
○藤原範忠
女子
女子
○足利義康
○源義朝
義時
頼朝
政子
○伊藤祐家
女子
祐親
○土肥実平
女子
○畠山重忠
女子
女子
足利義兼《かね》
○三浦義澄
女子

下に下り、源《みなもとの》有仁《ありひと》と称したが、それから三代を経た爲綱《ためつな》が伊豆守《いずのかみ》（国司一等官）に任官し、伊豆へ下向した折り、在庁官人狩野茂光の女《むすめ》と結ばれ、もうけたのが信綱だった。やがて爲綱は都へ帰ったが、残された嬰児《えいじ》は狩野家で育てられ、成長後狩野荘の田代の地へ居住して田代信綱と名乗った。

比企《ひき》氏は本来武蔵国比企郡《ひきごうり》の郡司《ぐんじ》であり、十二世紀中葉に京へ出仕していた遠宗《とうむね》が掃部允《かもんのじょう》と称していたが、その妻が頼朝の乳母であったため頼朝の配流と共に伊豆へ下り、蛭ヶ島北方の桑原郷（函南町）に住居を設け、本領の比企郡からの収入を基盤に何かと頼朝の世話をした。その長女は頼朝の側近として京から来住した安達《あだち》藤九郎盛長、次女は武蔵国秩父《ちちぶ》一族の家督として留《る》守所《すどころ》総検校《そうけんぎょう》職にもなった河越重頼、三女は伊東祐親の子祐清にそれぞれ嫁していた。

比企掃部允は頼朝の挙兵直前に他界し、妻は尼となったが、その菩提寺と思われる桑原の高源寺には、比企尼の供養塔があり、またその周辺に地頭様《じとうさま》と呼ばれる掃部允を祀る小祠《しょうし》が残っている。高源寺は『走湯山縁起《はしりゆさんえんぎ》』に出てくる新光寺の奥の院と呼ばれ、近隣に残る薬師堂には平安末から鎌倉初期に至る古仏が多く保存されている。慶派の仏師《ぶっし》により造られたものであり、北条氏建立の願成就院《がんじょうじゅいん》（韮山町）に対比される点、比企氏の関わりが推測される。なお、高源寺には頼朝愛用の品と伝えられる馬具（鞍《くら》・鐙《あぶみ》）や、丹後内侍からの贈品という菊の紋（皇室の紋章）と笹竜胆《ささりんどう》（源家の紋章）の入った「炭入れ」が大切に保存されている。ついでに付記すれば比企尼の甥で比企家を嗣いだのが能員《よしかず》であった。

寺の伝説では頼朝はこの高源寺で安達藤九郎等としばしば密会し、挙兵の密議もしたという。この桑原郷からは舟山・田代を経て日金山《ひがねさん》及び伊豆山（走湯権現）に通ずる旧熱海道や、大竹から平井を経て阿多美郷（熱海）に行く道があり、さらに阿多美から多賀の一杯水《いっぱいみず》を経て伊東に至る山道もあった。

頼朝の乳母といえば、幼き頃比企尼の他に小山政通（下野国《しもつけのくに》）の妻寒川尼や、八田《はった》宗綱（下野国）の妻近衛局《このえのつぼね》、山内首藤《やまのうちすどう》俊通（相模国）の妻などがいたが、宗綱夫妻の子知家《ともいえ》は乳兄弟（乳母子）として早くより頼朝に仕え、母の兄は武蔵小野氏の出で義勝房成尋《ぎしょうぼうじょうじん》といったが、中条氏を名乗り、その家譜《かふ》によれば一時的に伊豆の中条（韮山町）に住み、石橋山の戦いに参加している。さらに『豆州志稿』によれば、狩野川上流の関野《せきの》（中伊豆町）の八田原《はったばら》に、八田屋敷《はったやしき》と呼ばれる所があり、八田四郎知家の屋敷跡とも言われている。半町（約五〇メートル）四方程の屋敷地で土塁《どるい》も近年迄一部が残存していた。

この八田屋敷付近は古代の小川郷と推定されるが、平安末期以降は大見庄と呼ばれたらしく、また後年大見郷の名称も見える。『曽我物語』に出てくる工藤祐経の家人《けにん》大見小藤太《ことうた》はこの大見の馬場沢（中伊豆町柳瀬）に墓があり、その伝承もある。しかし、八幡三郎は一般に「ヤハタノ三郎」といわれ、現在の伊東市八幡野の人と伝えられるものの、その墓は不明である。また中伊豆町に八幡《はつま》と呼ぶ地があり、もし「ハツマノ三郎」と呼ぶならば大見の人と言えるが、これまた同地には墓や伝承がない。それにしても伊東氏の家督を嗣ぐべき工藤祐経に、心を寄せる縁者が八幡野や大見に居ても不思議ではない。

大見氏の一族は『保元物語』の為朝討伐に大見平三家政、『吾妻鏡《あづまかがみ》』の石橋山合戦に大見平次家秀、さらに平太政光、平次実政の名が見えており、その系譜にも桓武平氏とあるように、「平三」・「平次」・「平太」の通称が見られる。（注、政光・実政は宇佐見姓で記されている）

古記によると大見の豪族大見平三家政の女《むすめ》玉枝《たまえ》は始め八田宗基《むねもと》に嫁したが、夫が死去したため伊東家次《いえつぐ》に再嫁した。その長男祐家は早く世を去り、家次は入道し次男の祐次に家督を譲ったことから祐家の子祐親と、祐次の子工藤祐経の確執が起こったことは前に述べた通りである。こうして祐経の命を受けた大見小藤太成家と、八幡三郎行氏が、伊豆の奥野の狩の帰り、赤沢の椎の木三本において祐親に射かけたが、謝って子の河津三郎祐泰の命を奪ったのである。祐親は直ちに次男祐清に命じて大見小藤太と八幡三郎を討たせ、後者は自害、前者は馬場沢で首をはねられた。

大見小藤太は家政の曽孫と伝えられるが、「小藤太」の通称が気にかかる。嫡流は平次家秀の系統であろう。その家秀の妹の子が伊東祐次（祐継）である点、大見氏と伊東氏は親族関係にあった。なお伊東祐親が頼朝挙兵の際平氏側に加わったのに対し、工藤祐経は後に頼朝の側近となり、その弟祐茂は宇佐美郷を領して宇佐美氏を名乗り、北隣網代《あじろ》（熱海市）の網代小中太光家と共に頼朝に従って石橋山の合戦に参加している。

以上の他、本書の主人公北条時政の本據地であった北条郷や、同族の南条氏の采地《さいち》南条郷と共に、今日の韮山町地域に関わりのある武家を挙げるならば、長崎（韮山町北部）に存在した近藤氏及び長崎氏がある。

近藤氏は『尊卑分脈《そんぴぶんみゃく》』や同族の『佐藤系図』によると藤原秀郷から五代目の脩行が近江掾《おうみのじょう》（近江国司三等官）となり、国名の「近」と姓の「藤」を採って近藤氏を名乗ったことに由来している。脩行の孫の景親が駿河権守《するがごんのかみ》となって駿河国府に近い安倍郡島田郷（静岡市）辺りに土着し、島田権守《ごんのかみ》、島田八郎大夫と称したが、後に伊豆国へ移住し、原木《ばらき》郷東北隣の長崎邑《むら》に屋敷を構えた。間もなく起こった平治の乱では源義朝（頼朝の父）に従って戦死したが、その子国澄《くにずみ》は在庁官人であったらしく、伊豆の年貢《ねんぐ》を海路畿内に運び、その戻り船で流人の文覚上人《もんがくじょうにん》を伊豆へ連行し、奈古谷《なごや》（韮山町）の配所に案内した。その事は『源平盛衰記』や『平家物語』にも見えているが、さらにその子国平《くにひら》も『源平盛衰記』

や『吾妻鏡』に見え、頼朝に従って山木攻めや石橋山の合戦に加わり、安房から鎌倉入りまで従軍している。文治二年（一一八五）二月には、中原久経《ひさつね》と共に頼朝の命で京へ上り、七月末には畿内一一ヶ国にわたる武士の乱妨狼藉《らんぼうろうぜき》を鎮定する監察《かんさつ》業務を担当し、占領地域の司政官をつとめた。元暦二年（一一八五）七月には源範頼に代わって九州にも遣わされている。頼朝亡き跡正治二年（一一九九）三月には讃岐国《さぬきのくに》の守護となったが、承久の変後正史から姿を消した。しかし甲斐国の万沢郷《まんざわ》に移り、同地の浅間神社の祠官として一生を終えている。

このあと長崎の地には平盛綱《もりつな》（平重盛《しげもり》の曽孫）が住み、長崎氏を称して北条氏の御内人《みうちびと》となるが、これは北条氏や南条氏と共に次項以下で触れることにする。

（二）　女縁さまざま

伊豆国における荘園や国衙領《こくがりょう》における諸氏の出自《しゅつじ》（血統）について概略述べたが、これは男系を主体にしたものであり、ここではくどくなるかも知れないが女縁を中心に各武家の姻戚関係を垣間見ることにしたい。

まず工藤一族の伊東氏であるが、『工藤一族系図』の一本には、祐親の妻が「土肥実平娘」となっており、河津祐泰の母がやはり「土肥実平娘」となっている。次に祐親の女《むすめ》は前節で触れた通り『曽我物語』等によると四人あり、長女は北条時政、次女は三浦義澄《よしずみ》（相模国の在庁官人）の妻となり、三女は工藤一臈祐経《いちろう》、後には土肥弥太郎に嫁し、四女は頼朝と結ばれ千鶴丸《ちずるまる》を生んだ事が見えている。またその長女北条時政の先妻で政子や義時の母とされているが、年齢的に見て祐親の妹（久須美入道祐家の女《むすめ》）ではないかと思われることも既述した。

次に祐親の叔父狩野茂光（伊豆国の在庁官人）の娘は数人居り、伊豆守源爲綱（後三条《ごさんじょう》源氏）、同国《こく》司代《しだい》源仲成、相模国の岡崎義実《よしざね》、同澁谷重成、同和田義盛と、それぞれ結ばれている。このうち、源爲綱は皇族の子孫で伊豆の国司となって下向している間に、在庁していた狩野茂光との縁で、茂光の娘との間に一子をもうけた。やがて任期を終えて帰京した後にその子は茂光夫妻に養われ、後に狩野荘の田《た》代郷《しろごう》を譲られ、田代信綱と称した。また伊豆守源仲綱の乳母の子仲成が国司代として伊豆へ来住したとき、結ばれた茂光の娘との間には、京　信俊《きょうののぶとし》が生まれている。

系図4　比企一族姻戚関係図

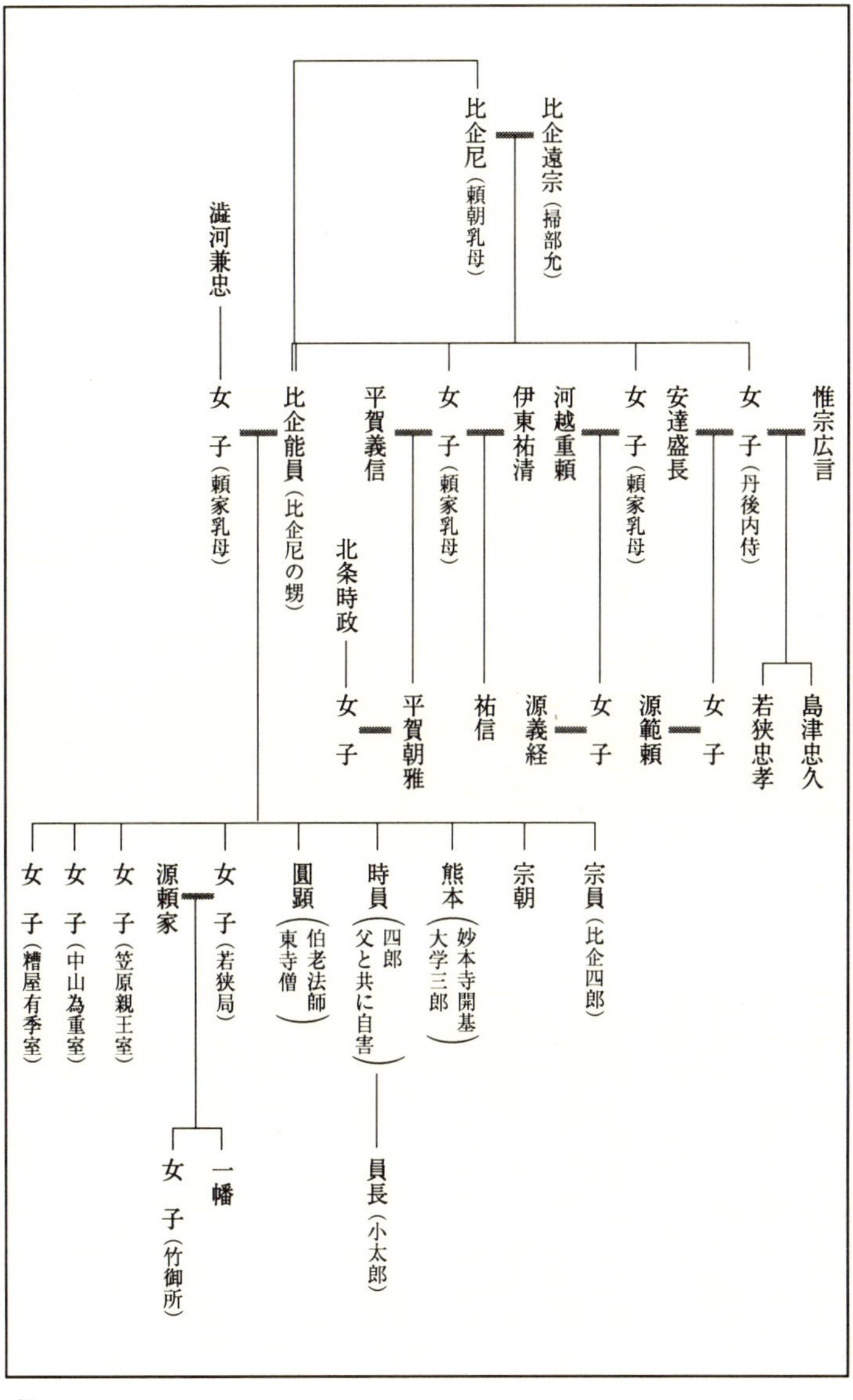
比企遠宗（掃部允）
比企尼（頼朝乳母）
澁河兼忠
惟宗広言
女　子（丹後内侍）
安達盛長
女　子（頼家乳母）
河越重頼
伊東祐清
女　子（頼家乳母）
平賀義信
比企能員（比企尼の甥）
女　子（頼家乳母）
北条時政
島津忠久
若狭忠孝
女　子
源範頼
女　子
源義経
祐信
平賀朝雅
女　子
宗員（比企四郎）
宗朝
熊本（妙本寺開基 大学三郎）
時員（四郎 父と共に自害）
圓顕（伯老法師 東寺僧）
女　子（若狭局）
源頼家
女　子（笠原親王室）
女　子（中山為重室）
女　子（糟屋有季室）
一幡
女　子（竹御所）
員長（小太郎）

大見氏に関しては、既述したように大見平三家政の娘が始め下野国《しもつけのくに》の豪族八田八郎宗基《むねもと》に嫁し、宗基没後は伊豆の久須美四郎大夫家継（伊藤祐親・工藤祐経の祖父）に嫁いでいる。

比企氏の場合は比企尼が頼朝の乳母であったという重大な女縁があるが、その娘たちの縁も亦無視できない。

すなわち長女は頼朝の側近として伊豆に存在した安達藤九郎盛長、次女は武蔵国の在庁官人河越重頼、三女は伊東祐親の次子祐清にそれぞれ嫁しているが、『島津系図』や伊豆桑原付近の伝承ではもう一人頼朝と結ばれた娘がいたらしい。

安達盛長は通称の藤九郎を見ても分かる通り、藤原系と見られ、『尊卑分脈』にも藤原北家魚名流としているが、太田亮《あきら》氏の『姓氏家系大辞典』では武蔵国造《くにのみやつこ》の後裔で、『将門記《しょうもんき》』に見える足立《あだち》郡《ごうりの》司《つかさ》判官代武蔵武芝《むさしたけしば》の子孫としている。『尊卑分脈』では盛長を安達六郎とし、その弟遠兼を藤九郎としているが、『源平盛衰記』等には安達藤九郎と見えている。盛長の子に秋田城介《じょうのすけ》景盛、遠兼の子に足立右馬允《うめのじょう》遠元等があるが、共に頼朝の御家人として重きをなしている。元来武蔵の国造族《くにのみやつこぞく》、郡司《ぐんじ》の家として、比企氏との関係もあったのであろうが、盛長の代にまた関係を深めている。頼朝が伊豆へ配流されたのは十四才、盛長は十二才年上であったから、頼朝の良き相談相手であったろう。

比企氏の次女の嫁した河越重頼は桓武平氏の流れを汲み、武蔵国秩父《ちちぶ》郡を基盤とする秩父一族の家《か》督《とく》として、武蔵国衙の留《る》守所総検校職《すどころそうけんぎょうしき》にあったが、同族の畠山重忠等と共に、頼朝挙兵当初には加わらず、むしろ敵対関係にあった。しかし頼朝の鎌倉入り頃には共にその傘下に加わり、以後忠節を尽くした。

三女の夫伊東祐清は妹の八重姫と頼朝の問題には親身になって世話したが、兄祐泰の急死以後祐親の跡を嗣ぎ、頼朝の御家人となることは無かった。そのため伊東の地は工藤祐経の手に戻った。

次に比企氏のもう一人の娘、四女か否かは不明であるが、『島津系図』や伊豆桑原の伝承などによると、頼朝が比企家へ通う内、結ばれて子を宿したため、盛長が密かに縁を頼って関西に連れていく途中、摂津国《せっつのくに》（大阪府）の住吉神社で男子を出産した。母子は共に京の惟宗家《これむねけ》の世話になり、母親は歌人として有名な惟宗広言《ひろこと》に師事するようになった。

また宮中の二条院に奉仕するようになり、丹後《たんごの》内侍《ないじ》と呼ばれたともいい、後には後白河法皇の内室になって、丹後局《たんごのつぼね》と称したとも伝えられている。

後年、頼朝が鎌倉へ落ち着くと、比企一族も鎌倉へ迎えられ、その屋敷地も比企ヶ谷《ひきがやつ》と呼ばれるに至った。

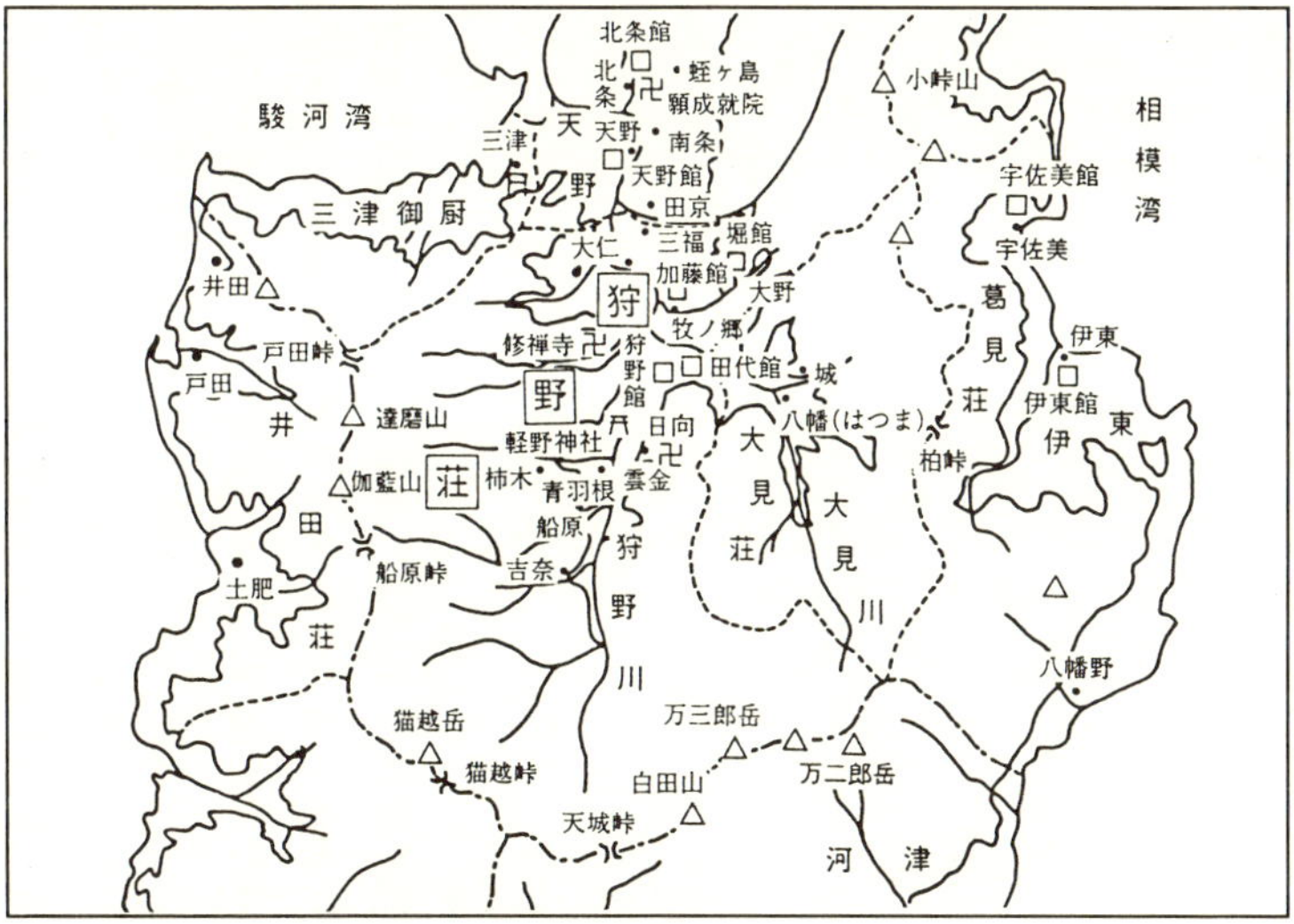

図２　北伊豆における荘園分布図（平安末〜鎌倉）

なお、比企尼の甥の能員《よしかず》が比企家を嗣いだが、惟宗家で育った子も鎌倉に呼ばれ、畠山重忠が烏帽子親《えぼしおや》となって元服し、惟宗忠久と名乗るに至った。その後、文治五年、（一一八九）十一月には、頼朝より日向国《ひゅうがのくに》（宮崎県）島津荘の下司職《げししき》を与えられ、島津氏を称するに至った。

北条郷を居所とする北条氏については次節以下で記述するが、応天門の変で伊豆に配流された伴善男の子孫で、伊豆掾《いずのじょう》（国司三等官）であった伴爲房の女《むすめ》が時政の母であった。また時政の先妻は伊東氏、後妻は駿河大岡荘の荘官牧氏（平頼盛家人）から出ており、牧氏は中央の藤原氏に血縁を持っていた点、時政のもつ西方指向の傾向とも関係あろうか。

（四）北条氏の出自《しゅつじ》

本書の主人公「北条時政」を出した伊豆の北条氏は、伊東氏や狩野氏と共に伊豆における有力な武家である。その出自については既述したように桓武平氏であるが、時政にいたる系図は諸書によって相違する。しかし、桓武天皇の高望流で、同天皇の曽孫高望《たかもち》王が臣下に下って平高望と称して以来、国香《くにか》、貞盛《さだもり》と続く事は『尊卑分脈《そんぴぶんみゃく》』及び『続群書類従《ぞくぐんしょるいじゅう》』の「桓武平氏系図」と共通している。しかし、鎌倉時代直後の南北朝期に書かれた『増鏡《ますかがみ》』には、桓武天皇の皇子葛原親王（式部卿《きょう》の御子《みこ》）より五代の末として平貞盛《たいらのさだもり》を挙げ、「維衡維時《これひらこれとき》とて二人の子をもたりけり」としている。これは他書から見て維衡・維将《これまさ》とするべきであり、維時は維将の子である。『続群書類従』には「北条系図」も収録されているが、これには平将軍《へいのしょうぐん》貞盛の子に維時を置き、その注に「実は兄維将男、貞盛朝臣《あそん》・子と為す」と記している。つまり貞盛が養子としたのであろう。

維将は貞盛の次男で、『増鏡』には維時の六代末を平四郎時政（北条時政）とし、一方維衡六代末を清盛（平清盛）としている。実際には維時から時政まで七代、維衡から清盛まで六代あるが、両氏は少なくとも維時・維衡の頃までは同族であり、同じ家系であった。

維時の後は直方、維方と続く点、諸書が一致しているが、維方の弟に聖範《せいはん》が居り、維方には盛方、聖範には時方という子があった。しかし、家督は維方・盛方と続き、盛方が勅令に違反して誅《ちゅう》（処刑）されてからは、祖父の直方が時方を養子として嗣がせている。この時方が伊豆の北条郷に移住し、北条を

系図5 北条氏略系図

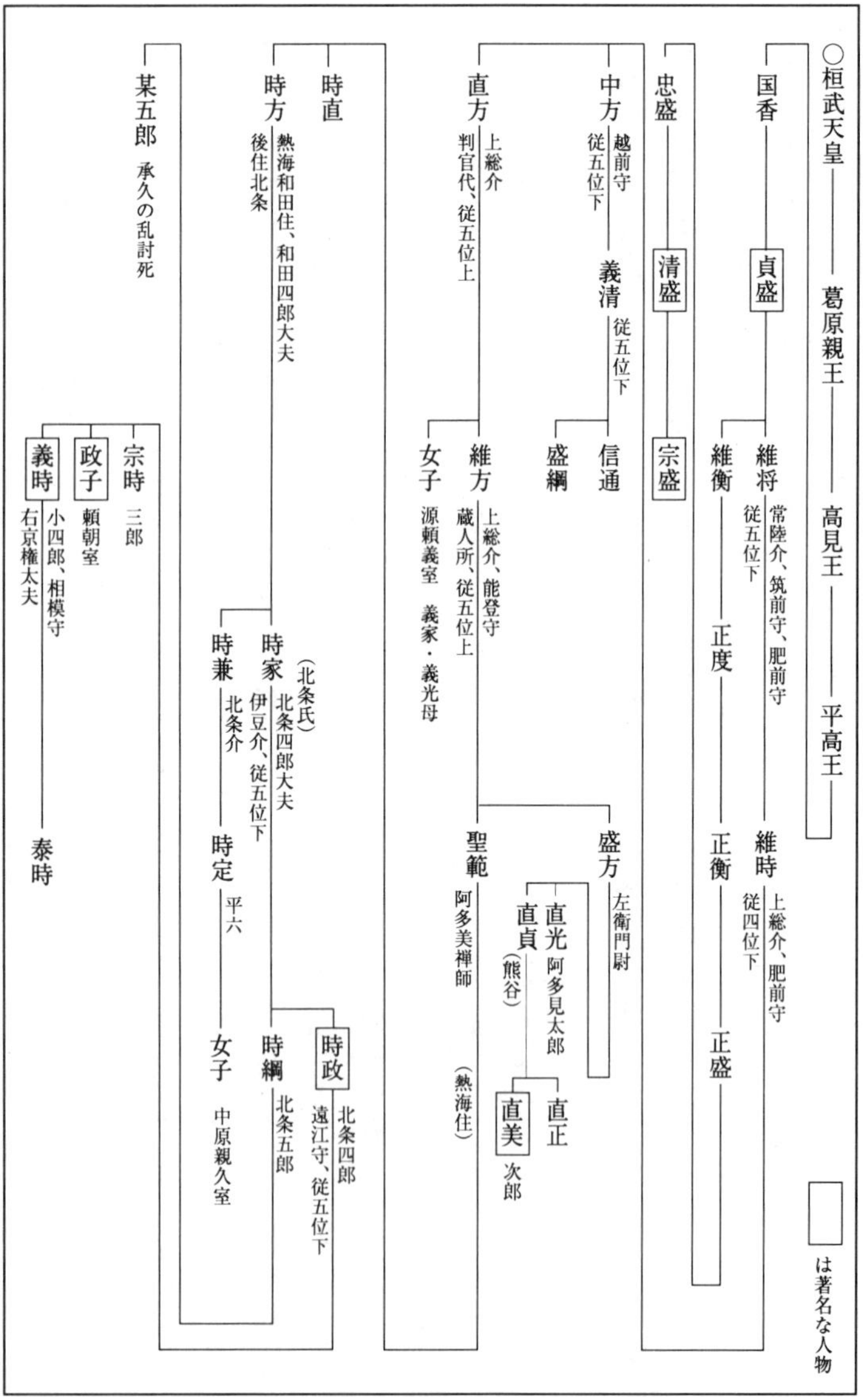
○桓武天皇
葛原親王
高見王
平高王
国香
貞盛
維将
常陸介、筑前守、肥前守
従五位下
維時
上総介、肥前守
従四位下
維衡
正度
正衡
正盛
忠盛
清盛
宗盛
中方
越前守
従五位下
義清
従五位下
信通
盛綱
直方
上総介
判官代、従五位上
維方
上総介、能登守
蔵人所、従五位上
女子
源頼義室　義家・義光母
盛方
左衛門尉
直光
阿多見太郎
直貞
（熊谷）
直正
直美
次郎
聖範
阿多美禅師
（熱海住）
時直
時方
熱海和田住、和田四郎大夫
後住北条
時家
北条四郎大夫
（北条氏）
伊豆介、従五位下
時兼
北条介
時定
平六
女子
中原親久室
時政
北条四郎
遠江守、従五位下
時綱
北条五郎
某五郎
承久の乱討死
宗時
三郎
政子
頼朝室
義時
小四郎、相模守
右京権大夫
泰時
は著名な人物

姓とし、以後子の時家、孫の時政と、伊豆の北条氏が三代続いた。鎌倉幕府の準公式記録ともいうべき『吾妻鏡』に「上総介平直方朝臣五代孫北条四郎時政主」と記されているが、この五代の孫を「五代目の子孫」と解し、直方・聖範・時家・時政とする奥富敬之氏の説が出ているが、別に「当人より五代の子孫」と考え、維方・盛方・時方・時家・時政の五代とすることもできよう。なお、時方以下は聖範の系統であり、聖範から時政の子義時まで四郎を通称としている点も注目される。

以上、諸資料を整理して見たが、その結果作製した修正系図が前頁に示したもので、一応桓武天皇より十四代目に北条時政が登場している。

次にこの系図に従い、平貞盛以来時政父子に至る代々の人物について概説してみよう。

平貞盛

祖父高望が上総介（上総国の国司二等官）に任ぜられ、東下して以来子孫は常陸《ひたち》や上総・下総方面に拡がって土着したが、その孫に貞盛や将門《まさかど》がおり、天慶《てんぎょう》の乱を起こした将門を貞盛や藤原秀郷《ひでさと》が討伐した。以後、貞盛は陸奥守《むつのかみ》、従四位下に任官、平将軍と呼ばれた。

平維将

貞盛の子、大夫尉《たゆうのじょう》、常陸介となる。従五位下、筑前守・肥前守も歴任。天元四年（九八一）卒。

平維時

維将の子。祖父貞盛に養われた。『尊卑分脈』や『北条系図』に「貞盛朝臣子と為す」とあり。上総介・肥前守を歴任、従四位下。中方・直方の二子があった。

平直方《なおつね》

既述したように鎮守府将軍平貞盛朝臣の次男維将の孫で、『日本紀略』によれば、長元元年（一〇二八）東国で起こった平忠常《ただつね》の乱の時、直方は検非違使《けびいし》の職にあり、その追討使《ついとうし》を命ぜられ、二百余人の私兵を率いて京を出発したという宮廷武家であった。しかし、戦いは味方に利なく、京に逃げ帰るものもあり、直方も京へ召還された。このあと源氏の棟梁源頼信によって忠常は征討された。

『詞林采葉抄《しりんさいようしょう》』によれば、「平将軍《へいのしょうぐん》貞盛孫上総介直方、鎌倉を屋敷とす。爰《ここ》に鎮守府将軍兼伊予守《いよのかみ》源頼義、いまだ相模守にて下向の時、直方の聟と成給《なりたま》ひて、八幡太郎義家鎮東将軍出生し給ひしかは、鎌倉を譲り奉《たてまつ》る」とあって、頼信の子頼義が直方から鎌倉の屋敷を譲られたことが記載されている。このことは前にも述べたが、その屋敷が頼義・爲義・義朝・義平と代々伝えられ、やがて頼朝も亦この屋敷地へ住む事になる。しかも、直方の五代の孫時政が、子の政子や義時と共に頼朝に仕え、鎌倉に出るわけである。この屋敷は現在の寿福寺境内と推定されている。

平維方《これつね》

直方の嫡男である点諸書で一致している。父同様に上総介、従五位下であり、また大夫尉《たゆうのじょう》、蔵人所《くろうどどころ》雑色《ざうしき》として京にいたようである。弟に阿多美《あたみ》四郎（入道聖範）、妹に刑部丞《ぎょうぶのじょう》俊綱の妻や源頼義の妻室（義家母）がいた。

平盛方《もりつね》

維方の子、任官して従五位下、左衛門尉《さえもんのじょう》となったが、『続群書類従』の「北条系図」によれば、「依違勅披誅」（勅に違《たぐ》うに依りて誅を被《こうむ》る）とあって、勅命に違反した罪で処刑されたらしい。そこで同系図に注記されているように、聖範の子時方を祖父の直方が養子として、維方の跡を嗣がせたようである。つまり、直方の直系は維方系から聖範系に移行したわけである。しかし、盛方には実子直光や直貞があり、前者は阿多美太郎、後者は熊谷《くまがや》次郎大夫と称している。

直光は幼くして父を亡くしたため、叔父の阿多美四郎（聖範）に引き取られ養育されたのであろう。また直貞は『熊谷系図』によると、父が死亡した時二才で乳母が武蔵国に連れて行き、後に成木大夫の聟となったが十七才で死去したという。また武蔵国熊谷郷を領して熊谷次郎大夫と称したとも伝えられる。子に俊則（養子、実は時方三男）、直正（近江熊谷氏祖）、直実《なおざね》（熊谷次郎）があり。直実は頼朝の御家人となり、平氏討伐に活躍した。その孫の貞国は安芸《あき》の熊谷氏、直重は武蔵熊谷氏と三河熊谷氏の祖とされている。

阿多美聖範《せいはん》

直方の次男で伊豆国阿多美郷に住み、阿多美四郎と称し、また阿多美禅師とも言われている。阿多美四郎の称号から見て、彼はおそらく阿多美郷に住みつき、同郷内伊豆山の走湯権現を本所《ほんじょ》として、この地域を開発したものと思われる（『伊東市史』）。阿多美四郎の本名は伝わらないが、入道して聖範と云ったのであろう。時方という実子が居たが、宗家《そうけ》（本家）の従兄盛方が悲運の死を遂げてからは、祖父直方の養子として宗家を嗣ぐことになった。一方、盛方の長男で幼かった直光を引き取り養育して自家を嗣がせた。これが阿多美太郎で、伊豆山領の荘官になったものと思われる。聖範は入道後走湯権現の僧として精進し、阿多美禅師と云われたのであろう。

北条時方（和田四郎大夫）

聖範の子であるが、従兄の死後宗家の家督を嗣いだ。宗家は直方・維方・盛方と、「方」の字を通字としているため、時方も「方」の字を本名に用いたが、通称は父聖範に慣って四郎と称した。以後、「時」と「四郎」が通字・通称として北条氏に継承されるに至った。

時方は始め阿多美郷の和田里（現在の熱海市和田町付近）に在住し、和田四郎大夫と称している。歴代の上総介、肥前守を踏襲して従五位下に任官し、やがて伊豆守（伊豆国司一等官）となった。当時の国司は多くが「遙任《ようにん》」で、京に在住していたが、時方は父聖範が伊豆におり、在庁した可能性がある。退官後は伊豆の国府に近い狩野川中流域の北条郷に土着し、氾濫原の開発に当たり、俗姓も北条と改めている。なお子息には時家・時兼・時綱等があった。

北条時家

『尊卑分脈』では時方の父になっており、誤も甚だしいが、他書ではいずれも時方の子となっている。つまり伊豆北条氏の二代目である。父と同様四郎大夫と称しており、本名に「時」の字を用いている。国司もつとめているが、『尊卑分脈』と『系図纂要《けいずさんよう》』には伊豆介、『豆州志稿』には伊豆権守《ごんのかみ》とあって、伊豆守にはなっていない。おそらく土着の武家として地元からの任用国司であったものと思われる。叙位は父と同じ従五位下であった。妻室は伊豆権守であった伴為房《とものためふさ》の女《むすめ》で、時政はその子である。

ついでに時家の兄弟等について触れておこう。

北条時兼

『系図纂要』では時政の兄としているが、「北条系図」や『豆州志稿』に見る通り、叔父とすべきであろう。また『系図纂要』・「北条系図」には「北条介」の注記があり、『豆州志稿』にも「介」とあるので、伊豆介であったらしい。近年、立命館大学の杉橋隆夫氏のように、この時兼及びその子時定

系図6　平氏諸流略系図

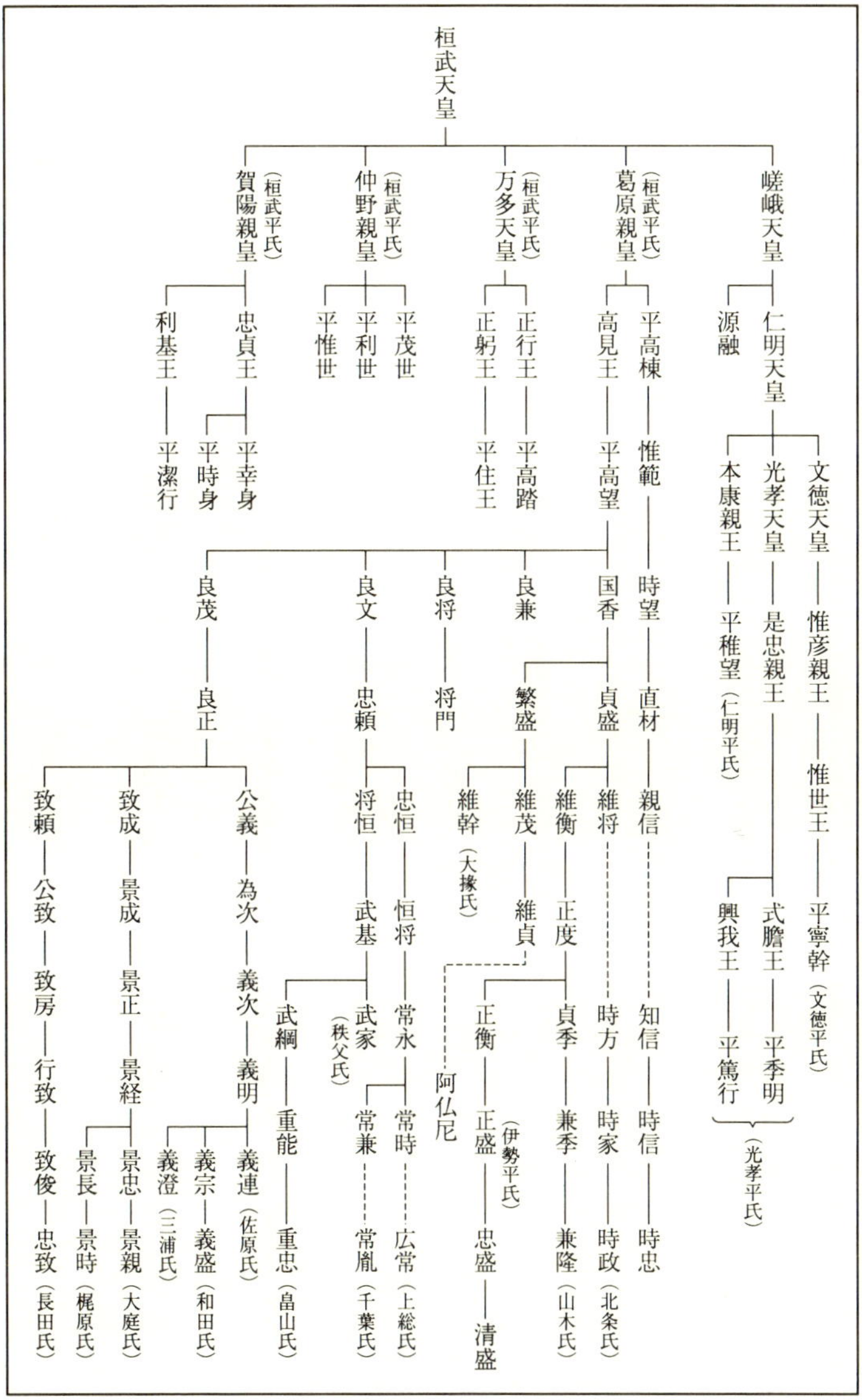
桓武天皇
嵯峨天皇
葛原親王
（桓武平氏）
万多天皇
（桓武平氏）
仲野親皇
（桓武平氏）
賀陽親皇
（桓武平氏）
仁明天皇
源融
文徳天皇
光孝天皇
本康親王
惟彦親王
惟世王
平寧幹
（文徳平氏）
是忠親王
式膽王
平季明
興我王
平篤行
（光孝平氏）
平稚望
（仁明平氏）
平高棟
惟範
時望
直材
親信
知信
時信
時忠
高見王
平高望
国香
貞盛
維将
時方
時家
時政
（北条氏）
維衡
正度
貞季
兼季
兼隆
（山木氏）
正衡
正盛
（伊勢平氏）
忠盛
清盛
繁盛
維茂
維貞
阿仏尼
維幹
（大掾氏）
良兼
良将
将門
良文
忠頼
忠恒
恒将
常永
常時
広常
（上総氏）
常兼
常胤
（千葉氏）
将恒
武基
武家
（秩父氏）
武綱
重能
重忠
（畠山氏）
良茂
良正
公義
為次
義次
義明
義連
（佐原氏）
義宗
義盛
（和田氏）
義澄
（三浦氏）
致成
景成
景正
景経
景忠
景親
（大庭氏）
景長
景時
（梶原氏）
致頼
公致
致房
行致
致俊
忠致
（長田氏）
正行王
平高踏
正躬王
平住王
平茂世
平利世
平惟世
忠貞王
平幸身
平時身
利基王
平潔行

（平六、左衛門尉）の系統を嫡流とし、時政の系統を庶流とする説も出ているが、賛成できない。いずれにしても時政・時兼共に伊豆の在庁官人であるが、時定は時政に従っている。

北条時綱

『尊卑分脈』には時政の伯父で三郎、「北条系図」・『系図纂要』等では時政の叔父で五郎と見えている。

系図7　伴（大伴）氏系図（百家系図より）

（『百家系図稿』六の石井系図、同五十三の住友系図（東京都静嘉堂文庫蔵）、『姓氏家系大辞典』等により作成）

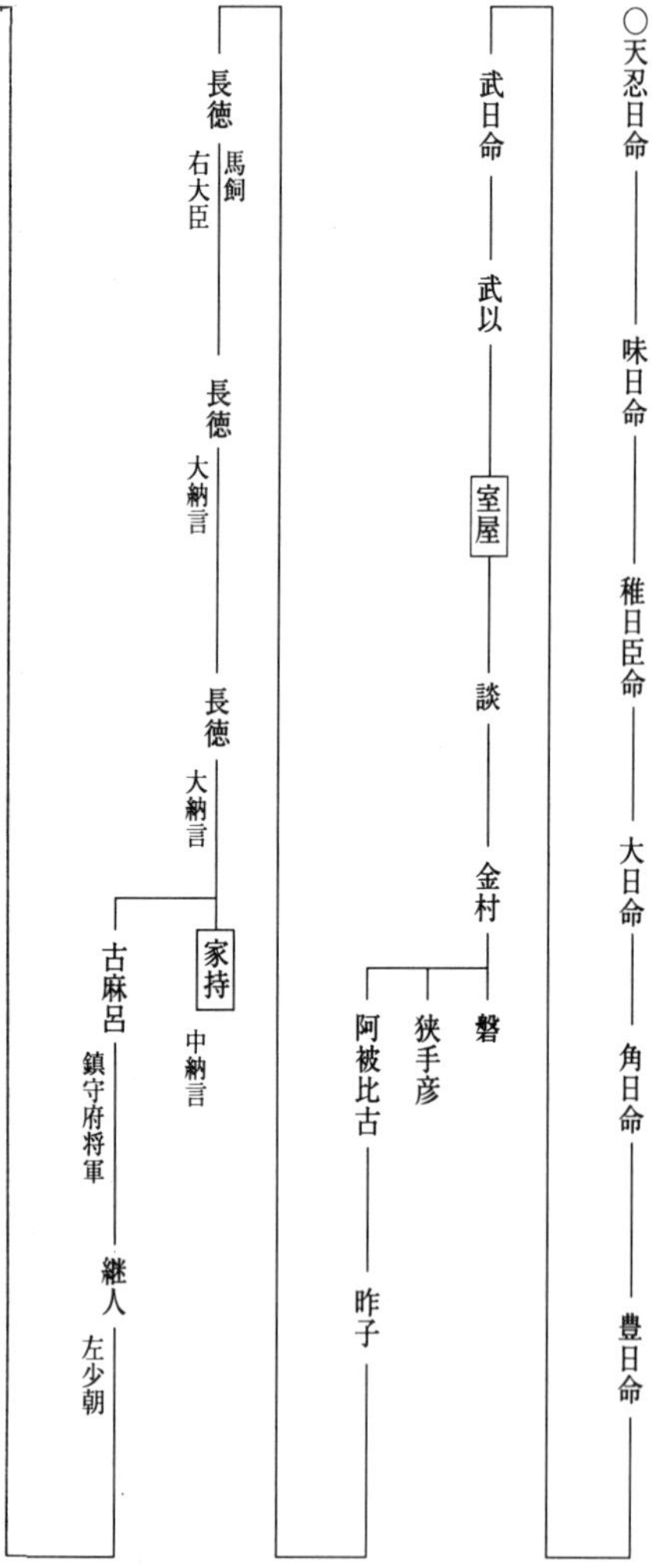

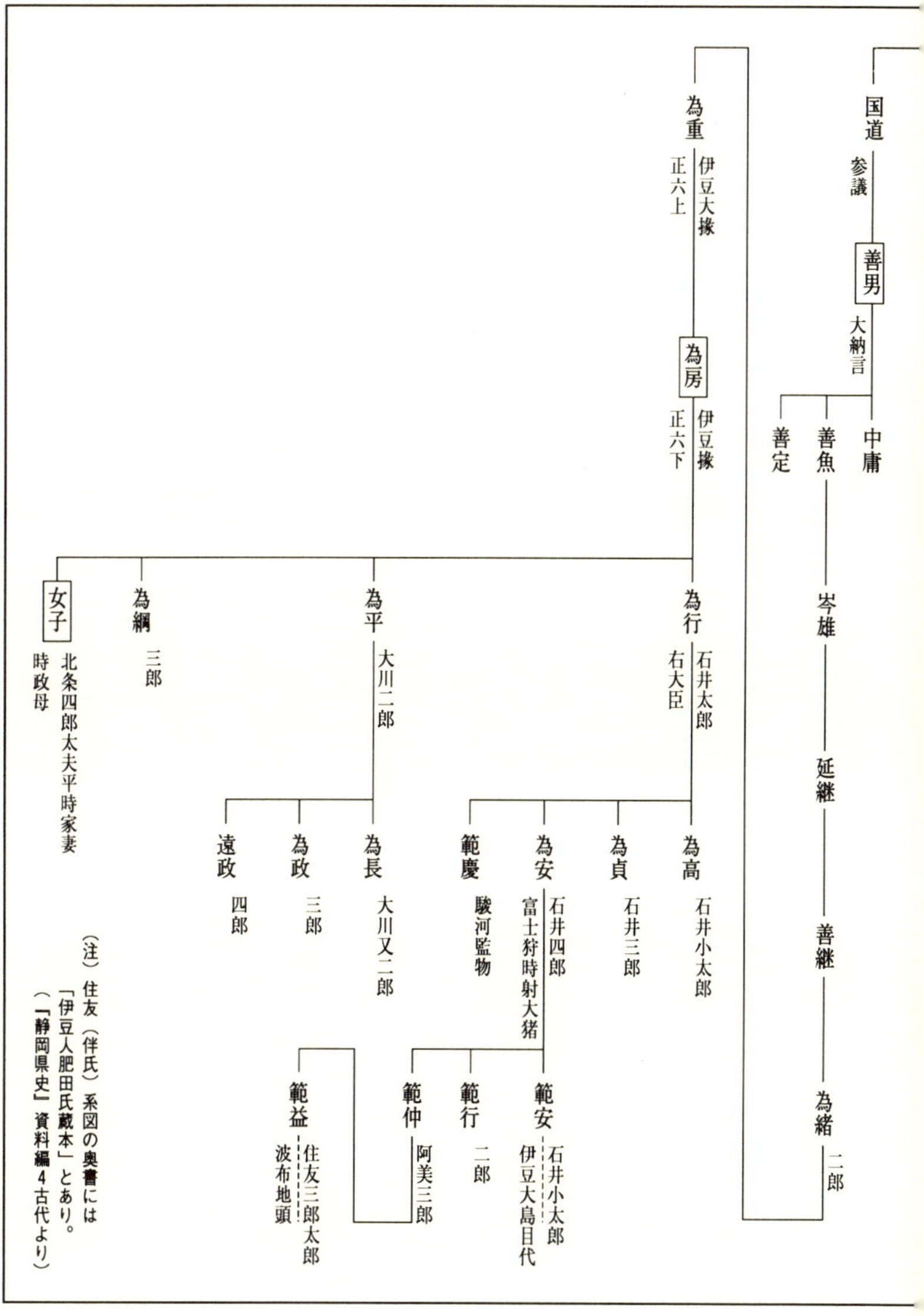

(注)住友(伴氏)系図の奥書には「伊豆人肥田氏蔵本」とあり。
(『静岡県史』資料編4古代より)

第二章　時政の人となり

（一）　時政の生い立ち

北条時政が伊豆国田方郡北条郷で誕生したのは、平安末期の保延四年（一一三八）の事で、今から約八六〇年前のことである。これは時政が七十八才で卒去した建保三年（一二一四）一月七日からの逆算である（本書刊行の平成十一年が満八六〇年）。

父親はすでに紹介したように北条時家であり、母は伴為房《とものためふさ》の女《むすめ》であった。幼名は分からないが、多分〇〇丸とでも呼んだのであろう。遠流《おんる》の国とまで云われた伊豆の、草深い里に生まれた子であったが、父祖以来国司や在庁官人を勤めてきた家に育ち、しかも母方の伴氏も下級貴族とは言え名門の血を引いており、知識層の子として頭脳も良く、かつ武家であっただけに弓や乗馬にも励み、狩もして健やかに育っていった。

彼の育った北条郷は、現在JR三島駅より南下する伊豆箱根鉄道の韮山駅付近一帯で、付近には北条というバス停もある。上北条・中北条・下北条の子字《こあざ》名の残る付近は古くからの集落であり、下田街道に沿った四日町は古代末期以降毎月四のつく日（四・十四・二十四）に定期市の立った所で、北から三島大社前の市ヶ原（朔日市《ついたちいち》）、三島二日町《ふつかまち》駅付近の二日市、同大場駅付近（三日市）、北条の四日市と伊豆奥部へ向かって並存していた。また四日市は今日大字《おおあざ》になっているが、その中に「御所之内《ごしょのうち》」という小字があり、近年二〇余次に亘る発掘調査により、平安末期から鎌倉時代に至る「北条館《やかた》跡」と、室町時代の「堀越御所《ほりごえごしょ》跡」が重複して確認された。さらにこの四日町区は東方に延びて韮山駅から蛭ヶ島《ひるがしま》の方まで含んでおり、その辺一帯は住古における狩野川の氾濫原である。

なお、四日町区の南隣寺家《じけ》区は四日町区と共に明治二十二年まで北条村と称しており、この地は時政が後年願成就院《がんじょうじゅいん》を建て、その寺百姓村となっていた地域である。

蛭ヶ島の東方山寄りの地域には山木・多田《ただ》・奈古谷《なごや》の集落が北へ向かって並び、頼朝挙兵の頃には山木に山木兼隆、多田に堤信遠、奈古谷には那古谷頼時等の諸氏が居住していた。このうち堤・那古谷の両氏は時政の幼少時代にも存在していたことであろう。ついでであるが北条郷の北方にある原木《ばらき》や長崎、東南方の中村（韮山町中）などは往時北条郷の一部であり、南方の南条（伊豆長岡駅付近）から大仁町北辺地域は南条郷で、ここには北条氏と同族の南条氏が居り、北条郷の西方狩野川を挟んだ江間《えま》郷には江間氏が存在していた。

ところで、話はやや前後するが、時政の母方の伴《とも》氏についても若干触れておく必要があろう。母親の父伴為房は伊豆権守《ごんのかみ》であり、在庁官人として伊豆国府（三島）に住んでいたものと推察されるが、その所縁《ゆかり》の地は狩野川の上流狩野荘の吉奈《よしな》（現在天城湯ヶ島町）と思われる。ともかく伴氏といえば古代畿内に栄えた大伴氏であり、大伴連《おおとものむらじ》や大伴宿祢《すくね》、伴朝臣《とものあそん》というような称号をもった名門の子孫である。

平安前期の貞観《じょうがん》八年（八六六）九月二十二日、大納言伴宿祢善男《だいなごんとものすくねよしお》が、京における応天門の炎上事件で咎《とか》を受け、伊豆へ配流されたことが『三代実録』に見えている。この事件は『江談抄』や『今昔物語《こんじゃく》』の中にも見え、貴族による権力闘争の中で、放火事件が起き、結果的には藤原氏が勢力拡張のために漁夫の利を得、伴善男は天城山中の吉奈《よしな》（現在天城湯ヶ島町の温泉地）で配所の生活を送ることにな

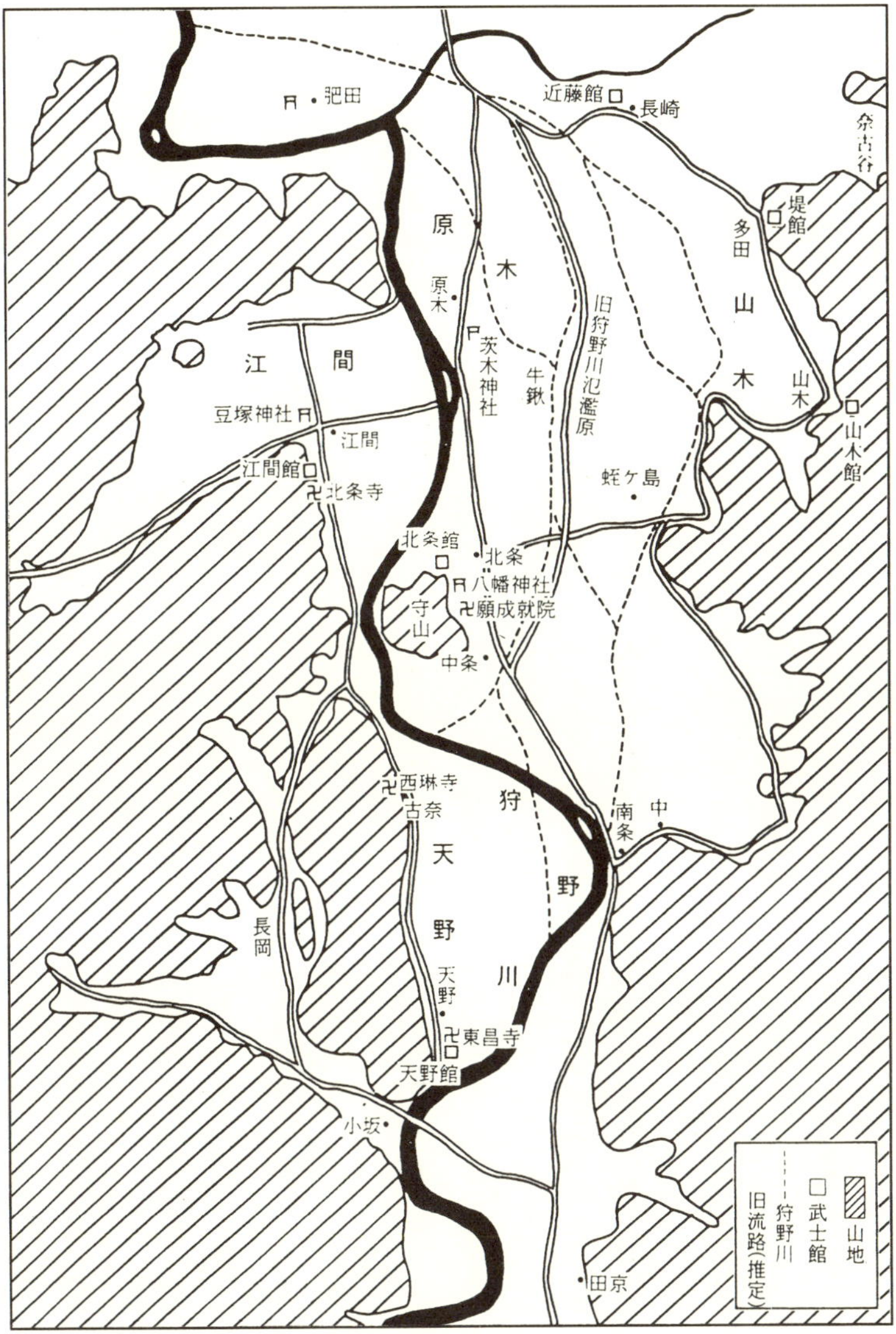

図 3　平安末期の原木・北条・山木付近図

った。その地に残る善名寺《ぜんみょうじ》（元天台宗、現日蓮宗）の古仏に記された墨書に、善男の子善魚《よしうお》・善足《よしなり》の名があり、子孫が北伊豆に居住した可能性もある。伴為房はその出か、あるいは都から来豆した別流か明らかにはできないが、いずれにしても大伴系の血筋を引く家柄である。

以上のような土地・家柄の環境の中で育った時政は、幼少時代を通じて狩野川の氾濫原や、周辺の山々を駆けめぐり、あるいは程近い伊豆の国府の三島神社や古い寺を見、親族や家人の子等とたくましく成長したことであろう。それと共に両親や親族から、様々の知識も学んだものと思われる。なお、時政の近親には叔父の時兼、時綱、従弟の時定（時兼子）等がおり、時兼は北条介と称し、在庁官人にもなっている。

やがて彼も成人となるが、いつ、どこで元服したかは不明である。しかし、『山内首藤系図《やまのうちすどう》』によると、加冠者、つまり烏帽子親《えぼしおや》は鎌田権守通清である。首藤氏は相模の豪族で藤原系であり、通清の祖父資清は源頼義に従い、その子資通《すけみち》（通清父）は頼義の子八幡太郎義家に従って後三年の役に加わっている。また伯母（資通姉）は義家の孫為義の乳母であり、通清の兄は首藤《すどう》氏、通清は鎌田氏を名乗って、それぞれ為義の家人《けにん》となっている。したがって源家との関係が深く、その通清の世話で元服した時政はその事情をよく知っていた筈である。

通清は駿河に住み、その子正清は後に正家と改名して、保元・平治両乱には為義の子義朝《よしとも》（頼朝の父）に従った。平治の乱で義朝が破れた後、妻の実家長田忠致《ただむね》の館で義朝と共に謀殺されている。なお鎌田氏は甲斐国（山梨県）にも居住したといわれ、子の俊長は伊東荘の鎌田（伊東市）に住んで頼朝に従い、石橋山の合戦に従軍している。

次に時政の妻は先妻が東伊豆の豪族伊東祐親の女《むすめ》とも伝えられたが、これは祐親の子でなく妹であろう。両者の間に生まれたのが三郎宗時、四郎（又は小四郎）義時、そして政子（頼朝の妻）等であった。また後妻は駿河国大岡荘の荘官牧三郎宗親《むねちか》の女牧ノ御方《おかた》で、両者の間には多くの子女があった。この牧氏に関しては『愚管抄《ぐかんしょう》』や『吾妻鏡』に若干の記録があるが、最近杉橋隆夫氏による新しい研究成果が発表されている。それによると、下の系図に示した如く、牧宗親は関白藤原道隆から五代の孫宗家の子で、姉宗子は平忠盛（清盛父）の妻池禅尼《いけのぜんに》であり、兄には下野守の宗長や宗賢がいた。したがって頼朝の命を救った池禅尼は牧ノ御方の伯母であり、また後年頼朝が恩返しに助命した平頼盛は牧ノ御方の従兄でもあった。このような関係は時政の中央政界の情報収集や、後年上洛の際の外交・司政上に少なからず影響したものと思われる。

（二）　宮仕えつづく

時政が十九才の時、すなわち保元元年（一一五六）に、保元の乱が起こった。

摂関期から院政期に移行して以来、朝廷側の藤原氏本流（摂関家）の権力は次第に衰え、代わって院庁《いんちょう》に近侍する新しい貴族の抬頭を見るに至った。十二世紀も半ばになると、まさに天皇と上皇、摂関家と院の近臣の両派の抗争がたけなわとなり、摂関家との主従関係の中で成長した源氏と、院庁との結びつきで力を得てきた平氏が大きく抬頭してきた。

源氏は頼義・義家以来東国に大きな地盤を持つに至ったが、義家の子義親《よしちか》等の失敗でやや凋落し、為義の代になって快復が計られた。一方、平氏は義親の追討や瀬戸内海の海賊討伐で西国に勢力を伸ばした平忠盛のあと、清盛の代を迎えていた。この両者が、天皇と上皇の確執、公家《くげ》の政争の中に巻き込まれ、武力解決という形で保元の乱が起こったのである。世にいう源平時代の始まりである。

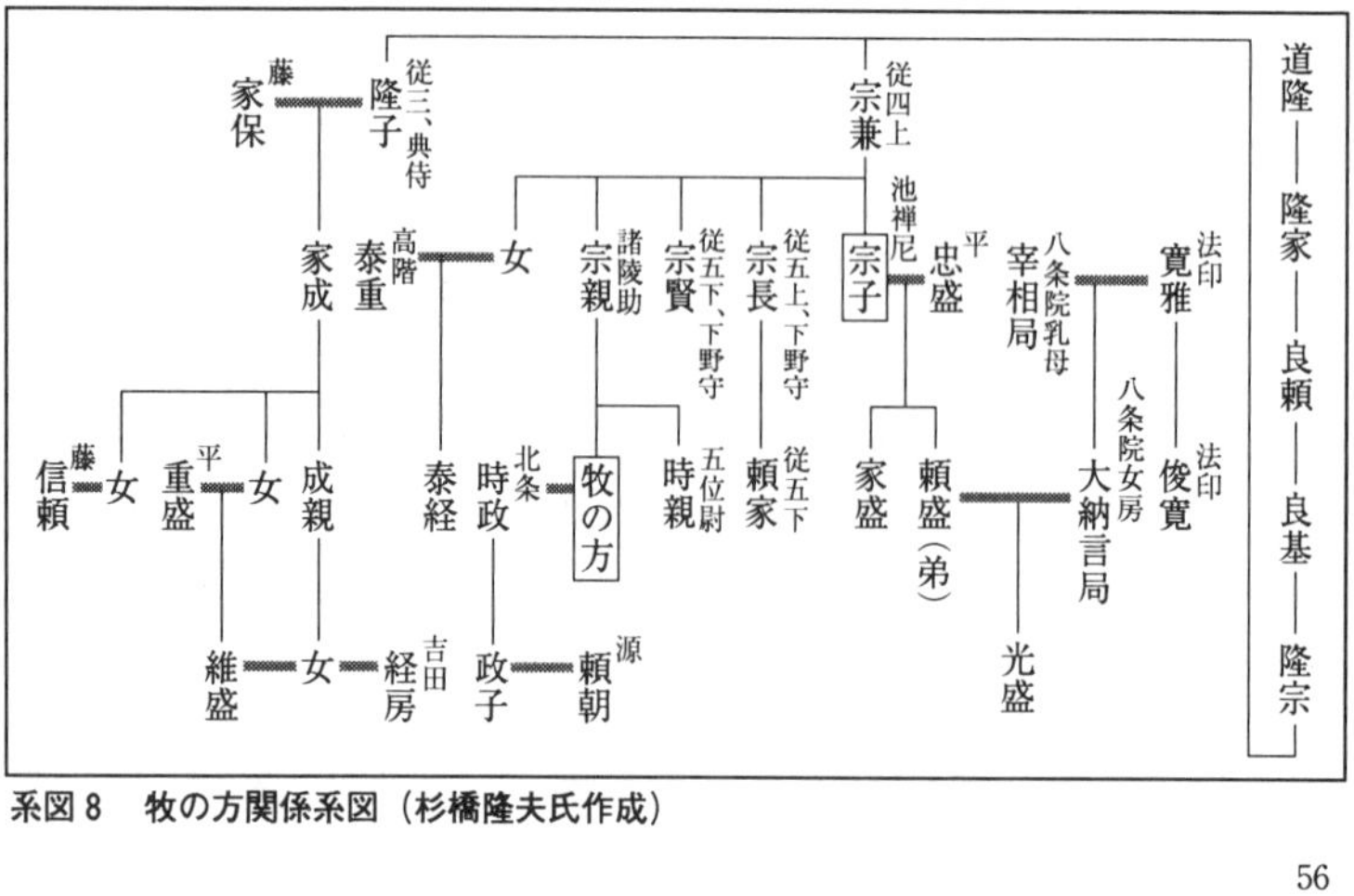

系図８　牧の方関係系図（杉橋隆夫氏作成）

この乱は皇室や貴族、源氏・平家が双方に分かれ、骨肉の争いとなった。そして上皇側が敗れたため、崇徳《すとく》上皇は讃岐国《さぬきのくに》（香川県）に流され、上皇側の藤原頼長は重傷して死亡し、源為義は多くの子等と共に処刑された。他に八男の爲朝が大島へ流刑となったが、源氏にとっては一族の大半を失うという大打撃を受けた。一方勝利を得た朝廷側では、後白河《ごしらかわ》天皇の下、藤原忠通が関白の位を保持し、為義の長男義朝が生き残った。また平清盛以下平氏は大半が残り、清盛の叔父忠正等ごく少数が上皇側についたため処刑されたに過ぎなかった。

保元の乱後、間もなく後白河天皇が上皇となり、院政を行ったが、その寵臣藤原信西《しんぜい》にとり入った平清盛が大きく出世し、源義朝の凋落ぶりは著しかった。この時藤原信頼という公卿が近衛《このえ》大将の位を望んだが、信西の反対で挫折したため、義朝を誘い平治の乱が起こった。平治元年（一一五九）の暮れのことである。

保元の乱については『保元物語』に詳しいが、その中で義朝に従軍した関東諸国の武家と共に遠・駿・豆三国の武士としては、遠江国三氏、駿河国四氏、伊豆国一氏の計八氏が見受けられる。その中で伊豆の一氏は狩野氏で、狩野工藤四郎親光（茂光子）と同五郎親成の名が見えている。四郎・五郎の通称から兄弟とも見えるが、『豆州志稿』では五郎親成が四郎親光の子としている。後者の場合をとると、後年石橋山の合戦で七十余才で亡くなった茂光は、三、四年前の保元の乱の時には五〇才前後、その子親光は三〇才前後、孫の親成は一〇才ぐらいとなってしまい、不合理な点、やはり弟とすべきであろう。それにしても伊豆武士の数は極端に少ない。次に『平治物語』を見ると、平治の乱における遠・駿・豆の武者は皆無である。これは旧『静岡県史』（昭和初期刊）で指摘されている通り、古来常に官軍に従

系図9　保元の乱諸家関係系図

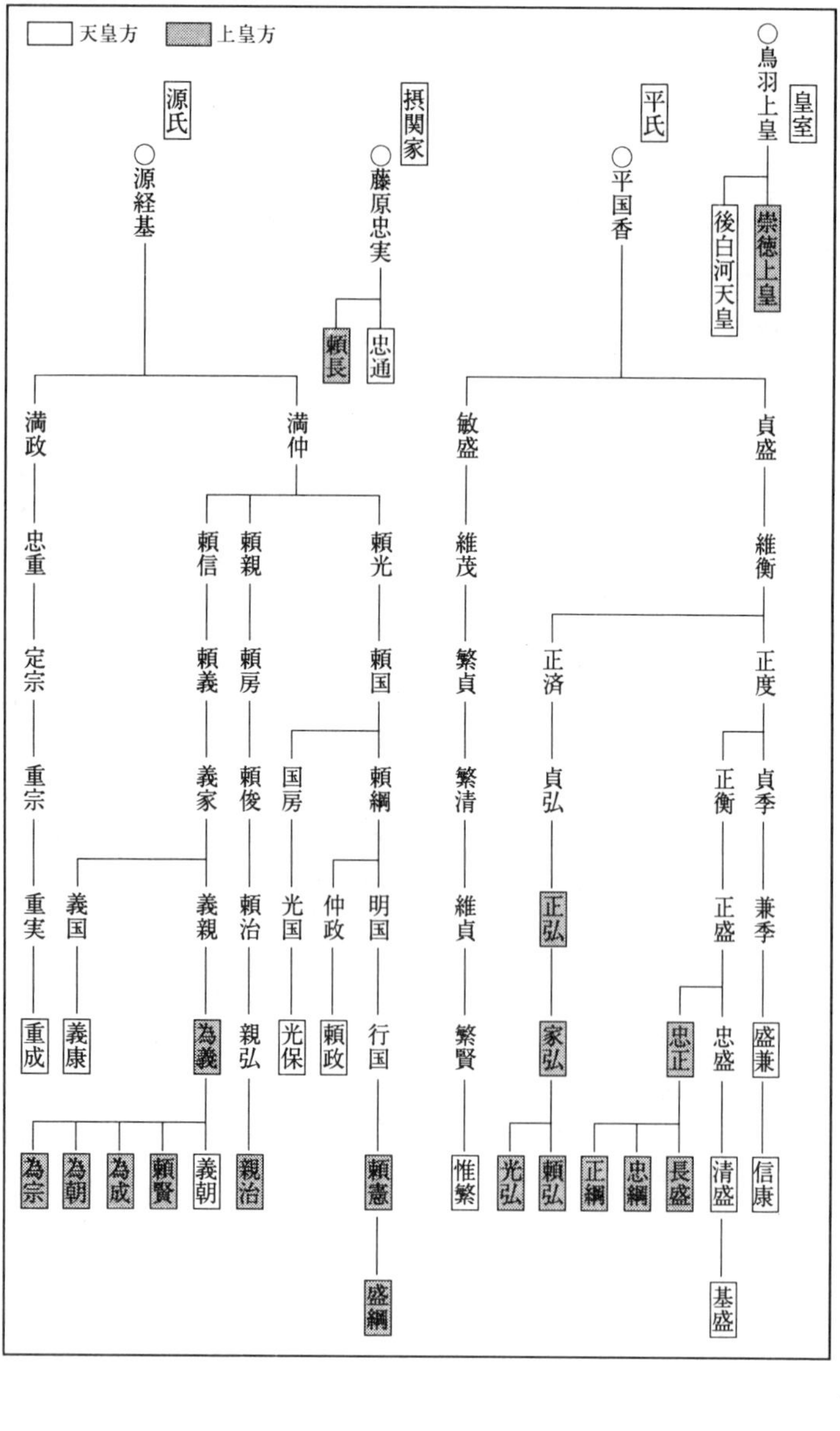
天皇方
上皇方
皇室
○鳥羽上皇
崇徳上皇
後白河天皇
平氏
○平国香
貞盛
維衡
正度
貞季
兼季
盛兼
信康
正衡
正盛
忠盛
清盛
基盛
忠正
長盛
忠綱
正綱
正済
貞弘
正弘
家弘
頼弘
光弘
敏盛
維茂
繁貞
繁清
維貞
繁賢
惟繁
摂関家
○藤原忠実
忠通
頼長
源氏
○源経基
満仲
頼光
頼国
頼綱
明国
行国
頼憲
盛綱
仲政
頼政
国房
光国
光保
頼親
頼房
頼俊
頼治
親弘
親治
頼信
頼義
義家
義親
為義
義朝
頼賢
為成
為朝
為宗
義国
義康
満政
忠重
定宗
重宗
重実
重成

ってきた遠・駿・豆三国の武士にとって、平治の乱は義朝が賊軍となった点、参加を見合わせた公算が強い。

いずれにせよ保元・平治両乱に北条氏の登場した気配はない。しかし、保元の乱後に上皇方の主役であった左大臣藤原頼長の子左近中将隆長や、源為義の子為朝等が伊豆国に配流され、平治の乱後には源義朝の子頼朝、藤原信頼の子信親等が同じく流罪になって伊豆へ流されてきた。他にもその前後に皇位継承問題や公家・武門・従臣間の抗争による殺害、合戦、天皇呪詛《じゅそ》、あるいは嗷訴《ごうそ》等によって伊豆へ送られてくる者は尠なからず、こうした流人の受け入れ、監視等にも国衙《こくが》在庁の官人は当たらねばならなかった。狩野茂光による爲朝の大島護送、伊東祐親・北条時政による頼朝の監視、近藤国平による文覚《もんかく》（僧）の連行などはその例である。また時期はやや後れるが父親との対立から伊豆へ左遷された平兼隆を、同道した北条時政の役も亦同様と云えよう。

保元の乱が起こり、爲朝が伊豆へ配流された保元元年（一一五六）には、時政は未だ一九才であり、父の時家はおそらく四〇才前後であったろうと思われる。『豆州志稿』に伊豆権守、『系図纂要』に伊豆守とあるので、これが事実とすれば時家が国司となっていたのはこの保元の乱後であろう。したがって保元の乱中には戦乱には関わらなかったと見ておきたい。因みにこの乱後には、保元三年（一一五八）十一月末に藤原経房が伊豆守に任ぜられ、その二ヶ月後には藤井兼次が伊豆大掾《いずのだいじょう》（国司三等官）、さらに藤井友次が伊豆目《さかん》（国司四等官）に就任している。

狩野氏と共に北条氏は受領《ずりょう》層（国司就任の家柄）の出であり、やがて嘉応二年（一一七〇）、いよいよ時政の活動が見えてくる。

表3　伊豆国配流年表（頼朝配流前後）

配流年月日	西暦	官職氏名	罪状	出典	備考
保元元年八月	一一五六	源為朝	保元の乱	尊卑分脈	配所大島
保元元年八月三日	一一五六	左近中将藤原隆長	保元の乱	帝王編年記	左大臣頼長子
永暦元年三月十一日	一一六〇	源頼朝	平治の乱	愚管抄 吾妻鏡	
応保二年六月二十三日	一一六二	右近少将源通家	天皇呪咀	清獬眼抄	
長安二年五月十五日	一一六七	興福寺別当恵信	殺人違乱	玉葉 兵範記	関白藤原忠通子
嘉応二年五月十六日	一一七〇	藤原信親	平治の乱の縁座	兵範記	藤原信頼子
承安三年五月十六日	一一七三	高尾上人文覚	強訴	百錬抄 神護寺縁起	配所奈古谷
治承元年五月二十三日	一一七七	天台座主明雲	謀反	玉葉 百錬抄	後白河法皇の寵臣 僧西光の護奏による
治承二年正月三日	一一七八	佐伯昌守		吾妻鏡	筑前住吉社神官
治承三年正月以降	一一七九	右衛門尉平兼隆		山槐記 吾妻鏡	配所山木 伊豆目代となる
治承三年二月十四日	一一七九	山城守信家		玉葉	
治承三年五月三日	一一七九	佐伯昌助		吾妻鏡	筑前住吉社神官
治承三年五月三日	一一七九	佐伯昌長		吾妻鏡	昌助の弟
治承三年十一月十八日	一一七九	正五位下行左衛門尉 平業房	関白藤原基房の縁座	山槐記	
治承四年	一一八〇	下総権守大河戸重行	平氏の縁座	吾妻鏡	配所蛭ヶ島 同年召換
養和元年三月六日	一一八一	使左衛門尉源光長	頼朝の縁座	尊卑分脈	応永二年七月十八日 日本曽義仲に従う

源爲朝は爲義の八男で、十八才にして九州を制したという剛勇の士として知られ、鎮西《ちんぜい》八郎と称したが、保元の乱に上皇方が敗れて捕らえられた。しかも、その死が惜しまれ、助命されて、二度と得意の弓がひけぬよう臂《ひじ》の筋を切られて伊豆の大島へ流された。その後、島の土豪の女と結婚し、爲頼等の子も出来、やがて伊豆諸島を征服して勢威を振るうに至った。この伊豆諸島は伊豆国に属し、伊豆国衙の管内であったため、国衙から院庁《いんのちょう》へも上申され、税を横領して納入せずとして訴えられた。そこで後白河法皇より爲朝追討の院宣《いんぜん》が下り、伊豆介狩野茂光が主将となって討伐が行われるに至った。その軍勢は伊豆を始め相模・武蔵の五百余騎で、兵船二十艘に分乗し大島に向かった。

『保元物語』巻三によれば、伊豆国より狩野氏を始め伊東・北条・宇佐美・加藤・沢・新田（仁田）・天野の諸氏が従軍しているが、伊東・北条両氏は筆頭に苗字が記載されているのみである。伊東氏は主人公が祐親であろうが、北条氏の場合は時家か時政か不明である。しかし、時政はこの時三十三才であり、当時としては家督を嗣いでいても不思議はないし、また老いた時家に代わって、壮年期の時政が戦場へ出ることはあり得る事である。

この頃伊豆国は、平治の乱で信西や平清盛に味方した源頼政の知行国《ちぎょうこく》となっており、その子仲綱が伊豆守であった。しかし仲綱は遙任《ようにん》で都に滞在し、乳母の子仲成を国司代として派遣し、国務に当たらせていた。したがって仲成は国衙の留守所《るすどころ》を預かり、地元から委嘱された任用国司の狩野茂光等と共に国務に当たっていたわけである。このような仲で国司代の仲成は茂光の女《むすめ》と結ばれ、一子をもうけたが、任満ちて京へ帰ったあと、子供は茂光夫妻に育てられ、成長後京《きょうの》信俊《のぶとし》と名乗ったと伝えられている。

さて話は元へ戻して時政の事であるが、彼も爲朝討伐軍に加わった時には、おそらく伊豆国衙における中堅的人物として、重きをなしていたであろう。ともかく有力な在庁官人であったことは間違いない。系図等には鎌倉幕府成立後に任官した遠江守を始め、多くの注記があるが、それ以前の記載は何もない。しかし、その故を以て時政が長く無官であったとは言えないのである。前にも記した如く、彼の家は国司や在庁官人を世襲する家柄であった。それが故に平治の乱後伊豆の流人となった源頼朝を、伊東祐親と共に監視し、以来十年を経た嘉応二年の爲朝討伐にも真っ先に加えられているわけである。

折悪しく体調を悪くしていた爲朝であるが、『保元物語』にあるが如く、寄せ手に対して激しい抵抗をし、悲壮な最期を遂げている。

加藤景廉など伊豆武者の勇猛ぶりも一部記録されているが、北条時政の戦いぶりなどは全く見当たらない。しかし、目的を遂げ無事に凱旋し、北条の地に戻った。

ともかく、文化人の多くいる京の都からは遠く離れた東国に在り、記録にも殆ど残らない隔地であるが、時政の活動は続いていたのである。一方では在庁官人として国衙の仕事に従い、また院や平氏との関わりの中で、京の警護にも出る京都大番役など、地方・中央を通じての、時政の宮仕えの時期が暫く続いたことは確かである。

（三）　頼朝との出会い

時政が伊豆国衙の在庁官人であることは、中央官庁とのつながりの中で、京の動きや周辺の情報をある程度伝え聞くことができた。しかし、彼にはもう一つの別の情報ルートがあった。それは既述したように彼の妻牧ノ御方や、その父牧宗親が京の出身で、それも関白藤原道隆（道長兄）系の藤原氏であり、宗親の姉は有名な池ノ禅尼《ぜんに》で、本名宗子、夫は平忠盛（清盛父）であった。禪尼は清盛の弟頼盛の母であり、また四条天皇の乳母をつとめた人。さらに宗子や宗親の従兄家成の子は藤原成親、その姉は平重盛（清盛長男）の妻、成親の女は吉田経房と云うように、時の権力者に強い血脈を有していた。

平治の乱後、源義朝の後を受けて尾張国《おわりのくに》（愛知県）の知行主《ちぎょうぬし》（国主）となった平頼盛は、同国の目代に家人（郎党）の平宗清を任命した。その宗清が赴任地尾張に向かう途中、たまたま父義朝の一行からはぐれていた頼朝を捕え、京へ連行して、頼盛に届け出た。頼盛の母池ノ禅尼は、亡くしたわが子家盛（頼盛の兄弟）に頼朝が似ていることもあって、平清盛に助命を嘆願した。その切なる気持に清盛も遂に承諾し、死刑を免じて遠流《おんる》とし、伊豆へ流したわけである。この間の事情は『平家物語』や『愚管抄』に見えているが、頼朝が頼盛の家人に捕えられた事が、結果的には幸運となった。こうして池ノ禅尼や頼盛、さらには重盛の助言で頼朝は救われたが、この恩を忘れず、後年平家が滅亡する際に、頼朝は頼盛を助命し、篤く処遇している。

なお、池ノ禪尼は頼朝の生母の父熱田《あつた》大宮司《だいぐうし》藤原季範の親族であったと言われ、また頼朝の配所が北伊豆で、程近い所に頼盛の荘園大岡荘（沼津市）があり、そこの荘管が牧宗親であったことも、頼朝の運命に幸いした筈である。

以上のような関係で、頼朝の伊豆配流の事など、京からのニュースも時政の耳には早目に入ったであろうが、同じ永暦元年三月中に頼朝は伊豆へ到着した。付き添いの官人や、母の実家熱田大宮司家の家《け》人《にん》、乳母の比企尼やその聟安達藤九郎等に送られてきた頼朝は、伊豆国衛（三島）で引き渡され、ここで時政は伊豆介狩野茂光や伊東祐親等と共に頼朝と対面したことであろう。その際に池ノ禪尼または平頼盛、熱田大宮司家等からの伝言もあったであろうし、国衛側からの配所その他についての申し渡しも行われたことであろう。

配所については、『愚管抄』や『吾妻鏡』等には具体的な記載がなく、『平家物語』巻五に「伊豆国北条蛭小島」あるいは「蛭が小島」と見えるのみである。しかし、蛭ヶ島が所定地であったとしても、頼朝の足跡を物語る伝承が北伊豆の各所にあり、一ヶ所に終止したとは思われない。そして、その中でも北条郷の蛭ヶ島（韮山町）、玖須美荘の伊東郷（伊東市）、箱根神領の桑原郷（函南町）が特に関係深い地として挙げられる。

蛭ヶ島は既述したように北伊豆の田方平野を流れる狩野川の氾濫原にあり、南方の修善寺町付近を谷口として、北辺の大仁町・韮山町・伊豆長岡町方面に向かって扇状地を形成している。このうち韮山町域から北方の函南町、三島市付近に平野が広く展開し、往古は水流も分散して、砂州や自然堤防が各所に存在していた。旧北条地内（四日町・寺家）に蛭ヶ島・大島・野島等の地名があるのもその名残である。

『吾妻鏡』によれば治承四年（一一八〇）に、下総《しもふさ》権守《ごんのかみ》大河戸重行が、平氏との縁座で伊豆蛭ヶ島へ流されており、蛭ヶ島は配流の指定地の一つであったかも知れない。要するに水流に囲まれた川中島のような低地帯で、山寄りの北条郷や山木郷等の集落から離れた所にあった。ともかく、注意を要する流人を監視する見地にたてば、国府に近く、また官人や武家の比較的多い狩野川中流域の孤島のような蛭ヶ島は配所として適地であったに違いない。

ここでの生活はひたすら謹慎し、亡き父義朝や兄義平・朝長《ともなが》、その他叔父など一族の冥福を祈り、朝夕読経する毎日であったといわれる。そして時折走湯権現（伊豆山）等から祈祷師《きとうし》を招いて法事を営んだり、説法を聞いたりしたようである。こうした敬虔で真剣な態度には監視役の時政も敬意を表し、安心すると共に、近隣の在地武士層からも好感を持たれたようである。

ところで頼朝が来豆した永暦元年は、時政が二十三才の時であり、長女の政子は四才、兄の宗時は五～六才で、弟義時は未だ生まれていなかった。その義時が誕生したのは長寛元年（一一六三）で、ここまでは間違いなく先妻の子である。そして『曽我物語』によれば、政子が二十一才の頃、その下に十九と十七になる後妻の子がいたとしており、仮にその線で計算すると、次女は平治元年（一一五九）、三女は応保元年（一一六一）の生まれという事になり、二人共義時の姉になってしまう。この点『曽我物語』の記事はいただけない。但し、政子と義時の年令差が六年であり、この間に三～四人の子供があっても不思議ではない。おそらく次女～四女、さらには三男の時房まで、三男四女が先腹の子であったろう。（当時としては複数の妻も考えられる）。一説に次女は阿野全成の妻阿波局《あわのつぼね》（頼家乳母）ともいわれ、足利義兼や畠山重忠の妻も牧ノ御方の子でない点、先腹の子と見てよい。

そして時政が後妻を迎えたのは、早くて長寛元年または同二年（一一六四）以降と考えてよかろう。『愚管抄』巻第六に、「時正（政）ワカキ妻ヲ設《モウ》ケテ、ソレガ腹ニ子供設ケ、ムスメ多クモチタリケリ、コノ妻ハ大舎人允《オオトネリノジョウ》宗親ト云《イイ》ケル者ノムスメ也」とあるように、この後妻牧ノ御方との間には女子が多かったようである。記録の上では一男（政範）七女であるが、その中、二人の女子は確かめられていない。これ等後妻の子達も、頼朝が挙兵する治承四年（一一八〇）までの十数年間に大半が生まれていたことと思われる。

要するに頼朝が伊豆へやってきた頃は、時政は未だ伊東氏の出の妻と共に、一男二女ぐらいの幼児がいた年代であった。居館は今日の伊豆箱根鉄道韮山駅の西方、守山の北麓にあり、東方は見渡す限りの原っぱ（狩野川氾濫原）で、古くから原木（バラキ、原をなす処）と呼ばれ、更に東方の山麓山木（ヤマキ、山の処）との間の広い水田中に、蛭ヶ島の配所を展望できた筈である。現在では狩野川が守山の西方を流れ、その東側の自然堤防上に北方から原木・北条（四日町・寺家）・中条・南条等の集落が連続している。

したがって往時は北条館から蛭ヶ島は展望できたし、北条館の傍の守山《もりやま》に上ると、山木郷の方まで人馬の動きが遠望できた。

さて、頼朝が来豆してから暫くの間、配所には比企尼や安達藤九郎盛長が召使いと共に仕えて、身の廻りの世話をしていたが、間もなく藤九郎は結婚し、尼もやがて北方の桑原郷に居を構え、京から官を辞して下向した夫掃部允《かもんのじょう》と暮すようになった。頼朝が成長したからである。その後頼朝は藤九郎と共に伊豆国府へ出て三島神社へ參拝したり、桑原郷の比企尼の許《もと》へ行ったり、また狩野川筋を逆って狩野郷の狩野茂光を訪ねたり、自由に狩野川流域を往来した。特に比企尼の所には娘達もおり、長女は藤九郎の妻となったが、次女は武蔵の川越重頼、三女は伊東祐清（祐親の子）と結ばれ、それらの縁で、伊東や熱海の走湯山等へも出かけるようになった。また、狩野茂光も源氏とは縁があり、保元の乱には息子等を義朝（頼朝の父）に従軍させたり、また国司の仲綱の下で伊豆介をつとめたりしている関係上、好意を以て接した。荘内を案内し、縁続きの加藤光員・景廉兄弟や、田代信綱、堀藤次親家等を紹介した。

こうして伊豆国内の武士達との関係も開け、『曽我物語』には、安元二年（一一七六）に伊東祐親や時政の呼びかけで、伊東の奥野で巻狩りをしたり、その余興で相撲に興じたりして、なごやかな日を過ごしたことが記されている。この日の參加者は豆・相・武・駿など各地の武者多数であった。

（四）　政子の契《ちぎ》り

承安二年（一一七二）、時政は三十五才となり、当時としては老練な狩野茂光や伊東祐親に次いで、次代を期待される伊豆の要人となっていた。彼等の監視下にあった頼朝も二十六才になり、血気盛んな時期になっていたが、表面上は平穏な日々を送っていたので、心配することもなかった。比企夫妻のいる桑原郷に入りびたることもあったが、ここで親しくなった尼の女聟伊東祐清の手引きもあって玖須美荘伊東郷にも出かけ、伊東氏の居館に立ち寄っているうち、祐清の父祐親の覚えもよくなり、この年の九月頃から滞在もするようになった。一説に伊東館の北側に「北の御所」として宿所が設けられたとも伝えられている。

一方、北条館のある北条郷の東北方那古野《なごや》郷（韮山町奈古谷）には、翌年五月、伊豆の国衙役人

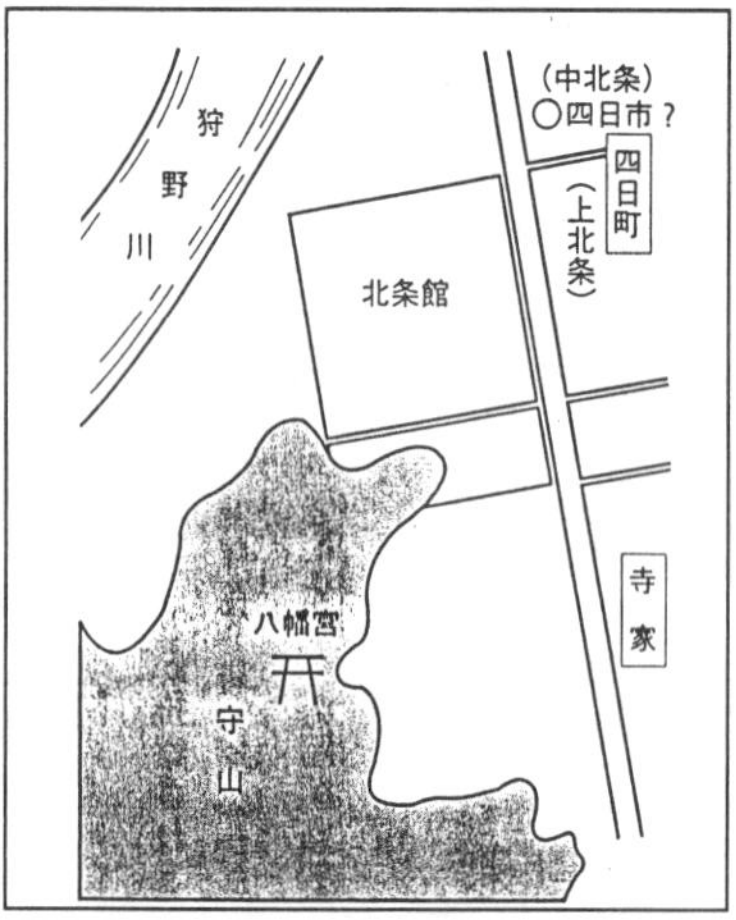

図4　平安末期における北条館付近推定図
□内は現在の大字名、（　）内は同小字名
（注）寺家は願成就院の寺百姓村。四日町は四日市（定期市）所在地。

写真1　高源寺境内に残る伝比企尼の供養塔（函南町桑原）

（在庁官人）として、中央へ納める税を土肥の津《つ》（土肥町）から運送して行った近藤国澄《くにずみ》が、帰り船に僧文覚《もんがく》を乗せて護送してきた。藤原氏の出で京では高尾上人とも呼ばれ、高僧であったが、院庁《いんのちょう》への嗷訴《ごうそ》事件が原因で伊豆へ配流されたわけである。時政も同じ官人として迎い入れ、頼朝同様に監視の役にも当ったであろう。こうして文覚上人は那古谷に庵寺《あんでら》を設け流人生活を送ることになった。頼朝も安達藤九郎を通じ、やがてこの文覚と接するようになるが、それは後述することにしよう。既に五年程前の仁安《にんあん》二年（一一六七）五月、伊豆へ流されてきた前興福寺別当《べっとう》の恵信《えしん》僧都の事も聞いており、頼朝の心情に与えた影響もあったものと思われる。この恵信僧都は摂政藤原基房や右大臣藤原兼実の弟であり、藤・平両氏の軋礫に関わる事件で、藤原氏を出自とする狩野氏や伊東氏その他、伊豆武家の中に影響を受けたものもあったに相違ない。四年後の治承元年（一一七七）五月には天台座主《てんだいざす》の明雲和尚もまた伊豆へ配流されてくるが、途中で比叡山延暦寺の衆徒に奪還されるという事件が起っている。

この間、伊東においては、安元二年（一一七六）の秋十月、伊東祐親や大庭景親等の呼びかけで、頼朝を慰めるための狩猟が計画され、伊豆の狩野・伊東・宇佐美・河津・天野・相模の大庭・三浦・土肥・岡崎・本間・澁谷・糟谷《かすや》・松田・土屋・曽我・駿河の竹下・藍沢《あいざわ》・吉川《きつかわ》・船越・入江等の諸氏が伊豆の奥野へ集まり、盛大な巻狩が行われたという。この時大庭景親の弟俣野《またの》五郎と伊東祐親の長子河津祐泰による余興相撲で、祐泰が珍しい新手「河津がけ」で勝ったことや、祐親を恨む工藤祐経の手の者に祐泰が殺害される等の物語が生じている。

この頃は、集合した武士の間に、「自分たちは元源氏の家人であり、今は平家の支配を受けているが、昔の事は決して忘れていない。この際に頼朝公を招いてお慰めしよう」という共通の心情が働いていたわけである。

この巻狩があった翌年、伊東祐親は京都大番役があり上洛した。この大番役は当時諸国の武士に課せられた義務の一つで、自費で出張し皇居を警備する役である。平氏政権の下では三年の勤務であったが、後に頼朝の治世下に入ってからは半年となった。

この大番役で祐親が伊東を離れている間に、祐親の末娘八重姫と頼朝が通じ、一子千鶴《ちずる》丸が誕生するに至った。三年経った治承三年（一一七九）、祐親が帰京し、この事を知ったため、千鶴丸は命を落し、八重姫は江間郷の江間小次郎の許に嫁す運命となり、頼朝も討たれることになったが、祐清がひそかに逃した。千鶴丸は一説に祐親も不びんに思い、殺害したことにして家人により甲斐に逃したとも伝えられている。また江間小次郎については、『源平盛衰記』第十八に「(祐親)娘ヲハ呼取テ、当国住人江間小次郎ヲゾ聟ニ取ラレケル」と見えているが、『曽我物語』には、「北の御方（八重姫）をもとりかへし、おなじき国の住人江間小四郎にあわせけり」とある。江間小四郎といえば時政の子江間小四郎義時ということになろうが、既述した通り義時の母が伊東祐親の長女とすると、母の妹を娶ったことになり、これは常識的に考えられない。祐親の妹であれば従兄弟となり、この関係は古来尠くない。しかし、江間における小次郎と小四郎は実は別人である。江間義時創建という北条寺（伊豆長岡町南江間）の寺記には「江間小次郎義時」と書かれているので、北条時政の子江間小次郎義時と、八重姫の嫁がせられた土着の江間小次郎が混同されているので困る。

詳しいことは第九章一節に記述したので参照いただきたい。

ともかく、八重姫は頼朝が忘れられず、江間郷に近い北条郷を侍女達と共に訪れたが、すでに頼朝と北条政子が結ばれ、北条邸で暮していることを知り、悲しみの余り、近くの狩野川辺の渕（真珠ヶ渕）に入水して果てたというのがこの辺の定説になっている。現在中条の真珠院にその供養塔がある。そうしてみると、八重姫の死と政子の芳契は時期的に接近しており、頼朝が伊東を離れ伊豆山を経て北条邸に入ったのは、さほど時を経ていない事が推知される。

事実、時政がこの事を知ったのは治承三年であるから同じ年内であった。この年、時政は祐親と入れ代わるように上洛しているが、これは大番役ではなく、在庁官人として国衙の用件か、あるいは不穏になってきた京または東国の状勢の中で、平氏から呼び寄せられたか、いずれかであろう。まさに頼朝挙兵の前年の事であった。

時政はこの在京中に、国元の牧ノ御方から知らせの者が来り、頼朝と政子の親しい関係を知り、取り急ぎ帰国することになったが、その際に平氏の一族平兼隆を同行している。これは平清盛政権が一族や家人を東国各国に目代として送り込み、在庁官人を抑えて国衙領（荘園外の公領）への支配体制を固める一連の施策であった。そうしてみると父との不和から左遷され、伊豆下向となった兼隆の事で、時政

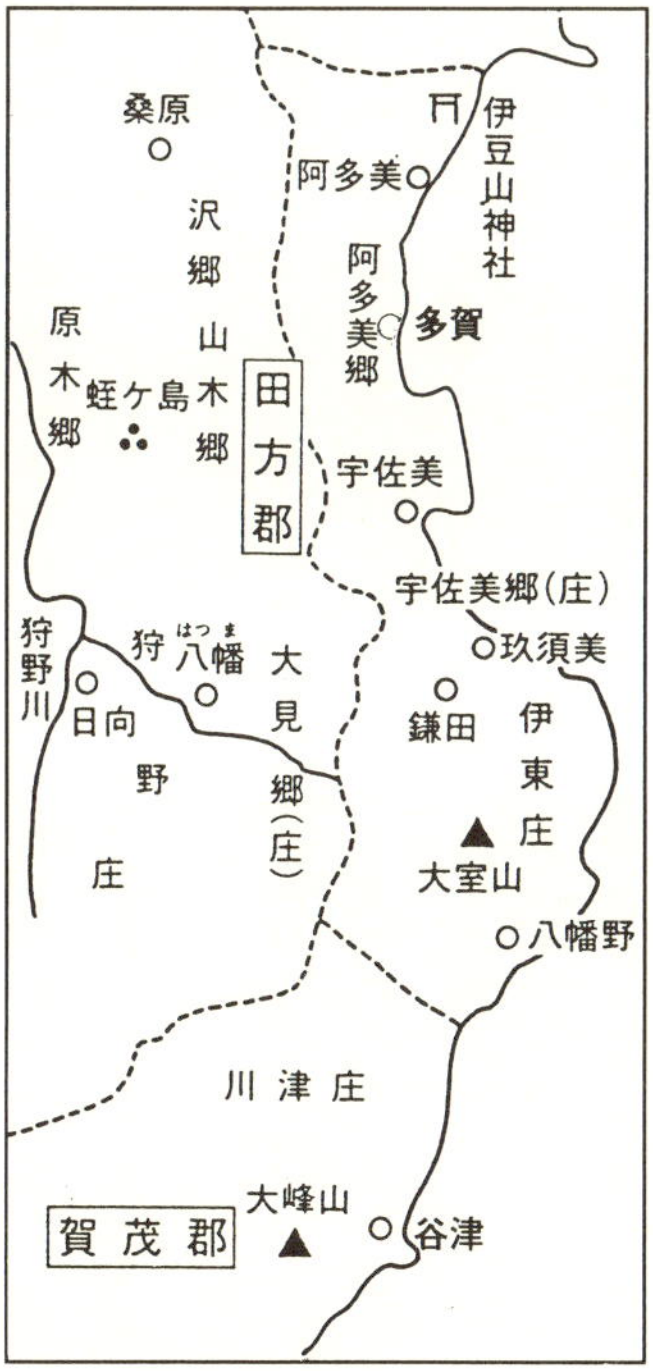

図５　伊東庄付近要図

が京へ呼ばれ、その協力と案内を求められた可能性も強い。

治承三年といえば、すでに平清盛が武家として最初の太政大臣《だじょうだいじん》となり、その子重盛らの一族も高位高官にのぼり、清盛の娘徳子（建礼門院）は高倉天皇の中宮となるなど、宮中に並ぶ者なき権勢を誇っていた。そのため東国の源家ゆかりの武士たちも表面上は鳴りをひそめ、特に平重盛の荘園伊東荘を所管する伊東祐親や、平氏の一族北条時政等は、その権勢を恐れていた。自分の娘が源家の正統を引く流人頼朝と結ばれる事など許し難い事である点共通していた。そこで時政も伊豆へ同行した兼隆に娘政子を嫁がせる約束をし、帰国後その実行を計ったわけである。

兼隆を北条郷の東隣山木郷に住まわせ、いよいよ祝言《しゅうげん》の日を迎えたが、政子は參会者が酒宴に酔いしれる中でひそかに外出し、かねての手配通り安達藤九郎等に護られて、暗夜雨中を山伝いに伊豆山へ逃れたのである。この事は、後年『吾妻鏡』における政子の懐古談（文治二年、鶴ヶ岡八幡宮にて）に、「君（頼朝）が流人として豆州に坐《おわ》し給う頃、吾に芳契ありといえども、北条殿（父時政）平氏全盛の時勢を怖れ、自分をひそかに家に閉じ込めていたが、君に和順していたので、暗夜に迷い、深雨を凌《しの》いで君の所（走湯権現）に到った」と語っている。

伊豆山の走湯権現では別当の東陽房覚渕の坊で、頼朝が政子の身を案じながら待っており、二人はここで暫くの間過ごすことになった。ところで、この二人が結ばれる端緒として有名なエピソードがある。それは『曽我物語』の「時政が女《むすめ》の事」に出ている話である。

すなわち、「さる程に佐殿《すけどの》（頼朝）、時政に女《むすめ》あまた《（数多）》あるよし《（由）》きこ《（聞）》しめし、伊東にてもこり《（懲）》たまはず、上の空なるおもひ《（思）》を、云々」とあるように、伊東での事件に懲《こ》りず、また時政の娘に思いを寄せたのである。二十一才になる長女が先妻の子で殊のほか美しく、その下に十九と十七になる当腹（後妻）の娘がいた。但し、この点については既述した通り、次女、三女が後妻＝牧ノ御方の娘であるか否か疑問がある。ともかく下の二人は「悪女」と記されている通り、器量よしでは無かったが、頼朝は二番目の娘に対して恋文を書いた。それは美しい長女がいいと思っても、後々のことを考えると当腹の方が無難と考えたからというのである。伊東の八重姫との恋の破綻《はたん》も継母《ままはは》の告げ口によるものであったことを頼朝は忘れることができなかった。そこで頼朝の文《ふみ》使いとして安達藤九郎が提灯《ちょうちん》持ちをしたが、年長の彼は途中でいろいろ考え、器量のよくない妹との交際で、もし主人の愛情がさめるようなことがあれば、かえって北条家との関係が悪くなる可能性があると思い、手紙を勝手に姉の方へ届けてしまった、というのである。この受け手が政子であった。

都の貴族の娘ならば決して一度の恋文で意志表示はしなかったであろうが、政子の場合は違っていた。先妻の子で若い後妻との関係もあり、また当時は普通一八才くらいまでに嫁ぐのが一般的であったが、政子はすでに二十余才になっていた。しかも田舎に住む娘として、都からきた貴公子は、たとえ流人であっても憧れの的であったに違いない。

図６　伊豆国江間付近図

こうして不思議なめぐり合わせから、政子と頼朝の交際が始まり、兼隆問題で更に両人の意志も固まり、伊豆山逃避となったわけである。なお、『曽我物語』の政子二十一才というのは修正すべきで、実は『山槐記』や『吾妻鏡』に、兼隆の伊豆下向が治承三年（正月）とあるのに従い、二十三才とするのが妥当であろう。時に、夫頼朝は三三才、政子の父時政は四十二才であった。

この事件で兼隆や時政の面目は丸つぶれとなったが、頼朝・政子の居所が分かっても、伊豆山衆徒の勢力強く、聖地への侵入はあきらめざるを得なかった。また時政と兼隆の関係も気まずくなったが、時政も結局は娘の選んだ道を認め、二人の結婚を許すに至った。この点、伊東祐親の場合と異なり、やがて将来の明暗を分かつことになった。

第三章　歴史の舞台に

（一）　北条館の構え

頼朝が政子と結ばれ、北条郷に落ち着いた頃、京では平清盛によるクーデターが起きた。治承四年六月のことで、関白近衛《このえ》（藤原）基実《もとざね》の未亡人盛子《もりこ》（清盛の女《むすめ》）が亡くなったため、その名義になっていた遺領（旧摂関家領）を院が没収し、後白河院領とした。この土地は基実が仁安《にんあん》三年（一一六六）に逝去した際、その子基通が幼少であるとして、義母盛子の名義とし事実上押領していたものである。そして基実の子で盛子が養育した近衛基通をさしおいて関白藤原基房の子師家《もろいえ》を、まだ八才にもかかわらず権中納言《ごんちゅうなごん》に昇進させた。これに激怒した清盛が武力を以て基房・師家父子や太政大臣藤原師長その他反平氏の公卿《くぎょう》四〇人の官職や所領を奪い、基通を関白とするなど、平氏側の者を大挙昇進させた。かくして平氏一門は、公卿《くぎょう》十六人、殿上人《でんじょうびと》三〇余人、諸国の受領《ずりょう》（国司）・衛府《えふ》・諸司《しょし》合計六〇余人、その知行地二十数ヶ国（一説に三十余国）、荘園五百余ヶ所といわれるように大栄達を遂げた。

その後七月、清盛の長男重盛《しげもり》が死去すると、その遺領越前《えちぜん》国を後白河法皇が没収したため、清盛は遂に後白河法皇を鳥羽殿《とばでん》に幽閉し、院政を中止させてしまった。

こうして平氏政権は絶頂期に達したが、その政治体制は従来のものを踏襲して貴族的性格を示していた。しかし、一方では畿内《きない》以西の武士達を家人《けにん》として主従関係を結び、国衙領や荘園の地頭とするなど、鎌倉幕府に先立つ武家的性格も見受けられた。

また東国においても、国衙を支配する在庁官人と結んだり、一族や郎従を目代として別に送り込むなど、地方支配の強化を計っている。
しかし「驕《おご》れる平氏久しからず」で、平氏の全盛期は短く、中央では園城寺《おんじょうじ》・延暦寺《えんりゃくじ》・興福《こうふく》寺などの寺院勢力や、院側勢力の反撥・抵抗が強まった。東国でも相模国では源家譜代の家人で、国衙（国の役所）の在庁官人として勢力を伸ばした三浦氏や中村氏と、平氏政権の中で事実上の目代として権力を持った大庭景親が対立関係にあった。大庭氏は元来源家の家人であり、景親の兄景義はその恩顧を忘れておらず、三浦氏との関係も悪くなかったが、景親は立場上止むを得なかったのであろう。また下総国《しもふさのくに》では平氏側の藤原氏（北家為光流）と、在庁官人の千葉氏、上総国《かずさのくに》では在庁所職（上総権介広常）と平氏目代の平重国の仲が不穏となっていた。伊豆国でも官人系の狩野氏と北条氏の関係は良いが、伊東氏との関係が微妙となり、そこへ伊豆目代として入ってきた山木兼隆と北条氏の関係が、政子の事件で不和となっていた。なお、狩野氏は狩野荘から山を越えた西北隣の三津御厨《みとみくりや》に居る三戸《みと》氏と抗争しており、狩野川流域の仁田郷《にったごう》には仁田氏、天野郷《あまのごう》には天野氏が、それぞれ割據していた。

これ等の武士は、それぞれの領地を守り、非常時に備えて居館を固め、兵馬を養っていた。今日修善寺町日向《ひなた》に残る狩野館《かのやかた》、韮山町四日町（北条）に残る北条館、函南町仁田に残る仁田館などは、いずれも発掘調査や測量調査がなされて、その内容が解明されている。三者に共通することは、ほぼ一町（約一〇八メートル）四方の方形に屋敷をつくり、その周囲に土塁《どるい》と堀をめぐらしていることで、狩野館には「堀ノ内」の家号、仁田館には「堀ノ内」の小字《こあざ》名、北条館には「堀越《ほりごえ》」・「御所之内《ごしょのうち》」の地名が残っている。この内、「堀ノ内」の地名は、伊豆・駿河・遠江及び相模その他東国各地に残り、土塁や堀の遺構と共に、古代末期から中世にかけての豪族屋敷（武士の居領）の面影をとどめている。

ここでは特に北条館について解説しておくが、その所在地は古代における伊豆国田方郡《たがたごうり》原木郷《ばらきごう》（茨木郷）の中、中世の北条郷の地で、現在は韮山町四日町字御所之内となっている。

この館の名が文献に初登場するのは、『吾妻鏡《あづまかがみ》』治承四年（一一八〇）四月の条で、「今日到着于武衛《ぶえい》伊豆国北条館」とあり、頼朝の挙兵以前の事である。武衛とは頼朝のことで、同書には諸所に見えている。同じく文治五年（一一八九）六日の条に、北条地内に願成就院造営の事が見え、さらに同寺院の北隣に頼朝の宿館（頼朝御亭《よりともおんてい》）の在ったことが記されている。往時の北条郷は近世以来北半が四日町、南半が寺家《じけ》という大字《おおあざ》になっており、願成就院は寺家に存在す

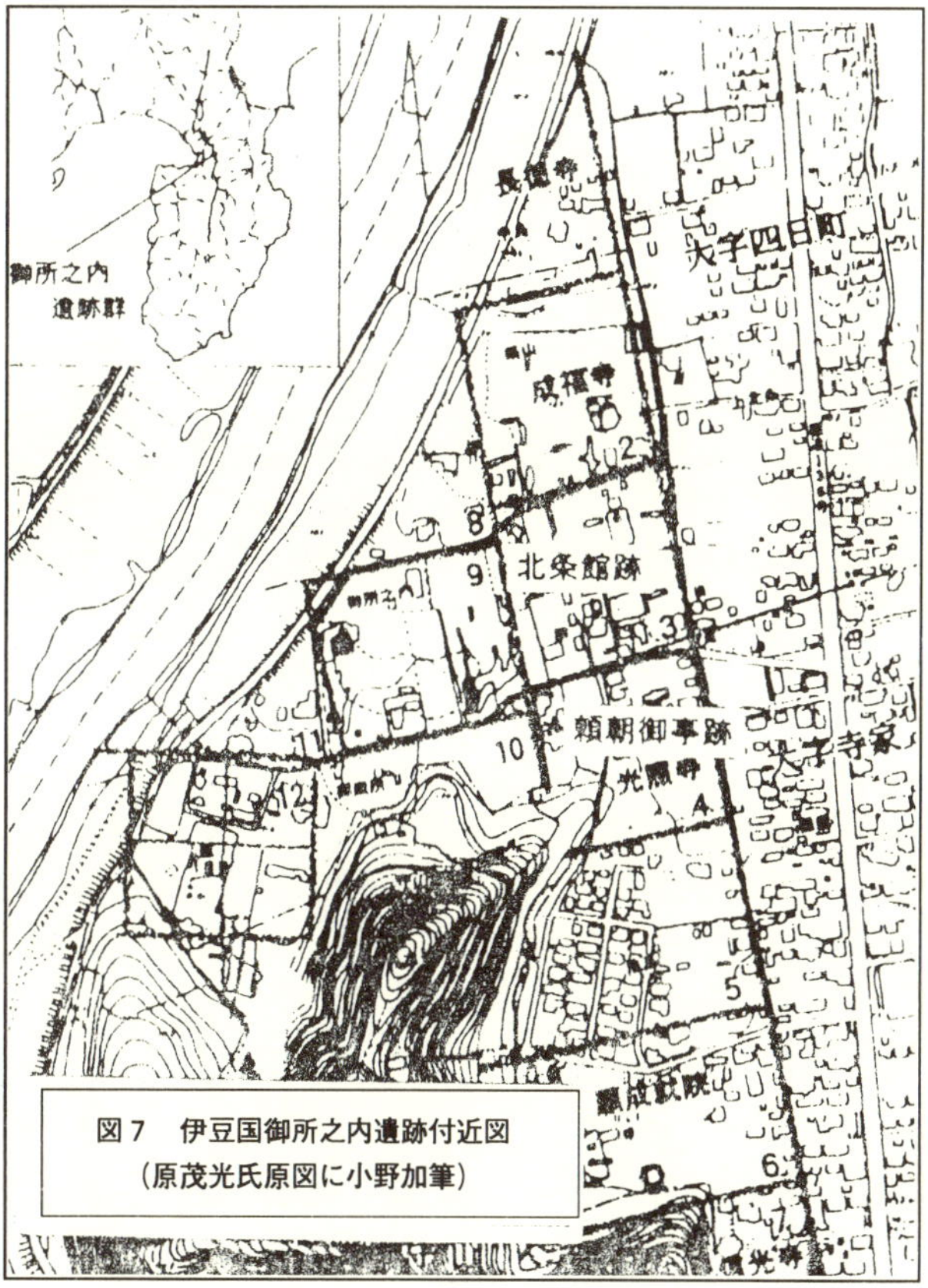

図７　伊豆国御所之内遺跡付近図
（原茂光氏原図に小野加筆）

る点、北条館は頼朝御亭の北側、すなわち四日町の御所之内に存在したことは明らかである。事実、発掘調査の結果、願成就院の北側の現在光照寺《こうしょうじ》境内付近が頼朝御亭跡と考えられ、その北辺に北条館の南堀跡と推定し得る大型の堀が東西方向に発見されている点、ほぼ確実と推測される。

この北条館跡は、後の室町時代の堀越御所《ほりごえごしょ》と重複しており、両者を含めて『御所之内遺跡』と呼び、昭和五十七年以来、平成八年まで二十一次に亘る発掘調査が実施されている。その多くは住宅建設や墓地造成等による部分的調査で、計画的調査は僅かに二～三回に過ぎず、全貌を明らかにするには未だ程遠い状態である。しかし、次頁の図に見るように、下層にある北条館は北・東・南の縁辺をめぐる堀跡が部分的とはいえ検出され、それが古代の条里制地割に合致した一町区画であることがつきとめられた。

地形的には守山《もりやま》の北側で現在の狩野川に接近した平地にあり（図7）、江戸時代寛政十二年（一八〇〇）成立の『豆州志稿』にはこの地域を「堀越御所跡」とし、明治二十八年の『増訂豆州志稿』では「北条時政邸址」を「堀越御所ト同所ナリト云」と記録している。また大正七年田方郡役所刊の『田方郡誌』にも、「堀越御所址」の項を設け、次のように記している。

寺家の西方守山の北斜面より平地一帯の付近を云ふ。字名に御所之内・築山・中島等存し、遺物として庭石と称する七ツ石及び古井《こせい》あり、伝説には此地古《このちいにし》へ北条時政邸址にて、古井は政子誕生の時産《うぶ》湯《ゆ》となせしと云ひ、土俗産前に此水を飲用せしめ安産を祈ると云ふ。然れども此井戸今用をなさず。云々。

この場合、「産湯の井戸」として現存している古井戸は、御所之内南隣の御産所《ごさんじょ》（寺家の分）にあり、四日町の御所之内から寺家の御産所まで、南北一町半（約一六〇メートル）の地域が北条館のように受け取れる。そこへ昭和五十八年の第二次調査で、旧下田街道沿い西側に南北に通じている堀が発見されたため、これが館東縁の堀（東堀）と考えるに至ったわけである。さらに第二次調査と翌年の第三次調査によって、御所之内と北側の築山《つきやま》の両小字の境界線に沿って横走する堀が発見され、その東側延長上もう少し間をとることが前記東堀と直交する角度にあったため、これを北縁の堀（北堀）とし、北条館の東北隅を認定したわけである。

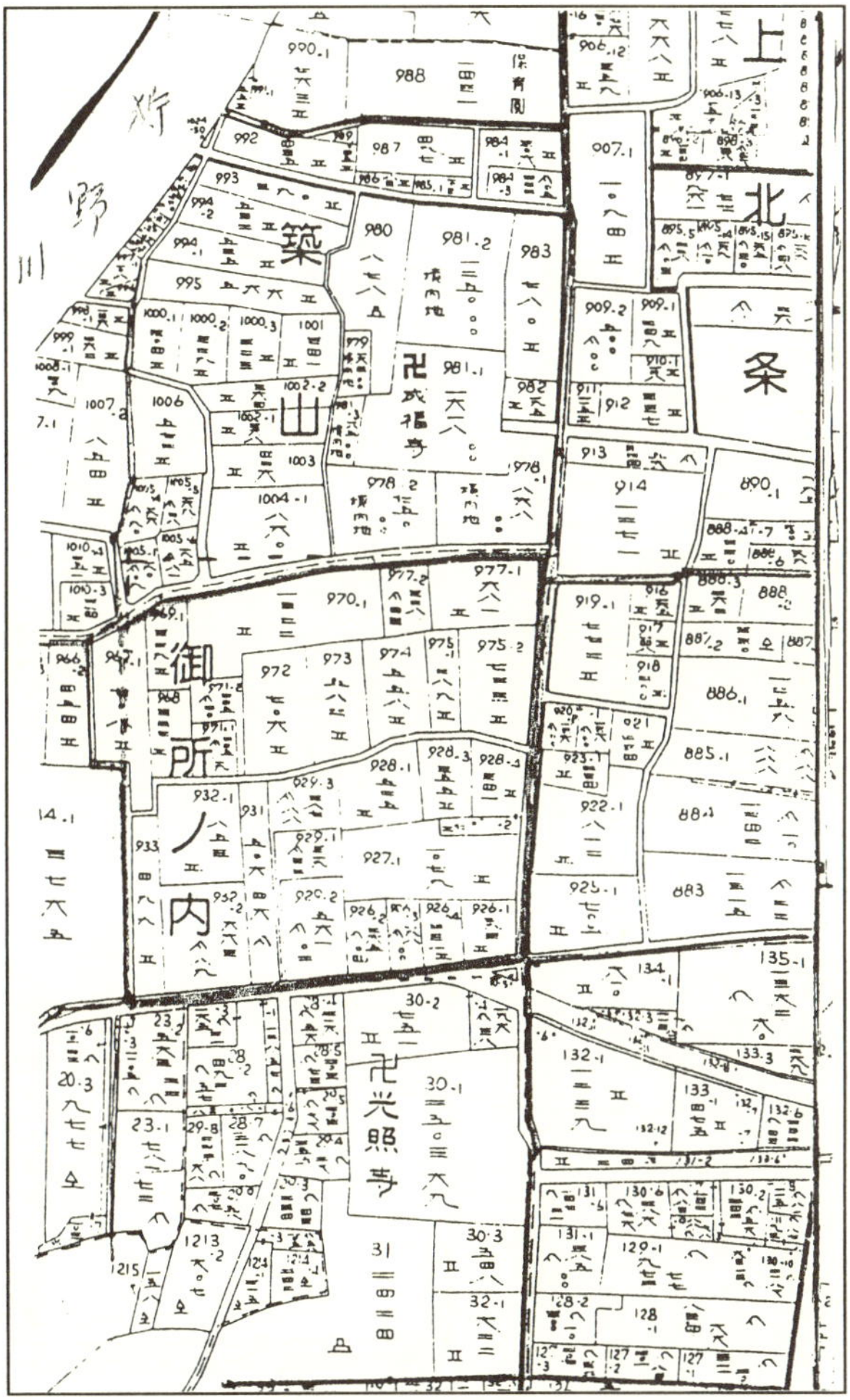

図８　北条館の位置（１町四方で条里に合致す。中央左の四角い部分）

あとは西堀と南堀の発見を待つのみとなったが、取り敢えず、東堀を字御産所を含む守山北裾までとして、一町半四方の方形地域を地籍図に合わせて設定し、これを北条館の規模として、『韮山町史』に発表した次第である。ところがその後、韮山町教育委員会が発掘した第四次調査の結果を検討したところ、御所之内の南辺（四日町と寺家の境界線）の道路敷に沿って、同様の堀が東西に向かって発見され、これを以て北条館の南辺と考え、一町四方の規模と修正することにした。（小野「伊豆国北条発祥の北条氏」『韮山町史の栞』二二号）。

この一町四方という広さは狩野氏や仁田氏の居館跡と共通するものであり、北条氏のみが突出するものでないことを証明した。しかも、南堀の外側（南側）御産所地内の東縁下田街道寄りにある光照寺境内地域からは、昭和六十一年の第五次調査において、鎌倉初期の木枠井戸《きわくいど》や宋代《そうだい》の舶載陶磁器《はくさいとうじき》など、すぐれた遺構遺物が発見された。この付近が既述したように『吾妻鏡』所見の頼朝御亭跡地と思われ、木下忠氏（元文化庁技官）も同様指摘されているだけに注意を要する。またその西隣地域（御産所地内）に、政子産湯の井戸と呼ばれる古井もあり、この北条館南隣地域は北条時政の館と密接な関係を有する地域であったに違いない。

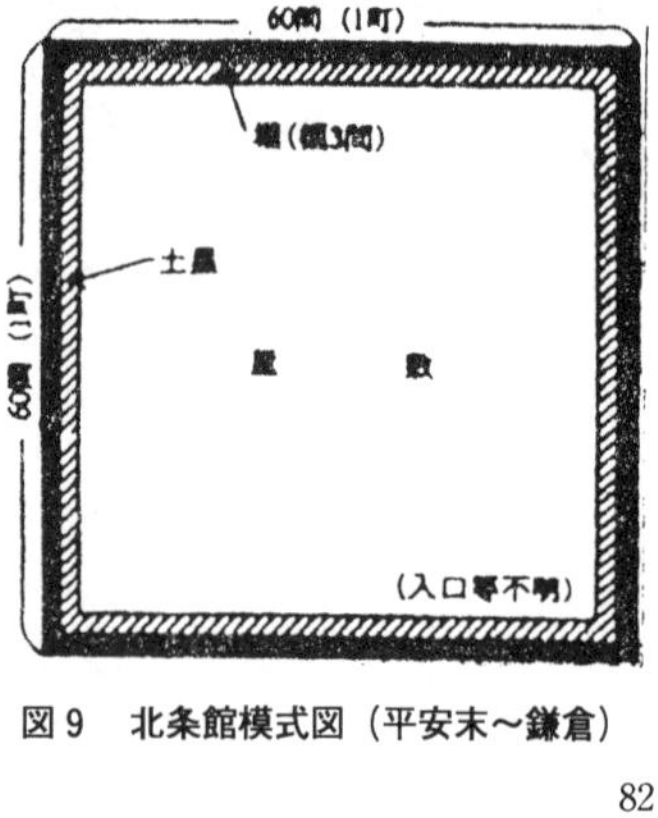

図9　北条館模式図（平安末～鎌倉）

おそらく頼朝御亭というのは頼朝が北条氏の居所へ移り、政子と同棲するようになってから、時政が自己の館跡の傍らに建てた頼朝夫妻のための邸宅であったろう。また産湯の井戸は産小屋《うぶごや》の所在地と考えられ、今日も御産所の小字名が残っている。頼朝や時政が鎌倉へ出てからも、頼朝御亭や北条館は、それぞれが伊豆下向の際宿館として利用したものと思われる。いずれも部分的発掘であり、今後の本格的調査が望まれる。

それにしても、北条館は幅三間（約五・八メートル）、深さ一・五間（約二・七メートル）の堀をめぐらし、その掘り上げた土を内側へ高く積み上げて土塁を構築した筈であるから、戦乱に備えた武家特有の施設であったことが偲ばれる。後に室町時代に堀越御所が造営されるとき、屋敷の拡大のため大半が埋め戻されたらしく、今日地上に土塁や堀の面影はない。

（二）　以仁王の令旨来る

治承四年（一一八〇）になると、園城寺（三井寺《みいでら》）の衆徒が中心になって、清盛によって幽閉されていた後白河法皇を奪回しようとする計画が立てられ、延暦寺や興福寺の衆徒とも結合し、近江《おうみ》その他近国の武士を誘ったが、結局は成功しなかった。しかし、これらの衆徒はその後も反平氏の策動を続けていた。

こうした状況の中で、清和源氏の一流である源頼政は、後白河法皇の皇子高倉宮以仁王《たかくらのみやもちひとおう》に平氏打倒の令旨《りょうじ》下付を要請した。なお故義朝の弟新宮《しんぐう》十郎行家（義盛）を蔵人《くろうど》に推挙し、彼に令旨を持たせて四月中に東国に派遣して、諸国の源氏や反平氏勢力に伝えさせた。

以仁王は後白河法皇の第二皇子で皇位継承も期待できる英才であったが、兄高倉上皇の母建春門院（平滋子《しげこ》）に容《い》れられず、治承二年には平清盛の外孫（徳子の子）安徳天皇が一才で即位した。しかし以仁王は三〇才になりながらも親王にもなれず、父法皇は幽閉の身であった。一方、源頼政は同じ源氏でも本流筋の摂津源氏《せっつげんじ》であり、河内《かわち》源氏流の為義や義朝等と行動を共にせず、清盛に味方してきたため従三位《じゅさんい》の殿上人に出世していた。しかし、平氏政権の中で源氏の衰微を概嘆するに至り、伊豆守《いずのかみ》である長男の仲綱と共に以仁王を奉じて諸国に檄《げき》を飛ばし、源氏の決起を促したのである。

密使として下向《げこう》した行家が北条館を訪ね、頼朝に対面したのは、同じ年の十月二十七日であった。『吾妻鏡《あづまかがみ》』によると、頼朝は衣冠束帯に身を正し、舅《しゅうと》時政と共に叔父行家を迎え、まず男山の方を遥拝し、謹んで令旨の伝達を受けたという。その内容は同書によると次の通りである。

令旨（訓読に直す）

下《くだ》す。東海・東山・北陸三道諸国源氏并《なら》びに群兵等の所、応《まさ》に早く清盛法師并びに、従類叛逆の輩《ともがら》を追討すべき事。

右、前《さきの》伊豆守正五位下　源《みなもとの》朝臣《あそみ》仲綱宣す。最勝王（以仁王）の勅を奉るに称《いわ》く、清盛法師并びに宗盛等《ら》、威勢を以て凶徒を起こし、国家を亡ぼし、百官万民を悩乱、五畿七道《ごきしちどう》を虜掠《りょりゃく》、皇院を幽閉《ゆうへい》、公臣を流《る》罪《ざい》にし、命を断ち、身を流し、渕《ふち》に沈め、楼《ろう》に込め、財を盗み、国を領し、官を奪い、職を授け、功無きに賞を許し、罪に非ざるに過ちに配す。或《あるい》は、諸寺之高僧を召釣《めしこ》め、修学之僧徒を禁獄《きんごく》す。或は叡岳《えいがく》の絹米を給下《きゅうげ》して、謀反の粮米《ろうまい》に相具《あいそな》え、百王之跡を断ち、一人之頭《かしら》を切り、帝皇に違《い》逆《ぎゃく》し、佛法を破滅す。古代に絶せる者也。時に天地悉《ことごと》く悲しみ、臣民皆愁《うれ》う。仍《よ》って吾は一院の第二皇子として、天武《てんむ》天皇の旧儀を尋ね、王位を推取《おしと》る之輩を追討し、上宮《じょうぐう》太子の古跡を訪ねて、佛法破滅之類を打ち亡ぼさんとす。唯《ひとり》人力之構えを憑《たの》むに非《あら》ず。偏《ひとえ》に天道之扶《たす》けを仰ぐ所也。之に因《よ》りて、如《も》し帝王三宝神明之冥感《めいかん》あらば、何ぞ忽《たちま》ちにして四岳合力之志無からんや。然らば則《すなわ》ち源家之人、藤氏之人、兼ねては三道諸国之間、勇士に堪《た》うる者は、同じく与力《よりき》追討せしめよ。若《も》し同心せざるに於ては、清盛法師の従類に准じて、死流追禁之罪過に行なう可《べ》し。若し勝功有るに於《お》いては、先ず諸国之使節に預からしめ、御即位之後、必ず乞《こい》に随《したが》いて勧賞《げんしょう》を賜う可き也。諸国宜《よろ》しく承知し、宣《せん》に依って之を行なえ。

治承四年四月九日　前伊豆守正五位下源朝臣（仲綱）

なお、『源平盛衰記』には、頼朝に対して次のように特別の令旨が出されたように記しているが、『吾妻鏡』には見えない。一応紹介しておく（以下訓読）。

頼朝施行《せぎょう》の事

兵衛佐《ひょうえのすけ》殿は、別して令旨を給ひける間、国々の源氏等に施行せらる。其状に云く。

最勝親王の勅命を被《こうむ》って称《いわ》く、東山東海北陸道の武士に堪《た》うるの輩を召し具して、清盛入道並びに従類叛逆の輩を追討す可き之由《よし》、回選二通此《かく》の如し、早く令旨を守り、用意有る可し、美濃尾張《みのおわり》両国の源氏等《ら》は、東山東海便宜《べんぎ》之軍兵を勧《すす》め催して相い待つ可く、北陸道の勇士は、勢多辺《せたへん》に參向して、上洛《じょうらく》を相い待ち、洛陽《らくよう》に供奉《ぐぶ》せらる可き也。御即位相違無くば、誰か国務を執り行なわざらん哉《や》、廻宣《かいせん》之状《のじょう》に依りて、執達件《しったつくだん》の如し。

治承四年五月　日　　前右兵衛権佐《さきのうひょうえのごんのすけ》源朝臣（頼朝）とぞ書かれたる。かかりければ国々の源氏、背《そむ》く者一人もなし。

これによると、頼朝は以仁王の意を体し、五月中には東国の源氏に檄《げき》を飛ばしているようであるが、実際にはすぐ挙兵というわけにも行かなかった。しかし、去る永暦元年（一一六〇年）の伊豆配流以来既に二十年、頼朝も三十三才となり、諸般の情勢から決起すべき運命の到来を悟り、舅《しゅうと》の時政も亦四十二才の壮年で、すでに頼朝に命運をかける覚悟を決めていたものと思われる。すなわち『吾妻鏡』によれば、治承四年四月二十七日の条に、「時政は武衛（頼朝）を以て聟君と為し、専ら無二忠節を顕《あら》わす」と記されているのも参考にすべきであろう。

五月十日、下総国葛飾《かつしか》郡下河辺荘《しもかわべのしょう》の荘司（荘官）で、在京中の下河辺行平から使者が北条へ来り、源三位頼政が挙兵の準備を整えた旨伝えてきた。彼は藤原北家秀郷流の小山《おやま》氏の族で、父行義以来下河辺氏を称し、頼政の郎従であった。同日の『玉葉《ぎょくよう》』の記録によれば、「今暁、入道相国《（清盛）》入洛す。武士洛中に満ち、世間また物騒《ぶっそう》」とあって、すでに以仁王の計画は平氏方に漏れ、清盛は福原から上京していたことがわかる。そして同月十五日、以仁王の土佐配流が決まったが、王は園城寺（三井寺《みいでら》）に逃れ、同二十六日、頼政父子は平氏の追求に遭遇し、宇治の平等院の近くで敗死、以仁王も敗走の途中戦死した。

この直後、園城寺や興福寺の荘園が平氏により没収され、頼政の知行国であった伊豆国は清盛の妻の兄平時忠が知行主となり、その一族平時棟《ときむね》が伊豆守に任ぜられた。しかし遥任《ようにん》のため、現地の在庁官人を統括するため、一族の平氏山木兼隆を目代に任命した。（兼隆は都で父と不仲になり左遷された）こうして、頼朝や時政は平氏側の強い監視の下に置かれることになった。

六月二日、平清盛は京都から安徳天皇・後白河法皇・高倉上皇を奉じて福原（神戸市）に入った。いわゆる福原遷都《せんと》であるが、その半年後にはまた京都に還都《かんと》したため、期間は短かった。福原では清盛の別邸が天皇の内裏《だいり》（本皇居《ほんこうきょ》）となり、高倉上皇は初め平頼盛邸、後に平重衡《しげひら》邸と、清盛の弟や子息の別宅を移動した。なお、後白河法皇は平教盛《のりもり》（清盛弟）邸に終始置かれた。この遷都の強行についても貴族から大きな非難を受けた。

この福原在都中、伊豆では挙兵へ向けて頼朝・時政・文覚等の活動が表面化した。

（三）　挙兵への決意

『吾妻鏡』によれば治承四年（一一八〇）六月十九日に、京にいる散位《さんい》三善康信《みよしやすのぶ》の使者が北条の地に参着した。その使者は康信の弟で、やはり官に仕える身であったが、用件が重要な問題であるため、所労《しょろう》（病気）と称して出仕を休み、夜を日についで馳せ参じたのである。彼が頼朝と対面した場所は北条の「関所《かんしょ》」と記録されているが、これは既述したように頼朝御亭のことである。『韮山町史』第三巻上の古代中世資料編（昭和六〇年）にも、監修者の木下忠氏が「北条時政の館内にある建物で、頼朝・政子が生活していた場所であろう」と解説されている。しかし、周辺の発掘調査の現状では、北条館の南隣（願成就院北辺）にあったようであり、同館の南堀の外に位置していた。

康清の報告によれば、「以仁王《もちひとおう》の令旨を受けた諸国の源氏追討計画が進んでおり、頼朝公は源氏の正統であるので、特に危険が迫っている。至急奥州方面に遁《のが》れた方がよろしい」というものであった。

頼朝は早速時政に相談した。時政は源三位頼政の決起が失敗した時、自分の在り方を再考したであろうが、結局二つに一つしか策は無かった。一つはひそかに考えていた如く、反平氏の旗をかざして挙兵することであり、他の一つは頼朝の身柄を拘束し、中央へ届け出ることであった。前者は自身の運命を賭けた危険の道であり、後者は平氏知行国の在庁官人として安泰な道であった。しかし、安泰な道をえらんで、多少の恩賞《おんしょう》に預っても地方豪族として残るだけであり、己の出世にはつながらない。むしろ危険な道ではあるが反平氏の気運が高まる中で、挙兵に成功すれば、その後の開運は大きいと決心し、挙兵の線で頼朝と合意したわけである。頼朝とて今さら東北地方に遁れても無事という保障はなく、進退きわまる中で挙兵への道を強く決意したのであろう。『吾妻鏡』に見える「頼朝と時政の密事」というのは、この決意であった。

頼朝は右筆《ゆうひつ》の大和判官代《やまとはんがんだい》藤原邦通《くにみち》に三善康信に宛てた通報感謝の書状を作らせ、これを受けた康清は六月二十二日、京へ帰った。邦通は本来京の人で安達盛長の推挙で頼朝の側近になっていた。

事態は切迫しており、挙兵の準備を急がねばならなかったが、作家の百瀬《ももせ》明治氏によると、そのイニシアテイブをとったのは「時政だったとみなすのが自然である」としている。すなわち「真実の密事」という秘められた関係の中に時政側の積極性が濃厚に感じられるとし、さらに「時政は中小豪族であったからこそ、かえって大きな賭《か》けに出ることができたともいえる」と主張されておられる。なお永井路子氏も、北条氏は小国の小豪族として武力的には問題にならないが、「知略と政略に優れたのが北条氏」として評価されている。

かくして六月二十四日、時政と頼朝は協議して、源家累代の東国御家人を召集するため安達藤九郎盛長を使者とし、小中太光家を副えて、相模・武蔵両国に派遣した。

その三日後の二十七日、京都大番役を終えて帰国途中の三浦義澄《よしずみ》と千葉六郎大夫胤頼等が北条郷へ立ち寄った。実は先月の中旬頃帰国する予定であったが、頼政の宇治の合戦などがあって、官兵として抑留

写真2　頼朝御亭の在った付近（寺家）

されていた。頼朝は両名に対面し、種々懇談したが、他に居合わせるものはなかった。

六月二十九日、時政の叔父時兼《ときかね》が伊豆介に任用され、北条介と称したが、在庁官人の北条家の主家である時政でなく、分家が任用されたのは如何なる理由であろうか。考えられることは、①時政が父の後を受けて伊豆介であったが、挙兵を前に辞退し、叔父に譲った、②時政は伊豆介にはなっておらず、狩野親光（茂光子、狩野介）が就任していたが、ここで北条時兼に移った、等である。いずれにしても伊豆国は平氏の知行国でもあり、目代の山木兼隆の意向が働いたかも知れない。なお、この頃伊豆権守《ごんのかみ》に堤倍透《つつみのぶとう》の名が見え、目代山木兼隆の居館（山木）近くの多田《ただ》に居を構えていた。

七月に入ると、五日には伊豆山権現の住侶文陽房覚渕《もんようぼうかくえん》が北条に招かれ、頼朝御亭で頼朝から挙兵を打ちあけられ、成功を祈念して法華経一千部の読誦を毎日続けてきたが、未だ二百部残っているので、万が一の時にその代読を依頼した。また、大願成就の暁には伊豆山権現に社領を寄進することも告げ、神仏の加護を願った。なお、『箱根山縁起』によると、前後して頼朝は箱根神社にも詣でている。

続いて十日には安達盛長が帰ってきて、相模国には挙兵に応ずるものが多いが、波多野義常や山内《やまのうち》首藤《すどう》経俊は従わないばかりか、いろいろと悪口を云ったと報告した。波多野氏は義朝の次男朝長《ともなが》（頼朝の兄）の母を出した家であるが、平治の乱後、父の義朝が傷ついた朝長の申し出とはいえ、わが子の首を刎《は》ねたのを恨《うら》んでいたようである。また山内首藤氏は頼朝の高祖父義家の母を出し、経俊の妻は頼朝の乳母の一人であったが、何故か批判的であったようである。

頼朝も時政も思い通りいかぬことを思い知らされたが、三浦半島から鎌倉東部にかけて勢威をもつ、相模国衙の在庁官人三浦氏や、今の小田原を中心とする西相地帯の有力官人中村氏及び土肥氏の一統などが、協力を約したのは予測通りであった。なお、高座郡澁谷荘《しぶやのしょう》の荘司澁谷重国の許《もと》にいた佐々木秀義父子（近江源氏）が味方になる申し出のあったことも朗報であった。しかし、この相模には大庭御厨《おおばみくりや》（鎌倉市）を中心に、平氏政権の「関東の後見役」と云われた大庭景親の一族が目代としており、武蔵《むさし》や北関東の様相も不明であるため、決起する時期にはなお至らなかった。

こうした状況を心配したのは北条郷の近隣に住む僧文覚《もんかく》であり、幾度かの面談を通じても埒《らち》のあかぬ問題に決着をつけるため、異常な行動を起すことになった。

（四）　文覚と院の密旨

文覚に関しては、『玉葉』・『百錬抄』・『源平盛衰記』など、多くの書に見えるが、これらを総合して考えると、元は京の生まれで、父は遠藤左近将監盛光《さこんしょうげんもりみつ》といい、院の北面に仕える武士であった。父が六一才、母が四三才の時の子といわれ、難産のため母は死亡、父も彼が三才の時に死没したため丹《たん》波国《ばのくに》保津荘《ほづのしょう》の春木次郎入道に育てられ、十三才の時、一門の遠藤三郎遠光が烏帽子《えぼし》親となって元服、父と加冠者の一字ずつを合わせて遠藤盛遠と名乗り、亡父と同じ北面の武士となった後、遠藤武者盛遠と称した。しかし、十八才の時、他人の女房である袈裟御前《けさごぜん》に横恋慕し、誤って殺害したことから仏門に入り、文覚と改称した。その後、熊野・金峯《きんぷ》・大峯《おおみね》など各地の霊場をめぐって修業し、帰京してからは高尾山神護寺《たかおさんじんごじ》の再興に当った。その時各方面に資材の寄付を募ったが、事もあろうに後白河法皇にも荘園の寄進を強要したため、不敬《ふけい》の罪を問われて、承安三年（一一七三）五月伊豆への流刑となり、伊豆国の知行主源頼政に渡された。そこで頼政は郎党の源省《みなもとのはぶく》に護送させ、伊豆から年貢を運んできた在庁官人の近藤四郎国澄の戻り船に乗せ、土肥《とい》郷（田方郡土肥町）の浜から陸路狩野川流域の奈古谷郷の配所に連行したことは既に述べた通りである。

『平家物語』には国澄を国隆と記し、「奈古屋が奥にぞ住わせける」とある。また『源平盛衰記』には奈古屋寺の名も見え、文覚はその傍らに庵を設けて閉じ籠《こも》ったまま年月を送ったとしているが、『神護寺縁起』には、「下着《げちゃく》の後深山の中に尋ね入り、荊棘《けいそう》を苅掃し、一宇、草庵を構え、居住せしむ所也」

と記されている。

さらに、『源平盛衰記』巻十九には、文覚の庵室と頼朝の館（頼朝御亭）とは近かったので、頼朝は藤九郎を通じ文覚の弟子の相照《そうしょう》を招き、また文覚にも会って種々懇談したようである。かって文覚は出家前に、鳥羽上皇の長女上西門院《じょうせいもんいん》（統子）に仕えており、頼朝も亦同じ頃上西門院に祗候《しこう》していたので、野口実氏が指摘されるように旧知の仲であったかも知れない。『尊卑分脈』によれば頼朝の実母（尾張熱田大宮司家の女）の妹に、上西門院に仕える女房（官女）が居り、その父（頼朝の外祖父）藤原季範も鳥羽上皇《とばじょうこう》の乳母《めのと》藤原悦子の従兄弟《いとこ》といわれ、さらに熱田神宮の社領が上西門院を本所《ほんじょ》（上部の荘園領主）としていた事を考えると、頼朝や文覚も不思議な縁で結ばれていた。

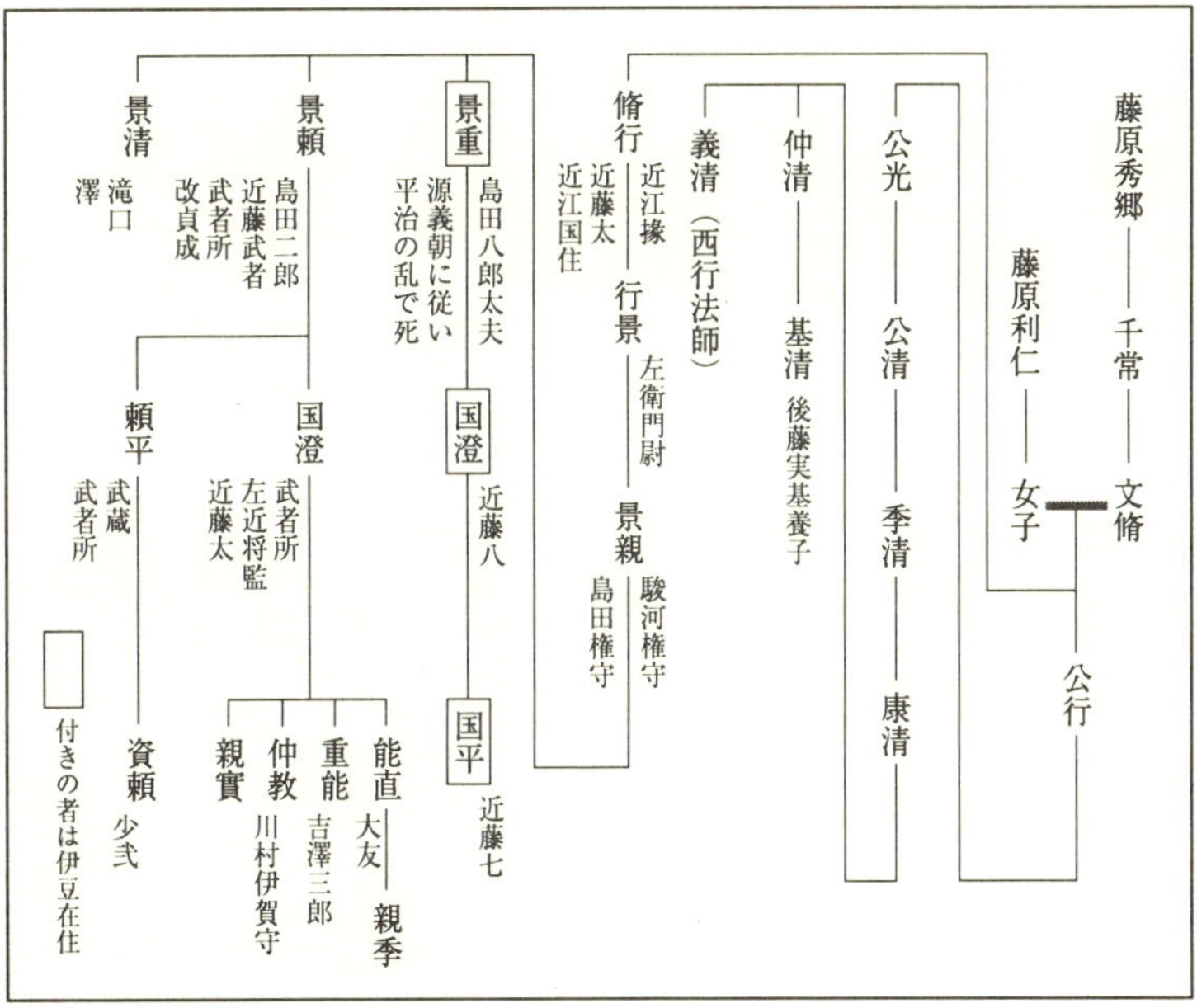

系図10　近藤氏系図（尊卑分脈）

『愚管抄《ぐかんしょう》』第五には、文覚が朝夕に頼朝と行き会って、仏法を信ずるように、また王法を重く守るように云い聞かせたと記している。なお、『平家物語』の中に、文覚が頼朝に父義朝の髑髏《どくろ》（頭蓋骨）を見せ、挙兵を勧めたという記事があるが、これは甚だ疑わしい。しかし、『吾妻鏡』にある文覚と師檀の契《ちぎ》りを結んでいた千葉胤頼《たねより》と頼朝の関係は信じてよかろう。すなわち下総国《しもふさのくに》（千葉県）の大豪族であり、在庁官人の千葉常胤の六男胤頼は、文覚の父遠藤盛光の推挙で上西門院に仕え従五位下に任官しており、その縁で文覚に師事すると共に、頼朝とも親しくなっていた。その胤頼は師の伊豆配流を知り、ある時、その配所（奈古屋）を訪ねた。この時文覚は頼朝が挙兵すべきことを説き、その時は常胤に真っ先に參加することを勧めたというのである。

『箱根山縁起並序』によれば、源頼朝が夢を見、奈古屋寺に居た文覚に多聞堂《たもんどう》を建てさせ、箱根権現の駒形神を祀らせたとあるが、多聞堂は当然ながら多聞天すなわち毘沙門天《びしゃもんてん》を祀《まつ》る御堂であり、今日奈古谷（韮山町）の奥にその毘沙門堂跡が残っている。この古寺跡に通ずる參道は自然石を並べた細い古道で、平安時代の山岳仏教（密教）系の面影をとどめており、そこに現存する古い仁王門（金剛門）には阿形《あぎょう》・吽形《うんぎょう》二躯の金剛力士像が安置されている。共に榧《かや》材の寄木造《よせぎづくり》で、彩色・彫眼、高さ二メートル余である。阿形像の胎内脊板に「御衣木加持大阿闍梨住持定禅《みそぎかじだいあじゃりじゅうじていぜん》　大佛師描門大貮法眼《だいぶつしびょうもんだいにほうげん》印照　干時延《えん》慶《ぎょう》三年庚戌《かのえいぬ》八月十五日婁宿・火曜「己未《つちのとひつじ》」の黒書銘が存在する。延慶三年は西暦一三一〇年で、頼朝在

写真3　文覚ゆかりの毘沙門堂（奈古谷）

世より後年であり、鎌倉時代後期造立のものである。

ともかく親密な関係の仲で、文覚が頼朝に当時の社会情勢や、血統上の運命を説き、反平氏勢力を結集しての挙兵を促したことは確かである。軍記物にはなお頼朝と文覚に関する記事があり、『平家物語』の「福原院宣《いんぜん》」、『源平盛衰記』の「文覚入定京上《もんかくにゅうじょうきょうのぼり》の事」及び「平家追討の院宣の事」の各項がそれである。これらを要約すれば、ある時文覚が頼朝に会い挙兵を勧めたところ、「自分は勅勘《ちょくかん》の身であり、免《ゆる》されねば何事も出来ない」と答えた。さらに「しかし、法皇の院宣があれば……」という気持を述べたので、文覚は弟子達と図り、奈古谷の草庵付近に密閉した特別の庵室を設けて、入定の行《ぎょう》（參籠《さんろう》）を行うと見せかけ、実は密かに福原（都）へ急行した。新都に着くと、法皇の側近前右兵衛光能卿《さきのうひょうえみつよしきょう》が親戚関係にあったため、同人を通じて法皇に奏上し、清盛によって押し籠められている法皇の立場に同情の意を表すると共に、頼朝への平氏打倒の院宣下付を懇請した。こうして「法皇大きに御感あって、やがて院宣をぞ下さりける」（『平家物語』）ということになった。

なお、このことは主として『平家物語』に見える院宣の内容であるが、『源平盛衰記』の場合はやや異なり、日付も七月五日となっている。いずれにせよ

平家追討の院宣

項年より以来、平氏天皇蔑如して、政道にはかかる事なし、仏法を破壊して、朝威をほろぼさんとす、夫我朝は神国也、宗廟あひならんて、神徳是あらたなり、故朝廷開基の後、数千余歳のあひた、帝猷をかたふけ、国家をあやふめむとする物、みなもて敗北せすといふ事なし、然則且は神道の冥助にまかせ、且は勅宣の旨趣をまもて、はやく平氏の一類を誅して、朝家の怨敵をしりそけよ、譜代弓箭の兵略を継、累祖奉公の忠勤を抽て、身をたて、家をおこすへし、ていれは、院宣かくのことし、仍執達如ﾚ件、

治承四年七月十四日　前右兵衛督光能が奉り

謹上前右兵衛佐殿へ

（平家物語）

以仁王の令旨や福原遷都より、かなり後の事であり、末尾にはいずれも「光能《みつより》奉《たてまつる》、謹上前右兵衛佐《さきのうひょうえのすけ》」（後者では権佐《ごんのすけ》とある）と記されている。

このほか、『愚管抄』にも、

コノ頼朝、コノ宮（高倉宮）ノ宣旨ト云物《ユウ》ヲモテ来リケルヲ見テ、「サレバヨ、コノ世ノ事ハサ思《おもい》シモノヲ」トテ心オコリ（起）ニケリ、又光能卿院ノ御気色《おけしき》ヲミテ、文覚トテ（中略）ソレシテ云ヤリクル旨《むね》モ有ケルトカヤ云々

と見えている。なお、同書「大場早馬の事」にも、「伊豆国の流人前右兵衛権佐源頼朝、一院の院宣、高倉宮の令旨在りと称して云々」とあって、院宣のことがしばしば見えている。最近上横手雅俊氏が、「頼朝が挙兵にふみ切った直接の動機は令旨を得たことではなく、その後に文覚を通じて法皇の密旨を受けたことなのである」（「鎌倉幕府の成立」『週刊朝日百科日本の歴史4』）とあるのも參考にすべきであろう。

要するに、以仁王の令旨も頼朝の東国支配を力付けているが、挙兵の動機は後白河法皇の密旨であり、これが多くの東国武士を結集する要因となったと見てよかろう。

（五）　挙兵前夜

治承四年七月も終りに近い二十三日には、前年五月以来伊豆で配流生活をしていた元筑前国《ちくぜんのくに》（福岡県）住吉神社の祠官佐伯昌助《さえきのまさすけ》の弟住吉小太郎昌長と、伊勢皇太神宮祠官《いせこうたいじんぐうしかん》の後裔で、相模国の波多野義常の館（泰野市）に寄留していた、永江蔵人大中臣頼隆《おおなかとみのよりたか》が北条郷へ来訪し、頼朝に初めて面会した。両名とも源家のために祈祷することを希望し、頼朝は門下の祗候《しこう》を許した。

八月二日には宇治の合戦以来在京していた相模国の目代大庭景親（平氏）等が帰国し、頼朝への対応を図った。彼は在京中に平家の侍上総介《かずさのすけ》忠清から、長田入道《おさだにゅうどう》の書いた書状を見せられたが、それは北条時政や、比企掃部允等が頼朝を大将軍として叛逆を企てているという内容のものであった。その時はちょうど以仁王の令旨を貰った諸国の源氏の動きを調査中であったので、景親は「北条はすでに頼朝の縁者《えんじゃ》になっているので、その心中がどうであるかわからないが、比企掃部允は早世した者である」と平氏に報告している。したがってこの時点では比企遠宗はすでに死没していたことが知られる。

『源平盛衰記』の中の「兵衛佐家人《ひょうえのすけけにん》を催す事」によると、八月に入っても頼朝は未だ考えあぐねていた。そして、その四日、頼朝は時政と会い、「平家追討の院宣を賜ったが、折節《おりふし》無勢である。いかがすべきか」と説いかけた。これに対して時政は、「関東八箇国には、党（武士の集団）も高家《こうけ》（家柄の良い家）も大名・小名も、頼朝公の御家人ならぬものは居ない。しかし、平家世を取るに及んで暫く身命を続《つ》がんとして、一旦平家に相従うばかりである。思召《おぼしめ》しがあれば誰が参上しないであろうか。なかでも今までに連絡を得て覚えていることは、伊藤右《う》衛門尉《えもんのじょう》忠清が上総国に配流された時、上総介《かずさのすけ》広常が一生懸命世話をした。やがて刑を免ぜられて帰京した忠清はたちまち恩を忘れ広常を平家に讒言《ざんげん》し、その所職《しょしき》を奪おうとした。そこで子の能常《よしつね》が上洛《じょうらく》して詳しく説明したが、なお広常を責めるため憤り、かつ恨《うら》んでいる。よい折であり、上手に話して招くにはいい機会である。また、下総国《しもふさのくに》の千葉介常胤《ちばのすけつねたね》、相模国の三浦介義明はその性格が義理難く、反対はなく、頑固なほど信頼がおける人物で、一族の長であり、衆兵の棟梁《とうりょう》である。どうして本来の旧主に背《そむ》いたり、勅命に反する賊に興《くみ》することがあろうか。早く適当な使者を派遣し、院宣の趣旨を説明さるべきである。土肥・土屋・岡崎の輩《ともがら》は、元来參加する以上は、広常・常胤・義明三人当方に參ずれば、八箇国の輩で、たといあやぶむ心をもつ者が多いといっても、皆それ程の勢力もないので、一人抜き出て脊く者もあり得ない。八箇国が帰伏すれば、北国・西国の輩も、手を下し參加することは疑いなし」と答えている。

　さらに時政の話は続く。「ここに相模国《さがみのくに》の住人大場(庭)三郎景親は、すでに三代相伝の御家人《ごけにん》であるが、当時平家重恩の者で、その勢いは国にはびこっている。また武蔵国《むさしのくに》の住人畠山荘司重能《しげよし》・小山田別当《おやまだのべっとう》有重《ありしげ》は、平家の大番役を勤めている者であるから、重能の息子重忠、有重の息子重成は確実に背くと思われる。その勢いは景親に劣ることはない」と。

　この時政の言葉は真実味があり、また辨もあって、頼朝は深く信ずるに至った。そこで頼朝は、この三日、時政に命じて軍を起すに当り、各地に連絡し、その參否を十五日までに明確にするよう通知させた。かくして重代の家人たちは、ひそかに夜々參集するようになった。なお、平家色の強い大庭氏も兄弟で協議の結果、長兄の大庭景義は保元の乱以来源氏に属しており、弟の豊田四郎景俊と共に頼朝方に属し、三男の景親は五男の俣野《またの》五郎景久と平家側に加わることになった。軍《いくさ》の勝敗は分からないから、どちらが勝っても大場氏が生き残れる道を考えたわけで、保元の乱の時、源氏が為義・義朝父子で両派に分かれたのと同じ現象である。

頼朝と時政は挙兵の第一目標を山木兼隆討伐と決め、滞留中の藤原邦通に山木の居館を探らせた。邦通は山木の館《たち》を訪れ、歓待される中で酒宴に興ずる兼隆の相手をして数日逗留《とうりゅう》し、館内から付近の山川村里に至るまで、詳しい絵図を作り、八月四日、頼朝御亭に帰ってきた。早速頼朝と時政がその絵図を中にして作戦計画を立てた。次いで六日、両人は邦通・昌長（佐伯氏）等を呼んで、山木打ち入りの日を卜定《ぼくてい》させた。こうして、挙兵は来る十七日寅卯《とらう》の刻《こく》と内定した。このあと、狩野茂光・土肥実平・岡崎義実・宇佐美祐茂・天野遠景・佐々木盛綱・加藤景廉《かげかど》以下、主な勇士を呼んで、各々一人ずつ閑所《かんしょ》（頼朝御亭）で、合戦の事を協議した。こうして「ひとえに汝を恃《たの》む」という一身抜群の芳志を受けた武士《つわもの》たちは、勇躍して出陣する事を約したわけであるが、なお「真実の密事」は、「北条殿（時政）のほかこれを知る人なし」と『吾妻鏡』は記録している。

頼朝御亭や北条館を中心に伊豆における武士達の動きも日増しにあわただしくなってきたが、田園地帯を挟んで東側の山木館等

写真４　伝山木兼隆の居館址（山木）

にできるだけ察知されぬよう、主として夜間の行動が多くなった。また北方山間の比企尼《ひきのあま》の住む桑原郷においても、しばしば集会や密議が行われたらしく、高源寺その他に伝承が残っている。

一方、相模国でも八月九日、澁谷荘に寄留している佐々木秀義が大庭景親に招かれ、両者が前々からの親しい間柄を強調され、「子息たちが頼朝の味方につく場合は、それなりの覚悟をしておくよう」忠告された。驚いた秀義は翌十日、この内容を長男の定綱に伝え、定綱は十一日に北条郷を訪れ、頼朝に委細を報告した。頼朝はこの事前報告を賞讃した。

十二日には、山木攻めを正式に十七日として発表し、特に岡崎四郎義実《よしざね》と同与一《よいち》義忠を恃《たの》みとしているので、十七日以前に土肥次郎実平共々參着するよう、頼朝は使いを義実の許《もと》へ派遣した。

写真５　桑原の高源寺（函南町）

十三日には、伊豆に滞在中の佐々木定綱が帰国することになり、頼朝はこれを留めたが、甲冑《かっちゅう》を身につけて十六日に必ず參上すると約束して澁谷荘に帰って行った。この時頼朝は澁谷荘司重国に対して、恃みにしている旨の書状を定綱に託した。十五日から十六日にかけては雨が降り続き、翌日の合戦が心配になったため、住吉小太郎昌長に頼朝は御鏡を授け、御祈祷を奉修した。永江蔵人頼隆も一千度の御《お》祓《はらい》を行ったという。

かくして、頼朝勢は翌日の山木攻めを待つばかりとなった。

第四章　東国政権の樹立

（一）　伊豆目代を討つ

治承四年（一一八〇）八月十七日、丁酉（ひのととり）、あたかも伊豆国府の三島神社祭礼の日である。頼朝は側近の安達藤九郎盛長を名代として社參させ、本日の山本攻めの悲願成就を祈った。それと共に軍勢の集結を待ったが、頼みとする佐々木兄弟の到着がおくれ、一時は不安な空気も流れたが、夕刻に至って、佐々木太郎定綱・同次郎経高・同三郎盛綱・同四郎高綱の兄弟四人が漸く參着した。定綱と経高は疲れた馬に乗り、盛綱と高綱は徒歩《かち》であった。相模国（神奈川県）からの途中、洪水に遭い、心ならずも遅《おく》れたとの事で、その姿を見た頼朝は感涙を浮かべながら迎え、「汝等が遅參によって今暁の合戦ができなければ遺恨万端の至りであった」と心から喜んだ。

彼等四人兄弟の父は佐々木源三秀義で、頼朝の祖父爲義の猶子《ゆうし》（養子）であり、平治の乱には義朝に従って奮戦し、乱後は平家に従わなかったため先祖伝来の近江国佐々木庄（莊）を取り上げられてしまった。そのため叔母の夫藤原秀衡《ひでひら》を頼って奥州へ赴く途中、相模国澁谷庄の澁谷重国に好遇を得て、二十年程過ごしていたが、今回の頼朝挙兵に当り旧好を忘れられず、子息達をその配下に送り込んできたわけである。

同じ日夜遅く、安達盛長の下僕《げぼく》が釜屋《かまや》（炊飯所）で、山木兼隆の雑色《ぞうしき》（召使い）の男を捕えた。この男は日頃頼朝御亭（御殿）の下女とよくなり、夜々參入していたが、今夜は殿中に多くの武士が參集するため、情報の洩《も》れるのを防ぐためであった。なお頼朝は「明日を期するのでなく、皆の者早く山木へ向かい、雌雄を決すべし。この戦いをもって生涯の吉凶を占いたい」と云ったので、集った士卒は大いに奮い立った。『吾妻鏡』によると、時政も「今日は三島の神事で、群参の衆徒が往復しているので、さだめし巷《ちまた》は人で満ちるであろう。よって牛鍬大路《うしくわおおじ》を廻ると往復の者に咎《とが》められるであろうから、蛭《ひるが》島《しま》通りを行くべきであろう」と提言している。これに対して頼朝は、「自分もそう思う。しかし事の始めにおいて閑路《かんろ》（淋しい道）を用いるのもどうか、また蛭島通りは騎馬《きば》では行けない。大道を行った方がよかろう」と答えている。また、合戦の際には「まず火を放つべし、その煙を見て様子を判断したい」とも述べている。

なお、祠官《しかん》である住吉小大夫昌長《まさなが》は頼朝の命で腹巻を着用して従軍した。それは陣中で御祈祷《ごきとう》をさせるためである。さらに佐々木盛綱と加藤景廉等は宿居《とのい》として、頼朝の身辺に留《とど》まることになった。

かくして、時政の率いる本隊は北条館から北方へ向かい、原木《ばらき》を経て肥田原《ひだはら》（函南町）に到着。ここで時政は佐々木定綱を呼び、「山木兼隆の後見人である堤権守《つつみごんのかみ》信遠《のぶとう》が山木の北方の多田《ただ》に住んでいる。勝ぐれた勇士であるから兼隆と同時に討伐しなければ後の煩《わずら》いがあろう。したがってお前たち兄弟は信遠を襲うべし」と命じ、案内者をつけて別動隊とした。ちょうど深夜の子《ね》の刻《こく》、軍勢は肥田原から東進して牛鍬《うしくわ》（長崎南方）へ出、ここから時政の本隊は牛鍬道路を南進して山木の館へ向かい、佐々木兄弟の別動隊はさらに東へ直行して堤氏居館前の水田付近に到着した。ここで定綱と高綱は時政の雑色（下人）で案内者の源藤太《げんとうた》を伴って館の裏に廻り、経高は前庭に進んで、まず矢を射かけた。これが源氏方の平家方に対する最初の攻め矢であった。月は明るく真昼のような中で、信遠の郎従達も応戦し、信遠もまた太刀《たち》をとり立ち向かってきた。経高も弓を捨て相戦ったが決着がつかず、遂には経高が矢に当っ

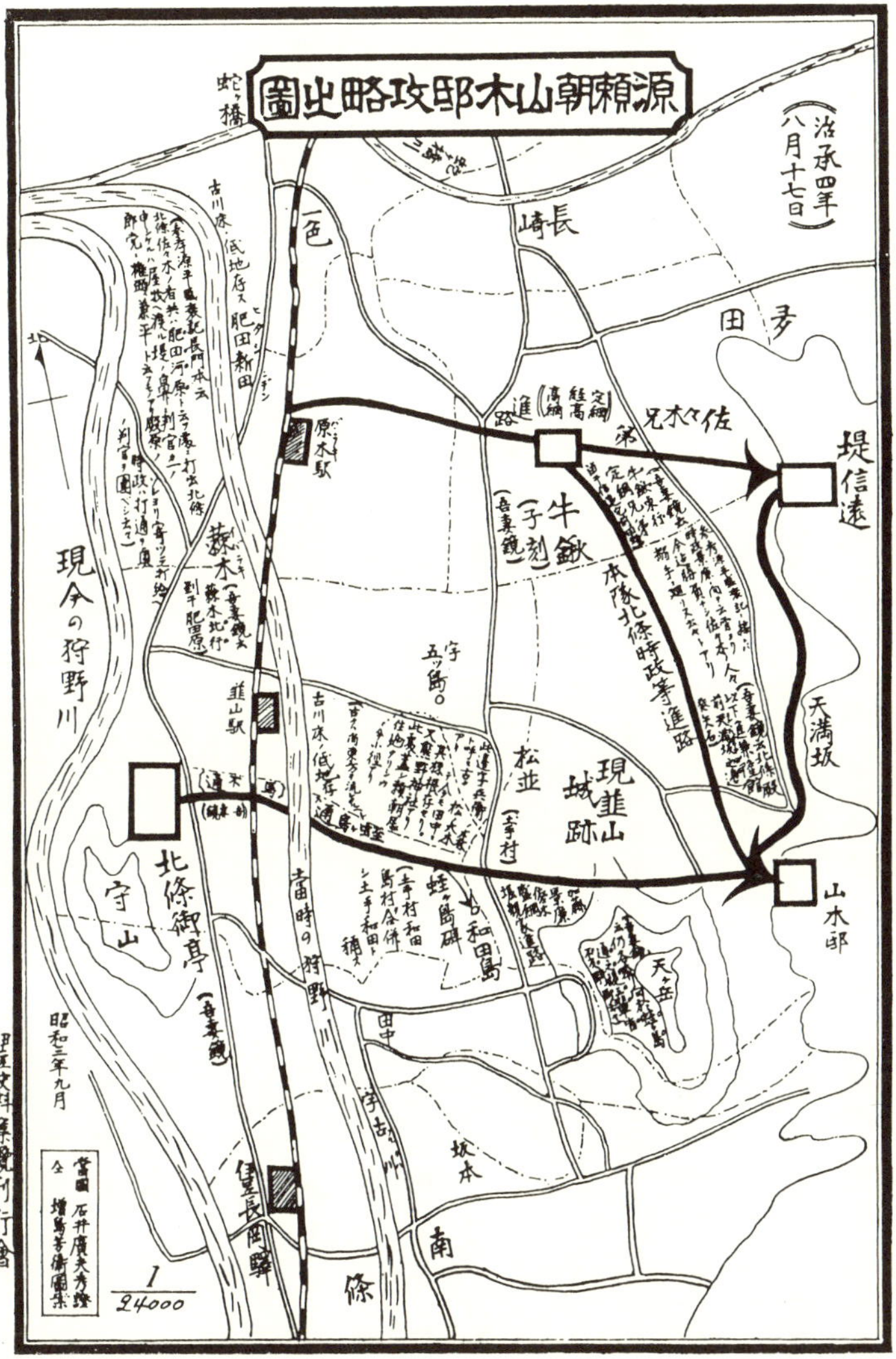

図10　源頼朝山木邸攻略図
本図は第章第３節山木館夜討の参考資料で、昭和３年（1928）９月、石井広夫（県立韮山中学校教諭）・増島芳衛（韮山尋常高等小学校教諭）の両氏によって作図された。

てしまった。その時、定綱・高綱が後方より攻撃して信遠を漸く討ち取った。

この間、時政の本隊は兼隆の館の前、天満坂《てんま》の付近に進んで攻撃を加えた。兼隆の郎従の多くは三島神社の祭典に行き、その後、西方の黄瀬川宿《きせがわじゅく》（沼津市木瀬川）で遊女達と興じていた。しかし残留組の壮士等が決死の戦いを挑み、時政の軍勢も攻めあぐんでいた。そこへ信遠を討ち取った佐々木兄弟が馳せ加わった。

一方、頼朝は御殿の縁側から合戦の事を案じていたが、一向に放火の煙が上らず、御厨舎人《おうまやとねり》の江太《えたの》新平次《しんぺいじ》に樹上から展望させたが、なお煙は見えなかった。そこで、宿居の加藤次景廉、佐々木三郎盛綱、堀藤次《ほりとうじ》親家等を呼び、速やかに山木へ加勢に行くよう命じた。特に景廉には長刀《なぎなた》を与え、兼隆の首を討ち取って持参するよう励ました。そこで三人は山木までの直線コースである蛭島通を走り、奮斗の末、山木館に打ち入って兼隆の首を獲た。勢いづいた北条方により、山木の郎従達もことごとく討たれ、各所に火が放たれ居館は焼失した。

すでに暁天を迎えたが、頼朝も待望の煙を望見し、安堵《あんど》すると共に、帰参して庭先に群居した将士を篤く慰労した。こうして頼朝の挙兵は緒戦において見事成功するに至った。

ところでこの山木攻めで、ひときわ目ざましい活動をしたのは加藤景廉であった。彼は『保元物語』にも、「殊さら、きりもなき剛《たけ》の者、そばひらみずの猪《いのしし》武者《むしゃ》也」と記されており、たけだけしい武者であった。おそらく中国の『三国志』に出てくる張飛《ちょうひ》のような、向こう見ずの勇士であったと思われる。

山木攻めにおいて、折柄頼朝は景廉に不審を抱くところがあり、攻撃の軍勢に加えていなかったが、頼朝の身辺にも危険が迫っている折柄、頼朝御亭で夜警（宿居）をしようと、紫《むらさき》威《おどし》の腹巻に太刀《たち》を帯び、乳母子《うばこ》（乳母の子）洲崎三郎等を連れて馳せ参じていた。そして攻め手の朗報が後れる中で、頼朝から義朝秘蔵の長刀を与えられ加勢に向かったわけである。それを見た時政が「御辺《ごへん》（貴殿）は今御《ご》勘当《かんどう》の身であるのに、どうして……」と聞いたところ、景廉は「にわかに呼ばれ、山木の首を貫いて進ぜよとの命があり、御長刀を賜った」と答えた。彼は直ちに部下に命じて櫓《やぐら》と門に火をつけさせた。当時武家の館には門の上に櫓《やぐら》を備えている場合が多く、山木館でもこの櫓の上から、河内国《かわちのくに》の住人関屋《せきや》八郎という者が現われ、「今ここに残れる矢が一筋ある。誰か名乗って我が矢を受けて見よ」と叫んで中に入った。そこで景廉は州崎三郎に言いふくめ、加藤景廉と名乗らせて向かわせたため、三郎はついに関屋の矢を受けて死亡した。そこで、景廉は矢の尽きた関屋を見事討ち取り、館内に突入すると、山木兼隆は紺の小袖に上腹巻をつけ、大刀を額《ひたい》に当ててひざをつき、敵の近づくのを待っていた。景廉は兜《かぶと》をぬいで長刀の先へかけ、中に差し入れると、待っていたとばかり兼隆が切りつけてきた。しかし、力あまって切先《きっさき》が鴨居《かもい》にささってしまい、抜こうとしているところへ飛び込んだ景廉に長刀で討たれてしまったといわれる。

景廉から兼隆の首を受け取った時政は、吉報を待つ頼朝のもとへ戦勝の合図を送った。頼朝は大いに喜び、「頼朝挙兵の第一の武功なり」とほめ讃えたという。

伊豆目代を倒した翌十八日、頼朝の妻政子は走湯権現から御経師法音尼《ほうおんに》を招き、夫の頼朝は毎日の勤行《ごんぎょう》を欠かさなかったが、戦場へ出れば怠ることも多かろうという心配から、尼に勤行を代行して貰うよう依頼した。そしてその勤行の目録を尼に手渡したが、その中には鎌倉の八幡宮や京の祇園《ぎおん》社、摂《せっ》津《つ》の住吉社、紀伊の熊野社、尾張の熱田神宮、駿河の富士権現、相模の箱根権現、伊豆の走湯権現など十九社に般若心経《はんにゃしんぎょう》一巻ずつを法楽し、今度の祈願成就には観音経の読誦など、また父祖の菩提《ぼだい》には阿弥陀仏名一一〇〇辺《ぺん》を唱えるようにと記していた。こうして翌十九日の夜、政子は身の安全を図り、伊豆山の覚渕の坊に身を寄せた。

翌八月十九日、頼朝は南伊豆の蒲屋御厨《かばやみくりや》における史大夫知親《しのたゆうともちか》（山木兼隆の親戚）の非法を停止《ちょうじ》し、今後自分が支配に当るので安心するよう下文《げぶみ》を下し、また三島神社に対しても三園《みその》（御園）・河原ヶ谷（両方共三島市）両郷沙汰職《さたしき》の補任に関する下文を与えている。

（二）　石橋山の合戦

伊豆国の目代山木兼隆を討伐したことは、これまで伊豆国の行政を取りしきってきた行政官の仕事を、頼朝が奪い取り、新たに執行し始めたわけで、地方的なクーデターであった。しかも、この国は平重盛の知行国《ちぎょうこく》で、平氏政権がそのまま放置しておくわけがない。隣国の相模の目代大庭景親も、駿河の目代《もくだい》橘遠茂も皆平氏側である。山木兼隆の死はたちまち隣国にも伝わり、遠く京の平氏にも報ぜられたであろうから、間も無く平氏軍が伊豆へ攻め込んでくる事は火を見るよりも明らかである。そこで頼朝は当初より伊豆の次は相模《さがみ》侵攻を決めており、父祖以来の本拠地鎌倉に入って、東国の旧家人《けにん》達を結集し、平氏に対抗する力をもつ事が急務であった。

挙兵に当って相模・伊豆両間の武士の往還路は、走湯権現（伊豆山）を経過する道であったが、その通路の途上において武士達の狼藉《ろうぜき》があったとして、同権現の衆徒からの訴えもあり、また間も無く頼朝軍の相模入りもある。そこで八月十九日、頼朝は自筆の親書を以て狼藉を禁止し、大願成就の暁には伊豆・相模両国から荘園を寄進して、同権現の御威光を関東に輝やくよう善処する旨を伝えた。そのため同権現の衆徒も穏やかになった。そこで頼朝はその日の晩に妻政子を走湯権現の文陽房覚淵《もんようぼうかくえん》の坊に預け、藤原邦通や住吉昌長がこれに供奉《ぐぶ》した。

かくして翌二十日、頼朝を始め、北条時政以下の軍勢は相模国へ入り、土肥実平《といのさねひら》や三浦義澄《よしずみ》等の軍と合流することにしたが、その前途を遮ったのは大場景親の率いる三千余騎の軍勢であった。これに対し、三浦氏の到着がおくれた頼朝軍は、僅か三百余騎で、立ち向かうことになった。この頼朝軍に属した主な武士を『吾妻鏡』により、国別に分けて列挙すれば次の通りである。（　）内は本據地の現在名。

伊豆国

・北条四郎時政・子息三郎宗時・同平六時定（以上韮山町北条＝寺家《じけ》・四日町）

近藤七国平（韮山町長崎）

・那古谷《なごや》橘次《きつじ》頼時（同町奈古谷）

・義勝坊成尋《ぎしょうぼうじょうじん》（同町中条）

江間四郎義時（伊豆長岡町江間）

・天野藤内遠景《あまのとおないとおかげ》・同六郎政景・同平内光家（同町天野）

仁田《にった》四郎忠常（函南町仁田）・沢六郎宗家（同町上沢付近）

・安達《あだち》藤九郎盛長（同町桑原または韮山町北条＝頼朝居館付近）

狩野介《（工藤介）》茂光・同五郎親光（修善寺町日向）

加藤五郎景員・同藤太光員・同藤次景廉（以上修善寺町牧ノ郷）

・堀藤次《ほりとうじ》親家・同平四郎助政（同町大野）

・田代信綱（同町田代）

宇佐見《（大見）》平太政光・同平次実政・大見平次家秀（中伊豆町大見）

写真6　石橋山古戦場付近の景観（小田原市）
中央の建物が佐奈田霊廟で、境内に与一塚がある。

宇佐美三郎祐茂（伊東市宇佐美）
・鎌田新藤次俊長（同市鎌田）・小中太《（網代？）》光家（熱海市網代《あじろ》）
駿河国
中四郎惟重《これしげ》・同八惟平（裾野市葛山付近または韮山町中）
鮫島《さめじま》四郎宗家（富士市鮫島）
相模国
土肥次郎実平・同弥太郎遠平（小田原市土肥）
土屋三郎宗遠・同次郎義清・同弥次郎忠光（　　）・豊田五郎景俊（平塚市）
岡崎次郎義実・同余《（與）》一義忠（伊勢原市・平塚市）
佐々木太郎定綱・同次郎経高・同三郎盛綱・同四郎高綱
（大和市）
大庭平太景義（藤沢市・茅ヶ崎市）
中村太郎景平・同次郎盛平（小田原市東辺・中井町）（以上
二十日の条）
三浦次郎義澄・佐原十郎義連《よしつら》（三浦市）
和田太郎義盛・同次郎義茂・同三郎義実（三浦市）・多々
良三郎重春・同四郎明宗（三浦市）・大多和《おおたわ》三郎義久・同
義成（横須賀市）・筑井《つくい》次郎義行（横須賀市）以上二十二

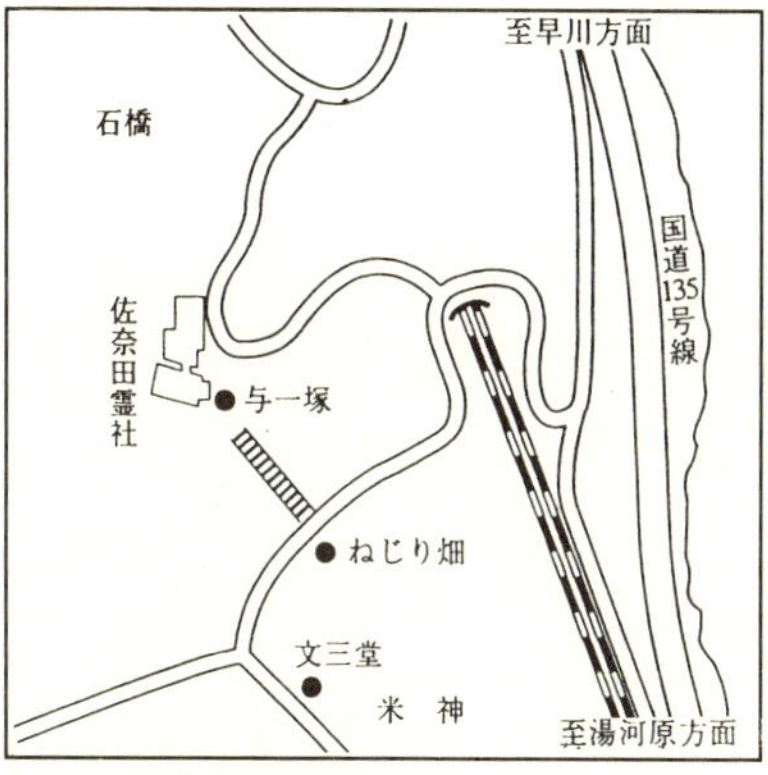

図11　石橋山古戦場の付近
（小田原市教育委員会の標示板より）

日の条

其の他

七郎武者宣親・平佐古太郎爲重

以上の中には、安達・中条氏など本来関東系武士団の者や、佐々木氏のように関西系武士団のものも加わっているが、いずれも伊豆や相模に移住していた者である。この点『吾妻鏡《あづまかがみ》』にも八月二十日の条に「武衛《ぶえい》（頼朝）まず伊豆・相模両国の御家人《ごけにん》ばかりを相率して、伊豆国を出て、相模国土肥郷に赴かしめたまふなり」と記されているので、豆相在住の武士が殆どであった。したがって七郎武者宣親《のぶちか》や平《ひら》佐古《さこ》太郎爲重も、その範囲に住む者であったと思われる。

なお二十日までに、頼朝の麾下《きか》に加わっていた相模勢は中部の大庭《おおば》（景義）・豊田・佐々木、土屋、西部の中村・土肥・岡崎の諸氏で、東部の三浦一族は遠路のため遅參した。

二十三日の早朝、頼朝及び北条時政父子・安達盛長・狩野茂光・土肥実平以下三百騎は相模国石橋山に陣を取った。頼朝は以仁王の令旨を軍旗の横上に付けさせて、先頭の中四郎惟重に持たせ、永江頼隆は白幣《はくへい》を上箭《うわや》に付けて頼朝の後に従った。

これに対して相模国目代の大庭三郎景親は平家の被官《ひかん》三千余騎の精兵を率いて、これまた石橋山の付近に在ったが、その主な輩《ともがら》は次の如くであった。

俣野《またの》五郎景久（景親弟）・河村三郎義秀・澁谷荘司重国・糟谷権守《かすやごんのかみ》盛久・海老名《えびな》源三季貞・曽我太郎祐信・滝口（山内）三郎経俊・毛利太郎景行・長尾新五爲宗・同新六定景・原宗三郎景房・同四郎義行・熊谷次郎直実

両軍は谷一つ隔てて対陣したが、中には飯田五郎宗義のように、頼朝の味方を志して参じたものの景親の軍に道をはばまれ、心ならずもその陣に留まった者も居り、また伊東祐親のように伊豆の武士であるが、三百余騎を率いて頼朝勢の脊後の山に宿営し、挟撃の構えをとる者もいた。なお到着の後れた頼朝方の三浦軍は夕刻丸子川の付近に宿営し、郎従を派遣して大庭方の家屋を焼き払い、その火煙は天に舞い上った。この様子を遥かに見届けた大庭景親は、翌朝を待たず攻撃を起し、頼朝方の陣営に襲いかかった。

多勢に無勢の頼朝方は死を賭《と》して戦ったが、佐奈田余一義忠や武蔵三郎及び郎従豊三家康等相次いで討死し、敗色の濃くなった頼朝は地理に詳しい土肥実平の誘導で相山《すぎやま》の山中に逃れ、暴風雨の中に心労の時間が続いた。景親はこれを追ったが、大庭方に加わっていた飯田宗義は郎従六騎を率い

写真7　頼朝主従7人が隠れたという「しとどの窟」（湯河原町）

写真8　函南町大竹にある狩野茂光と北条宗時の墓

て奮戦し、頼朝を逃した。加藤光員・景廉兄弟は父景員、大見実政は兄政光、狩野親光は父茂光をかばいながら戦い、堀親家・佐々木高綱・天野遠景等も奮斗した。

　北条時政父子も必死に防戦したが、時政は矢を多く射たため筋力が疲弱し、険しい峰を登ることができず、子の義時と共に一行から離れ、箱根湯坂《ゆざか》から甲斐国《かいのくに》へ行こうとしたがかなわず、結局椙山山中の頼朝のもとへ合流した。しかし、時政の長男宗時は土肥山から大竹（函南町）を経て平井へ下り、北条館へ向かう途中、小平井《こひらい》（函南町）の名主《みょうしゅ》（土豪）紀六《きろく》久重に射殺されてしまった。また狩野茂光も七〇余才の老齢と肥満体のため歩行困難となり、敵方に討たれるのを避けて自害した。親光は甥の田代信綱等と共に父

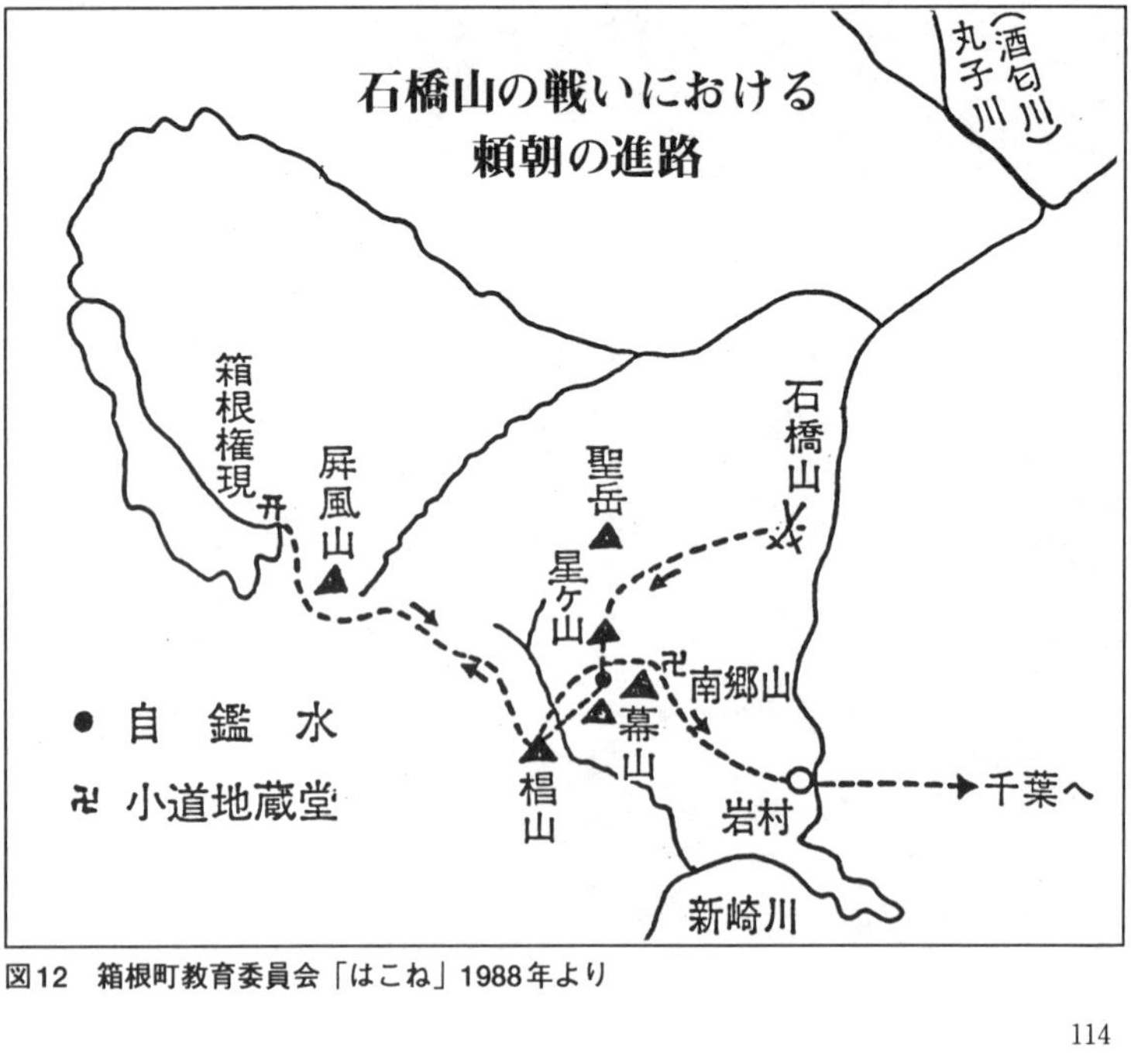

図12　箱根町教育委員会「はこね」1988年より

の首級を山伝いに大竹の里（函南町大竹）近くに持参し、東神戸坂の山腹にこれを埋葬した。同地には今も茂光と北条宗時の墓が存在している。このほか仁田忠俊（忠常の兄）、沢宗家等も討死した。

この日の晩に、箱根権現の別当行実《べっとうぎょうじつ》が弟の永実を頼朝の許《もと》へ派遣し、漸く椙山《すぎやま》の隠《かく》れ処《が》を探し当てて到着した。永実はまず時政に会い、頼朝の無事を知り、時政の案内で頼朝に会うと共に、持参した駄《だ》餉《しょう》（食料）を献じた。永実の兄行実は頼朝が北条に在った頃より、その祈祷師《きとうし》をつとめていたので、石橋山合戦の敗北を知り、愁歎《しゅうたん》して、数ある弟の中から武芸に秀でた永実を寄こしたのである。こうして頼朝は永実の案内で箱根権現に一時かくまわれることになった。その後、土肥実平や永実と共に山を下り、八月二十八日には土肥郷の真鶴岬《まなづるみさき》から海路安房国《あわのくに》（千葉県南部）に渡った。石橋山の敗戦を知った三浦一族の本隊は途中から引き返したが、平家方の畠山重忠の軍勢に襲われ、一時は本據地衣笠《きぬがさ》城も占據された。

（三）　安房から甲斐へ

頼朝が土肥実平《といのさねひら》等を案内者として土肥郷（小田原市）に向った時、北条時政父子は再び頼朝と別れ、甲斐国に向った。この時箱根権現別当の行実《ぎょうじつ》は同宿の南光房《なんこうぼう》を派遣して送らせ、一行は山伏《やまぶし》の巡路に従って旅立った。途中、時政は頼朝の落ち着き先を確認しておかないと甲斐源氏の協力を得ることは難しかろうと判断し、再び引き直して土肥郷へ出た。

こうして二十七日に北条父子は岡崎義実・近藤国平等と土肥郷の岩浦《いわうら》から乗船して安房《あわ》に向った。この日相模東部では三浦義澄《よしずみ》以下、その一族が武蔵国《むさしのくに》の畠山重忠や河越重頼《かわごえ》等に、本據地の衣笠城を攻略され、同じ勢力圏にある安房国に向う途中であったため、海上で時政の一行と合流した。この間、おそらく頼朝側の敗残武将たちがそれぞれ海路安房へ向ったのであろう。

頼朝もまた翌二十八日、土肥郷真鶴岬《まなづるみさき》から船に乗り、翌二十九日安房国の平北郡《へいほく》（現安房郡）猟島《りょうがしま》に上陸した。

先着の時政父子や三浦一族はこれを迎え、相互の無事を喜び会い、早速再挙の準備に入った。頼朝はまず時政等の合意を得て、上総国《かずさのくに》の上総介広常《（平）ひろつね》が上西門院との関《かか》わりもあり、その居館に落ち着く事を計画した。なお、その前に九月一日、安房国の住人安西《あんざい》三郎景益に在庁官人等を伴って參上するよう伝え、さらに京から下向している者はすべて搦め捕えるよう命じた。

翌二日には伊豆山より政子が麓の秋戸郷《あきとごう》（熱海市）に移った。夫《おっと》頼朝の安否を気づかっている所へ、使者の土肥弥太郎遠平《とうひら》（実平の子）が参着し、夫が安房へ渡った事を知った。

三日には頼朝が小山四郎朝《とも》政《まさ》・下河辺荘司行平・豊島《としま》権《ごんの》守《かみ》清元・葛西《かさい》三郎清重等に書を送り、おのおの志のある者を誘って参上するよう指示した。またこの日上総広常の居館に向い、夕刻路傍の民家に宿泊したところ、近隣の豪族長狭《ながさ》六郎常伴《つねとも》が、宿所を襲う計画のあることを知り、三浦義澄がこれを撃退した。

この事があって、頼朝はその行動に充分注意するようになり、当日は一族及び在庁官人二〜三名を連れて参上した

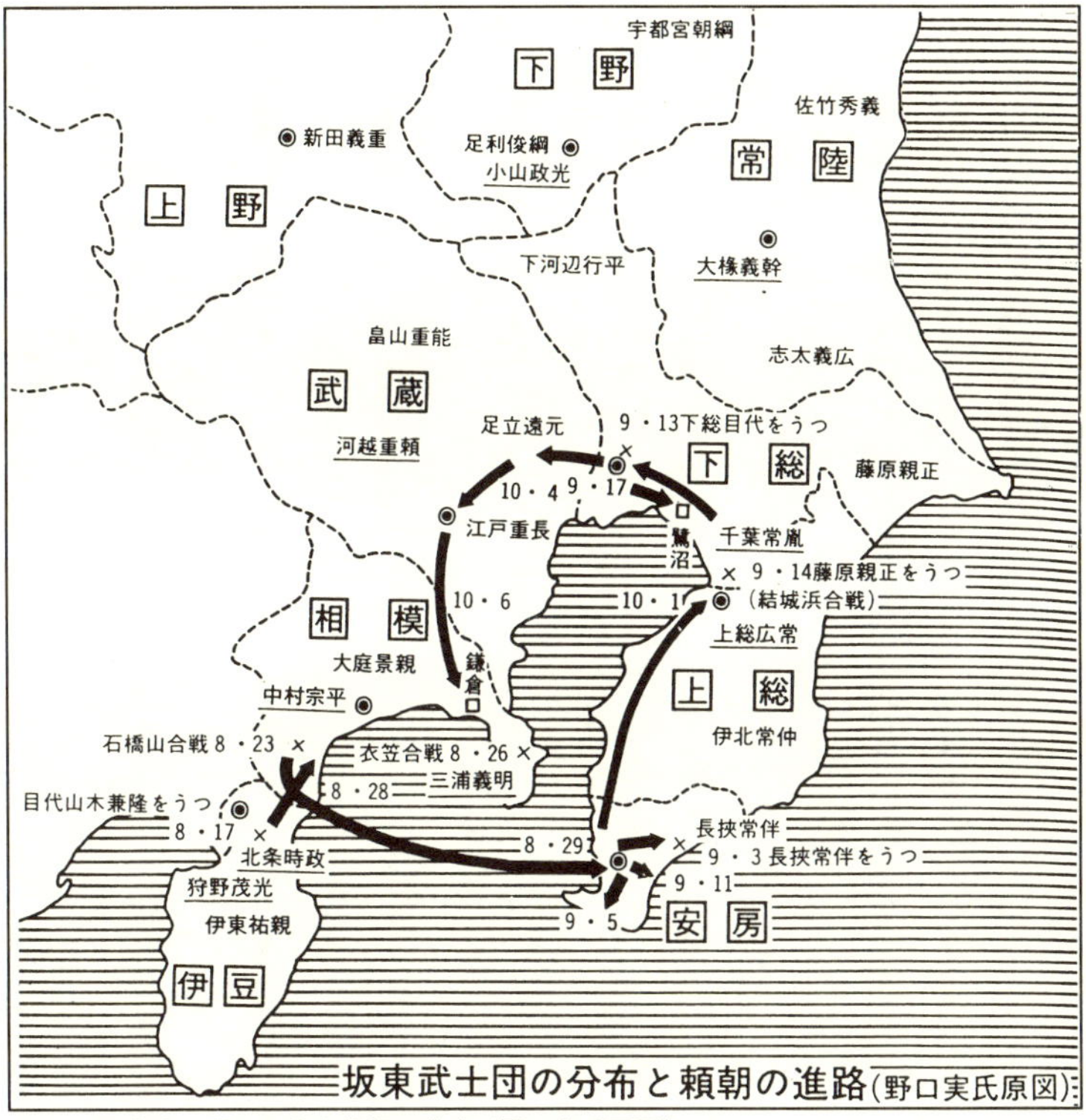

図13　坂東武士団の分布と頼朝の進路（野口実氏原図）

安西《あんざい》景益の居館に止宿することになった。さらに、和田義盛《わだよしもり》が広常のもとへ行き、また安達盛長が下《しも》総国《ふさのくに》（千葉県北部）の千葉常胤《ちばつねたね》の居館を訪ねて、頼朝への協力を呼びかけた。

　頼朝も五日には洲崎明神《すのさきみょうじん》に參詣し、派遣した和田・安達《あだち》両名等が無事目的を遂げて帰參した場合は功《く》田《でん》を寄進する願書を奉納した。

　六日、晩に至って和田義盛がまず帰參し、上総広常が千葉常胤と相談の上參上するとの返事があった旨報告された。

　翌七日には源義仲（頼朝の従弟）が木曽で挙兵し、熊野別当湛増《たんぞう》が平氏に背《そむ》き、また甲斐源氏の武田信義等が挙兵した。

　このような経過の中で、頼朝挙兵の事はすでに京にも広まり、右大臣九条兼実の日記『玉葉《ぎょくよう》』には、九月三日の条として、次のような記事が見える。

「伝え聞く、謀反の源義朝の子（頼朝）、年来伊豆国の配所にあり、而して近日凶悪を事とす。去る比新司《ころしんし》之先使《せんし》を陵礫（轢）す。（平）時忠卿知行之《ちぎょうの》国也。凡そ伊豆・駿河両国を押領《おうりょう》し了《おわ》んぬ。又爲義の息（行家）、一両年来熊《くま》野《の》辺に住み、而して去る五月乱逆の刻、坂東方《ばんどうかた》に赴き、彼の義朝の子に与力し、大略謀反を企つ。宛《あたか》も（平）将門《まさかど》の如し、云々」（源漢文）

　また内大臣中山忠親も、その日記『山塊記《さんがいき》』の九月四日の条に次の如く記している。

「今日或る者故義朝男兵衛佐《ひょうえのすけ》頼朝義兵を起すと云々。伊豆国を虜掠《こりょう》す。坂東騒動」

　ここに至って平氏政権も頼朝追討の軍を起すに至り、九月五日、東海道諸国に追討の宣旨《せんじ》を下し、九日、佐近衛権少将《さこんえごんのしょうしょう》平維盛《たいらのこれもり》（清盛の孫）を追討使《ついとうし》に任命した。

この間、東国では頼朝の再挙を見届けた北条時政がすでに挙兵している甲斐源氏との連絡、かつ頼朝軍への加勢方依頼のため、頼朝の使節として八日甲斐国へ進発した。この甲斐に対しては、すでに石橋山の敗戦後、三島に潜伏していた加藤光員《みつかず》・景廉《かげかど》兄弟等が籠坂峠《かごさかとうげ》を越えて入国しており、伊豆の狩野茂光と同族の工藤景光《くどうかげみつ》・行光親子の協力を得ていた。そこへ時政が訪れ、甲斐源氏武田一族の来援を求めることになったわけである。

甲斐源氏は頼朝の場合と同じく清和源氏であり、両者の祖 源 頼信《みなもとのよりのぶ》が長元二年（一〇二九）に甲斐守《かいのかみ》（甲斐国司一等官）に任ぜられ、関東における平忠常の乱を平定するなど武威を振ったが、その孫八幡太郎義家から子孫の頼朝が出、また弟の新羅《しんら》三郎義光から甲斐源氏が発したわけである。義光には数人の子があり、長男の義業《よしなり》は常陸国（茨城県）の佐竹氏の祖となった。また次男盛義《もりよし》は信濃国（長野県）の平賀氏の祖となり、三男の三郎義清は常陸国吉田郡武田郷（茨城県勝田市武田）を領して、初めて武田氏を称した。義清は大治五年（一一三〇）、子の清光と共に甲斐国に配流されたらしく、同国市河荘（市川大門町）の荘司となり、土着して付近の開発につとめた。また清光はさらに北辺（峡北）の逸見《へみ》荘《しょう》を根拠に勢力を振るい、逸見冠者《へみのかじゃ》と称した。男子が多く、それを国内の各地に分封し、それぞれ占拠の地名をとって氏《うじ》としたため、逸見・武田の他に加賀美・安田・八代《やつしろ》・奈胡《なご》・浅利《あさり》・曽根・一条・甘利・板垣・秋山・小笠原・南部等の諸氏が生まれた。逸見遠光と武田信義は共に太郎と称しているが、両者を中心にこの一統は甲斐源氏として、族的団結を固め清和源氏流の有力な武士国として成長した。したがって以仁王《もちひとおう》の令旨が伊豆の頼朝にもたらされた時、この一統にもまた源行家によって届けられていたのである。

系図11　武田氏外甲斐源氏系図

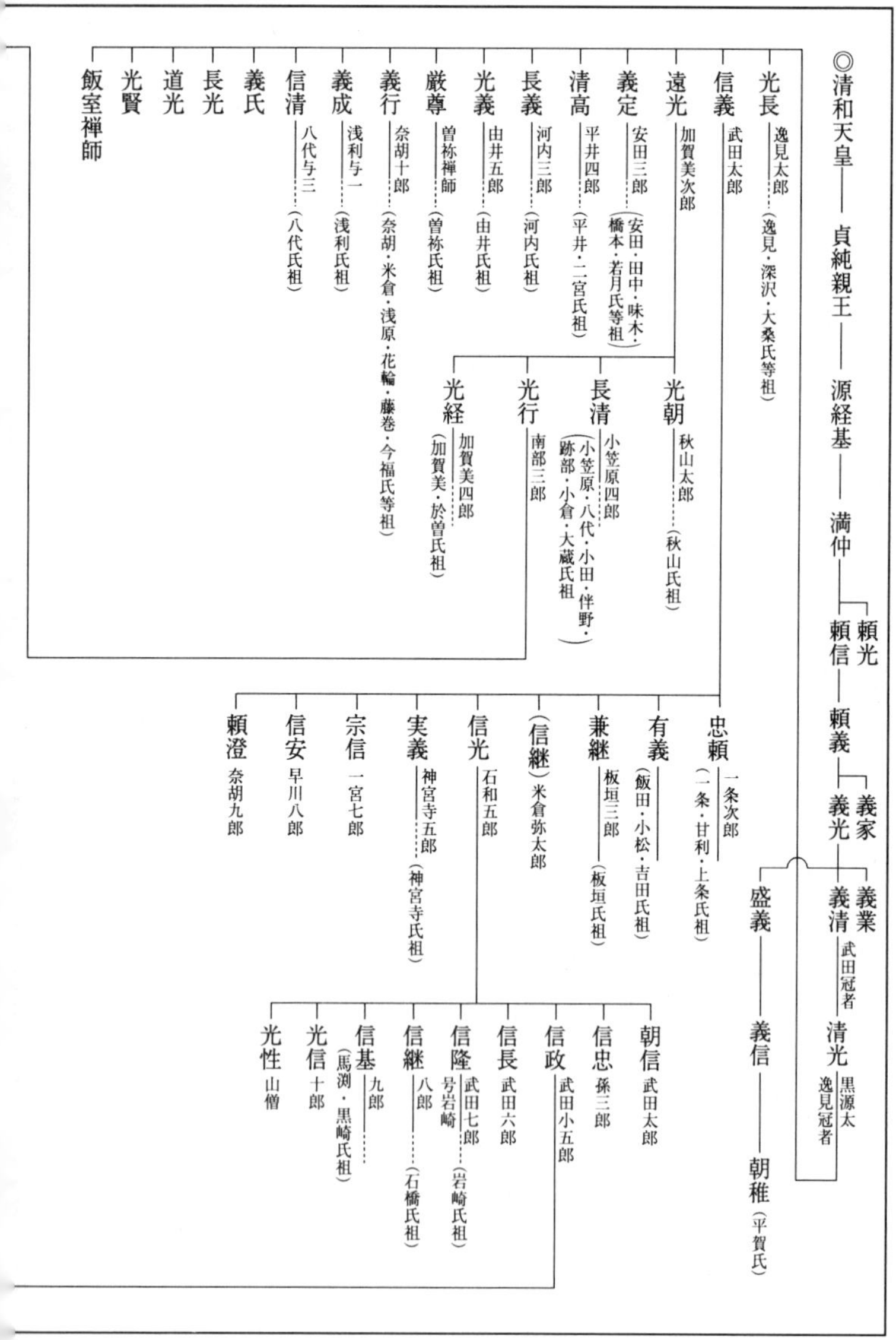
◎清和天皇
貞純親王
源経基
満仲
頼光
頼信
頼義
義家
義光
義業
義清
武田冠者
清光
黒源太
逸見冠者
盛義
義信
朝稚
(平賀氏)
光長
逸見太郎
(逸見・深沢・大桑氏等祖)
信義
武田太郎
遠光
加賀美次郎
義定
安田三郎
(安田・田中・味木・橋本・若月氏等祖)
清高
平井四郎
(平井・二宮氏祖)
長義
河内三郎
(河内氏祖)
光義
由井五郎
(由井氏祖)
厳尊
曽祢禅師
(曽祢氏祖)
義行
奈胡十郎
(奈胡・米倉・浅原・花輪・藤巻・今福氏等祖)
義成
浅利与一
(浅利氏祖)
信清
八代与三
(八代氏祖)
義氏
長光
道光
光賢
飯室禅師
光朝
秋山太郎
(秋山氏祖)
長清
小笠原四郎
(小笠原・八代・小田・伴野・跡部・小倉・大蔵氏祖)
光行
南部三郎
光経
加賀美四郎
(加賀美・於曽氏祖)
忠頼
一条次郎
(一条・甘利・上条氏祖)
有義
(飯田・小松・吉田氏祖)
兼継
板垣三郎
(板垣氏祖)
(信継)
米倉弥太郎
信光
石和五郎
実義
神宮寺五郎
(神宮寺氏祖)
宗信
一宮七郎
信安
早川八郎
頼澄
奈胡九郎
朝信
武田太郎
信忠
孫三郎
信政
武田小五郎
信長
武田六郎
信隆
武田七郎
号岩崎
(岩崎氏祖)
信継
八郎
(石橋氏祖)
信基
九郎
(馬渕・黒崎氏祖)
光信
十郎
光性
山僧

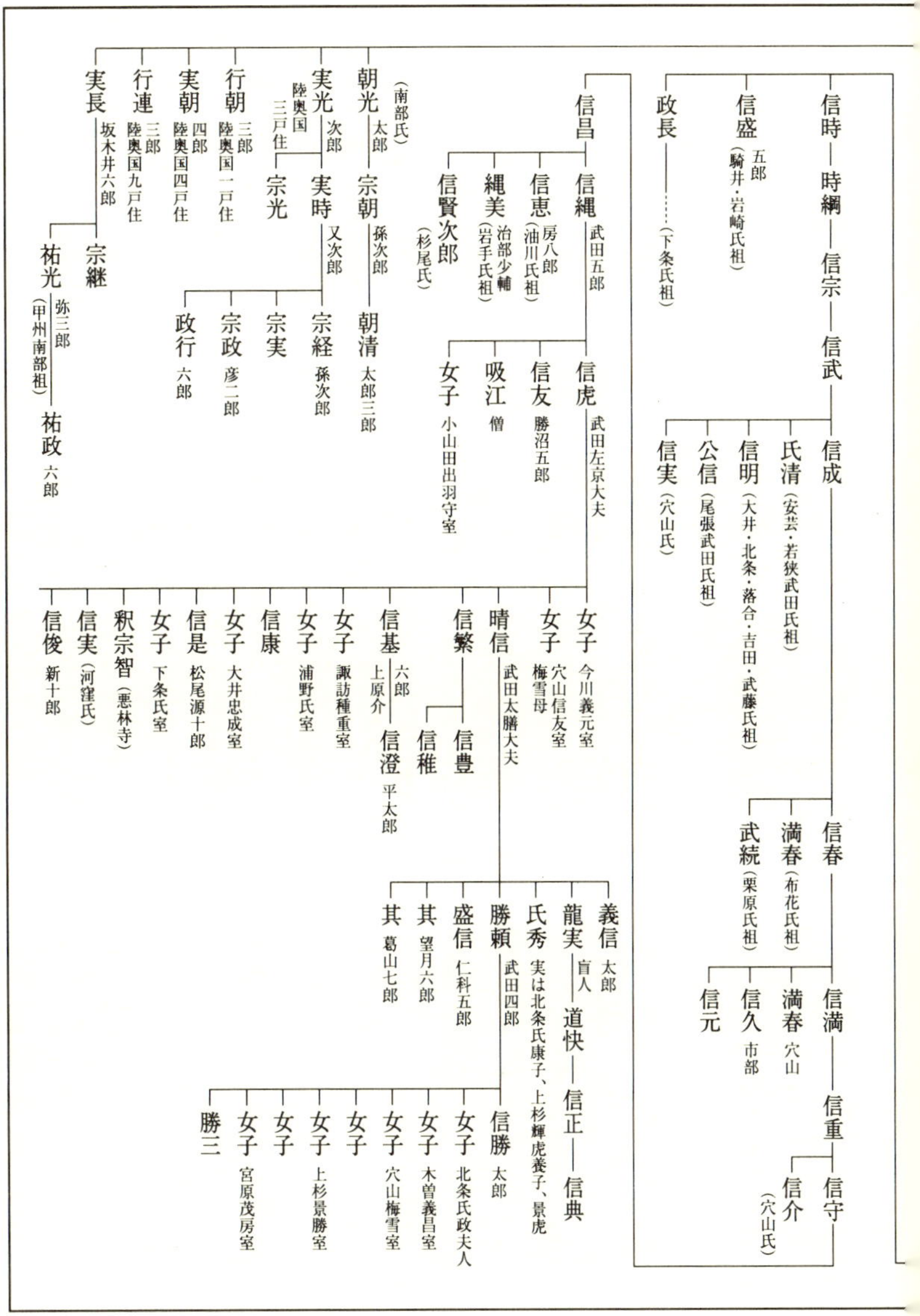
信時—時綱—信宗—信武
信盛 五郎（騎井・岩崎氏祖）
政長……（下条氏祖）
信成
氏清（安芸・若狭武田氏祖）
信明（大井・北条・落合・吉田・武藤氏祖）
公信（尾張武田氏祖）
信実（穴山氏）
信春
満春（布花氏祖）
武続（栗原氏祖）
信満—信重—信守
満春 穴山
信久 市部
信元
信介（穴山氏）
信昌
信縄 武田五郎
信恵 房八郎（油川氏祖）
縄美 治部少輔（岩手氏祖）
信賢次郎（杉尾氏）
信虎 武田左京大夫
信友 勝沼五郎
吸江 僧
女子 小山田出羽守室
女子 今川義元室
女子 穴山信友室 梅雪母
晴信 武田太膳大夫
信繁
信豊
信稚
信基 六郎 上原介
信澄 平太郎
女子 諏訪種重室
女子 浦野氏室
信康
女子 大井忠成室
信是 松尾源十郎
女子 下条氏室
釈宗智（悪林寺）
信実（河窪氏）
信俊 新十郎
義信 太郎
龍実 盲人—道快—信正—信典
氏秀 実は北条氏康子、上杉輝虎養子、景虎
勝頼 武田四郎
盛信 仁科五郎
其 望月六郎
其 葛山七郎
信勝 太郎
女子 北条氏政夫人
女子 木曽義昌室
女子 穴山梅雪室
女子
女子 上杉景勝室
女子
女子 宮原茂房室
勝三
（南部氏）
朝光 太郎—宗朝 孫次郎—朝清 太郎三郎
実光 次郎 陸奥国三戸住
実時 又次郎
宗光
宗経 孫次郎
宗実
宗政 彦三郎
政行 六郎
行朝 三郎 陸奥国一戸住
実朝 四郎 陸奥国四戸住
行連 三郎 陸奥国九戸住
実長 坂木井六郎
宗継
祐光 弥三郎（甲州南部祖）
祐政 六郎

既述したように治承四年九月七日、武田太郎信義《のぶよし》はその子一条次郎忠頼以下甲斐源氏を率いて挙兵した。そしてまず信濃国へ攻め入り、諏訪明神《すわみょうじん》の託宣《たくせん》を得て、十日には平家方の菅冠者《すがのかじゃ》を伊那郡大切田郷に攻め滅ぼし、諏訪の上・下社に土地を寄進して、本據地の逸見山（大泉村谷戸城付近）に凱旋した。ここへ十五日、北条時政が到着し、頼朝の意向を正式に伝えたのである。

ところで、北条時政が頼朝の使者として甲斐に入国し、武田氏等に働きかけたのは、何か特別の関係でもあったのであろうか。姻戚という点から見れば、時政の四代前の平維方《たいらのこれつね》の妹が源頼義に嫁し、その子として頼朝の祖義家と武田信義等甲斐源氏の祖義光の兄弟が生まれている。しかし、これだけではやや縁が薄い。そこで主従関係の上から考えると、頼朝の父義朝等が平治の乱を起した時、甲斐源氏からは一族の信景が義朝の軍に加わったのみで、清光等主流の者は參加していない。そうすると頼朝と甲斐源氏の縁はやはり強いとはいえない。しかし、時政は石橋山の敗戦後、石橋山から、また箱根権現からと二度も甲斐行を計画し、結局は頼朝の安否確認を先行させ、安房から三度目の正直で甲斐へ行っている。つまり甲斐源氏との合体計画の主導者は時政であった。それらはやはり何か特別の関係を推測したくなる。あるいは時政の姉妹か、伯母または叔母、場合によっては従妹など女縁を通じ、武田氏一族とのもっと濃い姻戚関係があったのではなかろうか。それにしても、時政をとりまく系類、特に女性に関しての資料が皆無である点知る由もない。

なお、北条氏以外で頼朝方の武将との関係を見ると、和田義盛（三浦一族）の女《むすめ》が武田信義の弟加賀美遠光の妻であり、南部光行の母になっている。あるいはこの縁も関係あろうか。実は頼朝の軍が石橋山で合戦する報は甲斐源氏にも知らされており、安田義定は工藤景光・同子息行光・市川別当行房等と八月二十五日、応援に行くべく甲州を発向したが、途中波志太山《はしたやま》で武田一族討伐のため侵入してきた駿河の目代橘遠茂や、相模の俣野《またの》景久（大庭景親弟）の軍と遭遇し、合戦の結果撃退している。このように考えると、武田一族全体とは行かないまでも、少なくともその一族と頼朝方との間に連絡がとれていたことは確かである。

このような関係の中で、時政が使者として甲斐を訪れ、頼朝の安泰を伝え、事後の協力体制確立について甲斐源氏諸氏と協議を重ねたわけである。そこへ二十四日、あらためて頼朝の使者土屋宗遠が到着し、石和御厨《いさわのみくりや》（石和町）で、武田信義や子の信光を始め、一族の者と面会した。その情報によると、頼朝がすでに房総三国を従え、上野《こうづけ》・下野《しもづけ》・武蔵などの諸氏も加わって、平氏の軍を迎え討つため駿河国へ発向することになったとの事であった。そこで甲斐源氏も時政を先導として速やかに黄瀬川宿《きせがわのしゅく》あたりに来向するよう要請してきたのである。

すでに二十二日には平氏の頼朝追討軍が京より進発しており、頼朝の軍勢も二万七千騎に及ぶという。ここにおいて甲斐源氏も頼朝の期待に応えて駿河侵攻を決め、去る九日から十日にかけて、甲斐・信濃方面で源氏の勢力結集につとめていた時政の特務工作も、いよいよ実を結ぶ方向に至った。

（四）　富士川の戦い

十月に入ると頼朝は武蔵国《むさしのくに》（埼玉県・東京都）に至り、豊島《としま》清元・葛西《かさい》清重・足立《あだち》遠元・小山《おやま》宗朝・畠山重忠・河越重頼・江戸重長等も加わり、六日には相模国に入国した。次いで九日には鎌倉に大庭景義を奉行として頼朝邸（大倉亭）の建設が始められ、十一日には頼朝の妻政子も土肥実平の案内で、伊豆山の秋戸郷から鎌倉へ転居した。さらに十三日には、木曽義仲が亡父義賢《よしかた》（義朝の弟）の所縁《ゆかり》の地を訪ねて信濃国《しなののくに》を出、上野国《こうづけのくに》（群馬県）に入った。

これより先、駿河国では甲斐源氏が精兵を率いて来襲するとの噂《うわさ》がしきりに流れ、目代の橘遠茂《たちばなのとうしげ》は遠江・駿河両国の軍勢を徴集して、興津《おきつ》のあたりで防備を固めていたが、十三日、いよいよ北条時政父子と甲斐源氏が御坂《みさか》峠を越えて南下し、夕暮れには河口湖畔の大石駅に宿営したが、ここで夜中、橘遠茂が長田入道と共に富士野をめぐって来襲するとの情報が入り、翌日合戦をすべき協議がなされた。

こうして十四日朝、伊沢《（武田）》信光（信義子）や安田義定等の武田一族は若彦路を越えて富士山の西麓へ出、朝霧高原の神野・春田（富士宮市原）、鉢田（同上井出）と進むうち、北上してきた平家方の橘遠茂及び長田入道の軍勢と衝突するに至った。この地域は山々の峰が接し、道は岩の間を通っているので、前進・後退共に不自由な所であったと『吾妻鏡』に見えている。『甲斐国志』の古蹟部十六上に載っている「本州コンノウト云路ヨリ人穴《ひとあな》村ノ北ニ出テ上井出ニ会ス　東鑑所謂《あづまかがみいうところの》若彦路是ナラン　之ニ拠ル時ハ神野《かんの》路ハ若彦路ノ別称ナリ　富士麓野不毛ノ地ナレハ縦横何条モ有シナルヘシ」の記事は參考になろう。結局、『富士宮市史』上巻で若林淳之氏が解説しているように、富士山西麓の寄生火山の連なる地域と推察される。すなわち朝霧高原の東北部である。

合戦は武田信光《のぶみつ》や加藤景廉等の奮戦により、橘勢は撃破され、長田入道の子息二人が討ち取られると共に、遠茂も捕えられた。傷つく者は数知らず、敵方は総崩れになって逃亡した。なお、長田兄弟の首は井堤《いで》（富士宮市上井出）の付近にさらされた。

十五日、鎌倉では頼朝が、修理された後の御亭に始めて入御し、鶴岡若宮の長日に亘る勤行《ごんぎょう》が始まり、相模国桑原郷が同社の御供料所として寄進された。

一方、この日、平氏の大将軍平維盛《これもり》が数万騎の兵を率いて一昨日駿河手越《てごし》駅（静岡市）へ到着したとの報を聞き、頼朝は箱根権現の別当行実《ぎょうじつ》に使を送り、相模国早河本庄を同権現に寄進、駿河へ向って発進した。翌十七日には頼朝に従わなかった波多野義常を下河辺行平に討たせたが、行平の到着する前に義常は松田郷で自害した。

十八日には石橋山の合戦で頼朝を苦しめた大庭景親が平家の陣に加わるため、一千騎を率いて西へ発向しようとしたところ、頼朝は二十万の大軍を以て足柄山《あしがらやま》を越えたため、景親は前進できず、相模の河村山に逃亡した。また伊豆山権現の専当が衆徒の状を掲げ、通過する軍兵の狼籍《ろうぜき》停止を願ったため、頼朝は直ちにその停止《ちょうじ》を下知《げち》した。

晩に至って黄瀬川《(木)》駅に到着し、来る二十四日を以て平家軍との箭合《やあわせ》の日と定めた。一方、時政の先導で甲斐・信濃の軍勢二万余騎も到着し、頼朝の軍に合流した。加藤光員が駿河目代橘遠茂を討ち取った事、同景廉《かげかど》が遠茂の郎従を討ち取り、また生虜《いけど》った事、工藤景光が俣野景久（大庭景親弟）と勇敢に戦ったことなどが報告された。また大庭方に屈した萩野五郎俊秀、曽我太郎祐信も降伏した。

こうして北条時政父子以下、伊豆・相模の武士達はそれぞれ頼朝より馬や直垂《ひたたれ》等を下賜され、その功を賞せられた。

翌十九日には、伊豆の伊東祐親がひそかに平家軍に加わるため、伊豆国鯉名《こいな》（南伊豆町小稲）の浜から船出しようとしたところを、天野藤内遠景に捕えられ、黄瀬川の頼朝の陣へ連行された。祐親は石橋山合戦の際、頼朝の軍勢を脊後から襲おうとした平家方の将であるが、その女聟である三浦義澄の申し出により、暫く同人に預けられる事になった。

二十日には頼朝も黄瀬川宿を立って西進し、浮島ヶ原を経て富士郡の賀島《かじま》（富士市）、すなわち富士川の東岸近くまで進出した。浮島ヶ原は北側の愛鷹山地と南側の駿河湾岸の間にあり、鎌倉時代の紀行文『東関紀行』に、「浮島ヶ原はいずくよりもまさりて見ゆ、北は富士の麓にて、西東にはるばると長

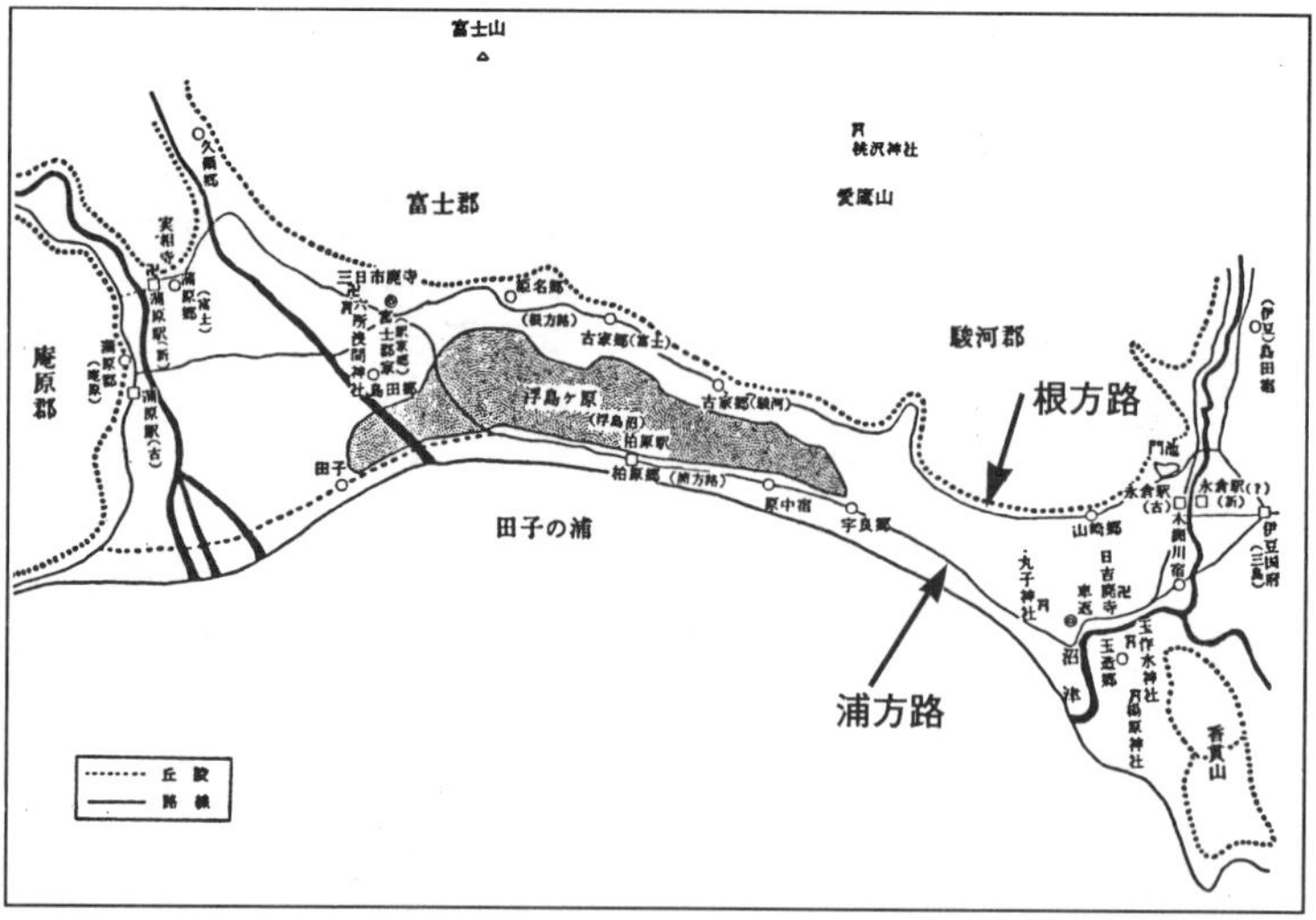

図14　富士山麓における古代・中世の交通要図（二つの東海道）

き沼あり、布をひけるが如し、云々」とあるように、浮島沼を囲む平原で、この沼の北側に沿って根方《ねがた》路、南側に沿って浦方路が東西に走っていた。浦方路沿線には砂丘上に縄文時代晩期末以来の遺跡や古墳も僅かながら存在しているが、頼朝に関する伝説は皆無で、やはり鎌倉時代の紀行文『海道記』に「野径《のみち》とはみつべし、草むらあり、木の林あり、はるかに過ぐれば、人煙片々と絶《たえ》て又たつ」とあって、道幅狭く、また木の間から人の動きも分かり、軍勢の通る道にはふさわしくなかった。これに対して山麓の根方路は太古以来の遺跡の多い愛鷹山南麓の溺《おぼ》れ谷に沿って道が屈曲し、人家もやや多く、頼朝に関する伝説が沿線に多く分布している。すなわち東から椎《しい》の木が多く、枝が馬上の頼朝にさわり、実のふりかかるのを嫌ったという椎路《しいじ》（沼津市椎路）、農夫から馬の草鞋《わらじ》（沓）を貰ったという沓屋敷《くつやしき》（同石川）、矢を洗ったという矢川（富士市船津）、平家の敗走地に因る平家越《ごえ》（同今泉）、呼子笛で兵を集めたという呼子坂（同）、頼朝の家臣梶原源太景季が通ったという源太坂（同）、和田義盛が防禦物を作り、平家に備えたという和田川（同）などがそれである。こうして見ると宿もあり旅人の多く通った直線的道路の浦方路が主道の東海道で、地形に変化のある根方路が裏道で、富士川合戦の時には軍用道

写真９　浮島ヶ原（浮島沼開拓史より）　昭和初期の風景

として利用されたことが知られる。
なお、もう一つ鎌倉時代の『春能深山路《はるのみやまじ》』（紀行文）には「ふじ川も袖つくばかりあさくて、こころをくだく波もなし、あまた《（数多）》せ《（瀬）》ながれわかれたる中に家せうせ《（少々）》うあり、せき《（関）》の島とぞいうなる。又少宿あり。田子のすく《（宿）》とぞ申める。宿のはし《（端）》に川あり。うるひ《（潤井）》川。云々」とあって、富士川下流は多くの瀬に分かれ、砂洲《さす》（川成島）が発達し、そこには関ヶ島や田子宿《たごのしゅく》などの小集落も存在していたことがわかる。

川の西岸一帯（庵原郡富士川町・蒲原町）に対陣した平家方の大将軍は平維盛、副将は弟の薩摩守忠度《ただのり》、侍大将は伊藤忠清及び斉藤実盛《さねもり》であった。

この二十日早朝、武田信義は兵略をめぐらして、ひそかに敵陣の後脊を襲うため北方から富士川を渡ったところ、下流域の湿地帯に休息していた水鳥が一斉に羽音を立てて舞い上り、寝込みを襲われた思いで、平家方は大混乱を来した。

ここで伊藤忠清が、東国の士卒は殆ど頼朝に属し、

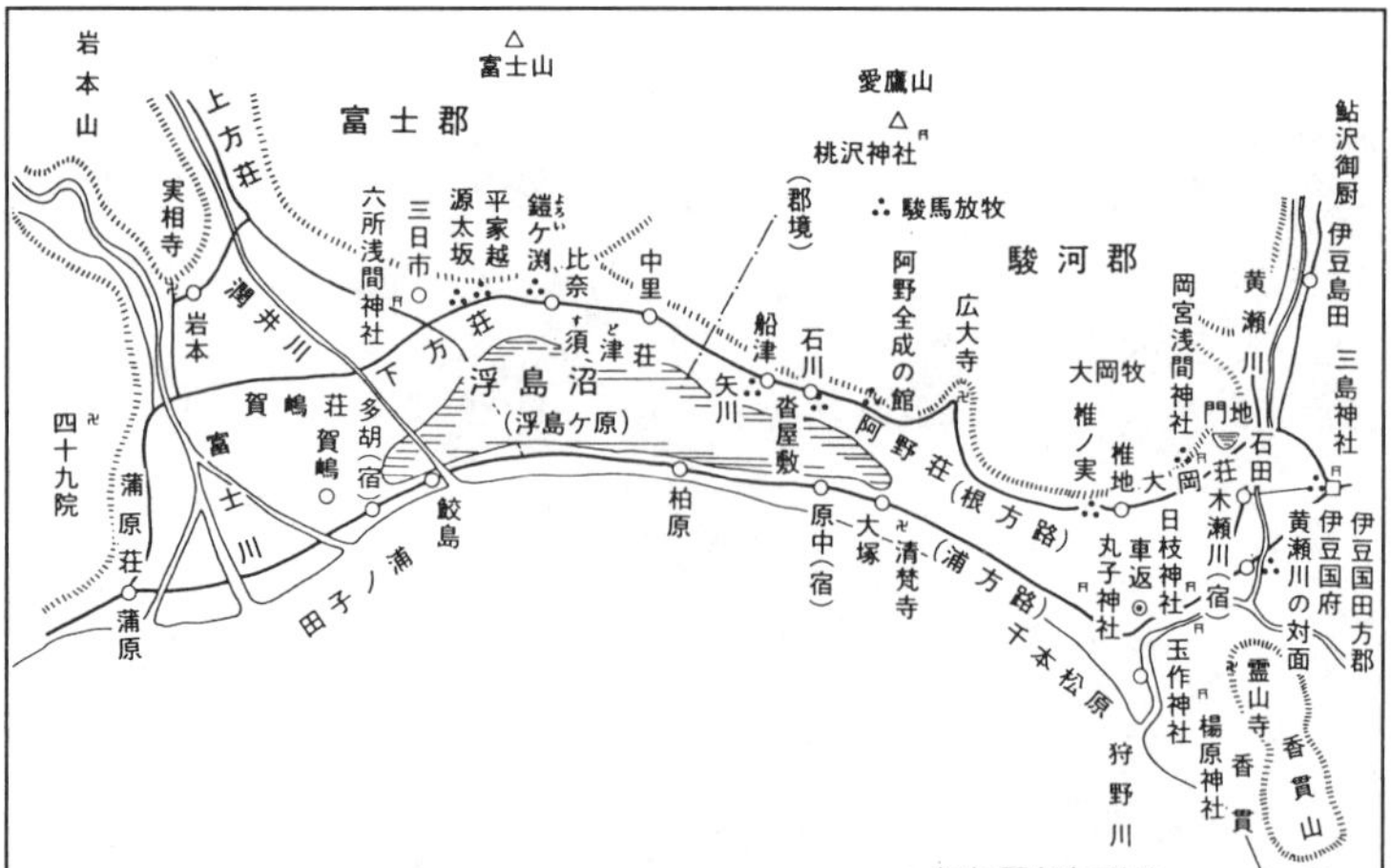

図15　浮島ヶ原周辺の地名と頼朝関係伝説地分布図（富士巻狩関係を除く）

自分達は京を出ての長途、囲まれれば逃れ難いと考え、すみやかに京へ帰り、維盛以下もあわてて西走した。この時源氏方の飯田五郎家義は子息等と共に川を渡り、平家方を追撃、伊勢国（三重県）の住人伊藤武者次郎と戦い、これを討ち取った。また平家方の印東次郎常義も鮫島（富士市）で誅せられた。

頼朝は平家軍を追って京へ上るよう命じたが、千葉常胤・三浦義澄・上総広常等に諫められ、関東にはなお常陸《ひたち》国《くに》（茨城県）の佐竹太郎義政など、頼朝に従わぬものもあり、まずこの東夷を平定した後関西に参るべしという意見に従って、二十一日黄瀬川宿に還った。ここで甲斐源氏の安田三郎義定を遠江国の守護に補任し、また武田信義を駿河国の守護とした。

なお、この日、奥州平原の藤原秀衡《ひでひら》のもとより、頼朝の弟源義経が到着し、黄瀬川の近く八幡《やはた》（駿東郡清水町）で兄に対面してその幕下に加わった。

頼朝は同日伊豆の三島神社に詣で、かねての祈願成就したことは、ひとえに明神の御加護によるものとして、神前で右筆に寄進状を書かせ、伊豆国の御園《みその》・河原谷《かわらがや》（以上三島市）・長崎（韮山町）の三郷をその所領として

写真10　黄瀬川の対面石（清水町八幡）

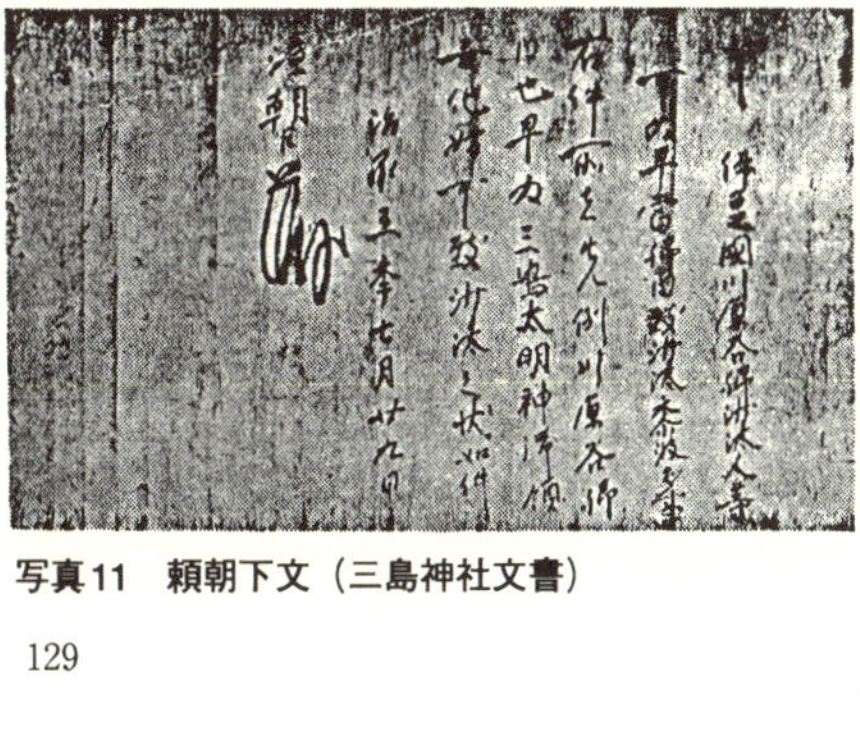

写真11　頼朝下文（三島神社文書）

寄進した。

　二十二日には富士川の戦いで功を立てた飯田家義が、討ち取った伊藤武者次郎の首を持参し、子息太郎の討死と共に報告をした。頼朝は「本朝無雙の勇士」なりと賞讃している。

　翌二十三日、頼朝は相模の国府まで引き返し、ここで始めて勲功の賞を行っている。その対象者は、北条時政・武田信義・安田義定・千葉常胤・三浦義澄・上総広常・和田義盛・土肥実平・安達盛長・土屋宗遠・岡崎義実・狩野親光・佐々木定綱・同経高・同盛綱・同高綱・工藤景光・天野遠景・大庭景義・宇佐美祐茂・市河行房・加藤景員入道・大見実政・同家秀・飯田家義以下多数で、本領安堵《あんど》あるいは新恩給与がなされた。

　この事は明らかに挙兵以来の軍事行動の緒戦の段階が終ったことを示しており、以仁王の令旨や後白河法皇の密旨によって、「東国領掌」を公認されたものとする頼朝が、東国武士の棟梁《とうりょう》として、権力を行使したことを示している。

（五）　東国の主と時政

戦後の論功行賞が行われた二十三日、相模国の有力な平家方の将であった大庭景親が投降した。彼は富士川の戦いに先立つ十月十八日、平家の陣に加わろうとしたが、頼朝の大軍が足柄峠を越えて行くのを見て前途を失い、相模国足柄郡の河村山中に逃げ込んでいた。それが二十日源氏方が大勝し、頼朝が引き上げ途上の相模国府で論功行賞を行った二十三日、今はこれまでと山中を出て投降した。そこで頼朝はその身柄《みがら》を上総広常に預けた。また同じく降人《こうじん》となった一族の長尾新五郎爲宗（当時の相模国高郡長尾郷住人）は、岡崎四郎義実に、その弟新六定景は三浦義澄に預けられた。さらに波多野氏の一族で大庭方に加担した河村三郎義秀（河村郷住人）は、所領を没収され大庭景義（景親の兄、頼朝御家人）に預けられ、滝口《（山内）》三郎経俊も山内庄を召し上げられ、土肥実平に預けられた。このほか石橋山合戦の大庭方の与党は多く処罰され、決着がつけられた。なお、河村義秀は二十六日斬殺され、大庭景親も固瀬《かたせ》川付近で梟首《きょうしゅ》された。しかし、景親の弟俣野景久は平家を頼って京へ逃亡したようである。

景親の死後、子孫は箱根山西麓の深良《ふから》（現在裾野市深良）へ落ちのび土着したが、この深良郷は現在須原・原・上舟・新田・上原・切久保・遠藤原・市場・和市・南堀・町田・震（ゆるぎ）橋などの小字に分かれており、この内の南堀に大庭氏の子孫が現存する。近年裾野市内にトヨタ自動車や三菱レイノルズなどの企業が進出したため、南堀区も現在一七〇戸を越える在住者があるが、その内の旧戸は二十三戸で、その六割は大庭姓である。その主流は江戸時代に代々名主をつとめ、特に大庭源之丞《げんのじょう》は江戸浅草の商人友野興右衛門と共に、箱根芦ノ湖の水を引く深良用水路を開いた人として著名である。当主重一氏は、同家に伝わる『大庭系図』によると、桓武天皇から五十七代目に当り、十九代目に問題の景近《かげちか》（景親）が存在する。その注に「仁安三年五月五日云々、大場判官平景近（花押）」の記載があるが、同じ年号と花押の入った景親の文書も同家に残っている。

さて、話を戻すが、頼朝は二十五日、かねてから中村庄司宗平に命じて修理させていた相模国松田郷の居館へ入り、ここで翌日からの佐竹攻めに備えた。

かくして、いよいよ東関東で勢威を振るう佐竹一族（常陸源氏）の討伐を行うことになり、頼朝の軍は二十七日、常陸国《ひたちのくに》（茨城県）に向って進発した。

佐竹氏は『尊卑分脈』・『佐竹系図』はもとより、『平家物語』・『源平盛衰記』・『新編国志』（常陸）その他各書に、清和源氏義光流として記録され、甲斐の武田氏一族と同族であることがわかる。具体的には常陸介であった源義光の長子義業《よしなり》（佐竹進士）が佐竹氏、次子義清（武田冠者）が武田氏の、それぞれ初祖であり、佐竹氏が義光流の嫡流である。

頼朝の討伐時における佐竹氏は、『吾妻鏡』で見ると、佐竹太郎義政・同四郎隆義（弟）・同冠者秀義（隆義養子）等で、『尊卑分脈』では義政を忠義と記してあり、「治承四年十一月、常陸国にて誅さる」と記されている。

その十一月であるが、頼朝は四日に常陸の国府に着き、千葉常胤・上総広常・三浦義澄・土肥実平以下の宿老を集めて軍議を開いた。ともかく佐竹氏は『吾妻鏡』にも「佐竹は権威境外に及び、郎従国中に満つ」とあるように、大国常陸《ひたち》を支配する東関東の豪雄であり、その攻略に当っては慎重を期す必要があった。頼朝はまず縁者を探し、上総広常を派遣して交渉に当らせたところ、佐竹義政は頼朝のもとへ參ずる意向を示したが、その弟四郎隆義《たかよし》は平家方にあり。その子秀義も簡単に応ずるべきでないとして金砂《かなさ》城に引き籠った。

広常はまず義政を誘い出して斬り、金砂城も下河辺行平・同政義・土肥実平・和田義盛・土屋宗遠・佐々木定綱・同盛綱・熊谷直実・平山季重等が数千の兵を以て攻撃したが、城は堅固で落ちなかった。すなわちこの城は高山の頂に構築しており、城壁をめぐらし、麓の谷から射る矢は届かず、また大小の岩石が路を塞ぎ、人馬も容易に通れないと『吾妻鏡』に記された要害であった。

そこで五日、軍議が行われ、上総広常の提案で、秀義の叔父の佐竹蔵人義季という智謀にすぐれた者を広常が訪ねて説得した。その結果、義季が協力を約し、広常と共に金砂城の裏側から攻めて遂に落城させた。翌六日には広常等が城壁を焼き払い、軍兵を各地に派遣して逃亡した秀義を探索させたが、秀義は奥州へ逐電し、捕えられなかった。

七日には同じ常陸国の志田《しだ》で様子を見ていた志田三郎義広（頼朝の叔父）も帰服し、その弟十郎蔵人《くろうど》行家も頼朝のもとへ參上した。翌八日には秀義の領所常陸の奥七郡その他を没収し、功のあった将士に充行した。さらに九日頼朝は鎌倉に向い、小栗御厨《おぐりみくりや》の八田《はった》の館《たち》に泊り、十日には武蔵の葛西《かさい》清重の宅に宿をとった。また十二日には武蔵国で武蔵七党の横山党（小野氏流）に属する萩野五郎俊重を斬罪に処したが、それは石橋山合戦に大庭景親に味方したためである。

なお、十四日には土肥実平を武蔵国内の寺社に派遣して、清浄の地における諸人の狼籍を停止させ、翌十五日には同国威光寺が源家数代の祈祷所であるため、その課役を免除した。

こうして十一月十七日、頼朝は鎌倉に帰着したが、この日直ちに侍所《さむらいどころ》を設け、三浦一族の和田義盛をその別当（長官）に任じた。

十九日には武蔵国長尾寺を弟の全成《ぜんじょう》（阿野《あの》氏）に与えて本坊を安堵させ、二十日には大庭景義が連れてきた甥の松田右馬允《うめのじょう》義常（景親に味方）ら松田郷を没収して景義に与え、義常の身を預けた。

この他十七日には美濃《みの》源氏が美濃と尾張《おわり》に侵入、二十一日には近江《おおみ》源氏の山本・柏木氏等が蜂起、二十七日には延暦寺堂衆が近江源氏支持を決定するなど諸国源氏の動きが活性化した。

そして十二月に入ると、平知盛《とももり》が数千の官兵を率いて近江に下向し、源氏方の山本義経や弟の柏木義兼等と合戦（一日）、平重衡《しげひら》が平清房・同貞能以下の軍勢を率いて東国に向け発進（二日）、同軍が園成《おんじょう》寺《じ》堂衆と合戦（十一日）と、平家方の動きも活発になったが、その成果は挙らなかった。

この間、本書の主人公北条時政は一体どこで何をしていたのであろうか。甲斐源氏と共にその動向は全く不明である。あるいは武田信義が駿河国の守護、安田義定が遠江国の守護として国内の掌握につとめ、時政は一度伊豆国へ帰国するか、あるいは鎌倉にいる政子と共に、留守居の仕事に当っていたのかも知れない。

しかし、十二月十二日以降には鎌倉における時政の動きが『吾妻鏡』等に散見されるので、頼朝の東国政権確立のため尽力していたことが推測される。

まずはその十二日、「天晴れ、風静かなり」と記されたこの日、頼朝は新造の大倉亭に移る「移従の儀」を挙行し、多数の将士がこれに参加した。この新亭は去る十月より大庭景義が奉行をつとめ、鎌倉の大倉郷に造営したものである。頼朝は水干《すいかん》を着し、石和《いさわ》の栗毛（甲州産）に乗って入御したが、その一行の最前には和田小太郎義盛、御駕の両脇には加賀見次郎長清が左、毛利冠者季光が右に列し、その後に北条時政、同義時、父子を始め足利冠者義兼、山名冠者義範、千葉介常胤、同太郎胤正、同六郎大夫胤頼、安達藤九郎盛長、土屋次郎実平、岡崎次郎義実、工藤庄司景光、宇佐美三郎祐茂、土屋三郎宗遠、佐々木太郎定綱、同三郎盛綱以下多くが供奉《ぐぶ》し、最末には畠山次郎重忠が従った。寝殿《しんでん》に入御の後、供の者は侍所に集り、二行に対座、中央に義盛が着席した。出仕の者は総勢三一一名であったという。これらの御家人はいずれも大倉亭の付近に宿館を構え、以降頼朝を「鎌倉の主」、すなわち「東国の支配者」に推したという。まさに東国政権発足の式であった。

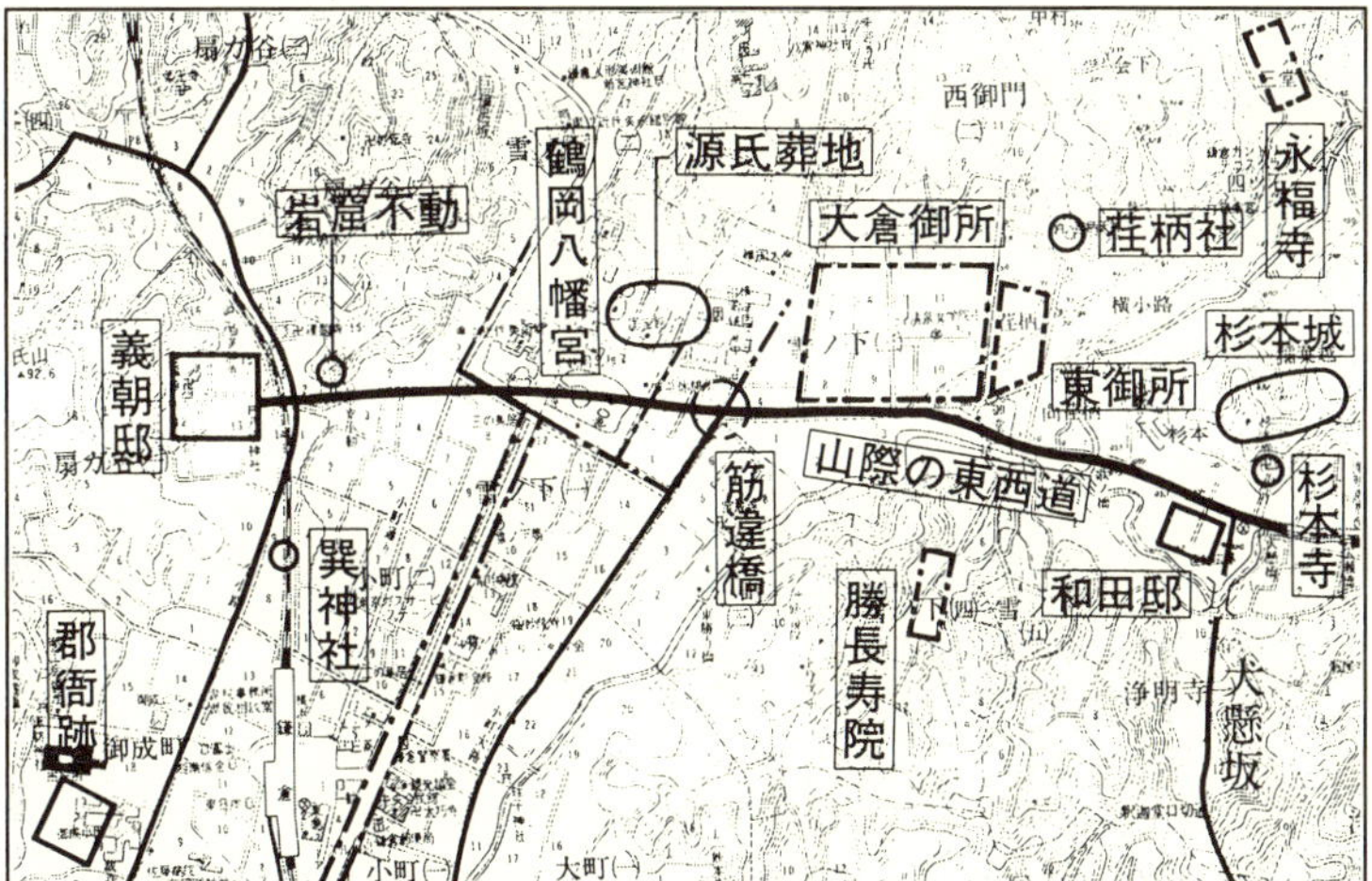

平安時代末期（——）～鎌倉時代初期（-・-・-）の鎌倉

図16　鎌倉付近要図　新人物往来社の『都市鎌倉と坂東の海に暮らす』所載
馬渕和雄　「武士の都鎌倉」より

第五章　時政の身内たち

（一）　あまたの子女

東国の支配体制もほぼ完了し、鎌倉に落ち着いた頼朝は、十二月二日、平知盛《とももり》が頼朝追討のため駿河へ向ったという情報にも、さほど驚かず、平穏な年末を過ごした。

明けて治承五年（一一八一）は間もなく養和元年と改元、二月四日には平家一門の大黒柱平清盛が内憂外患の中で他界した。ここから平氏没落の歴史が本格的に始まったのである。

一方、頼朝は当初諸国を支配しようとする大きな野望は持っていなかった筈であるが、「東国の主」になり、諸国の源氏が頼朝に呼応する動きを見て、次第に自分が平氏に代わって天下に号令する夢を抱くようになったようである。この考えを支えたのは先ず北条時政であったろう。

このあと、寿永三年（一一八三）七月には平氏の都落ち、源義仲の入京、同四年（一一八四）一日には頼朝の弟範頼《のりより》・義経《よしつね》の義仲征討、同二月には平家追討と続いて行くが、時政はこうした軍事行動には加わらず、鎌倉において頼朝を援け、武家政権の基礎固めに力を尽くした。かくして文治五年（一一八五）三月、平氏が西海に滅んだ後、頼朝の命により十一月、時政は上洛《じょうらく》し、戦後の処理に登場するわけであるが、その内容は後述するとして、その前に時政の身内の動きについて触れておこう。

時政には先妻に伊東氏出身の女性（多分祐親の妹）、後妻に摂関家《せっかんけ》の血を引く牧ノ御方の存在したことは、第一章の三節及び第二章の一節等で記《しる》した。なお当時、中央・地方を通じ支配層は一夫多妻であったから、他にも妻妾はあったかも知れない。ともかく文献上知られている子女は十五名にも上っており、子だくさんであった事も第二章三節で触れた通りである。

これら数多《あまた》の子女のうち、長男の宗時は政子の兄であるから少なくとも久寿《きゅうじゅ》二年（一一五五）、あるいは保元《ほげん》元年（一一五六）の生まれと思われ、時政が十八・九才頃の子であろう。そう考えると宗時は時政が十九頃の子であったろうか。ともかくこの子は、治承四年（一一八〇）八月、父や弟義時と共に石橋山の合戦に参加し敗戦して相模国の土肥山から郷里の伊豆国北条郷に帰る途中、平井郷（函南町平井）で、名主《みょう》小平井紀六久重《しゅこひらいのきろく》に討たれてしまった。これは父時政の判断で親族が一緒に行動するよりも、二手に分かれて落ちのびた方が、後継者保存のためにもよいと考えたからで、頼朝の行先を確かめるため時政と次男の義時は土肥郷（小田原市）に向い、長男の宗時は北条館へ帰ろうとしたためである。

結局、宗時は二十四・五才で戦死したが、その加害者小平井久重は翌年の一月六日、工藤景光《くどうかげみつ》によって捕えられ、四月十九日、鎌倉に近い腰越《こしごえ》の浜で処刑された。なお、亡き宗時は後に父時政によって篤く供養され、墓のある大竹の地（函南町）に堂宇も建てられた。

二番目の子政子、すなわち長女は保元二年（一一五七）、時政二十才の時に生まれ、治承三年（一一七九）、時政四十二才、当人二十三才の時、十才年上の源頼朝と結婚した。頼朝が鎌倉の大倉亭《おおくらてい》（頼朝亭）に入り、「東国の主」となった時、政子は二十四才であった。すでに頼朝との間には大姫という女子も誕生して、翌々寿永《じゅえい》元年（一一八二）には頼家も誕生するが、この政子については次項（二節）においいて説明することにする。

三番目・四番目等は女子である。『曽我物語』の記事により、政子との年令差から、三番目（次女）

は平治元年（一一五九）、四番目（三女）は応保元年（一一六一）頃の生まれと推定される。勿論『曽我物語』の記事が正当と断ずるわけではないが、他に資料がないので、一応參考に挙げておく。特に次女は頼朝の弟阿野全成《あのぜんじょう》の妻といわれる。この全成はその名の如く僧侶であるが、源義朝の七男坊で、母は有名な常盤御前《ときわごぜん》である。平治《へいじ》の乱で父は謀殺されたが、母の嘆願で幼児三人、すなわち今若・乙《おと》若《わか》・牛若の三児は僧となることを条件に助命され、年長の今若丸は、醍醐寺《だいごじ》に入って全成と称したわけである。因《ちな》みに弟の乙若丸も出家して義円《ぎえん》と称し、末弟の牛若丸は鞍馬《くらま》寺に預けられたが、後に奥州平泉の藤原秀衡《ひでひら》のもとへ行き、成人して源九郎義経と名乗った。

全成は『平家物語』に「醍醐悪禅師《だいごのあくぜんし》は後に有職《ゆうそく》に任じて駿河阿闍梨《するがのあじゃり》と云ひしが僧綱《そうこう》に転じて、阿野《あの》法橋《ほっきょう》とぞ呼ばれける」とあり、『承久記』にも「あの《（阿野）》法橋全成」と記されている。悪禅師と呼ばれたのは長兄義平が悪源太《あくげんた》と呼ばれたのと同じで、勇敢であり、荒法師ぶりを発揮したためであろう。兄頼朝が挙兵すると、これに応じて協力し、その功によって駿河国阿野庄《あののしょう》を与えられ、北条時政の女《むすめ》と結ばれた。阿野庄は現在の沼津市愛鷹《あしたか》地区西半から原・浮島地区及び富士市浮島町に及ぶ広域に亘っており、その中央部の井出《いで》郷（沼津井出）に、阿野氏の居館跡（阿野館）と、菩提寺（大泉寺《だいせんじ》）、墓地等が残っている。

『吾妻鏡』によると、治承四年八月二十六日、佐々木兄弟が箱根山中で全成に合って行動を共にしており、十一月十九日には頼朝が武蔵国長尾寺を全成に与えている。この年から兄に協力していたことがわかる。

全成の妻は姉政子と気心の合った仲で、政子の生んだ千幡《せんまん》（源頼家）の乳母《めのと》に選ばれ、阿波局《あわのつぼね》と呼ばれて鎌倉に滞在した。頼朝の没後、建仁三年（一二〇三）五月、夫は謀反の疑いをもたれ頼家の命で捕えられ、常陸国《ひたちのくに》（茨城県）に配流となったが、間もなく同地で処刑された。その時全成の首が空中を飛び駿河の阿野館《あののやかた》の松（首掛松）にひっかかったという伝説が井出の地に残っているが、幕府側の者によって運搬され、梟首《きょうしゅ》されたのであろう。この事件は全成の家族を悲嘆させたが、姉の政子は阿波局《あわのつぼね》を庇護《ひご》した。なお、同年九月、頼家と結んだ比企《ひき》氏は北条時政によって討伐された。

ついでに頼朝に協力した弟たちは全成の他に、範頼《のりより》（六男）・義円《ぎえん》（八男）・義経《よしつね》（九男）がいたが、これらの兄弟を図示すると系図13の通りである。長兄の義平、次兄の朝長《ともなが》は平治の乱に殉じ、四男の義門《よしかど》は早世、五男の希義《まれよし》は頼朝の挙兵の影響で、駿河国香貫郷《かぬきごう》（沼津市）で捕えられ、土佐国《とさのくに》（高知県）に流されて処刑された。結局残りの四人が頼朝の傘下《さんか》に加わったわけである。なお、他に貴族の一条能保《よしやす》に嫁した女子もいた。これらの兄弟のうち義平の母は三浦義明《よしあき》の女《むすめ》、朝長の母は波多野義通の女、頼朝・希義及び能保の妻は尾張熱田神宮大宮司《おわりあつたじんぐうだいぐうじ》藤原家の女、範頼の母は遠江国池田宿の遊女、全成・義円・義経の母は九条院雑仕《ぞうし》の女官である。鎌倉に住し、京へ出仕《しゅっし》した源義朝がその往復の東海道筋に、子女の母親を分布させているのは面白い。

阿波局の妹と思われるのが足利義兼《よしかね》に嫁いだ三女であるが、実際にはいずれが姉か定かではない。治承五年（一一八一）二月一日に結婚しており、ここに時政と北関東の有力御家人《ごけにん》足利氏が結ばれたのである。足利義兼は後に上総介《かずさのすけ》を称しており、頼朝と同じ清和源氏の家柄にある者として、源範頼（三河守）・同義経（伊予守）・同広綱（駿河守）・平賀《ひらが》義信（武蔵守）・加賀見《かがみ》遠光（信濃守）・大内惟義《これよし》（相模守）・山名義範《よしのり》（伊豆守）・安田《やすだ》義定（越後守）等と共に「門葉《もんよう》」として特段の扱いを受けたようである。

この点、時政は桓武平氏の出身であるため「門葉」ではない。しかも「準門葉」でも無く、また「家子《いえのこ》」でもない。この点、奥富敬之《おくとみたかゆき》氏はその著『鎌倉北条一族』において、「ただの御家人でもない時政の処《よ》って立つべき基盤は、鎌倉殿御外戚という地位であった」としている。つまり別格として扱われたのである。

時政の五番目の子がおそらく次男の義時であろう。長寛《ちょうかん》元年（一一六三）の誕生であるから、政子と六才の差がある。父時政が頼朝と挙兵した時は数え年の十八才であった。そして翌年十九才になると頼朝寝所伺候衆《しんじょしこうしゅう》の一人に抜擢《ばってき》され、以後一応自立した武者《むしゃ》としての活動を始め、元暦《がんれき》元年（一一八四）には、鎌倉に残る父に代って平家追討軍に加わるが、その状況については次項で触れることにする。

六番目は四女で、畠山重忠《しげただ》の妻となった者で

系図13　頼朝の兄弟と子女一覧図

（源）義朝　下野守　伊予守　左馬頭　従四位下　一一五九、一二　尾張国野間で長田庄司忠致に殺される。

- 義平　鎌倉悪源太　母　三浦介義明女　一一六〇、一　六条河原で処刑される。
- 朝長　鎌倉悪源太　母　波多野義通女　一一五九、一二　美濃国青墓で自害。
- 正二位　権大納言右大将征夷大将軍　頼朝　童名　鬼武丸　母　熱田大宮司孝範女　一一九九、一　鎌倉で没。
- 義門　早世。
- 希義　土佐冠者　母　頼朝に同じ　一一八〇、土佐で平氏に討たれる。
- 三河守　従五位下　範頼　蒲冠者　母　遠江国池田宿遊女　一一九三、伊豆国で頼朝に誅される。
- 全成　童名　今若丸、後に阿野法橋　母　九条院雑仕常盤　一二〇三、六　頼家に誅される。
- 義円　童名　乙若丸、後に円成　母　全成に同じ　一一八一、三　平氏に討たれる。
- 伊予守　従五位下　義経　童名　牛若丸　母　全成に同じ　一一八九、閏四　奥州平泉で自害。
- 女子　一条能保室　母　頼朝に同じ

あろう。重忠は長寛二年（一一六四）の誕生で、北条義時より一年後《おく》れている。重忠の母は三浦大介義明の女《むすめ》であり、頼朝の兄義平の母と姉妹関係にあった。それでいて重忠は石橋山の合戦の後、三浦氏と鎌倉の由比ヶ浜（浦）で戦い、またその本據衣笠城《きぬがさじょう》を河越《かわごえ》・江戸両氏等と攻め、三浦義明を討死《うちじに》させている。父の重能《しげよし》は前年より大番役で京へ上っており、重忠は十七才の出陣であった。ともかく重忠は南関東の武蔵国の有力な豪族秩父《ちちぶ》一族を代表する人物であり、同年十月には頼朝の麾下《きか》に加わり、やがてその重臣となった。智略に長《た》けた時政の見事な布石である。

次に安元元年（一一七五）に生まれた時連《ときつら》がいる。文治五年（一一八九）、十五才で元服し、後に名を時房《ときふさ》と改めた。奥州征代その他に活動したが、兄義時と年令差が十二もあり、その間にはなお男女兄弟もあったろう。

以下、政範《まさのり》や三条実宣《さねのぶ》の妻となった者他数名の女子がいるが、それらは牧ノ御方《まきのおかた》の子であり、後述することにする。

（二）　勝ち気の政子

時政の長女政子に関しては、既に第二章三節の「頼朝との出合い」でも述べた通り、頼朝来豆《とう》の時、すなわち永暦元年はまだ四歳であり、時政も二十三才の若さであった。それが、やがて十八年後の治承《じしょう》三年に頼朝と結ばれた時は政子二十三才、時政四十二才であった。また十四才で配流の身となった頼朝も三十三才になっていた。そして翌年挙兵の時には数え年二才（満一才）の長女大姫が存在していた。さらに翌治承五年（一一八一）五月末には頼朝の大倉亭の傍らに、大姫のための小御所《こごしょ》や厩舎《うまや》を建てる事になり、安房国《あわのくに》（千葉県）から大工を呼び立柱上棟式を挙げている。この年七月十四日には改元して養和元年となったが、その年末十二月七日には政子が病気となり、多数の武家が集まるなど騒ぎがあった。しかし、大事には至らず、東国政権の確立と、鎌倉の都市計画、社寺の建立などに頼朝は意を用い、政子も内助の日々を過ごした。

この間、治承五年三月には、京にいる三善康信《みよしやすのぶ》から、武田信義に頼朝追討を命ずる院宣のあったことが伝えられたが、頼朝は直ちに信義を呼んで反乱を起こさぬ起請文《きしょうもん》を取り、未然に防いだ。また養和元年八月には再び三善康信より連絡があり、平清綱や伊藤忠清らの平氏軍が頼朝追討に向かって東国に発進した旨伝えられ、十月には平維盛が東国に発向したことも報《し》らされたが、味方は用意万全、敵方は腰砕けで大事に至らなかった。

こうして養和二年（一一八二）一月三日には鎌倉で頼朝が「御行始《おこうはじめ》」として、安達《あだち》盛長の邸（甘縄）

に出向き、足利義兼以下北条時政・畠山重忠・三浦義澄・和田義盛等多くの重臣達がこれに従った。同二月十四日には政子懐妊《かいにん》の風聞を聴き、三浦義澄は自宅に預けられている義父伊東祐親の恩謝を願い、頼朝も承知したが、祐親は前勘《ぜんかん》を恥として遂に自殺した。

三月九日には政子着帯《ちゃくたい》の儀があり、千葉常胤の妻が帯を贈り、丹後局《たんごのつぼね》も陪膳《ばいぜん》した。頼朝は鶴岡《つるがおか》八幡宮に安産を祈念し、社頭から由比の浦に通ずる曲折の道を直して参道を新設した。世に言う段葛《だんかずら》（若草大路）である。これには時政以下多くの将士が土石を運んだ。また四月五日には文覚《もんがく》上人が招かれ、江ノ島に弁財天《べんざいてん》が勧請《かんじょう》され、頼朝を始め、北条時政、足利義兼など多数の者が、その供養《くよう》に参列した。

五月には安田義忠の推挙で、遠江国《とおとうみのくに》掛川《かけがわ》付近に居住していた伏見《ふしみ》冠者《かんじゃ》藤原広綱が頼朝の右筆《ゆうひつ》となった。そして飯島に居を構えたが、間もなくここに頼朝の愛妾《あいしょう》亀ノ前が預けられた事により、広綱もとんだ迷惑を蒙《こうむ》ることになった。それは頼朝の浮気の問題であるが、それに触れる前に、伊豆以来の頼朝の女性関係について若干述べておこう。

すなわち若き青春時代を伊豆で送った頼朝は、流人といえども囚人《しゅうじん》ではなく、比較的自由な生活をしていたが、源家《げんけ》の棟梁《とうりょう》の血を引き、都では右兵衛尉《うひょうえのじょう》など、若くして上位栄進を遂げた貴種《きしゅ》であるから、国府《こう》の在庁官人や三島明神等の社家及び在地の武家にも注目され、その娘達の関心も高かったものと思われる。そうした中で成長を遂げた頼朝も多くの女性に心を動かしたことであろう。史上や伝承を考え合わせると、まず第一に大友経家《おおともつねいえ》の女《むすめ》が浮かんでくる。大友氏は相模国足柄郡大友邑《あしがらぐんおおともゆう》より起こった家柄で、本来は秀郷《ひでさと》流藤原氏の出である。その系図は複雑で、諸書によって異なるが、『尊卑分脈』・『秀郷流波多野系図』・『中原系図』・『大日本氏族志』・『大友系図』等を照合すると、まずは藤原秀郷の子孫大友四郎経家の次女が掃部頭《かもんのかみ》中原親能《ちかよし》に嫁いだことから始まる。親能の妹が近藤左近将監《さこんしょうげん》能成（秀郷流近藤氏）に嫁し、その縁で能成《よしなり》は親能の猶子《ゆうし》となり、その子が能直《よしなお》で、相模国大友郷の地《じ》頭郷《とうごう》司職《じしき》を得、大友氏を称した。その子孫は豊後国《ぶんごのくに》（大分県《おおいた》）に移り、能直の子親季は鎮西奉行《ちんぜいぶぎょう》もつとめている。ところで、『大友系図』等によると、大友経家の女《むすめ》は頼朝が伊豆の蛭ヶ島でわび住いをしていた頃、頼朝の手がついて懐妊し、頼朝より中原親能に与えられたため、承安二年（一一七二）男子が誕生、それが能直であるという。「故に頼朝卿の男にして親能の養子也。是により能直、養父の姓に従い、藤原（中原氏の本姓）となり、外祖父の氏によりて大友と称す」とある。つまり九州に栄えた大友氏は頼朝の末裔《まつえい》と称しているわけである。なお能直の母は利根局《とねのつぼね》と呼ばれたという。

その次が頼朝の乳母比企尼の住所、伊豆の桑原郷において尼の女《むすめ》をみごもらせた事件で、誕生した子は後に島津忠久と名乗り、母親は丹後局《たんごのつぼね》と呼ばれたということは、すでに第一章三節で述べた（『島津系図』等）。

そして、伊東祐親の女（八重姫）に千鶴《ちづる》丸を生ませたことも既述した。なお、伊東までさんの『八重姫・千鶴丸考』（一九七一年刊、歴史図書社）では、千鶴丸は伊東の轟ヶ淵《とどろきがふち》に投げ込まれたことにし、祐親はその子を斉藤五郎、同六郎に命じてひそかに甲斐国（山梨県）に逃し、その子孫が島津氏であるとしている。

このあと、頼朝は政子と正式に結婚することになる。しかし、実は挙兵前から伊豆の良橋太郎入道の女、亀ノ前と関係していたのである。伊豆には良橋という地名も無く、また同姓を名乗る人も居ないが、おそらく伊豆国衙《こくが》の在庁官人の一人であったろうと思う。その女《むすめ》の亀ノ前との関係は、頼朝の鎌倉入居後も続き、特に養和二年の政子懐妊時に活発化し、やがては政子の耳にも入り表面化した。次にその経過を辿ってみよう。

養和二年（一一八二）三月一日、頼朝はかねてからの愛妾亀ノ前を、鎌倉よりやや離れた網代小中太光家の小窪《こくぼ》の宅に招いた。これはいわば通《かよ》い婚で、訪れる際、人目につかぬよう、また外聞を憚《はばか》っての事であった。しかし光家の宅は頼朝がよく外出する由比浦《ゆいのうら》辺の便利な地にあったらしい。なお小中太《こちゅうた》光家は『吾妻鏡』巻一、治承四年八月二十日の条に、その名が見えており、石橋山の合戦に加わっているが、巻二・六・十三等、各所にも登場している。姓は不明で、小中太の通称から中原氏と考える人もいるが、中原氏の系図には出てこない。実は伊豆の網代《あじろ》（熱海市）には網代小中太光家の居館址と伝える所があり、隣地の宇佐美祐茂と共に石橋山の戦に参加したとしている。やはり伊豆の武士と思われる。

亀ノ前は『吾妻鏡』の記録によると、「顔貌《かおかたち》の濃《こま》やかなるのみにあらず、心操《こころばせ》殊に柔和なり」とあり、同書にはまた「去春の比《ころ》より御密通、日を追ひて御寵甚し」と書かれている。

頼朝は六月七日、由比の浦に牛追物《うしおうもの》（弓馬の芸）等を見に行き、また八日には車大路の家に病床の加藤景廉を見舞い、その足で小中太の家に行っているが、いずれも亀ノ前に会っている筈である。

七月に入ると、十二日に政子は産気づいて比企谷《ひきがやつ》の比企氏邸に移った。そして十四日には亦頼朝の別の女性に対する問題が起こった。それは、故人である源義平《よしひら》（頼朝の兄）の未亡人で、上野国《こうづけのくに》（群馬県）の豪族新田義重の女《むすめ》に艶書《えんしょ》を送った事件である。その使いは伏見広綱であったが、結局頼朝の意のままにならず、女《むすめ》から話を聞いた父義重が、政子に聞こえることを恐れ、女を急遽他人に再婚させてしまった。そのため頼朝が機嫌を悪くし、十四日、義重が勘気を蒙ったのである。

かくして八月十二日、政子は無事出産し、十月十七日には母子共に大倉亭に帰った。ところが、この間、伏見広綱の家に移ってかくまわれていた亀ノ前の事が十一月十日露見して、政子が憤激したのである。これは時政の後妻牧ノ御方の密告によるもので、同日政子は牧ノ御方の父牧三郎宗親《むねちか》に命じて、伏見広綱の家を破却させてしまった。驚いた広綱は亀ノ前を伴って逃れ、三浦一族の大多和五郎義久の鐙摺《あぶずり》の家に入った。

これを知った頼朝は十二日、直ちに遊興を理由に牧宗親を連れ、義久の家に到着した。ここで伏見広綱を加えて一昨日の事を尋問し、頼朝は宗親の髻《もとどり》を切って叱責した。宗親は驚いて逃亡し、婿の北条時政に報告した。頼朝は一夜を亀ノ前のいる義久の家で過ごし、翌日鎌倉へ帰った。ところがこれと入れ代わりに時政が牧ノ御方と共に鎌倉を立ち、本国の伊豆へ帰ってしまった。頼朝は非常に憤ったが、時政の子義時が鎌倉にとどまったので、ひとまずこれを賞し、心を落ちつけた。こうして、頼朝・政子・時政の間は一時ただならぬ空気となった。

十二月十日には亀ノ前も元の小中太光家の宅に移り、政子の気色を恐れて生活したが、頼朝の寵愛は益々盛んとなった。しかし、大きな被害を受けたのは伏見広綱で、政子は怒りのあまり、広綱をその所領の遠江国に追放してしまった。夫頼朝をさしおいて、このような挙に出た政子は何と勝ち気、強気の女だったか、計りしれないものがある。ともかく、この事件は翌寿永《じゅえい》二年（一一八三）、時政が鎌倉へ帰り、一応決着した。

しかし、頼朝の浮気はなお止まなかった。すなわち、鎌倉の御殿（大倉亭）に仕えていた常陸介藤時《ひたちのすけふじとき》の長女を見初めて妾とし、文治二年（一一八六）二月に男子を長門景国の家で出産させたが、景国は政子の怒りに触れ、その子を連れて姿を消している。この子が後の貞暁《じょうぎょう》（僧）である。また他に伊達《だて》常陸入道念西《ひたちにゅうどうねんさい》の女《むすめ》（大進局《だいしんのつぼね》）に手をつけ、子を産ませたが、政子の怒りが激しく、京へ上らせたりしている。

（三）　義時西国に戦う

十八才で石橋山合戦に参加し、以降約四〇日、父時政に従って甲斐国で活動した義時は、この間ほとんど父と行動を共にしていたが、治承五年（一一八一）正月、頼朝による東国経営も一段落してくると、義時も漸く自立し、一人前の御家人として扱われるようになった。こうして、同年四月には、御所（大倉亭）における頼朝身辺の護衛に当たる「寝所近辺祗候衆《しこうしゅう》」に選任され、義時はその筆頭に名を連ねることになった。選任されたものは、「殊に弓箭《ゆみや》に達する者、また御隔心《ごかくしん》なき輩《ともがら》」と『吾妻鏡』に見えるように、武芸にすぐれ、忠節心の強い少壮の武者で、毎夜御寝所近辺に伺候する側近者であった。次に記す十一名が、それである。

江間《えま》四郎義時（時政子）、下河辺庄司《しもかわべのしょうじ》行平、結城《ゆうき》七郎朝光、和田次郎義茂（義盛子）、梶原《かじわら》源太景季（景時子）、宇佐見平次実政（家秀子）、榛谷《はんがや》四郎重朝、葛西《かさい》三郎清重、三浦十郎義連《よしつら》（義明子）、千葉太郎胤正《たねまさ》（常胤子）、八田太郎知重《ともしげ》（知家子）。

いずれも頼朝股肱《ここう》の臣の子息達であった。この頃、木曽に挙兵し、信濃国《しなののくに》（長野県）から北陸方面を征討した源義仲（頼朝の従弟）の軍は、次第に京へ迫る勢いを示し、また平氏の大黒柱平清盛は病死して、次子宗盛《むねもり》が一門の棟梁になっていた。年号も治承五年七月に養和元年と改元され、翌寿永元年（一一八二）にかけて全国的な大凶作のため、各地の戦斗も停滞気味であった。こうした中で国内は、西国の平宗盛、北陸の源義仲、東国の源頼朝、東北の藤原秀衡《ひでひら》と、四つの勢力圏に分かれ、相互に均衡を保っていた。

この停滞状態もやがて破られ、寿永二年四月、平維盛《たいらのこれもり》の率いる大軍が加賀国《かがのくに》（石川県）と越中国《えっちゅうのくに》（福井県）の国境にある倶利加羅《くりから》峠で、義仲軍に敗られると戦局は大きく動き出した。この年の七月二十五日には平宗盛が安徳天皇を奉じ、平家一門を率いて西海へ都落ちし、義仲は入京して、一月十一日、征夷大将軍となった。

頼朝は義仲に先を越されたような感じであるが、後白河法皇からの上洛催促にも応ぜず、東国支配を一層固めることに留意した。

明けて寿永三年（一一八四）正月二十日、頼朝は漸く義仲追討のため弟の範頼《のりより》・義経《よしつね》に大軍を率いて上洛させ、義仲を近江国粟津《おうみのくにあわづ》で敗死させた。次いで二月には勢いを盛り返して、京へ迫ってきた平家軍と相対することになった。

平家側は西海・山陰の軍勢数万騎を揃え、摂津国《せっつのくに》と播磨国《はりまのくに》の境、一谷《いちのたに》（兵庫県）に城郭を構え、二月四日には故平清盛の仏事を各所で行った。翌五日には源範頼・同義経両将が摂津国に到着し、七日から箭《や》合わせを行うことにしたが、大手の大将軍は範頼で、これに従うものは五万六千余騎と『吾妻鏡』に見え、その主な武者として、次のような名を挙げている。

小山小四郎朝政・武田兵衛尉有義・板垣三郎兼信《かねのぶ》・下河辺庄司行平・長沼五郎宗政・千葉介常胤・佐《さ》貫《ぬき》四郎廣綱・畠山次郎重忠・稲毛三郎重成・同四郎重朝・同五郎行重・梶原《かじわら》平三景時・同源太景季・同平次景高・相馬《そうま》次郎師常《もろつね》・国分《こくぶ》五郎胤道《たねみち》・東《あづま》六郎胤頼・中条藤次家長・海老名《えびな》太郎・小野寺太郎通綱・曽我太郎祐信・庄司三郎忠家・同五郎廣方・鹽谷《しおや》五郎惟廣・庄太郎家長・秩父《ちちぶ》武者四郎行綱・安保次郎

實光《さねゆき》・中村小三郎時経《ときつね》・河原太郎高直・同次郎忠家・小代八郎行平・久下次郎重光。
これに対して搦《から》め手《て》の大将軍は源義経で、相従う武者は次の者以下二万余騎と記されている。
安田遠江守義定・大内右衛門尉惟義・山名三郎義範・齋院次官親能《さいいんのすけちかよし》・田代冠者信綱・大河戸太郎廣行・土肥次郎實平・三浦十郎義連・糟谷《かすや》藤太有季・平山武者所季重・平佐古《ひらさこ》太郎為重・熊谷《くまがや》次郎直実・同小次郎直家・小河《おがわ》小次郎祐義・山田太郎重澄・原三郎清益・猪俣《いのまた》平六則綱。

一方、平家方は新三位中将資盛卿《すけもりきょう》・小松少将有盛朝臣《あそん》・備中守師盛・平内兵衛尉清家・恵美次郎盛方以下七千余騎で、当国三草《みくさ》山の西に到着、源氏は同じ山の東に陣をとった。源氏方は、義経と伊豆・相模勢の田代信綱・土肥實平《といのさねひら》等が評議し、暁天を待たず、夜襲をかけたため、平重衡以下平家は周章分散してしまったという。しかも義経は勇士七千余騎を率いて一ノ谷《いちのたに》の後の山（鵯越《ひよどりごえ》）から不意を突き、また武蔵国の住人熊谷《くまがや》直実や平山季重が海道より館《たち》の際《きわ》を襲い、また西の木戸《きど》口を攻めた土肥実平・田代信綱ら主力軍の奮戦により、平家方は大敗し、残るものは船で四国の屋島へ敗走した。

このあと範頼以下源氏の軍勢の大半は鎌倉に引き上げたが、義経は都に残り、約半年間は合戦もなかった。この間に頼朝は義仲追討の賞として、正四位下、範頼は三河守《みかわのかみ》に叙せられたが、義経はおくれて左衛門小尉《しょうじょう》になった。しかし、頼朝の了解なく任官した義経に対する頼朝の感情は悪化した。

以下、一ノ谷の戦いまで、義仲追討、平氏追討の軍勢に、北条時政及び義時の名は見えず、父子共に鎌倉に残って頼朝の東国経営を援けていたらしい。しかし、この戦いが終わると、二月十八日、頼朝は使いを京へ派遣し、京中の警護に当たらせ、また播磨（兵庫県）・美作《みまさか》・備前《びぜん》・備中《びっちゅう》（以上岡山県）・備後《びんご》（広島県）の五ヶ国に対しては梶原景時・土肥実平を派遣して守護させるなど、西国に対する支配権を行使している。さらに、なお平氏の支配下にある四国にも源家に通じている者があり、特に土佐国《とさのくに》（高知県）の大名・武士に対して、北条時政が三月一日、平氏追討を命じている。この事は時政が頼朝と共に平家討伐作戦において重要な役割を果たしていた事を推測できよう。

やがて元暦元年（一一八四）八月には、再度平家追討軍が西征し、源範頼は一千余騎を率いて、八日、鎌倉を出発した。この軍中には足利《あしかが》・武田・千葉・三浦・八田・葛西・結城・和田・安西等の諸氏と共に、北条小四郎義時も晴れて加わっており、他に比企能貞・天野遠景等、伊豆以来の武家も参加していた。

範頼の軍勢は山陽道を安芸国《あきのくに》（広島県）・周防《すほう》・長門《ながと》両国（山口県）を経て九州へ渡ろうとしたが、下関《しものせき》海峡の彦島に據る平氏軍と、四国の屋島から瀬戸内海に出撃してくる平氏軍に挟撃されて苦戦し、兵糧や船舶の不足もわざわいして、戦況は停滞してしまった。

しかし、年が明けて元暦二年になると、一月末には豊後国《ぶんごのくに》（大分県）の豪族阿南惟隆《あなみこれたか》や緒方惟栄《おがたこれひで》等が兵船八十二艘、周防国《すほうのくに》の宇佐那木《うさなぎ》遠隆が多量の兵糧米を献上してきたので、範頼軍は漸く豊後国へ渡ることが出来、義時はその先陣として活動した。二月十六日には義時以下中原親範《ちかのり》・比企朝宗《ひきともむね》・同能員《よしかず》らに頼朝から書状が届き、長期に亘る戦斗の中で相互に同心（協力）すべき事を悟《さと》してきた。

三月一日には同国の芦屋浦《あしやうら》で少弐種直《しょうにたねなお》の軍と合戦《かっせん》して、これを討ち取り、豊後一帯を制圧したため、その報に頼朝は喜び、三月十一日、義時以下主な御家人十二名に感状を届けた。弱冠二十三才の義時が他の若武者と共に奮闘し、実戦の経験を積み、頼朝の信頼の篤い武者として成長したのは頼もしい。

範頼軍がこうして平氏の布陣の背後を固めると共に、義経の軍も摂津の国渡辺《わたなべ》から平氏の本拠地屋島に嵐を突いて渡海襲撃し、激戦の末これを海上へ追い払った。この屋島の合戦から約一ヶ月を経て、源平両軍は三月二十四日、長門《ながと》の壇《だん》ノ浦で決戦し、平家一門は遂に滅亡した。

義時は範頼軍に属していたため、義経軍のような華やかさは記録されていないが、遠隔地における辛苦の戦いの中で得た経験は大きなものであったろう。その後、文治五年（一一八九）にはまた奥州征伐があり、義時は父時政と共に再び従軍している。なお、義時の本領は伊豆の江間《えま》郷にあり、江間殿と呼ばれ、その居館は引き続き同地にあった。

写真12　江間義時の館跡付近に後世建てられた東漸寺

（四）　幼き孫たち

時政の子女の内、後妻の牧ノ御方の子女は僧慈円の著書『愚管抄』に「時政ワカキ妻ヲマウケテ、其ガ腹ニ子ドモマウケ、ムスメオホクモチタリケリ」とあるように、時政の長女政子とさほど差のない年頃で時政の妻になり、多くの子女を生んでいる。結婚した年は、先妻の子時房（義時弟、始め時連）の生まれた安元元年（一一七五）より当然後のことであり、頼朝と政子の関係を牧ノ御方が時政に報じたのが治承三年（一一七九）であるから、その間という事になる。したがってその間に生まれた子も一人～二人はあったであろう。記録に残っているのは一男六女で、たしかに娘が多い。その一人の男子が政範《まさのり》であるが、これは元久元年（一二〇四）十一月五日に十六才で死去しているので、生年は文治五年（一一八九）であり、平氏が滅亡した頃にはまだ生まれていない。その他の女子については生年が分からないし、生まれた子も当時まだ乳幼児であったろうから、ここでは触れず、機会を見て後述することにする。

そこで、ここでは平氏滅亡の頃までに生まれていた時政の孫、大姫・頼家・泰時の三人について触れておく。

大姫

頼朝と政子が正式に結ばれたのは、山木兼隆が伊豆へ下向し、山木郷に住んだ治承三年（一一七九）正月以降で、兼隆に嫁がせようとした時政の意に反し、伊豆山へ逃避して頼朝と同居したことに始まる。

しかし、兼隆の来豆以前に頼朝は政子と逢い引きをしており、留守の牧ノ御方から、京に居た夫に密告されている点、少なくとも治承二年の暮れあたりから関わりをもっていた可能性がある。それにしても大姫が生まれたのはその翌年の治承三年の後半または翌四年の前半頃であろうから、頼朝や時政の挙兵時には数え年で一才または二才であったに違いない。因みに、『日本女性人名辞典』では、大姫の誕生の年を「治承二年」とし、また杉橋隆夫氏は『日本古代人名辞典』において、「治承三年?」としている。

さて、その後石橋山合戦以降、頼朝や時政等が伊豆を留守にする中で、伊豆山権現や秋戸郷などを政子と大姫は転々とし、治承四年の秋に漸く鎌倉で頼朝と同居したが、頼朝は亦平家の軍勢と戦うため駿河に出向するという状態であった。結局富士川の戦いに大勝し、頼朝が鎌倉帰參の上、十二月十二日、大倉亭（御殿）に移ってから漸く落ち着いたということになろう。

その後、年も明け、治承五年の五月には、御殿の傍らに大姫のための小御所《こごしょ》と、厩《うまや》が建てられた。しかし、大姫はまだ二～三才であった。

次いで寿永元年（一一八二）八月十二日には、大姫の弟頼家が誕生し、頼朝の乳母であった比企尼の女（河越重頼妻）が乳母となって、御乳付《おちづけ》の儀があり、さらに三夜・五夜・七夜・九夜の各儀式が月末まで続いた。三夜の儀は小山朝政、五夜の儀は上総廣常、七夜の儀は千葉常胤、九夜の儀は祖父の北条時政が沙汰人として取り行った。これらの儀式は御産所で行われ、やがて十月十七日、政子母子《おやこ》は御殿に帰った。なお乳母の一人として比企能員《ひきよしかず》の妻も登用された。

寿永二年（一一八三）の春、源頼朝は従弟の源義仲と講和を結び、その条件として義仲の嫡子志水冠《しみずかん》者《じゃ》義高を人質として鎌倉に来住させた。当時十一才であった義高が、まだ四〜五才の大姫の婿という形で迎えられたが、結局翌元暦元年（一一八四）正月、近江国（滋賀県）粟津で義仲を敗死させた頼朝は、将来の災を恐れて、四月頃義高を殺害しようと考え、側近に漏らした。それが御殿に仕える女房（侍女）等から大姫に伝えられた。夫婦といってもまだ年もいかず、兄妹のような間柄で親しくしていた義高と大姫は驚き、取りあえず脱出を考え、義高が侍女の姿に仮装し、他の侍女がこれを囲んで外出し、あらかじめ用意してあった馬に乗って逃亡した。そして義高と同輩の海野《うんの》小太郎幸氏《ゆきうじ》が、義高の寝所に入り、宿衣《やどぎ》の下に臥して髻《もとどり》を出し、身代りになっていた。しかし、翌日、事が露見して大騒ぎとなり、頼朝は怒って堀藤次親家等の軍兵を各方面に派遣して義高を探索させた。結局、四月二十六日、親家の郎従藤内光澄《とうないみつずみ》が捕らえて武蔵国の入間河原《いるまがわら》で誅殺された。

　大姫は悲しみのあまり、病気がちの日々を送るようになった。『吾妻鏡』六月二十七日の条に「志水冠者の事によって、この病あり。ひとへにかの《（彼）》男が不儀により起こる。たとひ仰せを奉るといえども、云々」とあって、母親の政子は義高を殺した藤内光澄を恨み、頼朝に怒りをぶちまけた。頼朝も逃げることができず、遂に斬罪を命じ、同日光澄は梟首《きょうしゅ》された。

　政子はその後、京に在住する一条高能《たかよし》との縁談を望んだが大姫は受け入れなかった。かくして後年になるが、建久六年（一一九五）頼朝、政子夫妻は大姫を連れて上京し、後鳥羽《ごとば》天皇の後宮に入れる工作をしたが成功せず、建久八年七月十四日大姫は死去した。

頼家

源頼朝と政子の嫡子で大姫の弟であり、これまた時政の外孫である。寿永元年（一一八二）八月十二日、鎌倉で誕生した。乳母は河越重頼の妻や、比企能員の妻等である。当時は公家や武家の上層部において乳母が複数であることは一般的傾向であった。能員は十月十七日、乳母の夫として贈物をしている。平家が壇ノ浦に滅亡した文治元年（一一八五）頃まで、まだ幼少のためか『吾妻鏡』等文献にはほとんど登場していない。

その後文治四年（一一八八）の一月二十六日、母の政子と共に鶴岡八幡宮に參詣し、神楽《かぐら》を観た記事が初見であろうか。七才の時である。

後に比企能員の女（若狭局《わかさのつぼね》）を妻とし、頼朝の死後、征夷大将軍に任ぜられ、鎌倉の二代将軍になるが、その前後の事は後の章において触れることにする。

泰時

時政の嫡男義時の子で内孫である。寿永二年（一一八三）の生まれで頼家よりも一才年下である。幼名は金剛《こんごう》といい、後に江間太郎と称した。これは父義時が伊豆国江間郷（伊豆長岡町）で育ち、江間小四郎と名乗った後を受けているからである。母は一説に阿波局《あわのつぼね》とあるが、これは間違いであり、実際には不明のままである。

建久三年（一一九二）の五月、十才の時であるが、伊豆国多賀郷《たがごう》（熱海市多賀）の住人である多賀重行が、泰時の前を馬に乗って通ったということで、重行はその欠礼を問われている。すなわち、『吾妻鏡』同月二十六日の条に次のように見えている。

「多賀次郎重行、所領を収公せらる。これ今日江間殿(義時)の息童《そくどう》金剛殿、歩行《かち》にして興遊《こうゆう》せしめたまふのところ、重行乗馬しながら、その前を打ち過ぎをはんぬ。幕下(頼朝)これを聞こし召され、礼は老少を論ずべからず。かつはまたその仁によるべき事か。就中《なかんづく》に金剛のごときは、汝等が傍輩に准《なぞら》ふべからざる事なり。いかでか後聞を憚《はばか》らざらんやの由、直《じき》に仰せ含めらる。云々」

結局、頼朝は「北条家の金剛は汝等傍輩と身分が違うぞ、若年だからと言って礼を欠くとは何事か」と、重行を呼んで叱っているのである。なお、同書の記事によると、傍らにいた同じ伊豆国の住人奈古谷橘次《なごやきつじ》（現韮山町奈古谷出身）が、「重行はたしかに下馬しました」と弁護した。ところが頼朝は気色を害し、「後で糾明すれば分かるものを、嘘《うそ》を言って罪を遁《のが》れようとする根性が気に食わない」と言って、重行の領地（多賀郷）を没収したのである。そして、金剛には幼少に似あわず重行を庇《かば》う心は立派だと褒め、愛用の剣を与えている。

この他、泰時に関する資料はまことに乏しいが、成長後の事は多いので、他の章で後述することにする。

（五）　守山《もりやま》のいちご

時政の身内《みうち》としてはまだ大事な人がいる。それは女聟《むすめむこ》の源頼朝である。この頼朝と時政の関係については、すでに各所で触れてきたが、それは系図や出合い、事件などであって、両者間の心情など精神面での触れ合いについては不充分であった。そこで時政は頼朝に対してどう考え、頼朝は時政をどう思っていたか、その一端を垣間《かいま》みる資料を、次に挙げ考察してみたい。

まずは寿永三年（一一八四）三月十八日である。頼朝は鎌倉を立って伊豆へ向かった。これは『吾妻鏡』による野出《ので》の鹿見《しかみ》の旅である。場所は北条郷で、ここには北条氏の居館（北条館）や頼朝の別亭（頼朝御亭）があり、若き日を過ごした思い出の地である。そこへ御家人の下河辺庄司行平、同四郎政義、新田《（仁田）》四郎忠常、愛甲《あいこう》三郎秀隆、戸崎右馬允《うめのじょう》国延《くにのぶ》等、射手の面々を連れて二十日に到着、暫く滞在した。この間二十七日に京から平重衡《しげひら》を連行してきた梶原景時が伊豆の国府《こう》に到着し、折柄頼朝が北条郷滞在中であることを聴き、使者を以て報告したところ、直ちに連れて来いということで、翌二十八日、北条の頼朝の許に參上した。ここで頼朝が重衡に対面したことは、『吾妻鏡』の他、『源平盛衰記』にも見えている。但し、ここに北条時政が同席したか否かは不明である。前記両書に見えないところを見ると、記録洩れかも知れないが、北条郷の主が不参加とも思えない。

なお、頼朝は元暦二年（一一八五）二月にも、鎌倉に建立する南御堂《みなみみどう》の建築材として伊豆の狩野《かの》地方（天城《あまぎ》山地）の木材を見に来豆し、北条へ泊まったようであるが、この時も時政が同行した記事はない。

またこの時は狩の記事も見えない。あるいは『吾妻鏡』の記事が全面的に欠落している寿永二年（一一八三）中の事であろうか。いずれにしても平家追討の行われている寿永・元暦の頃と思われるが、頼朝と時政が共にふるさとの北条郷へ出かけ、狩をした時の事である。

珍しい事に、両者が和歌を詠《よ》んでいるのである。

それはやや後出であるが、建長六年（一二五四）に橘成季が著した『古今著聞集《ここんちょもんじゅう》』という、説話集に載っている連歌である。すなわち同書に次のような記録がある。

右大将頼朝北条時政と連歌《れんか》の事

同大将、もる《（守）》山にて狩せられけるに、いちごのさかりに成《なり》たるをみて、ともに北条四郎時政が候《そうらい》けるが、連歌をなんしける。

もる山のいちごさかしく成《なり》にけり

大将とりもあへず、

むばらがいかにうれしかるらむ

写真13　北条郷の故地にある守山の風景

文中の「もる山」は「守山《もりやま》」で、北条館の背後にある丘陵である。現在は田方郡韮山町寺家《じけ》（北条）字守山に在り、標高一〇一メートルで、全山ほぼ樹木に被われている。近年ハイキングコースの道も開け、頂上からの展望は北条郷の故地をはじめ田方平野を眼下に収めてすばらしい。特に東麓（北条館跡南隣）にある願成就院《がんじょうじゅいん》は北条時政建立に由来する古寺で、運慶作の仏像や時政の墓、あるいは時代は下るが足利茶々丸の墓があり、北陸には堀越御所跡もあって、国指定の史跡になっている。

歌の意味は、「守山のいちごも立派になりました」という時政の上の句に対して、「育ててくれた乳母たちも、どんなにか嬉しく思っていてくれるでしょう」と、頼朝が下の句を続けている。「いちご」は時政の見たてた頼朝であり、「むばら」は頼朝が「ばら」と「乳母」をかけて言った語句である。つまり、「守山で育った頼朝公も立派になりましたね」という時政の言葉に、「いやいや、面倒を見てくれたのは時政だけでなく、乳母たちのおかげもあり、その乳母たちがどんなにか喜んでいるでしょう」と答えている連歌である。

頼朝と時政は共に和歌が稀有のことで珍しいが、それも連歌という親しさをもち、また鎌倉時代における伊豆の「野いちご」を歌いあげている点、貴重な歌である。もって頼朝と時政の相互の心情の一端を知る、「ふるさとの歌」といえよう。

なお、この詠歌の時期と、平重衡の北条到来の時期が重なったか否かは別として、ついでであるから、北条郷の近隣に伝わる重衡に関しての伝説を一つ紹介しておこう。

それは北条郷から狩野川伝いに少々南下した駿河国の大平郷（沼津市大平）に伝わるものである。三位中将平重衡《たいらのしげひら》が捕われて来た時、その夫人（御前）が京からはるばると後を追って来た。しかし、付近一帯の警護が厳しく、主人との面会ができぬまま、この大平の地から空しく引き返したというのである。その地を今「御前帰《ごぜがえり》」と呼び、大平の一小字（こあざ）として残されている。内容は簡単で素朴であるが、平家一族の悲運が偲ばれる伝承といえよう。

第六章　上洛と時政の司政

（一）　頼朝と義経の不和

平家一族が西海に没して間もなく元暦二年（一一八五）の四月に入ると、西海及び京からの情報が次々と鎌倉に入ってきた。まず四日には義経が平家側の死傷者名を連ねた報告書を院庁《いんのちょう》に提出し、次いで戰果の報告書が同じく義経から鎌倉に報ぜられた。それによると去月二十四日、長門国《ながとのくに》（山口県）赤間関《あかまがせき》の海上において、源氏方は八百四十余艘の兵船を浮かべ、平氏も亦五百余艘を漕ぎ出して合戦し、午《うま》の刻に平家方を敗北させたとの事であった。また、安徳天皇は海底に没せられ、同じく、海に入った人は二位尼《にいのあま》、平教盛（門脇中納言《かどわきちゅうなごん》）、平資盛《すけもり》（新二位中将）、平知盛《とももり》（新中納言）、平有盛（小松少将）、平経盛（平宰相）、平行盛（左馬頭《さまのかみ》）、平教経等、さらに、若君及び建礼門院は救助、なお、生虜《いけどり》の人々は平宗盛（前内大臣）、平時忠（平大納言）、平時実（左中將）その他、女房、僧など多数との事であった。

一方、これに前後して、五日には藤原信盛が勅使として長門国に赴き、神器《じんき》（三種神器）の無事奉還を義経に命じている。なお、頼朝は十一日、鎌倉における南御堂《みなみみどう》の立柱・上棟の式に出席し、そのあと大倉亭に還って諸報告を聴問している。この時には時政もおそらく同席していたことであろう。翌十二日には時政や諸臣出席して軍議が開かれ、源範頼を暫く九州に在留させ、平家没官領《もつかんりょう》以下の始末をさせること、同義経は捕虜等を連行して上洛すること等を決め、雑色《ぞうしき》（郎従）を飛脚として鎮西に派遣している。

十四日には、院の使者が鎌倉へ到来し、頼朝の平家追討の功を賞したため、頼朝は特に満足した。また同日、関東武者の波多野四郎経家（大友氏）が九州より帰參したが、彼は既述した如く中原親能の舅《しゅうと》であり、頼朝は特に呼んで合戰談を聞いている。そこで出た話であろうが、翌日には頼朝が、関東の御家人《ごけにん》が頼朝の推挙（内挙）を得ないで、功も無いのに衛府《えふ》や所司《しょし》の官を受けた者の多い事を注意し、任官《にんかん》を禁ずる下文《げぶみ》を下している。つまり、勝手に任官をするなという事である。

次いで二十日には頼朝の故郷ともいうべき伊豆国三島神社の祭日であり、挙兵に際しての願いが成就した事に対する返礼として、時政に命じて同国糠田郷《ぬかだごう》を同社に寄進した。またこれによって前に寄進した河原ケ谷《かわらがや》・三園《みその》・長崎を含めての四郷を二分し、河原ヶ谷、三園両郷は六月二十日の臨時祭の料所として、神主矢田部盛方《やたべのもりかた》に付すと共に、糠田・長崎両郷を同族の神主矢田部盛成に付して、前者を東大夫、後者を西大夫と呼び社家を分立させた。

翌二十一日に西海の戦いで義経の副将であった梶原平三景時の飛脚が九州より鎌倉に參着し書状を頼朝に献上した。その書は始めに合戰の次第を記し、終りに義経の不義を訴えるもので、いわば讒言《ざんげん》であった。この景時の発言は頼朝・義経兄弟の不仲を助長し、以後の歴史に大きな影響を与えるものであった。

景時は桓武平氏の出で、相模国鎌倉郡梶原郷に住み、石橋山合戰の時に大庭景親の軍に属し、頼朝と戦い追撃したが、頼朝の隠れ場所を知りながらこれを見逃し、ひそかに頼朝に意を寄せた人物であった。頼朝もこの事に恩を感じており、後に御家人に加わった景時はその寵臣となっていた。頼朝の長子頼家誕生の際は、その奉行となり、平氏追討に当たっては範頼の副将を和田義盛が勤めた如く、景時は義経に配属され、勲功を立てた。その際、四国の屋島《やしま》の戦いにおいて、いわゆる「逆櫓《さかろ》の策」を提案したが義経に入れられず、遂には義経を讒訴し失脚に追い込んだといわれている。

ついで、頼朝・義経の確執について若干触れておこう。まずは『吾妻鏡』養和元年（一一八一）七月二十日の条に、次の記事がある。

「二十日甲午《きのえうま》鶴岡若宮の宝殿上棟す。社頭の東方に假屋を構へ、武衛（頼朝）着御す。御家人等その南北に候ず。工匠に御馬を賜わる。しかして大工の馬を引くべきの旨、源九郎主（義経）に仰せらるるのところ、折節《おりふし》下手《したて》を引くべきものなきの由《よし》これを申さる。」

結局、頼朝にとっての重要な事業であった鶴岡若宮の造営に当たって、その上棟式に大工たちが馬を賜わることになり、その口取りを義経に命じたところ、「下手を引く者がいないから」という口実で、受けたがらなかったのである。義経にして見れば頼朝の弟の自分が何で大工の馬を引かねばならないかと、身分の違いを主張したわけである。これに対して頼朝は激怒した。結果は次の如くである。

「重ねて仰せて云わく、畠山次郎（重忠）、次に佐貫《さぬき》四郎（広綱）等これに候ずる上は何ぞその仁なきの由申されんや。これしかしながら所役卑下《ひげ》の由を存じ、事を左右に寄せて難澁せらるるか、云々」

つまり、「畠山次郎や佐貫四郎等が下手を引くのに、お前はこれを嫌うのか。卑下《ひげ》の者がする役として拒否するのか」と、満座の參列者の前で叱りつけているわけである。

御家人中の有力者畠山重忠等が下手を引くと聞いて義経も驚き、「九郎主《ぬし》頗《すこぶ》る恐怖し」とあるように、直ぐに座を立って二頭の馬を引き、畠山・佐貫両名も加わって事なきを得た。独立心が強く、利にさとい東国武士団を率いる棟梁として、頼朝は親族として特に区別せず、一介の家人として厳然たる態度を示したわけである。義経に「自らの分《ぶ》」を知らしめたとも思える。

しかし、この義経の武者としての働きは、寿永三年（一一八四）一月の木曽義仲追討や、二月の平氏追討における一ノ谷の戦い、その他目ざましく、燦然と花を咲かせた。これに比べて義経の同じ兄である範頼はどことなくパッとしない存在であるが、頼朝はこれを平氏追討の総大将として振舞わせている。この点、義経に対してはどこか警戒心があったのかも知れない。それどころか、次第に生来の猜疑《さいぎ》心を強めていった感じもする。

続いて元暦元年六月、頼朝は院に書状を送り、範頼や大内義信・佐貫廣綱等を国司に任ずるよう要請したが、義経については全く無視した状態であった。義経は兄の措置を悲しみ、恨みすら感じていたが、その様子を知った後白河法皇は急遽義経を左衛門小尉、そして検非違使《けびいし》に任じた。これを聞いて頼朝はまた激怒した。そして中間暫く休んでいた平家追討が再度始まり、範頼が追討使として出発しても義経は相手にされず、勢いを盛り返した平氏軍に範頼が苦戦するに及び、元暦二年一月、漸く謹慎中の義経に出陣を命じた。そして義経の決死の奮闘によって源氏は大勝し、平氏は滅亡した。その間の屋島の戦いで景時との逆櫓《さかろ》論争が起き、景時の譖言ともなったわけである。

「この逆櫓の争い」というのは、景時が「船の前後に櫓をつけ、進退を自由にした方がよい」と主張したのに、義経が「始めから逃げ仕度をする必要はない」として受け付けなかったことである。『平家物語』の記事であり、真偽の程は分からないが、戦法について景時の意見を義経が聞き入れず、景時も義経の命に従わなかったようである。

ともかく、義経の再度の出征は僅か二ヶ月で片付き、見事に大勝した。今度こそは兄頼朝に喜んでもらえると思い、意気揚々と鎌倉を目ざした義経であったが、五月十五日、鎌倉に近い相模の酒匂《さかわ》駅まで来て、異常な空気を知った。

そこには頼朝の命を受けた北条時政が、舅の牧三郎宗親や工藤小次郎行光と共に待機していたのである。それは決して歓迎のためではなく、義経が連行してきた平家の当主平宗盛と子の清宗を受け取りに来ていたのである。本来ならば頼朝の実弟を迎えるのであるから、親しみを以て接するところであろうし、慰労の言葉も懇ろにかけるべきところであるが、時政にとっては主命であり、辛い立場にあった。宗盛父子を引き取ったあと、義経には鎌倉に入らず、暫くこの地に逗留して、頼朝の沙汰を待つよう伝え、早々に引き上げるしかなかった。しかし、その逗留は長くなり、我慢できなくなった義経は、鎌倉の大江広元を通じ兄の許《もと》へ書状を提出したが、何の連絡もなく、また無用の日々が続いた。

六月に入ると、七日に鎌倉では頼朝が漸く宗盛に会うことになり、時政以下大内・足利・大江等諸氏が御殿に集まり、簾中の頼朝が比企能員を通じて宗盛から事情を聴いた。そして翌々九日に、宗盛父子は京へ還されることになり、御家人に伴われて鎌倉を退去した。一行は酒匂宿で滞留中の義経も加えて京へ向かったが、途中近江国（滋賀県）篠原宿で宗盛は堀親家に殺害され、次の野田口で清宗も橘《たちばなきみ》公長《なが》によって梟首された。なお、義経は無事とはいえ、頼朝に対面できぬまま京へ戻った。

その後、八月二十四日、鎮西から帰還した下河辺行綱が頼朝に土産の弓を献上し、時政以下大内義信その他諸臣が集まり、その労をねぎらった。

京へ帰った義経は十月に入ってひそかに院を訪ね、叔父行家と共に頼朝追討の院宣下付を申請したが、十六日鎌倉から派遣された土佐房昌俊によって宿舎を襲われ、かけつけた行家と共に防戦、退散させた。

この事は直ちに院に伝えられ、十八日、策謀家後白河法皇から義経・行家に頼朝追討の院宣が下った。

かくして頼朝・義経の確執は激化し、同族間、それも兄弟相剋の悲劇に発展した。

（二）　時政上洛

時はまたやや逆るが、平氏が西海へ走って以来、東国から派遣された武士たちによる畿内近国での、兵粮等に関する狼籍《ろうぜき》が多くなり、諸人からの愁訴も増えたため、頼朝は元暦二年（一一八五）二月以来、典膳《てんぜん》大夫中原久経と近藤七国平《こんどうしちくにひら》を上洛させ、その取り締まりに当らせていた。久経は頼朝の亡父義朝以来の家人で功があり、特に文筆にすぐれており、国平は本来伊豆の在庁官人で、武勇にすぐれた人物であった。両人共京を知る数少ない御家人であり、三月三日には早速、故源義仲の妹で、政子の猶子《ゆうし》という威を借りた女性の、公領や権門の庄園に対する押妨《おうぼう》を停止させるなど積極的な活動をした。五月の末になると、頼朝はさらに雑色《ぞうしき》（郎従）六人を派遣し、下級役人として久経・国平両人に三人ずつ付けて、畿内の雑訴成敗《ざつそせいばい》にも当らせた。また、六月十六日には、頼朝の使者として、院宣を持たせて畿内近国を両人に巡検させ、土民の訴訟を成敗するなど、その権力を拡大させた。そして彼等は七月末には畿内十一ヶ国にわたる武士の濫妨《らんぼう》狼籍を鎮定する監察業務を担当したが、それは山城《やましろ》・大和《やまと》・和泉《いずみ》・河内《かわち》・摂津《せっつ》・紀伊《きい》・近江《おうみ》・丹波《たんば》・丹後《たんご》・但馬《たじま》・因幡《いなば》の国々（近畿・山陰）に及ぶ、占領地域の司政官であった。そして、占領地の拡大と共に、その業務は四国・九州にも及び七月には源範頼に代わって九州に派遣され、院の下文《くだしぶみ》を持って現地に急行している。文官として秀でた才能をもつ中原久経と、武断的に紛争解決に当る近藤国平は戦後処理の名コンビであった。しかし、文治元年と改元されて間もない十一月、天野遠景（伊豆国天野郷出身）が鎮西《ちんぜい》奉行に就任すると、中原・近藤両名の九州の任は解かれるに至った。

一方、同じ文治元年の九月に、頼朝の使節として梶原景季・義勝房成尋《じょうじん》(中条氏)が上洛し、鎌倉における南御堂供養の導師の御布施《おふせ》の事や、堂内荘厳具《そうごんぐ》の発注などと共に、行家や義経の動静を窺《うかが》った。その情報は直ちに鎌倉に伝えられ、また十月に入ってからは前節で記したように、土佐房昌俊による義経暗殺の失敗と、義経・行家両名の申請に基づく頼朝追討の院宣下付等があり、激怒した頼朝が急遽大軍を率いて上洛する計画を立てるに至った。

こうした中で、頼朝は十月二十四日、予定通り、鎌倉において南御堂、すなわち勝長寿院の落慶供養を執行し、北条時政の夫人牧ノ御方や子息義時を始め、多数の御家人が列席した。そして、その直後、頼朝は和田義盛や梶原景時を呼び、明日上洛を決行する旨伝え、群衆の御家人千葉常胤以下宗《むねと》(宗家)の者二千九十六人中、直ちに上洛すべき者として小山朝政・結城朝光以下五十八人が申し出て、翌二十五日早暁に京都に向かって進発した。このあと、頼朝は新田忠常を伊豆山権現へ、また工藤庄司を箱根権現へ派遣して奉幣し、馬一疋ずつを奉納。二十九日には頼朝自ら義経・行家討伐のため上洛の途についた。

十一月一日、頼朝は思い出の駿河国黄瀬川駅に到着し、ここで京都の様子を聞き定めるため暫く逗留することにした。

当の義経は頼朝追討の院宣は得たものの、頼朝の手廻しよく、彼に応ずる有力武士は少なく、東国勢に対抗する戦力は夢と消え、あわてて二日、任国(伊予守)の四国に逃亡しようとしたが、暴風のため失敗し、手兵も離散してしまった。朝廷においても右大臣藤原兼実は頼朝を支持し、七日には義経の伊予守兼検非違使の官を解いた。こうした事態に伴って、頼朝も上洛を中止し、大和守重弘や一品房昌寛《まさひろ》等を使節として京へ送り、鎌倉に帰還した。翌日入れ違いに義経・行家捜索の院宣が下り、頼朝は駿河以西の御家人に通達した。

この間、五日には東国より発進の先発隊が入京していたが、十九日には土肥次郎実平、二十五日には北条時政も到着した。特に時政は頼朝の特命を受けた、いわば代官であり、総勢一千騎といわれる武士団を率いての上洛は、後白河法皇とその近臣を威圧するに充分であった。直ちに頼朝が行家・義経の叛逆行為に対して憤激している旨を中納言吉田経房が奏上し、同日中に院から行家・義経追討の宣旨（院宣）が下されたのである。

これによって、義経と親近関係にあった高階泰経《たかしな》（大蔵卿）等の狼敗著しく、特に泰経は廷内に居たたまれず、自宅に籠居してしまった。

二十八日の夜には時政が知己の仲である吉田経房に謁《えつ》して、頼朝の望む守護・地頭の設置を請願した。これは諸国に守護・地頭を補任し、権門・勢家の庄園や公領（国衙領）の差別なく、全国から田地一反に付き五升の兵粮米を徴収することを承認して欲しいということであった。

頼朝上洛の噂《うわさ》や、頼朝追討宣旨の失敗、時政の大軍を率いての入京、それ以来の京中での浮言等で動揺していた法皇や近臣は為す術《すべ》もなく、奏請の翌十一月二十九日、これを認可してしまった。この守護・地頭設置の件は大江広元からの献策で、頼朝が取り上げた武家政治確立への一大布石であった。また同日頼朝は東海道に「駅路の法」を定め、上洛の使者や雑色等が、伊豆・駿河以西、近江国（滋賀県）まで、公領や権門の庄などの区別を問わず、伝馬《てんま》の馬を使用すること、また到来地において、その粮食を用意することを指示している。

時政はまた平氏の残党や、行家・義経に同調する侍臣、北面の武士などを細かく調査し、鎌倉に報告しているが、これに対して十二月六日、頼朝は吉田経房宛の院奏の書状その他を時政の所へ届けてきた。その院奏の折紙（書状）には、「御沙汰あるべき事」として、先ず「議奏の公卿《くぎょう》」の項で、右大臣九条兼実以下親幕府派の公卿十名を議奏にするよう指名し、次いで「摂録の事」で関白とほぼ同格の内覧に九条兼実を任ずる宣旨を下さるよう要請している。このほか、「職事《しきじ》の事」、「院の御厩《おうまや》の別当」・「国々の事」など八項、つまり総じて十ヶ条に上る宮中改革の実行を迫っている。また同日追加到来した書状には、解官《げかん》すべき人々の名を列記した「解官の事」や、右中辨壬生《みぶ》兼忠を通じ九条兼実に宛てた意見書があった。

これらの書状の中には、「職事の事」に「天下草創の時、不吉の職事なり」とか、「左大史《さだいし》」の項に「天下草創の時、禁忌《きんき》候ふべきなり」いう文句が見られ、また右大臣宛の書中にも、「今度は天下の草創なり」とある。

まさに武力によって成長した頼朝政権の確立を目指す時期に、彼が心中に描いていた一大理想の発露といえよう。

その理想実現の大役を委ねられた時政にとって、これはまさに生涯の大役であり、時政の外交的手腕を世人に示す重大な正念場に直面したわけである。それだけにこの時政の上洛は、頼朝の義父に対する絶大な信頼と、彼自身の一層の出世を計る運命がかかる重大事であった。

（三）　京都守護

時政の在京期間は文治元年（一一八五）十一月末から翌二年三月末までの約四ヶ月間であったが、その職務は京都守護で、洛中守護・京都警護とも云われた。その主な職掌は京都に駐在し、在京の御家人を以て洛中（都内）を守護し、狼籍者《ろうぜきもの》の逮捕《たいほ》や裁判等を行い、また京・鎌倉間の連絡に当ることであった。この職は時政を初代とし、後に引き継がれたが、時政の行った具体的業務には、平家の残党狩りや、行家・義経の余党探索、反幕的公卿《くぎょう》の排除や親幕的公卿の実現などもあった。（この場合の「幕」は東国政権を指す）。

『吾妻鏡』により、その主な実績を次に列挙してみよう。

文治元年十一月、

二十五日、行家・義経叛逆の事を吉田経房を通じ奏達し、追補の宣旨を受ける。

二十八日、時政、吉田経房に面会し、行家・義経追補を目指し、諸国に守護・地頭を置き、兵粮米賦課の事を奏請する。

二十九日、守護・地頭の事、兵粮米の事について勅許を受ける。

文治元年十二月、

一日、平氏の一族で、誅殺・配流の二罪に漏れ、在京しているもの多くあり、また平時実《たいらのときざね》は義経と共に西海へ行くとの風聞があるのでこれを追捕《ついぶ》するよう頼朝から指示を受け、時政、在京の御家人に通達する。

六日、議奏《ぎそう》公卿の設置・左大臣九条兼実他の親幕派公卿の替補（昇任・補任）、平親宗以下反幕派公卿の解官を奏請。

八日、吉野で捕えた静御前《しずか》（義経妾）を時政の宿舎に連行し、また義経探索のため軍士を吉野山《よしのやま》に派遣。

十五日、時政、京中の子細を鎌倉へ報じ、謀反人の家屋の調査や、静御前の事などを報告。

十七日、平重盛の子忠房（丹後侍従）は後藤基清に預けられ、宗盛（前内府）の子二人及び平通盛の子一人を捜し出し梟首す。また大覚寺の北の菖蒲沢で、平維盛の長子六代を捕えたが、文覚上人が時政に対して、頼朝に懇請するとして、その間の助命を請い、重盛の子宗実（元土佐守）と共に暫く免許する。

また先に奏請した公卿に解官の宣旨出る。

二十一日、諸国庄園の下地を関東の領掌とする。

二十四日、文覚、頼朝に六代（平重盛孫）の助命を願い、暫く文覚に預ける旨、頼朝より時政に書状で伝えられる。

二十六日、平時実、義経の一味として捕えられる。

二十七日、奏請していた任解官・配流等の宣下あり。

二十九日、時政の使者鎌倉に到着、解官公卿の宣旨を届ける。

文治二年正月

五日、平時実は流人とされたが配所に行かず義経に同行するなど罪が重なったため、生虜《いけどり》にし、西御門の美濃《みの》藤次安平の家に預けられて尋問されたが、明確な陳謝が無い旨、報告してあった。それについて鎌倉では刑を定め難いと本日京へ連絡を出す。

七日、去月二十七日に宣下された任解官・配流等の除目を、時政が持参させた飛脚、鎌倉に到着。

八日、高野山の衆徒から寺領の兵粮米及び地頭等について狼籍があり、これを停めるため時政は雑色（郎従）を派遣し、次のような書状を送る。

> 下す、紀伊国高野山御庄々、
> 　早く兵粮米ならびに地頭等を停止せしむべき事。
> 右件の御庄々は、かの御山に仰せ下さるるところなり。よってその制止を致さしめんがために、雑色守清を下し遣はすところなり。自今以後においては、かたがた狼籍を停止せしむべきなり。かつは御庄々の折紙これを遣はす。敢えて違失することなかれ、故に下す。
> 　文治二年正月九日　　　平（時政）在判

十一日、高瀬庄の兵粮米や武家の狼籍に関して、時政が所信を述べた書状を師中納言《そっちゅうなごん》（吉田経房）に出し、狼籍は停止させた。武家による兵粮米徴収への抵抗の一例であろう。

> 高瀬庄の事、兵粮米を究済せしめ候といえども、地頭惣追捕使においては補せられ候ひをはんぬ。ただし狼籍においては停止せしむべく候なり。

二十六日、前年奏請の「摂録《せつろく》の事」、すなわち右大臣九条兼実を内覧《ないらん》に補任する宣下を早く出すよう頼朝から指示あり、督促する。

二十九日、義経の在所なお不明のため、頼朝より静御前を鎌倉に届けるよう指示あり、時政、義経探索の促進を図る。

文治二年二月
一日、時政、群盗十八人を六条河原で処刑する。このような犯人は使庁に渡さず、直接に刎刑《ふんけい》に処すべきとの見解を示す。

二日、頼朝の命で諸国の国司等宰吏《さいり》の事について、師中納言吉田経房を通じ奏請。前対島守《つしまのかみ》親光還任《げんにん》の件、散位源邦業《くになり》を下総《しもふさ》国国司推挙の件、毛呂太郎季光を豊後国（福岡県）国司に推挙の件、御家人官途の件等。

三日、吉田経房より時政の許《もと》に、後白河法皇の熊野詣《くまのもうで》に関し、御山の供米《くまい》献上の院宣届く。

七日、時政の使者鎌倉に到着、去月二十三日の官符により、前中納言平時実の配流地を周防国《すほうのくに》（山口県）から上総国《かずさのくに》（千葉県）に変更された旨伝達あり。

九日、時政の飛脚また鎌倉に到着、去る三日に発せられた後白河法皇熊野詣供米の院宣届く。

十三日、時政より静御前を鎌倉へ參上させた事、一日の群盗を使庁に渡さず直接処刑した事などの報告、本日鎌倉に届く。

十八日、義経が多武峯《とうのみね》に隠れ住んでいるとの風聞や、義経の師鞍馬《くらま》の東光坊阿闍梨《あじゃり》、南都の周防得業など関連の疑い等生じ、調査するよう指示。

二十一日、院旨により弓削庄《ゆげのしょう》の兵粮米の停止を時政に命じてきたが、不審の点あり、暫く返答を奏上しないことにする。

二十二日、神崎庄《かんざきしょう》の兵粮米を停止するよう院より時政に命じてきたが、細かく調査して沙汰する旨伝え、天野藤内遠景を派遣、その上で鎌倉と連絡する旨伝える。

二十三日、七条細工《ざいく》の鐙《あぶみ》職人から官の職事《しきじ》に訴えがあり、北条殿（時政）の下知《げち》と称して、鐙（馬具）を押領しようとした者があったという。職事からの連絡で驚いた時政は、直ちに陳謝し、そのような命令は出していない旨伝える。『吾妻鏡』に見える時政の請文は次の通りである。

> 仰せ下され候入道鍛冶訴え申す鐙の事、全くもって下知仕《つかまつ》らず候。もし下人《げにん》の中より申し懸《か》くる事候《そうら》はば、子細を時政に相尋ぬべく候のところ、これほどの少事をもって訴訟を経ること、最も不当に覚え候の条、きわめて恐れ思ひ候、この旨を以て申し上げしめたまふべく候。誠恐謹言。
>
> 平時政請文

時政にとってみれば身に覚えのないことを訴えられた事に対して、かなりの不快感をもったようである。おそらく、直ちに配下の者を調査した事であろう。

二十七日、頼朝の使者安達《あだち》新三郎清経上洛し、右大臣九条兼実を摂政に推挙する旨伝える。これは兼実が摂関家の藤原忠通の三男であり、和漢の才智にすぐれているのに対し、現摂政の藤原基通は平氏の縁者であり、義経逆心の際、頼朝追討の宣旨を議奏した者との風聞もあって、頼朝の嫌う人物であったためである。この摂政交替の問題は再三時政にも伝えられたことであるが、未だに実現していないため、頼朝も腹にすえかねていたのであろう。この日使者からも「関東の事において御談合あるべき事数あり」として、時政には早く鎌倉へ帰参するよう伝えられている。それも実は京都守護職はこの時すでに一条能保に頼朝は決めていたのである。

二八日、頼朝具申の条々について勅裁があり、諸国の庄園において、兵粮米の未進を免除し土民を安堵させることになり、時政には使者を各地に派遣し、この旨を解れ廻るよう指示が出された。

写真14　京都上洛頃を偲ばせる北条時政像（願成就院蔵）

（四）　珍物北条丸

頼朝からの催促があっても、事務処理に追われる時政は簡單に京を離れることが出来ず、なお滞在の時間が必要であった。

文治二年三月一日、諸国の惣追捕使及び地頭が置かれることになり、時政はその中の七ヶ国を拝領した。しかし、他の御家人との事も考え、公平を期することから時政は七ヶ国分地頭職は辞退すべきと思い上表した。その上、重ねて書状を吉田経房に呈し、経房は藤原定長を通じて奏上した。

院進の御物《ごもつ》の脚力《かくりき》罷り下るべく候の由、申し候ふところなり。去ぬる廿八日をもって、三ヶ度の御返事、わづかに一通進覧するの由、御教書を賜り候ひをはんぬ。しかるに件《くだん》の脚力、御返事を賜ること能わずして罷り下り候。恐れ申すところなりてへり。そもそも一日參拝の時、七ヶ国の地頭職の条、言上せしめ候といえども、いまだ分明の仰せを承らず、罷り出で候ひをわんぬ。よって時政給わる七ヶ国の地頭職においては、おのおの勧農を遂げしめ候はんがために、辞止せしむべきの由、存ぜしめ候とところなり。惣追捕使においては、かの凶党出来し候の程、かつは成敗を承らんがために、守補せしむべきの由、存知せしむるところなり。およそ国々の百姓等、兵粮米の使等、事を左右に寄せ、所々の公物を押領するの由、訴訟絶えず候なり。かつはかくのごときらの次第を糺明し、もし兵粮米過分あらば、すなわち件の過分を糺返《きゅうへん》し、また百姓等未済せしめば、旧数を計《はか》り糺《ただ》し、早く究済せしむべきの由、もっとも御下知を蒙るべく候。兼ねてはまた没官の所々は、院宣ならびに二位家の仰せを蒙り候の間、見知せしむべきの由、同じく存ぜしむるところなり。この由をもって言上せしめたまふべく候。時政誠惶誠恐謹言。

三月一日　　　　平時政奏文

進上　大夫属（三善康信）殿

二日、時政の七ヶ国地頭職辞退聴許される。

また今南、石負《いそう》両庄の兵粮米停止の院宣を受け、時政これを下知する。さらに、崇徳院《すとくいん》領である丹羽《たんばの》国《くに》栗村庄における武士の濫妨を停め、南都大仏《だいぶつ》師成朝《しじょうちょう》の勝長寿院仏像造立に伴う不安を考え、当職を安堵させる。

四日、時政、丹波国神吉の地頭職を停止する。

七日、時政具申の「七ヶ国地頭上表の事、兵粮米の事、没官《もっかん》所々の事奏聞《そうもん》終了の旨、書状時政に送られる。

十六日、諸国兵粮米の停止、伊勢国神領顛倒奉行の事など頼朝の指示により時政が執行に当る。

二十三日、時政、鎌倉帰還の事を奏聞する。その内容は次の通りである（『吾妻鏡』）。

鎌倉の御返事、謹みて給はり預かり候ひおわんぬ。早く進ぜしむべく候なり。時政下向の事、鎌倉殿より度々仰せ下され候の際《あいだ》、廿五日に一定の由、存ぜしめ候ところなり。天王寺御幸といひ、京中の守護といひ、武士等を差し留むべく候事、左馬頭殿（一条能保）御在京候。御不審あるべからず候。かつはこの両条申し含めしめたまふべく候か。この旨をもって申し上げしめたまふべく候。時政恐惶謹言。
三月廿三日　　　平時政請文

二十四日、頼朝が前摂政藤原基通の家領を新摂政の九条兼実に付けるという案を持っていることを知り、基通が書状をもって愁心を奏した。そこで本日吉田経房よりその子細が時政に伝えられ、早く鎌倉へ申達する旨返事した。

なお、時政帰還のあとは、洛中警備の事を頼朝の内意により北条平六時定に委任することになった。二十七日、時政、鎌倉へ下向するに当り、洛中の警備に当る勇士三十五名を撰定し、駐留させる事とし、その名を記録して吉田経房に進呈した。その中に北条時定を筆頭に、野太平二、桑原二郎、常陸房《ひたちぼう》、八《や》幡《はたの》六郎等の名が見える。

かくして、時政の京都守護の時期は終ったが、その司政は確然としており好評であった。

この点については、『吾妻鏡』文治二年二月二十五日の条に、「北条殿、去年より在京して、武家の事を執行するの間、事において覧直、貴賤の美談するところなり」とある。つまり、時政は武家の事、すなわち狼籍の取締等において、堅実であり、曲がったことを許さないので、貴賤身分にかかわらず共にほめそやしているというのである。また同年三月二十三日の条にも、「北条殿関東に帰るべきの由、（中略）在京しきりに叡慮《えいりょ》に叶《かな》う間、拘留《こうりゅう》せしめたまふといえども、二品（頼朝）の御旨云々」と見え、後白河法皇も時政の人柄を認めて、時政を京に留めおくよう、頼朝に再三申し入れていたということである。

さらに翌日の記事には、「北条殿近日関東に帰參せらるべきによって、公家殊に惜しみ思《おぼ》しめさるるの由、師中納言《そつ》（経房）勅旨を伝えらる。これすなわち公平を思い私を忘るるが故なり」とあって、公家も私心のない公平さを高く評価し、その関東帰參を惜しんでいる。

諸国への守護・地頭設置及び朝廷人事の大刷新などが予想外にすんなり進んだのは、京・鎌倉両者の力関係や、頼朝・義経兄弟の扱いをめぐる院の弱味をついたタイミングなどもあろうが、時政の外交手腕も絶対に無視できない。

鎌倉から来る頼朝の指令にはなかなか厳しいものがあり、また院に在る後白河法皇は名負うての策謀家であり、その近臣・その他の公家《くげ》の抵抗もあり、その矢面に立つ時政の立場は大変であった。しかし、時政は頼朝の外戚として、頼朝の姻戚関係や、自分の妻牧ノ御方やその父宗親の系類等、血縁関係も利用し、また伊豆国の在庁官人時代以来の旧知も頼り、精力的に調整に当った。特に吉田経房等を通じ親幕的な公家を増やし、硬軟両様の構えで公家方に臨み、新体制へ転換させて行ったことは、奥富敬之氏も述べている通り「時政外交の勝利」ともいえるものであった。

時に時政は数え年四十九才、摂政の九条兼実が、まだ右大臣であった四ヶ月前、文治元年十一月二十五日の日誌『玉葉《ぎょくよう》』に、上洛したばかりの時政を「北条丸」と記して子供扱いしたが、今やすっかり見直してしまった。兼実が摂政になれたのも頼朝や時政のお陰である。彼はまた『玉葉』に時政の事を

「近日の珍物」と記したが、まさに近来にない出色の人物として評価したのであろう。この異色の人物は決してただの田舎武士ではなく、京の知識人も驚くほどのすぐれた政治力を秘めた人物であった。

（五）　能保と時定

文治二年三月末に出京した時政は、四月一日、尾張国（愛知県）の萱津宿《かやつのしゅく》に着いた。たまたま鎌倉からの使者が到来し、面会した時、去月十六日付の頼朝の書状をもっており、早速それに自己の添書を付して吉田経房の許へ届けさせた。

> 畏《かしこま》りて申し上げ候。今月一日、萱津宿に到着するのところ、二位殿（頼朝）の御文一対候。よって進覧件《くだん》のごとし。そもそも大蔵卿殿（高階泰経）・刑部卿殿（難波頼経）、ならびに北面の人々の事は、霜刑《そうけい》に処すべき族、思い知らざる者なり。後毒《ごどく》の眷《けん》なり。しかれば顯《けん》につき冥《めい》につき、深く叡慮《えいりょ》を恐るるによって、その旨を申さしむるばかりなり。この条は君（後白河法王）の御心より発《おこ》らず候事にて候へば、今においてはただ君の御意《ぎょい》たるべきの由、仰せ下され候ところなりてへれば、かつはこの由をもって申し上げしめたまふべく候。　時政誠恐謹言
>
> 四月一日　　　　　　　　　　平（時政）判
>
> 進上　大夫属殿（経房）

翌二日には藤原頼経・高階泰経両名、流刑の宣下《せんげ》間違いない事を知り、しきりに陳謝し、泰経朝臣は帰京を許されるよう取り計られることになった。その後も鎌倉から京へ発送される伝達は次々に出され

ている。これらの諸件は、京においては時政の後任一条能保、同代官の北条時定が処理した筈である。

一方、時政は十三日無事鎌倉へ帰り、頼朝に、京における諸務を報告した。

五月に入ると、十三日に京から急行の飛脚が鎌倉へ到着し、院宣を持參した。吉田経房からの連絡で、時政が鎌倉へ帰って以来、京中の狼籍が数え切れず、去月二十九日も上下七ヶ所で群盗が乱入したとの知らせがあった。また十五日には、京へ駐留させている時政の雑色《ぞうしき》が鎌倉へ參着し、去る六日、一条能保の室（夫人）が女子を誕生したと知らせてきた。

能保は既に記した如く、京の公家《くげ》で、系図に見る如く、藤原家主流（摂関家）の藤原道長の六代の孫で、一条家を称し、権中納言にもなった人である。夫人は頼朝と同腹の妹で頼朝夫妻の信任が厚く、時政の後を受けて京都守護になった。しかし、武家ではないので、京の警察業務は時政の一族北条時定が担当した。時政は畿内七ヶ国の地頭職は返上したが、総追捕使の任は保持しており、離京するに当り、法皇の希望もあって甥の時定を代官として残し、常陸房昌明他の勇士・郎従（雑色）を駐留させていた。

時定らは当初狼籍者の逮捕や処分など、治安維持活動に追われたが、一方、源行家追討にも尽力し、十二日には和泉国《いずみのくに》（大阪府）の在庁官人日向権守《ひゅうがごんのかみ》清実《きよざね》の許《もと》に潜んでいたのをつきとめ、時定を始め、常陸房昌明等が搦《から》めとり、その場で梟首した。また行家の子大夫尉《たゆうのじょう》光家も翌日誅殺された。この事が二十五日能保・時定・昌明の派遣した飛脚の到着により鎌倉の頼朝や時政に報告され、行家の首も持參された。

しかし、一条能保の書状によれば、行家誅殺の事を左少弁《さしょうべん》定長を通じて院へ奏聞したところ、摂政に伝えるよう云われ、摂政に報告すると、やはり知らずとして取りあわず、頼朝これを聞いて叡慮に叶わない事かと、疑念を抱いていた。しかし、二十八日行家誅殺について承認する院宣が届き、落ち着きを取り戻した。

六月七日には神祇権大副公宣《じんぎごんだいふくきみのぶ》から書状が届き、義経が伊勢・大和付近に居るとの風聞のあることが伝えられ、九日にはかねてからの頼朝の政道振興策についての勅答があり、多くの条項の内、播磨国《はりまのくに》（兵庫県）の庄園における武士の押領に関しては一条能保に指示して諫《いさ》めさせることなど、種々の沙汰があった。

なお、鎌倉では十日、頼朝が甘縄《あまなわ》の家に丹後内侍《たんごのないじ》の病状を秘かに見舞い、十四日には平癒して安堵することなどがあり、また、十三日には京からの飛脚により、一条河崎で義経の母と妹が捕らえられた事などの報告があった。次いで十七日には内大臣徳大寺《とくだいじ》実定の訴えにより、越前国《えちぜんのくに》（福井県）では時政の眼代《げんだい》（代官）越後介高成が国務を妨げ、また比企朝宗・天野遠景・土肥実平・佐々木秀綱が徳大寺家の庄園に強く介入したことが分かり、これを注意した。

これらの武家による押妨は、行家・義経を捕らえるために畿内・近国に守護・地頭を置いたことに由来しており、兵粮徴収に事寄せて武士が濫妨する結果となり、権門や社寺等からの訴えが後を絶たなかった。そこで二十一日には武士濫行を停止する国々三十七ヶ国が院宣により示された。

翌二十二日には義経が仁和寺《にんなじ》・石倉辺に潜むとの風聞により梶原朝景・後藤基清等を派遣して探索させたが分からず、また叡山（延暦寺）にかくまわれているとの風聞もあると、一条能保が飛脚を以て鎌倉に報告している。なお、去る十六日、北条時定が大和国（奈良県）宇陀《うだ》郡で、義経の与党伊豆右衛門尉源有綱（源仲綱子、義経の聟）と合戦し、有綱を自殺させており、その報告が二十八日鎌倉へ届いた。

七月には時定が、その勲功により上申され、兵衛尉に任官している。また七日には諸国の地頭職については、平家の没官領ならびに義経等謀反人の隠住地以外は、権門の家領等において停廃するよう指示された。さらに二十七日には平家の没官領の中、京における屋敷地十一ヶ所の処分目録を大江広元が頼朝に注進したが、その中で能保が三ヶ所、時政が一ヶ所与えられている。この時政の分は「綾小路の北、河原の東、景高の領」と記録されている。

次いで潤《うるう》七月には義経の小舎人《ことねり》五郎丸を捕え、尋問したところ、去る六月二十日頃まで義経が比叡山に隠れていたことが判明したと時定が鎌倉へ報じ、また近江国（滋賀県）及び北陸諸国に義経逮捕の院宣が下された。二十九日には鎌倉で義経の妾静御前が男子を生んだが、武家社会の通例により安達清経の手で由比ヶ浜に棄てられ、これを聞いた政子が愁嘆している。主人の浮気などについては強気を示す政子であるが、幼児やその母の悲哀な事件には、心を傷める女心の優しさが、『吾妻鏡』等を通して幾つか伺える。この静御前母子はやがて九月十六日、許しを得て京へ帰るが、この時も政子やその子大姫は憐愍の情を以て多くの重宝を贈っている。

さて、八日以降においても義経及びその余党の情報や、各地における武士の狼籍等の報告が鎌倉にもたらされているが、その中には北条氏に関わるものもあった。すなわち九月に越前国における最勝寺領の大蔵庄《おおくらのしょう》の事で、ここは時政が地頭の知行権《ちぎょうけん》を持っており、甥の時定に委《ゆだ》ねていたが、その時定と常陸房昌明等が、同庄を押領したと寺から訴状が出されたのである。しかも、その寺の書状と共に院宣が下されたため、報告を聞いた時政も驚いた。結局、頼朝が沙汰をし、「自今以後、時政地頭職を知行すといへども、本寺の下知を忽緒すべからず、早く新儀の無道を停止し、本寺の進止に従い、年貢課役の

勤めを致さしむよう」注意している。（『吾妻鏡』同年九月十三日の条）

九月下旬には義経の家人堀弥太郎景光が捕えられ、同じく佐藤忠信が誅せられ、また南都（奈良）に潜むと見られた義経を討つべく比企藤内朝宗が五百余騎で探索しており、これらの事は能保や時定から遂一鎌倉へ報告されている。その職務上から考えると、能保は専ら頼朝、時定は主として時政と連絡し、その指示を仰ぎ、また報告をしたのであろう。

時定等の業績はその後も記録されており、十二月にはその権限外の鎮西九ヶ国（九州）に鎮西奉行人として天野遠景（伊豆国出身）が補せられ、南都には比企朝宗が駐留することになった。

文治三年（一一八七）一月には、土佐国《とさのくに》（高知県）で頼朝の同母弟希義の墓を傷つける濫妨を能保が停止させ、また二月以降には、義経一行が伊勢国（三重県）・美濃国（岐阜県）を経、山伏の姿で奥州へ赴いたことが判明したため、その追跡が行われた。

九月四日には院《いんのちょう》庁より陸奥国《むつのくに》の藤原秀衡《ひでひら》の許に下文を与え、義経をかくまうことを責めたが、秀衡は異心なき事を返答した。しかし、十月二十九日、秀衡は泰衡以下の子等に義経を大将軍として国務に当るよう遺言して他界した。兄頼朝のきびしい追跡を逃れて、幼少時に世話になった秀衡の許に辿りつき、安住の地を得ていた義経の気持は如何ばかりであったろうか。ともかくこの秀衡の死で義経の運命も大きく変わるのである。

それは後述するとして、時政は終始鎌倉にあって頼朝を補け、九月十三日には摂津国（大阪府）の国務及び仁和寺《にんなじ》の法を定め、三条左衛門尉を通じ送達している。また十二月十日には時政の計らいで、囚人とされていた橘爲茂（故駿河国目代遠茂の子）が、亡父の罪を免《ゆる》され、駿河国富士郡の田所職《たどころしき》を与えられた。

このように、時政は帰京後も京及び近国の司政に尽力し、その行政力を買われ、従来の「御外戚」に加え、ますます頼朝の信頼を得、武家政権の要職を勤めるに至った。

第七章　執権への道

（一）　奥州征伐と北条氏

文治四年（一一八八）一月一日、頼朝は新年の行事として鶴岡八幡宮に参拝し、六日には足利上総介《かずさのすけ》義兼が垸飯《おおばん》を献じて酒宴が開かれ、的始《まとはじめ》（騎射）の行事が行われた。鶴岡への参拝は治承四年以来の行事であり、三ヶ日の間に行われている。また垸飯（大盤振る舞いのようなもの）は文治二年正月三日の甘縄の安達盛長邸で行われたのが最初のようであり、同三年には南御門の八田知家《はったともいえ》の宅で十二月に行われている。これは主要な御家人が頼朝に御馳走を献ずる儀式で、年明けに頼朝が御家人宅を訪問する御《み》行《ゆき》始めと共に恒例となっていた。後の「大盤《おおばん》振る舞い」の語源になったといわれている。

この年には箱根・走湯《はしりゆ》の二所権現《にしょごんげん》及び三島神社詣《もうで》も計画され、鶴岡参詣後精進《しょうじん》を続け、十八日には相模・伊豆の行路に当る山路の警備を厳重にするよう命じている。これは『吾妻鏡』によると、「予州（義経）の在所いまだ聞かざるの間、殊に用意を廻らさしめたまふによってなり」と説明されている。この点については前項でも触れた通り、義経は既に去年より奥州に向かい、九月には院庁《いんのちょう》より藤原秀衡《ひでひら》に下文《げぶみ》を以てかくまわぬよう通達し、十日には秀衡が義経の事を遺言《ゆいごん》して卆去しているので、少なくとも秋以降には義経は平泉に居た筈である。しかし、鎌倉での情報は不充分であったのだろうか、また余党の動きを警戒したのであろうか。とにかく、二十日には甲斐・伊豆・駿河等の御家人三百騎を従えて、頼朝は進発し、二所及び三島詣を終わっている。

次いで二月末における京都守護一条能保の談話では、義経の落ち着き先の陸奥国へ三月に勅使が下向する予定であると述べている。実際に三月二十二日、勅使官の史生国光《しせいくにみつ》、院庁官景弘が京を出発し、宣旨及び院庁の御下文《おんげぶみ》を持って四月九日鎌倉に到着し、やがて泰衡に義経を捕えるよう伝えるため奥州へ下向している。

六月には所々の地頭に関する沙汰について箇条書された勅答が出たが、その中に駿河国益頭庄《ましずのしょう》の事があり、不明の点があるので調査するよう一条能保に指示しているが、この地は北条時政が地頭であった。この頃、時政は相模国波多野庄南方《はたのしょうみなみかた》（秦野市）、越前国池田庄（池田町）、同大蔵庄（鯖江《さばえ》市）、伊豆国北条郷、駿河国加島庄・同下方庄（富士市）、同上方庄（富士宮市等）、同益頭庄（藤枝市）等を支配する大豪族になり、経済的にも有力な存在になっていた。

同月十一日、奥州の泰衡より馬・貢金・桑糸等貢物が届いたが、義経についての情報はなかった。なお、十二月には義経追討の院庁下文を持った官の史生守康《もりやす》が奥州へ向かい、その途中十二日に鎌倉へ參着した。

文治五年（一一八九）正月五日、頼朝は正二位に敍せられ、一条能保の使者が五日に到着。二月には頼朝が二十二日、義経追捕《ついぶ》の厳命を京に要請し、二十五日には使者を奥州に派遣、泰衡の動静を窺《うかが》わしめた。

また三月二十日には、能保より報告があり、義経追捕に関する泰衡等の請文が九日に到来、義経を尋ね捕える旨を記してあった事を伝えてきた。頼朝は満足せず、速やかに義経追討の宣旨を下さるよう要請。遂には廿一日、院宣が下されれば鶴岡に塔を建立し、直ちに討伐に向かう事を文書で申し出た。

かくして、閏《うるう》四月三十日、泰衡は義経を襲い、遂に自殺せしめるに至った。その事は五月二十二日、鎌倉に報ぜられ、また京都へも飛脚が飛んだ。

六月には頼朝待望の鶴岡の塔供養が九日盛大に挙行され、頼朝以下北条義時その他小山・土肥・下河辺・三浦・葛西・八田・江戸・仁田・大内・安田・千葉・畠山・安達・比企・里見・梶原等数十名の名だたる御家人が出席した。その四日後の十三日、奥州より泰衡の使者が義経の首級を持参した。

頼朝は泰衡が日頃義経をかくまっていた罪により征討の軍を起こすべく、千葉常胤に軍旗（御旗）を発注させ、追討の宣旨を重ねて要請した。しかし、十六日には宣旨を待たず追討を決意して、侍所別当和田義盛、同執事梶原景時と計り、次のような陣容を発表させた。

東海道軍

大将軍千葉常胤・八田知家及びその一族、常陸・下野両国の勇士等を率い、宇太《うだ》・行方《なめかた》・岩城《いわき》・岩崎を廻り、遇隈河《あぶくまがわ》（阿武隈川）の湊を渡る。

北陸道軍

大将軍比企能員・宇佐美実政等。

下道を経、上野国《こうずけのくに》（群馬県）高山・小林・大胡《おおご》・左貫《さぬき》の住人等を率い、越後国《えちごのくに》（新潟県）より出羽国念種関《ねんじゅがせき》へ出て合戦。

大手軍（本隊）

源頼朝を始め中路より下向。

先陣　畠山重忠、加藤景廉・葛西清重に武蔵・上野両国の武士、

なお、鎌倉の留守居は三善康信とし、同康清・藤原邦通・佐々木経高・大庭景能・義勝房成尋（中条）

と決定した。

同月十八日には伊豆山（走湯権現）の住僧専光房《せんこうぼう》を招待し、奥州征伐の祈祷《きとう》を依頼。また伊豆国北条に伽藍（仏寺）建立を立願した。こうして翌十九日頼朝の大手軍は鎌倉を出発した。

この大手軍の総勢は約一千騎で、この中に北条時政・義時父子も加わり、南関東諸国や伊豆の重臣・勇士が名を揃えた。

三つの軍勢は進行する先々で援軍が加わり、総勢二八万四千人とも言われたが、各所で奮戦し、連勝を続けた。

泰衡側も頼朝の大軍発向を知り、急遽岩城（福島県）北部の阿津賀志山《あつけしやま》に城壁を築き、要害を固め、同山と国見宿《くにみのしゅく》との中間に大きな堀を構え、阿武隈川の流れを堰《せ》き入れて柵《さく》としていた。そこに泰衡の異母兄西木戸太郎国衡が大将軍として約二万騎で守備し、その軍兵は山内三十里の間に充満していた。また苅田郡その他各所に柵を置き、泰衡の本陣は国分原《こくぶはら》・鞭楯《むちだて》に設けられ、出羽国《でわのくに》（山形・秋田両県）の警備も固めていた。

八月七日、阿津賀志山麓の伊達郡国見宿（駅）に到着した頼朝の大手軍は、八日まず先陣の畠山勢が敵方の金剛別当秀綱《こんごうべつとうひでつな》の軍と矢合わせをし、やがて大攻勢をかけてこれを撃破した。九日にも三浦義村・葛西《かさい》清重・工藤《くどう》行光等七騎の襲撃や、大友能直の戦功など部分的な戦いはあったが、十日には大規模な合戦が行われ、伊豆の狩野親光等が戦死したが、結局国衡は逐電《ちくでん》し、泰衡も奥地（北方）へ向かって逃亡した。

十二日には頼朝も陸奥の国府《こう》である多賀《たが》に到着し、ここで阿武隈川を渡って參着した千葉・八田氏等の東海道軍と合流した。また比企・宇佐美氏等の北陸道軍も、十三日出羽国《でわのくに》へ討ち入り、宇佐美実政は泰衡の郎従田河太郎行文、秋田三郎政文等を討ち取った。こうして二十二日には頼朝も泰衡の本據地平泉《ひらいずみ》に達し、逃亡した泰衡を追ったが、九月三日、遂に数千の軍兵が泰衡を囲み、泰衡は郎従の河田次郎に誅殺され、その首は頼朝の所へ持參された。しかし、河田次郎も亦六日に誅され、漸く戦いも結末を迎えた。

そこで、頼朝は平泉検非違使所《けびいしどころ》を設け、葛西清重を管領《かんれい》として残し、十月二十四日鎌倉に帰還した。ところがその冬より故泰衡の郎従大河次郎兼任《かねとう》等が、出羽国で伊予守義経と称したり、また左馬頭《さまのかみ》義仲の嫡男朝日太郎等と称して七千余騎で凶徒を組み、叛乱を起こした。そして残留軍の宇佐美実政や大見家秀等の伊豆武士も戰死したため、頼朝はまた足利義兼を追討使として奥州に派遣している。

義兼は時政の女婿であり、後続の援軍と共に奮斗し、文治六年（一一九〇）二月十二日、叛乱軍を撃破、鎮圧した。

結局、この奥州征伐においても、時政及び義時父子は頼朝の本軍（大手軍）に属しているが、その武功については『吾妻鏡』にも何等記載がないのである。それは共に頼朝の側近に在って、戰場の前線に出なかったとしか考えられない。「御外戚」として特別扱いされた事も考えられるが、むしろ智略家、行政家としての參謀ぶりが買われたのであろう。

（二）　願成就院建つ

奥州征伐から頼朝が帰還して間もなく、文治五年の十一月二日には、時政の妻の父牧三郎宗親が勘気を蒙った。これは宗親が故藤原泰衡と日頃親しくしていたという風聞があった事によるもので、暫く身柄を時政が預かることになった。

また頼朝は奥州を平定したことで、同地域の管領を願い、やがて認可されたが、伊豆・相模両国もその永代知行国となった。またそれと共に上洛するよう命ぜられ、明年參内《さんだい》することになった。

一方、時政も十一月二十四日には伊豆へ下向し、去年六月における頼朝の立願に基づき一伽藍を建立することになり、その奉行として促進を計った。

この寺院建立についての頼朝の立願というのは、『吾妻鏡』文治五年六月六日の条に、次のような記事がある。

「北条殿の御願として、奥州征伐の事を祈らんがために、伊豆国北条の内に伽藍の営作を企てらる。今日吉曜を撰びて事始《ことはじめ》あり。立柱・上棟す。すなはち同じく供養を遂げられる。名づけて願成就院と號す。本尊は阿弥陀三尊ならびに不動・多聞《たもん》の形像等なり。これ兼日に造立するの尊容と云々。北条殿直にその所に下向せられ、殊に周備の壮厳を加え、鄭重の沙汰を致さしめたまふ。當所は田方郡内なり。いわゆる南条・北条・上条・中条おのおの境を並ぶ。かつは曩祖《のうそ》の芳躅《ほうちょく》を執りて、今練若《れんにゃ》の締《結》構に及ぶと云々」

右の文中の本尊阿弥陀《あみだ》三尊及び不動明王《みょうおう》・多聞天（毘沙門天）は、前々より用意して作った仏像とあり、これらは今日なお願成就院に現存している。また北条・中条・南条の地名は今日も北から南へ並んで残り、北条は四日町と寺家の二大字（区）に分かれている。この内、四日町区には北条館跡、寺家には現願成就院及びその庭園跡がある。なお上条の名は現存しない。

また時政により、造立された仏像の内、不動明王立像《りゅうぞう》・毘沙門天立像及び不動明王立像の脇侍二体には、それぞれ胎内から銘札が発見されている。その内容を次に列挙してみよう。

○木造不動明王立像及び木像毘沙門《びしゃもん》天立像胎内納入銘札

文治二年歳次丙午五月三日奉始之。

　巧師勾當運慶
　檀越平朝臣時政

執筆南
無観音

（訓読）

文治二年歳次丙午《ひのえうま》五月三日之を始め奉《たてまつ》る　巧師勾當運慶、檀越平朝臣時政　執筆南無観音

○木造矜羯羅童子《こんがらどうじ》立像及び木像制咤迦《せいたか》童子立像胎内納入銘札

巧師勾當運慶

写真15　木造制咤迦童子像胎内の銘札

文治二年歳次丙午五月三日執筆南無観音

檀越平朝臣時政

（訓読）

文治二年歳次丙午五月三日　巧師勾當運慶　檀越　平朝臣時政、執筆南無観音

前者二体の仏像の銘札は江戸時代における宝暦三年（一七五三）の修理に伴って発見され、記銘も全く同一である。また後者二体の不動明王像に伴う童子像の銘札は昭和五十二年の修理によって発見され、これまた二枚同文であるか、記銘の様式や、「奉始之」の文句の無い点が前者と異なっている。また後者は不動明王立像の脇侍《わきじ》であり、三体セットのものである。なお本尊阿弥陀如来坐像《にょらいざぞう》の脇侍は失われており、本尊内部の調査は行われていない。それにしても前記四枚の銘札は文治二年に運慶によって完成され、施主（大檀頭）が時政である点共通している。またこの文治二年という製作年は、願成就院建立三年前であり、『吾妻鏡』の記事通り前もって製作されていたものである。おそらく当初は北条館の持《じ》仏堂《ぶつどう》へ安置されていたのであろう。

前記文治五年六月六日の記録に、「かつて曩祖の芳躅を執りて、今練若の締《(結)》構に及ぶ」とあるように、祖先が残した良い業績を引き継いで、今このように立派な寺になったと時政は述懐しているのである。ささやかな持仏堂から独立した大寺への発展を計った時政の感慨は無量であった。

写真16　時政銘のある銘札

なお、不動明王及び毘沙門天（多聞天）の立像修復については、江戸時代の『豆州志稿』に「宝暦癸酉《みずのととり》（宝暦三年＝一七五三）仏像ヲ修飾セシニ、仏腹より北条時政書スル所ノ宝篋印陀羅尼《ほうきょういんだらに》ノ小木《もっ》簡《かん》出タリ」と見えている。この小木簡は今日見る限り、宝篋印塔婆《ほうきょういんとうば》形ではなく五輪塔婆形の木簡で、大きさは長さ二尺三寸五分（約七〇センチ）、幅三寸五分（約一〇センチ）である。写真16に見える如く、表面には梵字《ぼんじ》で五大種子と宝篋印陀羅尼を記し、裏面に年月日、仏師（仏像彫刻者）名、施主名等が墨書してある。二枚の中、一枚は「南無観音」の「音」の字を欠いているが、いずれも頭部五輪の水輪（上から四番目）の下に小穴がある。これは宝暦三年の『願成就院修治記』に「白玉径分寸有り、中に舎利《しゃり》二顆《にか》を含む」と記された舎利（仏骨、水晶代用か）を納めた所である。

他の二つ、すなわち矜羯羅《こんがら》・制吒迦《せいたか》二童子の銘札は、昭和五十二年仏体修理以前にX《エックス》線透視撮影により、胎内に納められていることが知られていた。解体修理によって取り出して見ると、前二者よりも小型であり、これは主仏の不動明王の脇侍である点、仏体が小柄であるためであろう。形式や墨書の記載内容もほぼ同様で、裏面下方に造像の由緒を記している。なお両童子像共、胎内に直接墨書された宝暦三年十一月の銘文があるので、この二者も同年に一度解体修理されていることが分かる。その墨書を見ると、「三尊御再興、仏工相州鎌倉扇之谷《おうぎのやつ》住　仏工運慶法師末右、同国同所後藤左近、云々（略）、宝暦三申《さる》十一月日」とあり、三尊とあるので、主仏の不動明王立像と同時に修理されていることがわかる。阿弥陀如来坐像は昭和五十二年に修理されなかったため、修理銘札の内容は不明のままである。

前記胎内銘（宝暦修理北条仏銘）にある宝暦三年（一七五三）といえば、仏師運慶による造仏を記した木簡銘（文治造立北条仏銘）の文治二年より、四三三年も後代の事である。そこに記された「相州

（相模国）鎌倉扇之谷住、仏工運慶」の記事は、信用度に若干心配はあるが、当時それを裏付ける資料があったとすると、運慶は文治年中鎌倉の扇ヶ谷《おうぎがやつ》に住んでいた事になる。

運慶は父の康慶《こうけい》と共に慶派を代表する奈良仏師であり、復興中の興福寺南円堂《なんえんどう》の造仏などに携っていた頃、文治二年に北条時政の依頼があり、願成就院の造仏を行い、また文治五年には相模の浄楽寺の阿弥陀三尊像と不動明王像・毘沙門天立像を造作している。その特徴は天平期の写実性、平安前期の重量感に、関東武士のもつ荒々しさを加えての巧みな造形で、畿内と違い、伝統に捉われない関東で全く新しい運慶様式を生み出した点である。その新様式の最初の作品が願成就院に現存する諸仏と云われるだけに、日本彫刻史上の重要な存在となっている。

文治年中の始めに約四ヶ月間京に滞在し、その間宇治の平等院始め、貴族の氏寺その他の寺院を見、また流行する浄土教の思想や、それを反映した園池伽藍などを知るに至って、時政の脳裡にも築山や広い池を有する寺院の建立が描かれ、新進の仏師運慶にも関心を持ったのであろう。時政の鎌倉帰還が文治二年四月十三日、この時に運慶を同伴したと予測する説もあるが、少なくとも七体の造仏である。ともかく翌月の五月三日には願成就院の諸仏が造立されている点、期間が短かすぎる。おそらく時政の帰還に先立って、運慶を東国に送り、その弟子たちと共に制作に当らせたのであろう。阿弥陀仏を本尊とし、今日その旧寺域に「中島」の小字名が残る如く、園池伽藍を配していたことは、浄土教に影響されるところ大であったことが推測される。奥州平泉の藤原氏による中尊寺も同様であり、頼朝も時政も奥州征伐の折にこれを見て、園池や伽藍に手を加えたことも考えられる。

因みに昭和三十六年八月以降、当時の日大教授故軽部慈恩《じおん》博士によりその一部が発掘調査され、創建当時の大御堂《おおみどう》や、新御堂《しんみどう》及び塔の跡が発見されるに至った。その後、四十五年にも二回に亘り国・県及び韮山町による本格的発掘調査があり、庭園史の森蘊（元奈良国立文化財研究所建造物室長）、建築史の荒木伸介（当時明治大学助手）、考古学の小野眞一（当時加藤学園考古学研究所長）等によって総合的な調査が実施された。これによって同寺院の内容は一層明らかとなり、本尊を安置する大御堂の前（北側）に池を配し、その中央に中ノ島を設け、大門から通路を作って中ノ島と大御堂が結ばれる様相も明らかとなった。調査はその後も数次行われている。

ところで、話をまた元へ戻すが、時政が文治五年十一月下旬に伊豆の北条へ下向してから十余日を経た十二月九日、この建設途上の寺の北辺に頼朝の宿館（頼朝御亭）を新築するため、工事を始めたところ、間もなく「願成就院」と記された古額が出土したと『吾妻鏡』の同日の記事に見えているが、これはどうも後世の付会であろう。しかし、同記事の続きに、「およそ件《くだん》の寺は泰衡征伐の御祈《おいのり》によって、北条殿（時政）これを草創す」とあるのは事実であろう。

「願成就院」の名称は、奥州征伐成功の願が成就することを祈念して命名されたものである。その本来の発案者であり、寺院建立の大檀那（檀越）は時政であるが、彼は単に北条氏の氏寺《うじでら》的なものでなく、頼朝の故郷でもある北条の地に建てる寺として、頼朝立願の寺とすることが望ましいと考えたに違いない。『韮山町史』第三巻上（古代・中世資料論）に、故三浦吉春氏（元日大三島図書館長）が、史料解説されているように、おそらく時政の意を汲んだ政子のとりなしで、そうなったのであろう。

（三）　頼朝の上洛

文治三年（一一九〇）の四月十一日、元号は建久元年と変った。その十三日、京都守護の一条能保の妻、すなわち頼朝の妹が難産のため死去し、その報が鎌倉に入った。上洛《じょうらく》の時期も近づき、久しぶりに実妹夫婦や姪にも会えると期待していた頼朝は、この思いがけない出来事に悲嘆した。

時政も頼朝の最も信頼ある側近として、頼朝の上洛準備に心を使っていたが、自分の勤めていた京都守護の後任能保の妻が亡くなった事は、やはり人事《ひとごと》ではなかった。

この頃、相模国曽我庄の曽我祐信の館では、かっての伊豆の河津三郎祐泰の遺子で、父が不慮の死に会い、母が曽我家に再嫁した後、曽我姓を名乗った兄弟が立派に成長していた。兄の一万はすでに文治元年（一一八五）の秋、十三才で元服し、祖父の伊藤祐親や、実父の祐泰、義父の祐信など工藤一族の通字である「祐」の字を貰って曽我十郎祐成と名乗っていた。その弟箱王が元号の変って間もない建久元年の今年、九月に兄の祐成と共に、鎌倉の北条邸を訪れ、時政に烏帽子親《えぼしおや》を懇請した。時政にとっては先妻の実家伊藤家につながる子供であり、快《こころよ》く引き受けた。こうして七日の夜箱王は無事元服の式を済まし、時政の一字を貰って曽我五郎時致《ときむね》と名乗った。通称は普通兄弟の順序を示す場合が多いので、兄が十郎で弟が五郎ではおかしい。あるいは時政が四郎であったため、特別に五郎と名乗らせたのであろうか。何か特別の意味があったのであろう。

時致の元服の儀式から二週間後の二十一日、頼朝の上洛中の留守役が決められ、鎌倉には政所別当の大江廣元以下文官が残り、北条時政も所領の寺家荘《じけしょう》（北条郷付近、韮山町寺家付近）で守備に当ることになった。

かくして、頼朝は十一月四日鎌倉を発《た》ち、七日に入洛した。行列の先陣は畠山重忠以下武装した御家人一八〇人、その中には時政の子義時も加わっていた。次いで八田知家以下水干《すいかん》を着するもの一三八名、さらに後陣には侍所執事の梶原景時や千葉常胤及び両者の郎従など一〇〇人前後が随従した。

頼朝はまず池大納言《いけのだいなごん》平頼盛卿の居た六波羅《ろくはら》の邸宅跡に、あらかじめ造築させておいた新邸に落ちついた。翌八日には早朝より伊賀前司《いがのぜんじ》田村仲教が用意していた直衣《のうし》を持參し、頼朝は馬を贈った。そのあと一条能保が參上し、明日の院庁參上に備えて種々懇談した。この件については吉田経房卿とも連絡し、経路には佐々木信綱が警固に当ることになった。

九日はよく晴れ、院庁《いんのちょう》を訪れた頼朝は後白河法皇に初めて拝謁した。ここで権大納言に任ぜられることになり、翌十日、宮中《きゅうちゅう》に參内して、後鳥羽上皇《ごとばじょうこう》に拝謁、參議、中納言を超《こ》えて、特任された権大納言の任官式が行われた。

次の十一日には頼朝も京内を廻り、六条若宮や石清水《いわしみず》八幡宮へ詣で、翌々十二日には院庁及び禁裏《きんり》（朝廷）に砂金八百両、鷲羽二櫃《わしうにひつ》、御馬百疋、龍蹄十疋等を献納した。また十九日には法皇に招かれ、頼朝は能保と共に參会、さらに二十二日には、左右の区別のない近衛《このえ》大将の宣旨があった。これは左近衛、右近衛の大将が在任していたための特例である。しかし二十四日に右近衛大将の花山院兼雅が辞任したため、その後任として、あらためて右近衛大将となった。

その新任の右近衛大将（右大将）の拝賀式が十二月一日に院庁で行われ、頼朝の隋兵として北条義時、小山朝政・和田義盛・梶原景時・土肥実平・比企能員・畠山重忠の七人、その他路次の行列に多くの朝臣や御家人が加わった。次いで二日には頼朝の「御直衣始《おのうしはじめ》」があり、正装して野剣《のだち》と笏《しゃく》を持って参内した。しかし、翌三日には故あって権大納言と右近衛大将の両職の辞表を提出し、十四日には鎌倉に下向した。

結局、権大納言や右近衛大将は頼朝の本意ではなく、望むところは征夷大将軍であった。しかし、この職については後白河法皇も遂に応じなかったのである。なお別に日本総追捕使の職は法皇によって確認され、行家・義経追討後も御家人を諸国の守護・地頭に任ずることはできた。つまり全国を支配するのは朝廷（院）、その下で国の軍事・警察権を担当するのは鎌倉の幕府という体制ができ上がったわけである。

幕府というのは、当時近衛大将を指すことから、頼朝が右近衛大将になった時期に幕府が成立したと見る学者もある。

さて、鎌倉への帰途、頼朝は十五日箕浦宿、十六日青波賀《あおはか》（青基）、十七日黒田、十八日小熊《おぐま》、十九日宮路山《みやじやま》、二十日橋下《はしもと》、二十一日池田、二十二日懸川《かけがわ》（掛川市）、二十三日島田（島田市）、二十四日駿河の国府《こう》（静岡市）、二十五日興津《おきつ》（清水市）を経て、二十六日黄瀬川宿（沼津市）に到着した。ここで北条時政が出迎えし、駄餉《だしょう》を献じた。なお馬を乗換え、翌二十七日は竹ノ下（小山町）、二十八日は酒勾《さかわ》（小田原市）、二十九日には鎌倉へ帰着した。

明けて建久二年（一一九二）正月一日、千葉常胤が垸飯《ばん》を献じ、二日には三浦義澄、三日には小山朝政、五日には宇都宮時綱と、諸将競って頼朝をもてなした。

かくして十一日には頼朝が久しぶりに鶴岡八幡宮に參詣し、十五日には政所の吉書始《きっしょはじめ》を行った。従来は御家人が恩沢に浴する場合、御判を載せたり、奉書を用いたりしたが、今回より家の御下文《おんくだしぶみ》を出すことに改められた。ここで政所《まんどころ》や問注所《もんちゅうじょ》が開設され、政所別当には前因幡守《さきのいなばのかみ》平朝臣《(大江)》廣元、令《りょう》には主計允《しゅけいのじょう》藤原《(二階堂)》朝臣行政、案主《あんず》には藤井俊長（鎌田新藤次）、知家事《ちけじ》には中原光家（岩手小中太）が任命された。また問注所の執事には中宮大夫属《さかん》三善康信法師が任ぜられ、治承四年以来開設の侍所も別当に左衛門少尉平朝臣《(和田)》義盛、所司に平景時（梶原平三）が再任された。このほか公事奉行人《くじぶぎょうにん》に前掃部頭《さきのかもんのかみ》藤原朝臣《(中原)》親能《ちかよし》、筑後権頭同朝臣俊兼、前隼人佑《さきのはやとのすけ》三善朝臣康清、文章生《もんじょうせい》同朝臣宣衡《のぶひら》、民部丞《みんぶのじょう》平朝臣盛時、左京進《さきょうのしん》中原朝臣仲業、前豊前介《さきのぶぜんのすけ》　清原真人実俊《きよはらのまひとさねとし》、京都守護には右兵衛督《(一条)かみ》能保《よしやす》卿《きょう》、鎮西奉行人《ちんぜいぶぎょうにん》に内舎人《うちとねり》藤原朝臣遠景《(天野藤内)》（左衛門尉）が再任または新任された。これによって鎌倉幕府の機構が整備されたわけである。

以上の行政機関のうち、侍所は軍事・警察を司る役所として、すでに治承四年（一一八〇）十一月以来開設しており、政所は元暦元年（一一八四）十月に公文所《くもんじょ》として設立されている。公文とは本来公文書の事であり、それを司るという意味で、言い換えれば一般行政を担当する役所であった。平安時代以来、公家《くげ》の間では三位以上の位に上ると、その家政機関として政所を置く事が許されており、頼朝も正三位となった時点で、この貴族の家政機関に慣って「政所」と改称したわけである。なお、問注所は勘問注記する所、つまり一般訴訟を扱う機関である。

これらの機関の役職には武家政権を象徴する侍所に実力ある武将を配置し、政所や問注所には京都から迎えた行政に明るい下級公家を当てているが、これはいずれも頼朝の重要なブレーンであった。特に侍所と政所の別当は、かなり強い政治的発言権を持っていたようであるが、これらの人物以外に頼朝挙兵以来の側近で、常に補佐の任にあった北条時政は、北条殿として依然別格であり、大所、高所から物の言える立場にあった。それだけ頼朝からの信頼の度合も抜群であったと言ってよい。

（四）　将軍と時政父子

頼朝と主従関係を結んだ御家人が増大する中で、自然に幾つかのグループが生じた。安田元久氏は『鎌倉御家人』（教育社刊）の中で、その主従関係の形成過程から大きく三つのグループに分けられている。その第一のグループは、頼朝の草創の業を援けた側近の家人たち、すなわち股肱《ここう》の臣で、次のような人物を挙げられている。

北条時政・同宗時・同義時父子・安達盛長・工藤茂光・同親光父子・宇佐美祐茂・天野遠景・仁田忠常・堀親家・加藤景員・同光員・同景廉父子・土肥実平・土屋宗遠・岡崎義実・大庭景義・中村景平・佐々木定綱・同経高・同盛綱・同高綱父子・三浦義明・同義澄・義連父子・和田義盛・義茂父子。つまりほとんどが伊豆・相模在住の武士達である。

次に第二のグループは、安房での再挙以後鎌倉に入るまでに御家人となった者で、上総広常・千葉常胤・下河辺行平・豊島清光・葛西清重・足立遠元・畠山重忠・河越重頼・江戸重長・小山朝政等、房総三国及ぶ武蔵・下野の武士達である。これらは鎌倉政権の樹立に大きな力となった。

第三のグループは頼朝の呼びかけに応じた清和源氏の各氏で、安田義定・武田信義・一条忠頼等の甲斐源氏、下野の新田義重等で、広い意味で頼朝の同族である。

また奥富敬之氏の『鎌倉北条一族』（新人物往来社刊）等によれば、血縁の原理などによって、門葉《もんよう》・準門葉・家子《いえのこ》などに分ける案が示されている。その場合、門葉としては清和源氏の三河守源範頼、相模守大内惟義、伊予守源義経、伊豆守山名義範、駿河守源広綱、上総介足利義兼、武蔵守平賀義信、遠江守安田義定、信濃守加賀美遠光があり、いずれも国司に任ぜられている。

準門葉は源氏ではないが、特別に目をかけた者として、上野介《こうづけのすけ》結城《ゆうき》朝光（秀郷流藤原氏）下河辺行平（同）、豊後守《ぶんごのかみ》毛呂《もろ》秀光（藤原氏）、讃岐守《さぬきのかみ》一条能保（藤原氏）等があり、下河辺氏を除き、やはり国司に在任している。

一般の武家としては、家子《いえのこ》と郎党あるいは郎従があり、北条義時の場合も、頼朝から「家子の専一」とされて、一般の御家人よりも別格とされていたようである。しかし、父親の時政は桓武平氏であり、頼朝存命中に国司にもならず、門葉でも、準門葉でもなかったらしい。奥富氏が説かれている如く、政子が頼家に語った「先人（頼朝）、頻《しき》りに御芳情を施され、常に座右に招かしめ給《たもう》」という言葉から、これまた別格の人物として、補佐役にされていたようである。結局は「鎌倉殿御外戚」であった。

建久元年の頼朝上洛に当っては時政が留守役となって箱根西麓の伊豆国府付近を守備し、同二年二月四日の頼朝二所権現（箱根・伊豆山）詣には、義時や時連（時政子）その他重臣と共に頼朝の跡に随い、八月十八日には足利義兼・千葉常胤等重臣十五名と共に、新築された厩《うまや》に各自一頭の馬を寄進している。

次いで同年九月二十九日には時政の室（夫人）牧ノ御方が、氏神に奉幣のため上洛した。これは牧ノ御方の父牧宗親が姉池ノ禅尼（故平清盛妻）と共に京の藤原一門の出身であり、氏神とはおそらく春日神社であろう。頼朝も亦種々の餞物《せんぶつ》を牧ノ御方に贈っている。牧ノ御方は十四日まで滞在し、父の宗親や外甥（姉妹の子）越後介《えちごのすけ》高成等を伴って帰宅した。

十一月十四日には、時政の代官として在京している時定を、故源義経の聟伊豆（源）右衛門尉有綱の家人《けにん》、平康盛が暗殺すべくねらっていたことが発覚して、有綱が捕らえられた。時政も驚き且つ安心したことであろう。こうした身内の動きとは別に、同二十三日には、遠江国河村庄（菊川町）が、本主三郎高政の寄進によって、時政の所領となった。こうして時政も権力の増大と共に、その所領も自《おの》ずから増加していったことであろう。なお、この当時有力な御家人は新年その他に競って頼朝に杯酒《はいしゅ》・垸飯《おうばん》を献じていたが、時政は従来頼朝と最も親縁な関係にあり、他の御家人のようにあらたまってそのような儀は行わなかった。しかし、この垸飯の席には宿老達も呼ばれるのが常であり、時政は十二月一日、初めて諸将と同様の行為に及んだのである。数十人の者を饗応した上に、剣や馬・砂金・鷹の羽なども引出物として献ずるのが慣わしであった。この日時政の夫人も頼朝の御前に参上し、牧宗親や越後介高成等牧ノ御方の身内も陪席した。

このように日頃元気な時政であったが、この日より急に脚気《かっけ》を患《わずら》うようになり、閏《うるう》十二月二日、その療養のため伊豆で越年することになった。

かくして翌建久三年（一一九二）に入り、三月十三日に後白河法皇が崩御された結果、頼朝に好意をもつようになった九条兼実が政権を担当し、七月十二日、頼朝は待望の征夷大将軍に任ぜられた。そこで、もともと将軍が出征中の幕営を幕府ということから、一般にはこの建久三年の将軍就任を以て鎌倉幕府成立というのが従来の通説になっていた。しかし、それにしても幕府の本質から見て疑義があるとし、近年では治承四年（一一八〇）鎌倉における東国政権の樹立を以て、幕府成立と見る説、あるいは寿永二年（一一八三）十月の宣旨による東国支配の公任を得た時期を以て幕府創設と見る説等諸説が現われている。

つまり、定説はないというのが実態であるが、頼朝が後白河法皇の密旨を受けて挙兵し、法皇の宣旨で東国支配権が公認され、守護・地頭の設置、征夷大将軍就任という経過は重要視しなければならない。すなわち、これらを通じて朝廷との公武和合の中で、全国的な支配権の一部、それも軍事・警察権という最も強力な権力を得ることにより、実質上の武家政権を確立したということになろう。その点では幕府政権成立の端緒は、治承四年の頼朝挙兵にあったとする説を重視したい。

ともかく、建久三年七月十二日付の征夷大将軍の除目《じもく》を持った勅使が同月二十六日鎌倉に參着し、頼朝の代理三浦義澄が鶴岡八幡宮に於いてこれを拝授した。

頼朝は二十七日、勅使を幕府に招請し、寝殿南面で対面し、献杯した。また退出の時、頼朝は両名に鞍馬（葦《あし》毛・鹿毛）を贈った。時政も亦翌日、使者に垸飯を振舞うことになり、小山頼政・千葉常胤・畠山重忠以下が贈物を調進した。

以上のように、時政は将軍頼朝を補弼《ほひつ》し、重要な役割を引き続き果たすことになったが、その子義時もすでに三十一才、これまた頼朝の家子を代表する人物として、側近の要務を勤めていた。具体的に建久元年以後の状態を見ると、同年十一月の頼朝上洛に先陣の随兵として従い、同十二月一日における頼朝の右大将拝賀式には、その隋兵七騎の一人となり、侍所別当和田義盛、同所司梶原景時以下錚々たるメンバーと名を連ねていた。さらに建久二年十一月には、鶴岡八幡宮等の遷宮に当って義時は「御剣を持ち、御座（頼朝）之傍《かたわ》らに候す」と『吾妻鏡』に見え、重要な役割を果たしている。このほか、頼朝の二所権現參詣等に随従し、建久三年にも六月の永福寺造営工事検分等に加わっており、また八月九日には頼朝の次男実朝の誕生に当って、義時を筆頭に三浦義澄等有力御家人六人が護刀《まもりがたな》を献じている。これらの事を通じ、義時が頼朝の側近として、多くの行事に加えられ、要務を果たしていたことが分かる。

頼朝が将軍になった建久三年には時政五十四才、頼朝三十五才、義時二十九才で、時政は御家人の最長老であり、将軍の義父（外戚）、また義時は頼朝の義弟であり、家子の筆頭として、固い信頼感で結ばれていた事が知られる。

（五）　富士野の狩

建久三年も九月以降において、北条一族の動きを見ると、まず九月二十五日、幕府の官女で無双の権威と容姿端麗で知られた姫前が、頼朝の声がかりで北条義時の許《もと》に嫁いだ。この女性は幕府の重臣の一人、比企藤内朝宗の息女である。義時の執心を知った頼朝が、離別なきよう起請文《きしょうもん》を義時から取って実現した。次いで十月十九日には、産後の御台所（政子）が、誕生間もない若公（千幡《せんまん》、後の実朝）を伴って、名越《なごし》の浜から幕府の御殿に帰還し、これに北条五郎時連（時政子）が里見・新田・小山・三浦等やや若手の多くの御家人と共に供奉した。さらに十二月二十九日には若公の五十日《いそか》・百日《ももか》の儀が行われ、時政の沙汰で義時も參膳した。この席には大内義信、足利義兼以下多くの重臣が加わり、剣・砂金・鷲羽などの贈物をした。

明けて建久四年（一一九三）二月二十五日には、時政の代官で京都に在住していた北条平六左衛門時定が卒去した。なお、三月十三日、かねて病気のため伊豆の江間館《えまやかた》で療養していた義時が鎌倉に帰り、二十一日には頼朝に供奉して下野国（栃木県）那須野の狩を覧《み》に出発している。この間十五日には、この狩に備えて、駿河国藍沢《あいざわ》（御殿場市）の屋形等を解体し、宿次人夫《しゅくつぎにんぶ》をもって那須野へ運ばせたが、その手配をしたのは、後の富士野の狩同様、時政か、または北関東の御家人小山朝政、あるいは宇都宮朝綱・八田知家あたりと推測される。

この那須野の牧には北関東を主体に、関東地域の武者が多く參加したようであるが、頼朝はあらかじめ狩猟に慣れた者を召集して、その中から弓馬の道に達し、且つ隔意のない忠実な者二十二名を撰び、これに弓矢を持たせると共に、他の者は「たとひ万騎に及ぶといえども、弓箭《ゆみや》を帯せず、踏馬衆《とうばしゅう》たるべし」という厳命を出している。その撰ばれた二十二名は次の通りで江間殿、すなわち北条義時を筆頭とする関東甲信豆の武者達であった。

江間四郎《（北条義時）》・武田五郎《（信光）》・加賀美二郎《（長清）》・里見太郎《（義成）》・小山七郎《（朝光）》・下河辺庄司《（行平）》・三浦左衛門尉《（義連）》・和田左衛門尉《（義盛）》・千葉小太郎《（胤正）》・榛谷《はりがや》四郎《（重朝）》・諏訪大夫《（盛澄）》・藤沢二郎《（清親）》・佐々木三郎《（盛綱）》・澁谷二郎《（高重）》・葛西《かさい》兵衛尉・望月太郎・梶原左衛門尉《（景季）》・工藤小次郎《（行光）》・新田四郎《（仁田忠常）》・狩野介《（宗茂）》・宇佐美三郎《（祐茂）》・土屋兵衛尉《（義清）》

頼朝は那須野に向かう途中の三月二十五日、まず武蔵国の入間野《いるまの》で追鳥狩《おいとりがり》を行い、随従の藤沢二郎清親が百発百中の妙技を演ずると、感動のあまり乗馬一頭を賞として与えている。

次いで四月二日、那須野の狩に臨んだが、この時、北関東の御家人小山朝政・宇都宮朝綱・八田知家は、頼朝の声がかりで、それぞれ千人の勢子《せこ》を集め、また地元の那須《なすの》太郎《たろう》光助《みつすけ》は駄餉《だしょう》を献じている。

こうして三月二十五日の入間野の狩以来、三月二十三日の那須野の狩終了まで、約一ヶ月続いたスケジュールの大きい巻狩の行事は無事終了し、駿河から移築した尾形（御狩屋）は、亦富士山麓の藍沢（鮎沢）へ運び返された。

実はこの入間野の島追狩や那須野の巻狩が行われる前から、駿河の富士山麓でも大規模な巻狩を行う準備が進められていたのである。その奉行に当ったのが北条時政で、彼は既に同年の二月頃から、駿河国駿河郡藍沢庄（鮎沢庄、御殿場市）その他富士山麓の住人を呼び、富士野の御狩の準備について指示をしているようである。これに関する文書が、今日御殿場市鮎沢の勝股《かつまた》家や北久原《ほっくばら》の鮎沢家に残っているが、不審な点があり、ここでは紹介を避けるが、北駿の御家人が活動したことは間違いない。藍沢《あいざわ》氏の場合は建久四年五月に鮎沢六郎に宛てた時政の感状であるが、現在の当主鮎沢光俊氏宅に残る家系図によれば、藍沢六郎は忠俊といい、秀郷流藤原氏の出で、忠俊の父の代から六郎左衛門と称して、駿河郡（後の駿東郡）の鮎沢に在住している。当人に付いての注に、「元暦文治平家一ノ谷に楯籠《たてこもる》之時、源判官義経卿に従い、合戦の刻《みぎ》り敵将を討つ事五騎」とある。その子六郎忠俊については、「六郎左衛門、越中守に任ず、父と同じく一ノ谷或いは八嶋《やしま》合戦に数々軍功あり、建久四年頼朝卿富士御狩之時、御狩屋御普請《ごふしん》役を勤む」とある。但し越中守になったというのは信用できない。

なお、『尊卑分脈』によれば北家藤原氏の系図に、藤原惟康の子惟兼を鮎沢四郎太夫とし、その一統に大森・葛山《かつらやま》・黄加野《おかの》・葦沢《あしざわ》・御宿《みしゅく》の諸氏が見えている。また『曽我物語』には「駿河国の住人合沢《あいざわ》弥五郎、同弥六、同弥七等」が見え、『吾妻鏡』文治元年の条に「藍沢《あいざわ》二郎」の名がある。

ところで、時政は建久四年五月、富士野の狩の件で駿河国へ下向したが『吾妻鏡』に次のように見えている。

「二日、丁卯《きのとう》北条殿（時政）駿河国に下向したまふ。これ狩倉を覧《み》んがために、かの国に赴かしめたまふべし。御旅館巳下の事。伊豆・駿河両州の御家人等に仰せて、狩野介（宗茂）相共に沙汰せしめたまふべきの由《よし》、御旨を含みて、先にもって首途《かどで》したまふと云々」。

つまり、頼朝の指示で時政と狩野宗茂《むねもち》（伊豆の住人）が奉行し、伊豆・駿河の御家人を動員して、頼朝・頼家の御狩屋《むかりや》（御殿）を始め、各地から参集する御家人達を接待する施設（仮屋等）を築造させたのである。したがって鮎沢氏等も駿河の御家人の一人として、それも狩場近くの住人として、一生懸命力を尽くした事が推察される。

この富士野の狩は、読んで字の如く、「富士山麓の広大な緩斜面（野）」で演ぜられた幕府主催の巻狩で、富士山の東南側の藍沢庄（御殿場・裾野両市域）から、富士・愛鷹両山の間を抜ける十里木《じゅうりぎ》街道を経て、西側の富士郡（富士市・富士宮市）へ移動する、約一カ月間の壮大な巻狩で、御殿場・勢子辻《せこつじ》・御厩平《おんまやだいら》・狩宿《かりやど》その他多くの関連地名が生まれ、また頼朝や曽我兄弟等の伝説を残すに至った。

なお、頼朝の嫡子頼家が五月十六日、始めて鹿を射とめた事や、黄瀬川宿（沼津市）の亀鶴等や、手《て》越《ごし》宿（静岡市）等の遊女が群集した事、仁田忠常が、猛猪に逆さ乗りして、これを倒した事、曽我兄弟の仇討ちが行われ、頼朝が時政や義時以下多くの武将の伺候《しこう》する中で、捕らわれた曽我五郎時致（時政が加冠者）を尋問し、感涙を拭いながら記した書状を兄弟の母に送った事など、数々の物語も伝えられた。

ともかく建久四年に行われた東の那須野、西の富士野の二ヶ所でそれぞれ一カ月前後の幕営の狩が行われた事は、頼朝を将軍とした武家政権が一応安定した時期の一大イベントであった。この行事を通じ頼朝は平時における武者を鍛え、且つ自己の武威を高めようとしたのであろう。実際には不慮の事件を避けるため、騎射を競う者は限定され、ゴルフのギャラリーのような踏馬衆と、獲物を追い出す勢子が圧倒的に多かったが、見学という視点に立てば武士の一大研修会であり、これにある程度のリクリエイションも加わって、武士達にとっても有意義な行事であったと思われる。

第八章　幕府の執権に

（一）　頼朝の死

建久四年の富士野の狩が終ってからの同年後半より、同十年に至る数年間は、幕政も落ち着き、時政も鎌倉で比較的平穏な日々を送った。しかし、全く無事件というわけではない。その初頭には源範頼の失脚、次いで頼朝の再上洛と大姫の死、終末には頼朝の謎の死などがあった。

まず源頼家の事件であるが、これは頼朝の弟範頼がさもない疑惑を受けて伊豆へ送られ、謀殺された事である。

範頼は源義朝の六男で、母は遠江国池田宿の白拍子《しらびょうし》（遊女）といわれ、頼朝の異母弟であり、また義経の異母兄である。池田宿に近い遠江の蒲御厨《かばのみくりや》（伊勢皇大神宮領、浜松市）で成長したため、「蒲御曹子《かばのおんぞうし》」・「蒲冠者《かばのかじゃ》」などと呼ばれた。治承四年（一一八〇）八月、頼朝の挙兵に參加し、翌年には叔父の志田義広を下野国《しもつけのくに》に討ち、次の年には義経と共に従兄弟《いとこ》の木曽（源）義仲を滅ぼし、さらに平氏追討軍の総帥として、これを西海に追った。壇ノ浦で滅亡させた後も九州に暫くとどまり、文治元年（一一八五）十月鎌倉に帰着した。その功で三河守となったが、頼朝と義仲が不和になってからは、もっぱら頼朝の歓心を得ようとして努力した。九州遠征の時、糧食調達の不調から軍の統率力を失い、頼朝の不信感をかったが、富士野の巻狩の際、思いがけない疑惑を受けた。それはこの狩の最中に曽我兄弟の仇討ちがあり、この報が鎌倉に伝わると、頼朝にも変事があったと誤報され、頼朝の妻政子が大いに悲しんだ。その時、居合わせた範頼が政子に「兄に万一の事があっても、この範頼が居りますので、御安心下さい」

と慰めたことが禍《わざわい》の原因《もと》となり、これを聞いた頼朝が範頼に「異心あり」と思うようになったのである。そこへくだらぬ告げ口をする者もあり、範頼は八月二日、起請文《きしょうもん》（誓詞）を書き、大江広元を通じ兄の許へ提出したが、頼朝は許容しなかった。さらに同月十日、頼朝の寝所の下にひそんでいた範頼の家人當麻《たいまの》太郎が捕らえられるに至り、疑惑は一層深まり、遂に範頼は狩野《かの》宗茂、宇佐美祐茂ら伊豆の武将に預けられ、修善寺に幽閉された。そして八月十七日に殺害されたが、その墓と言われるものが修善寺に残っている。なお、これに伴って範頼の家人や縁者が次々に処刑された。

こうして頼朝の兄弟は男九人のうち、兄の義平・朝長、弟の義門《よしかど》・希義《まれよし》、義円《ぎえん》（僧）・義経の七人がすでに亡くなり、残るは阿野全成《あのぜんじょう》一人となった。また従兄弟の義仲や、叔父の義広・行家もなく、源家の身内はまことに淋しい限りとなった。

この間、時政は建久四年十一月二十三日に、上総国小野田郷の住人本大掾国廉《もとだいじょうくにかど》が、姨母《おば》を殺した罪で幕府へ呼び出されていたのを、頼朝の命で伊豆大島へ流した。また、日頃時政を恨み、常に刀を研《と》いでねらっていた常陸国の住人下妻四郎弘幹《ひろもと》が十二月十三日に露見して梟首されたのを知った。さらに翌五年二月三日、孫の金剛《こんごう》（義時嫡男）が十三才で元服するに当り、時政は本人を伴って幕府の儀式に参上し、頼朝から太郎頼時の名を与えられ、鎧《よろい》や新冠を贈った。また頼朝は三浦義澄を召して、孫娘の中から好女を撰び、頼時を聟とするよう薦めた。

このほか閏《うるう》八月一日には、頼朝が三浦半島の三崎に山荘を作るに当り、足利義兼と共に三浦邸に行き、また、十一月一日には子息五郎時連《ときつら》を伴って伊豆へ下向し、三島神社に詣でている。その折、北条の願成就院修理を視察していた義時共々鎌倉へ帰った。

なお、義時はこの年七月二十三日にも願成就院へ修築検分のため下向しており、八月八日には頼朝の相模国日向山《ひなたやま》薬師如来參詣に、弟時連他多くの武家と供奉《くぶ》し、十一月十日には姪の大姫の病気を見舞うなど、活発に動いている。反対に義時宅を訪れる者もあり、二日には姉の政子が二度も来宅している。

一方、この頃から活動が大きく目立つのは時政の五男であり、義時の弟時連《ときつら》で、建久四年八月九日には由比ヶ浜で流鏑馬《やぶさめ》をし、同二十九日には伯母政子に従って岩殿観音堂を、また十一月二十七日には頼朝に従って永福寺薬師堂供養《くよう》、建久五年八月八日には同じく日向山《ひなたさん》參詣と、姉や義兄に従っての外出が多くなっている。

次に、建久六年になると、一月二十日に時政が願成就院の年中行事の条々を定めるため伊豆へ下向している。妻政子や、頼家及び大姫を連れて上洛している。今回の上洛は南都（奈良）での東大寺修復落慶供養への出席が主な目的であるが、頼朝の胸中には征夷大将軍としての威光を示すと共に、大姫の入内工作も秘められていた。

三月四日には頼朝夫妻及び子女が六波羅《ろくはら》の邸宅に入り、翌日から六条若宮への奉幣、在京関係者との打ち合わせ、石清水八幡宮への參詣等を済ませ、十日には東大寺供養のため南都へ向かった。その一行は畠山重忠・和田義盛を先陣とし、随兵一二四名が三騎ずつ並び、その後に頼朝・頼家・政子・大姫の車が続き、大内惟義・安達盛長ら側近十六名、さらに後陣の随兵一二三名、それに梶原景時・千葉胤正、最後に中原親能（京都守護）等文官十一名が従った。それぞれが家子・郎従を従えており、狩装束《かりしょうぞく》（武家の狩の装束）・水干《すいかん》（狩衣《かりぎぬ》に似た武家の晴衣）・布衣《ほい》（六位以下が着た無文の狩衣）などを着用した一行が長蛇の列を作った。この日頼朝は南都の東南院に宿泊。

北条時政は鎌倉の留守を守り、嫡子義時が先陣、その弟時連と同族の南条次郎が後陣の中に加わっていた。

十一日に頼朝は馬千疋・米一万石、黄金一千両、上絹一千疋を東大寺に施入し、翌十二日、東大寺の供養に參列、十三日には大仏殿に參拝した。また十四日帰京、二十日には禁裏《きんり》(大裏)に貢馬二十頭を寄進、さらに二十七日宮中に參内したが、この時の随兵八騎の筆頭に義時の名が見えている。

二十九日には、後白河法皇亡き後、後鳥羽《ごとば》天皇の側近にあった丹後内侍《たんごのないじ》を六波羅の自邸に招き、政子や大姫を紹介し、豪華な贈物をした。大姫の入内工作であろう。

ともかく頼朝の在京期間は四ヶ月にも及び、加茂社や天王寺にも詣で、その他の諸社寺にも奉幣し、六月二十五日、漸く関東下向の途につき、七月八日鎌倉に帰着した。この帰途において義時は、稲毛三郎重成の妻になっていた妹が危篤の報を聞き、鎌倉到着前の四日に亡くなったため、その忌に服すため、父の時政と共に十日から翌八月十三日迄の間、伊豆へ下向し、一カ月余に亘り、ここに籠居した。

その後鎌倉に帰った義時は十月七日、頼朝の鶴岡八幡宮臨時祭參詣に当って、弟時連や山名義範・毛呂季光・大江成季等と共に供奉し、二十六日には頼家の鶴岡八幡宮及び三浦の栗浜大明神參詣に、比企能員以下五十余人と共に供奉した。

また時政も十一月十三日、伊豆国へ下向し、三島神社の神事に參列して、二十日に帰還している。なお、三島神社には二十一日、時連も頼朝の使いで參詣し、神馬や剣を奉幣している。これは十八日に三島神社第三御殿の上に、鳥の頭が切れて死伏しているのが発見されたことによるものらしい。そういえば伊豆北条郷の願成就院でも、寺中に毎夜怪異《けい》があり、飛礫《つぶて》が堂舎の扉を打ち破ったり、天井が動揺して人の歩くような気配があったため、十六日に同寺の鎮守（八幡宮）を崇めるよう鎌倉から沙汰があったと、『吾妻鏡』に見えている。時政からの指示であろう。

これから後の建久七年より九年まで『吾妻鏡』の記事は欠落しており、同期間の幕府の動きは不明であるが、他書によると、同年の十一月二十五日には九条兼実が関白と氏の長者を追われ、八年の六月には、時政が遠江国蒲御厨《かばのみくりや》の上下両郷地の地頭代に、同国の蒲清成《かばのきよなり》を補任している。また、同年七月には病床にあった大姫が死去し、その入内を夢見ていた頼朝夫妻の悲しみは大きかった。

しかし、頼朝は屈せず、次女の乙姫（三幡）を入内させようとし、その工作を進め、上皇となって間もない後鳥羽院の女御《にょご》に決定したが、その上洛を待つうちに頼朝が正治元年（一一九九）急死してしまった。そして乙姫も亦病床に臥す身となった。

頼朝の死については諸説あるが、『吾妻鏡』を始め、ほとんど当時の記録がない。『北条九代記』によれば、建久九年（一一九八）十二月、稲毛重成は亡妻の冥福を祈って相模川（神奈川県）の橋を造り、その完工供養を行った。その際妻の義兄でもある頼朝も參列したが、帰る途中、八的原《やまとはら》にさしかかった所で、故義経と行家の怨霊《おんりょう》に出合い、次いで稲村ヶ崎で安徳天皇（瀬戸内海で平氏と共に入水した幼帝）の亡霊にも会い、頼朝は急にめまいがして倒れ、馬上から落下した。随員が助け起こして御殿に運んだが病気にかかり、祈祷《きとう》や治療の甲斐なく翌建久十年一月十一日逝去したと記している。内容はともかく、稲毛重成が修復、橋供養した時に臨席した頼朝が帰途に落馬し、やがてはかない運命となった事は、それから十三年後の『吾妻鏡』建暦二年（一二一二）二月二十八日の条に簡単に記されている。なぜこのように後れて、しかも簡単に記されているかという事についても不審でならない。義経・行家・

安徳天皇の亡霊の事は、『保暦間記』にも見えるが、落馬の事は書いてない。なお、近衛家定の日記、『猪隅関白日記』に、「依飲水重病、去る十一日出家」とあることから糖尿病説が出たり、また別に暗殺説もあったり不可解である。

いずれにしても良くはいわれていない。特に骨肉を分け、しかも大きな協力者であった範頼・義経兄弟を殺した事に対する人々の批判は、永遠に絶えないことであろう。

（二）　頼家の不始末

頼朝が他界して間もなく、建久十年（一一九九）一月二十日頼家は左中将となり、源家の家督を嗣ぎ、同二十六日、以前の如く家人・郎従を以て諸国の守護を奉行するよう宣下を受けた。そこでこの書状到着に伴い、二月六日政所《まんどころ》において吉書初《きつしょはじめ》が行われた。時政をはじめ大江廣元・三浦義澄・源光行・三善康信・八田知家・和田義盛・比企能員・梶原景時・藤原行政・平盛時・中原仲業《なかなり》・三善宣衡《のぶひら》等重臣が政所へ參集した中で、善信（三善康信）が武蔵国海月《くらげ》郡の事で吉書を草し、仲業が清書して、廣元が頼家の許《もと》へ持參した。頼家は先代が薨じてまだ二十日もたたないが、綸旨《りんじ》が厳密であり、重々間違いなく沙汰するよう指示した。初めての処作であるが、無難な出来といえよう。次いで三月二日には、前将軍の四十九日の仏事が行われ、五日には、罪科のあった後藤基清を讃岐国《さぬきのくに》（香川県）の守護職から外し、代わって近藤国平（伊豆国出身）を任ずる等、前将軍の定めた事を初めて変更した。しかし、所詮、十八才で跡取りとなった頼家は余りにも若く、器量も狭弱で且つ我がままであったため、旧来の側近諸臣との関係もうまく行かなくなった。特に後藤基清を処分してから間もない三月二十三日、『吾妻鏡』によれば「中将家《（頼家）》、殊なる御宿願あるによって、大神宮御領六ヶ所の地頭職を止めらる」とある。すなわち、伊勢《いせ》皇太神宮《こうたいじんぐう》の御神領六ヶ所の地頭職を停止したわけであるが、その中に頼家の祖父北条時政の有する遠江国蒲御厨《かばのみくりや》が入っていたのである。頼朝の時代に与えられた地頭職を免ずることは御家人にとって重大なことであり、関係者に大きな衝撃を与えたが、頼家と時政の間柄に変化が生じたことも確かである。

このような事が重なって、四月十二日、政子は時政と謀って頼家が独断的に訴訟を裁くことを停止し、十三人の重臣によって合議決定することを定めた。その十三人は北条時政・同義時・大江廣元・三善康信・中原親能・三浦義澄・八田知家・和田義盛・比企能員・安達盛長・足立遠元・梶原景時・藤原行政である。このうち北条父子は政子を通じ将軍家の親族であり別格である。また安達盛長・比企能員・八田知家は、頼朝の乳母比企尼や寒川尼を通して将軍家と関係が深い。なお、三浦義澄・和田義盛は源家重代の家人三浦一族であり、足立遠元は安達盛長と親族、梶原景時は頼朝の恩人であり寵臣であった。他は大江・三善・中原・藤原の四名共に公家の出で、京から招かれた頼朝以来の秘書団的な官僚グループである。

かくして、頼朝の独裁政治から重臣の合議制政治に移行した結果、政情はまさに一変し、鎌倉幕府における源家将軍の権限は次第に弱まり、政子・時政・義時の北条一門の存在が大きくクローズアップするに至った。

ところで、この間二月頃から病床にあった頼家の妹乙姫（三幡《さんまん》）が三月に入って重態となり、頼朝の死後尼となっていた母親の政子（御台所《みだいどころ》）が諸社に祈願・修法していたが、姫の容体は日を追って悪化したため、当時京で名声の高かった針博士《しんはかせ》丹波時長《たんばときなが》を召請したが、当人は固辞して下向しなかった。そこで止むを得ず京都守護の中原親能に急使を派遣し、院庁へ泰請し説得して貰うことになった。四月十三日、故頼朝の百ヶ日忌《ひゃっかにちき》を済ませ、二十七日、年号が正治元年と変って間もなく、医師時長が五月七日鎌倉に参着し、早速針治療をすると共に朱砂丸《しゅさがん》など薬も服用させ、手当につとめた。この間時政以下三浦・佐原・八田・梶原等の重臣が輪番制で医師の饗応《きょうおう》に当たることになり、十三日には時政が埦飯《おうばん》を振舞った。しかし、乙姫は一向によくならず、六月十四日には目の上が腫《は》れ上がり、凶相《きょうそう》が現れてきたため医師も驚き、手の施しようもなくなって二十六日帰京してしまった。それから四日後、乙姫は遂にこの世を去った。政子の悲嘆・心痛は一通りではなかった。前に長女大姫を亡くし、次いで夫頼朝に先立たれ、今度は次女の死である。その悲しみの姿に父親の時政も心を痛めた。孫の死も淋しいが女《むすめ》の嘆きも辛いものである。一族・諸人傷嗟の中で、乙姫の葬儀を行い、遺体は親能の鎌倉邸の近く亀ヶ谷に葬られた。そして七月六日にその墳墓堂（亀ヶ谷堂）において政子以下列席の下に初七日《しょなのか》の仏事を挙行した。生前入内《にゅうだい》も約束されていただけに、まことに悲運な姫であり、同月二十三日には京から後《ご》鳥羽上皇《とばじょうこう》の御使が弔問のため鎌倉へ参着し、時政や政子も格別の礼を以て対応した。

一方、この間七月十日に三河国《みかわのくに》（愛知県）から飛脚が到来し、室平《むろひらの》四郎重広《しげひろ》という者が数百人の盗賊を集め、国中に勢威を振るい、各地で乱行・狼籍をしていることを報告してきた。そこで重臣による協議がなされたが、派遣すべき追討使《ついとうし》には、頼家より安達盛長の子息景盛が指名され承認された。三河国は父の奉行する国であり、景盛は家子・郎従を率いて出発したが、重広はすでに逃亡して行方不明となり、八月十八日、景盛は帰參した。ところが自分の留守中、頼家が妻を奪い、密通していた事が判った。この女性は京都から召かれて来住した元宮廷勤めの女房であり、美貌であったため頼家がかねてから懸想《けそう》していた者である。そこで好期到来とばかり景盛を遠ざけたわけで、側近の中野五郎能成に命じて、その女房を無理に御所の「石の壺」（北の離れ）に閉じ込め寵愛したのである。しかも、小笠原弥太郎長経《ながつね》・比企三郎・和田三郎朝盛《とももり》・中野五郎能成・細野四郎の五名以外はこの御所に参ってはならないと触れを出した。憤激し、悲しんだ景盛を見て、頼家に告げ口《つ》をする者があり、「景盛は君を深く恨み、憤慨して復讐しようとする野心をもっている」と伝えたため、頼家は怒り、前記五名の若い側近を呼んで景盛の誅罰を指示した。晩になって小笠原が旗を掲げ、安達盛長の甘縄《あまなわ》の屋敷へ向かったのを見て、鎌倉在住の壮士が多く集まり騒然となった。これを知った政子は直ちに安達邸に赴き、盛長と会談し、一方工藤小太郎行光を頼家の御所へ派遣し訓戒をした。景盛には、翌日会って今回は頼家の乱行《らんぎょう》を止めたが、自分はもう老年で、頼家が今後またどのような事をしでかすか判らないので、反抗する野心のないことを示すようにと起請文《きしょうもん》を書かせ、それを佐々木盛綱《もりつな》入道に頼家の許に届けさせ、再びこんこんと諫言《かんげん》し、頼家も反省して一件落着した。

このあと、同年十月二十五日、結城《ゆうき》七郎朝光が侍所に伺候《しこう》している際に、友人仲間に対して「昔から『忠臣二君に仕《つか》えず』というが、自分も故頼朝公には深い御恩を蒙った。その頼朝公が薨去された時、なぜ自分が出家《しゅっけ》しなかったか悔やまれる。この頃の世間を見ると、身分の高低を問わず、頼家卿の御乱行に薄氷を踏む思いでいる。危険なことだ」という意味の事を涙ながらに話した。多くの侍は「その通りだ」と同意したが、これを立ち聞きした梶原景時が、頼家に告げ口したため、頼家は直ちに処刑を指示した。二日後の二十七日、御所に仕える阿波局《あわのつぼね》（政子の妹）が、この事を内々朝光に伝えたため本人は驚いて親友の三浦義村に相談し対策を協議した。義村が言うには、凡そ文治《ぶんじ》年間よりこの方、景時の讒言《ざんげん》によって命を落とし、職を失った者が多い。世のため、君のためにも退治《たいじ》さるべきであるとして、宿老たちに相談することとし、連絡をとったところ、和田義盛や安達盛長等も来り、同心の連判状を作り、頼家へ訴えようという事になった。こうして二十八日には千葉常胤・三浦義澄・畠山重忠・小山朝政・足立遠元・比企能員・佐々木盛綱等六十六名が連署状に加判し、和田・三浦両名がこれを政所へ持参・提出した。しかし、これを受け取った別当《べっとう》の大江廣元は、景時と旧来昵懇《じっこん》の中であり、これを罪科に処すのは不便《ふびん》（都合悪し）と考え、頼家への提出を躊躇した。やがて十一月の八日に至り、我慢できなくなった和田義盛は御所で廣元と会い、早く上申することを迫った。遂に十二日、この連判状を頼家が披見《ひけん》し、その説明をするよう景時に命じた。景時はその陳謝ができず、子息・親類等を率いて所領の相模国一宮に下向し、三郎景茂のみが鎌倉に留まった。十八日、頼家は比企能員の家に泊まり、翌日、比企家で北条時連（時政弟）や比企三郎・同四郎時員等と蹴鞠《けまり》の会を開いた。この間に梶原景茂《かげしげ》も頼家に会い、景時の事で神妙な密談をしている。

十二月に入った九日、景時は一宮より鎌倉に帰参したが、十八日に至って鎌倉から追放され、その家屋は破却されて永福寺《えいふくじ》の僧坊に寄進された。

明けて正治《しょうじ》二年元旦、時政は頼家に垸飯《おうばん》を献じ、十三日には法華堂《ほっけどう》において行われた頼朝の一周忌に諸臣と共に列席した。さらに同日、時政の指示で伊豆国北条郷の願成就院北隣にあった頼朝御亭を仏閣に改める事になり、阿弥陀三尊並びに不動明王《みょうおう》・地蔵菩薩《ぼさつ》等の本像を安置する事になった。それと共に駿河・伊豆・相模・武蔵の各仏寺にも追善の供養を行い、また東海道十五カ国においても、それぞれの御家人が、堂舎を建てたり、あるいは修繕を行った。

十五日には頼家が朝廷より従四位上《じゅしいじょう》に叙せられたが、未だ征夷大将軍までは至らず、十八日には近隣大庭野《おうばの》で狩が行われた。次いで二十日には原宗三郎景房より飛脚が到来し、梶原景時が相模一宮において城郭を構え、防備を固めていたが、前夜子息を連れて秘かにそこを離れ、上洛の風聞があると伝えてきた。

そこで時政は大江廣元・三善康信等と御所に行き、協議の結果、追討することになり、三浦義村・比企兵衛尉《ひょうえのじょう》・糟谷藤太《かすやとうた》兵衛有季・工藤小次郎行光等の軍兵を派遣した。その頃駿河国の清見関《きよみのせき》（清水市）に到達していた景時一行は、付近で射的をしていた駿河庵原《いわら》地域の武士達に怪しまれ、射かけられたため予期せぬ応戦となった。しかし、庵原小次郎・工藤八郎・三沢小次郎・飯田五郎、それに後れて馳せ加わった吉川《きっかわ》小次郎・澁河次郎・船越三郎・矢部小次郎等、在地の入江《いりえ》一族等の奮戦によって、梶原勢は狐ヶ崎付近で壊滅し、景親も長男の源太景季、次男の平次景高と共に北辺の大内の山（現在静岡・清水両市に跨る梶原山）で自殺した。こうして、一族・郎従等三十三名が全員討死し、頼朝以来の重臣梶原景時は一族と共に自滅したが、鎌倉では二十三日、同じく重臣の三浦義澄《よしずみ》が七十四才で病死した。なお、同じ日、駿河国で戦った武士達が鎌倉に參上し、それぞれ合戦の記録を献じ、大江廣元が頼家の前でこれを披露した。翌二十四日には安達盛長が上洛し、景時誅伐の事を朝廷に報告し、在京している景時の伴類捜査を大内惟義等に命じた。また景時の朋友という事で、加藤景廉《かげかど》はその所領を没収され、美《みま》作国《さかのくに》（岡山県）の守護職以下、景時父子の所領等も勿論収公された。一方、駿河の住人等合戦に間に合わなかった追討使の比企・糟谷《かすや》両名も賞を与えられた。その晩、景時の弟友景が降人となって時政の亭に參上し、工藤行光を通して武具を献上している。

さて、この梶原一族大半の滅亡は幕府にとっての重大事件であったが、時政は義時と共に重臣等六十六名の連判状にも名が見えず、また追討に当たっても表だった行動をしていない。結局は政子・時政・義時等北条一族に対しては梶原景時も御機嫌とりはしても悪言を提することはなく、時政も亦本来は人当たりのいい人で景時を特別刺戟《しげき》することも無かった。その心境もむしろ大江廣元と同様であったに違いない。他の御家人もその辺を計算に入れて時政や廣元に同意を求めなかったものと思われる。従来時政はとかく悪人のようにとられ、この問題についても政権欲にかられた時政が秘かに景時の失脚をねらっていたのであろうと考えたり、またわが子の阿波局を使って結城朝光を追い込み、共同提訴に持ち込ませたのであろうとする人もいる。しかし、時政は度量も広く豪胆で、その所作も公平であり、それが政子や義時の性格にも引き継がれているように思われる。

（三）　時政・頼家の確執

正治二年（一二〇〇）二月二日、和田義盛は侍所の別当に返り咲いた。この職は元々義盛が治承四年以来在任していたものであるが、その所司《しょし》（補佐）である梶原景時が建久三年（一一九二）に至って、一日だけその号を仮称したいとの事で懇望《こんもう》があり、義盛も恰度喪中となったため暫く暇をとるつもりでこれに応じ、頼朝も認めたらしい。しかし、景時はその後奸謀を廻らして職を還さず、そのまま居座《いすわ》っていた。それが景時の死によって義盛が還補《げんぽ》という事になったわけである。

二月二十六日、頼家は久しぶりであるが、昨年末従四位上に叙せられてから初めての鶴岡八幡宮參拝を行った。これに北条義時・同時連兄弟を始め多数の御家人が随従した。次いで閏《うるう》二月八日、頼家は伊豆の藍沢原《あいざわはら》（現在の三島市北部）で狩を行い、時連や三浦十郎義連・和田平太胤長《たねなが》・狩野《かの》七郎光廣など若手の武者が多く參加して、十六日まで凡そ半月間続行された。さらに二十九日には永福寺以下近辺の勝地を遊覧し、三月三日には鶴岡八幡宮の法会《ほうえ》に參加の予定であったが、風雨のため取り止め、北条義時に代參させ、五月五日の同社臨時祭にも大江廣元に奉幣させて、頼家は欠席した。なお、同月十二日には、頼家が黒衣を嫌って念仏僧を集め、比企弥四郎時員に命じて政所の橋の辺で袈裟《けさ》を剥ぎ取り焼却させている。また、六月十六日には広元が新築した山麓の邸に、頼家以下北条時連《ときつら》・比企時員《ときかず》・富部《とのべ》五郎・肥田《ひた》八郎宗直《むねなお》・加賀房義印《かがぼうぎいん》等が集まり、献杯《けんぱい》・管絃《かんげん》と共に納涼の鞠会《まりえ》が行われ宿泊している。

以上のような『吾妻鏡』の記載の一部を見てもこの頃の頼家の行状の一端が判るが、まさに「わがまま」のしたい放題で、政治の事はほとんど時政等に任せて省みず、主要行事の鶴岡八幡宮その他社寺詣でを怠り、朝晩五〜六人の若い側近を友として、酒色にふけり、物見遊山《ものみゆさん》や狩《かり》、あるいは釣り、さらには蹴鞠《けまり》に興ずる毎日であった。これは若い御家人たちにも影響多く、宿老達にも批判があり、時政や政子にとっても頭の痛いことであった。こうした中で、この年四月一日、時政は従五位下、遠江守に叙せられ、始めて国司となった。頼朝の死去後一年余の事である。

ところで前々から、奥州の住人芝田次郎という勇士が、今は亡《な》き梶原景時の謀反に加担して、「砦《とりで》を堅固にし、堀を深くして軍勢を集めている」との噂が出ていたため、事の真偽を確かめるべく、幕府は使者をたびたび遣したが、次郎は病気と称して出て来ないため、あらためて宮崎四郎を使者として八月二十一日鎌倉を出発させた。九月十四日現地に到着したが結局次郎は幕命に従わず、合戦となったが、折から奥州の領地より鎌倉に向かっていた工藤行光の部下、藤五・藤三郎・美源二《みげんじ》という三兄弟が、途中から加勢し、その活躍によって討伐することができ、十月十四日宮崎四郎はこの兄弟を同伴して鎌倉に帰参した。そして同月二十一日、頼家は浜の御所に出かけ、ここで戦勝祝いの杯酒を時政が献じ、工藤行光も他の御家人と共に陪膳を許され、藤五等三人の郎従と共に表彰された。このように時政は胸中はともかく、一応は頼家の自覚を待ちつつ、事を表面化することは無かった。

しかし、頼家の行状はその後も改善されず、十二月二十八日には政所に命じて田畑の段別、所有者を詳しく記録した帳簿、すなわち諸国の田文《たぶみ》を提出させ、側近に召し抱えた算術師大輔房源性《だいずぼうげんしょう》（源進士左衛門尉 整《ととのう》の子、出家）に、細かく計算させた。その結果、治承・養和（一一七七〜八一）以来現在に至るまでの間に新たに拝領した土地は、各人五百町を限度として所有を認め、これを超える分の田は将軍家で収納し、知行地を持っていない側近の者に支給するという命を出した。この命を受けた大江廣元は「まことに奇妙な御定めである。世間の批判と人びとの不安とが、これほどまでに吹き出したのは、世に例を見たことがない」と言って驚き、三善康信も遠廻しに頼家を戒めたが聞き入れられなかった。

翌正治三年（一二〇一）正月二十三日、京都では土御門《つちみかど》天皇が、年頭の行事として父帝や母后の御所へ行幸する朝覲《ちょうきん》の行事を行い、後鳥羽上皇の御所へ参上された。この時、宮廷警固の大番役として在京していた佐々木定綱と小山朝政は、きらびやかな出立《いでたち》の行列の御前払《おまえばらい》として加わり、先払いの声をかける役を担当した。その最中に、越後国（新潟県）の住人 城《じょうの》 四郎資国《しろうすけくに》の四男長茂《ながもち》が、突然軍兵を引き連れて、小山朝政の三条・東洞院の家を取り囲んだ。小山邸では主人の留守中の出来事であり、僅かな部下が防戦した。そこで長茂はいったん退去し、今度は後鳥羽上皇の御所を占據し、「頼家追討の宣旨《せんじ》」を要求した。しかし、上皇側の反応が無く、御所詰めの武士の駆けつけるのを恐れて逃亡した。その後へ佐々木・小山の両人が到着し、直ちに飛脚を鎌倉へとばしたため、鎌倉では大騒ぎとなった。また朝廷からの申し入れで京都・畿内の御家人に、長茂を捕らえるよう広くお触れが出された。やがて三月に入ると、長茂の一族・郎党が吉野（奈良県）の奥で多数の僧徒により征伐され、その首は京都の獄屋の門にさらされた。

この珍事の後、二月十三日には改元されて建仁元年（一二〇一）となったが、その四月にはまた越後国で長茂の甥の城小太郎資盛が城を築き、北陸道の軍兵を集めて反乱を計画しているとの情報が鎌倉に入った。

そこで時政は、廣元や康信等と協議し、上野国《こうづけのくに》（群馬県）磯部に居た佐々木盛綱に征討の役を引き受けさせた。そこで盛綱は子息の小三郎盛季や、越後《えちご》・佐渡《さど》・信濃《しなの》の兵と共に奮戦し、これを討伐して鎌倉に参上した。同年五月十七日の事である。時政達がその労を慰ったことはもとよりである。

このあと、八月には十一日と二十三日の二度に亘って暴風雨となり、大木が根こそぎ倒れ、村々の家屋はほとんど倒壊し、鎌倉の古社寺も倒れ、米・麦・粟・黍《きび》・豆など五穀も大被害を被った。しかし、頼家はこのような世間の窮状をも顧みず、蹴鞠に凝るようになり、九月以降には『吾妻鏡』にも連日鞠《まり》会《え》の記録が見えている。頼家はさらに一層の上達を計るために後鳥羽上皇に懇請して、この芸にすぐれた者を京から派遣してもらう事とし、その到着に備えて、北条五郎時連・少将法眼観清《ほうげんかんせい》・富部《とのべ》五郎・大輔房源性・比企弥四郎・肥田八郎等を詰衆《つめしゅう》（鞠を詰め寄せる役）に決めて、百日連続の蹴鞠を始めるに至った。まさに今日のサッカー熱と同じである。やがて九月には上皇の世話で蹴鞠の名人といわれた紀内所《きないどころ》行景が京から到来し、いよいよ熱が上昇した。

頼家の熱中する姿を見て、義時の長男江間太郎泰時（前名頼時）は、「蹴鞠はまことに風雅な技芸で、頼家卿が楽しまれるのはよいが、八月の風水害で大被害を受け、国々では飢饉に苦しんでいる時に蹴鞠も少しは慎まれ、世の中の安定と人々の安堵とに尽力されるよう国政に身を入れられるべきだ」として、頼家の側近の一人中野五郎能成に語っている。この事を知った頼家は大いに感情を害したため、側近の観清法眼《かんせいほうげん》が心配してひそかに泰時に会い、鎌倉を一時的に離れることを勧めた。そこで泰時は北条家の故郷伊豆の江間《えま》へ下向して、折から風水害に苦しむ住民の惨状を目撃し、米の借用証文を破棄し、酒飯を与え米を支給するなど徳政を行った。

十月の下旬には鶴岡八幡宮の回廊や八足門の棟上げも行われたが、頼家の蹴鞠遊びはますます盛況となった。頼朝没後出家して尼となっていた母政子の心配もつのった。政子はかって頼家を出産する時、比企能員の邸を産所とした。能員は頼朝を育てた乳母比企尼の甥であり、養子として比企家を嗣ぎ、その妻は頼家の乳母になっている。そればかりではない。能員の娘が若狭局《わかさのつぼね》として頼家の妻となり、一幡《いちまん》丸という男子をもうけている。親子二代にわたる将軍家と比企家の関係は深い。そうした関係の中で北条家でも一目を置き、幕政に当たる十三人の重臣の中に能員も加え協調体制をとっていた。しかし、頼家にして見れば外祖父の北条時政や叔父の江間義時等北条一族よりも、乳母や妻の家である比企家が行き易く、その往来も多かった。この事は時政にとっても、政子や義時にとっても、決して心おだやかな事ではなかった。しかも頼家は父の頼朝でさえ敬意をもって「北条殿」と呼んでいた時政に対して、「時政」と呼び捨てる始末で、政子も黙視できず頼家をたしなめたという話も伝えられている。つまり頼家の代になって北条家は従来の「御外戚」の地位から、一個の「御家人」として扱われる感じであった。そして新しい御外戚としての比企氏の地位が上がってきたのである。これは北条氏にとって、明らかにライバルとしての存在になった。それと共に時政と頼家の関係も次第に悪化するようになった。しかし、慎重な時政は若い弟の時連が能員の子時員等と共に、頼家と親しい関係にあるのを幸い、その側近に置いて事態の経過を見守っていた。時連もよくできた人間で、建仁二年六月の末、鞠会の後の酒宴で、頼家の側近の一人平知康《ともやす》が、時連の名が下劣だと発言した事に対し、時連はあっさり受け、間もなく時房と改名して事なきを得ている。同じ頃、時政は亡息宗時の菩提を弔うため伊豆へ下向し、七月十六日帰着。代わって翌十七日、頼家が時房を伴って伊豆へ狩猟に下向している。

(四)　転機の涙

頼家が伊豆の狩から帰着したのは建仁二年七月二十三日であるが、実はその前日京都では頼家を従二位に叙し、征夷大将軍に補任することが決まり、同日付きの書状が八月二日鎌倉に到着した。頼家は十五日鶴岡八幡宮の放生会《ほうしょうえ》に参加し、翌日は御所の桟敷《さじき》において流鏑馬《やぶさめ》を観た。次いで十八日には八幡宮の西の廻廊に鳩が飛来し、数時間立ち去らず、不思議な現象として供僧《ぐそう》達も怪しみ、これを知った貴賎の人びとが鶴岡に行列をなしたという。頼家もこれを見物のため時政や廣元を伴ってわざわざ出向いている。やがて鳩は西方目ざして飛び去ったという。何とも暇のある毎日である。

八月二十三日には、かねてより故頼朝の仲立ちで話の進んでいた時政の孫江馬太郎泰時と、三浦兵衛尉義村の女《むすめ》との婚儀があり、北条家と同じく幕府の重臣三浦家の親縁関係が強まった。社參は相変らず頼家の代參が奉幣する場合が多く、九月十日の伊豆三島神社の祭礼には北条義時、十一日の荏柄社《えがらしゃ》祭礼には大江廣元が參列している。なお、十日には鎌倉で鞠会が朝・昼・夕の三回もあり、将軍頼家を始め、京から赴任した鞠師の紀内行景、それに常連の北条時房（時連）・肥田宗直・比企時員・源性・義《ぎ》印《いん》等が加わった。二十一日には頼家が数百騎を率いて鎌倉を出発し、伊豆・駿河で狩を行い、射手約十名の中には鎌田小次郎・仁田忠常・工藤行光の伊豆武者も入っていた。二十九日多くの者を鎌倉に帰し、頼家は仁田館で終日小笠懸《おがさがけ》を楽しんだ。その後も頼家は三善康信邸の庭園を好んで出かけたり、また御所の施設を改善したりして鞠会に忙《いそ》しんだが、建仁三年（一二〇三）六月一日には再び伊豆の奥へ狩に出かけ、伊東崎山中の大洞《おおぼら》を観て和田胤長に探検させたり、また三日には駿河の富士野に狩場を移し、山麓の人穴（富士宮市）の洞穴を仁田忠常に探検させている。

この駿豆地方における狩の直前、五月十九日に、故頼朝の弟阿野全成《あのぜんじょう》が謀叛の疑いをかけられ、頼家の御所に出頭すると、頼家は直ちに武田信光により捕らえさせ、その身柄を宇都宮四郎朝業《ともなり》に預けた。なお全成の妻阿波局《あわのつぼね》は頼朝の妻政子の妹で、政子のいる殿内に仕える、いわば公職の身であったため、頼家は翌二十日比企時員を通じ政子に阿波局の引き渡しを求めた。しかし、政子は妹を渡さず、結局全成は常陸国《ひたちのくに》（茨城県）に流され、やがて下野国（栃木県）で八田知家により誅殺された。この事件は、いわば頼家の時政や政子に対する嫌がらせ的な挑戦であり、一応は成功したが、時政は不快な感情を抑えていたに違いない。頼家はさらに追討ちをかけ京都東山の延年寺にいた全成の子幡摩公頼全《はりまこうらいぜん》まで殺害させた。一般の御家人には源家の内訌《ないこう》とも、また時政と頼家の対立とも見えたであろうが、一面、将軍として頼家が何をなすか分からない性格と、その行為に懸念と警戒心をもったであろう。

折も折、八月に入ると頼家が重態となり、時政は遂に意を決した。すなわち政子とも相談し、将軍譲位の事で評議を行い、関西三十八ヶ国の地頭職を頼家の弟千幡《せんまん》（十才）に、また関東二十八ヶ国の地頭職及び惣守護職を頼家の子一幡（六才）に譲与することを決めた。これは全国の地頭職を二分する中で、一幡に惣守護職を嗣がせ、一応の配慮をしているものの、京を中心とした全国の過半を千幡に支配させる点、明らかに千幡の優位を確保しようとするものであり、一幡の家督相続を期待する比企氏の心情とは相容れぬものであった。果たして頼家の岳父比企能員は大いに憤慨し、時政に敵意を抱いた。時政にして見れば頼朝・頼家・千幡の外戚であり、頼朝に早くから仕え、その良き補弼《ほひつ》者として、その信任も篤かった。それだけに頼朝の死後もその理想の維持・伸張のため、遺子頼家の成長を心より願っていた筈である。しかし、その頼家は頼朝のような器量は持ち合わせていなかった。それ故に政子や義時共々幕府の将来を案じ、思い切って頼家を廃し、同じ身内の千幡（後の実朝）を将軍にし、頼家の嫡子一幡にも東国の地頭職を大幅に譲って、双方の協力体制の中で幕政の維持を考えたに違いない。これは後に足《あし》利尊氏《かがたかうじ》が長子義詮《よしあきら》を将軍として京都に置き、次子基氏《もとうじ》を鎌倉公方《くぼう》として鎌倉を中心に関東を支配させた事に似ている。しかし、こうした二頭政治的運営には必然的に対立を生む要素もあり問題であった。この問題点を指摘し、「家督の外に地頭職を相分《あいわか》たるにおいては、政権二《ふた》つに分かれ、挑《いど》み争ふの条《じょう》疑ふべからず……、乱国の基《もとい》を招くところなり」（『吾妻鏡』建仁三・九・二・の条）として、比企能員が反対したのである。能員も頼家の岳父《がくふ》であり、一幡の外祖父として、その権勢を高めつつあったし、孫の一幡が将軍になることを夢見ていたことであろう。

　こうした対立の中で、九月一日に至り、頼家の病態は一層悪化し、先月以来の諸社に対する祈祷や医師による治療も効果なく、心配する御家人が各地から集まってきた。折から北条・比企両家の不和が伝わり、鎌倉は物騒になってきた。そこへ翌二日、能員が女《むすめ》の若狭局（頼家室）を通じて、頼家に時政追討を訴えたため、能員は病床に招かれ、協議の末その追討が決定した。しかし、これは時政以下の重臣合議制の上から云っても由々《ゆゆ》しき事であった。また、両者の密談を障子を隔てて政子が聞き、驚いて書状を以て時政に連絡した。当日の『吾妻鏡』の記事には、「遠州（時政）下馬してこれを拝見し、すこぶる落涙す。さらに乗馬の後、駕を止めてしばらく思案等の気《け》あり、つゐに轡《くつわ》を廻《めぐ》らし、大膳大夫《だいぜんだゆう》廣元朝臣《あそん》の亭に渡御《とぎょ》す、亭主これに相逢ひたてまつる、云々」と見えている。

右の文中にある時政の落涙とは一体何事であろうか。重臣であり姻戚同志の能員の仕打ち、孫の頼家の思慮の無さ、政子の親を思う気持ち、残念さや親子の情や幕府を思う心など要因は幾つかあろうが、頼朝以来の幕府を思い忠勤を励んで来た時政に対して、いわば身内から討伐を受けるとは思いもよらなかったであろう。とんだ事になったと悲観したに違いない。一刻も猶予してはいられない。意を決すると馬を走らせ、大江廣元と会って対策を協議した。その結果、廣元も「北条殿は頼朝公の御時よりこのかた政道を扶《たす》けてこられた。今度の問題は兵法の上からは論ぜられないが、誅戮すべきか否か、よろしく賢慮《けんりょ》の程を」(『吾妻鏡』前掲の条)として、時政に処置を任せるに至った。それでも慎重な時政は後刻廣元を招いて再会し、熟慮の結果漸く意を決し、同郷の天野民部入道蓮景(遠景)と仁田四郎忠常に討伐を指令した。ところが蓮景は軍兵を出さないで、能員を時政亭に招いて誅殺することを勧《すす》め、時政もその案に同意した。

そこで時政は同日直ちに名越《なごし》の亭に日頃造らせていた薬師如来像を安置し、僧栄西《ようさい》を導師《どうし》とし、政子以下縁者を招いて供養《くよう》の儀を行うことにした。この席に能員も招くことになり、工藤五郎親成を使いに立てた。親成の退去後能員の子息や縁者は能員の出席を諌《いさ》め、もしどうしても行くならば武装した家子郎従を従えて行くよう勧めたが、能員はこれを説得し、仏事結縁《けちえん》のためと、あるいは将軍譲補等についての話があるかも知れないと、僅かな伴の者を連れ急いで名越亭に出かけた。一方時政側は天野蓮景・仁田忠常・中野四郎・市河五郎行重等が名越亭の内外を武装して固め、能員が入ってきたところを捕らえて殺害した。能員の伴の者が馳せ帰り、事の次第を伝えたため、一族郎従は一幡のいる小御所《こごしょ》に立て籠もったが、政子の指図で北条義時・同泰時父子を始め、平賀・小山・畠山・榛谷・三浦・和田・土肥・尾藤・金窪・仁田・加藤その他多数の討手が襲撃して、ほとんど全員を敗死させ・一幡の遺体も発見された。なお、当日能員の岳父澁川刑部丞《ぎょうぶのじょう》が討たれ、三日には能員一族の妻妾や二才の男子等、安《あ》房国《わのくに》（千葉県）へ流され、四日には能員の縁者島津忠久（能員の義姉の子）から大隅《おおすみ》・薩摩《さつま》両国（鹿児島県）及び日向国《ひゅうがのくに》（宮崎県）の守護職を収公する等、縁者も徹底的に処分された。

次いで五日、病状がやや小康状態となった頼家が、一幡の死と能員一族の滅亡を知り、再び時政追討を計画、堀藤次親家《ちかいえ》を使者として和田義盛及び仁田忠常等に追討令を届けさせた。しかし、義盛・忠常両者共に小御所襲撃に加わっており、立場が悪い。義盛は応ぜず、頼家からの書状を時政に提供し、親家を捕らえて誅殺した。忠常も直ぐには動かなかった。

そして翌六日、時政から能員追討を賞したいとの事で忠常は名越亭に参上したが、夜になっても退出せず、外で待機していた従者が仁田亭に知らせたため、忠常の弟五郎・六郎等は兄が頼家から時政追討令を受けたことを知られ、討たれたのではないかと推測し、時政の子義時亭を襲撃した。義時は折から大御所《おおごしょ》（旧頼朝亭、政子在住）へ出向中であったが、急を聞いて他の御家人に防戦させ、五郎は波多野次郎忠綱に討たれ、六郎は自殺した。一方、何も知らず名越亭を出た忠常は、私亭へ向かう途中で事情を知り、命を捨てるつもりで御所に向かったが、加藤景廉《かげかど》のために討たれてしまった。

七日には政子の計らいで将軍頼家は落飾・出家し、十日には千幡が将軍に推挙された旨沙汰があり、千幡は政子のいる大御所から時政の名越亭に移され、政子の妹阿波局や義時、三浦義村（北条泰時の岳父）等が随従した。また御家人諸氏に対し、所領安堵《あんど》の書状が下付された。

この間の動きをみるとき、要するに将軍を補佐する立場で幕政に重きをなしていた時政は、長い間諸氏の抗争には直接介入せず、常に中立的立場に立って、まとめ役をつとめてきたが、吾が孫でもある将軍頼家から突如排除されると聞いては、悲痛な思いになったのも無理はない。しかも引退とか追放ではなく、抹殺されるわけであるから悲壮である。政子からの書状に悲涙を流した彼は、保身というよりも、幕府の危機感を強く抱き、これを転機として、従来の「静」から「動」への思い切った変化を見せたのである。

（五）　執権となる

第三代の将軍に推挙された千幡《せんまん》が、母政子の計らいで時政亭《ときまさてい》に移ってから五日後の九月十五日、幕府から派遣され付き添っていた女房《にょぼう》（女官）の阿波局が、大御所《おおごしょ》に姉政子を訪ね、「若君（千幡）が時政の御亭《おんてい》にお在《わ》しますことは結構と思いますが、牧の御方《おかた》（時政の妻）の所業をつらつら考えますと、おかしい事があり、その中に害心《がいしん》も窺《うかが》えて、何か不祥事《ふしょうじ》も起こるような気がします」と意見を述べた。政子も「その事は自分もかねてから考えて心配していた事です。早くお迎えしましょう」と答えて、早速弟の義時（江間殿《えまどの》）や三浦義村・結城朝光《ゆうきともみつ》等を派遣して、千幡を北条亭から大御所に移した。子細《しさい》を何も知らなかった時政は、あわてて女房の駿河局《するがのつぼね》（時政亭に居た女官）を遣《つか》わし陳謝したが、政子は「成人するまでは自分の許《もと》において世話をします」と答え、引き取ることを伝えた。

同じ日、京《みやこ》から使者が来り、去る七日付で幕府からの奏上に基づき、千幡を特に従五位下、征夷大将軍に任じ、名を実朝と賜る旨の宣旨が届いた。建仁三年（一二〇三）のこの年、実朝はまだ数え年十二才の少年であった。亡《な》き父は征夷大将軍・右大臣《うだいじん》正二位・兼左近衛大将《さこんえたいしょう》であったが、健在の母も従二位で、幕府の中では最高の官位を持っていた。

時政も頼朝の死去後遠江守従五位下に叙せられていたが、孫の実朝が将軍になるに及び官位は同じとなった。しかし、将軍の外祖父として、政子と共に幕閣における地位は高く、実質的に幕政を取りしきる立場に立った。政子が尼将軍と言われたのに対し、時政はまさに裏将軍である。

ついでに時政の所職《しょしき》や所領について細かく観察すると、早くより頼朝の知行国《ちぎょうこく》となった伊豆・駿河両国において守護職をつとめたらしく、また建久年間には安田義定に代わって遠江守となり、実質的には同国の守護職も入手したようである。また、比企氏滅亡後の建仁年間には、信濃国《しなののくに》（長野県）・大隅《おおすみの》国《くに》（鹿児島県）、一時的には薩摩国《さつまのくに》（同）の守護職にもなった。次に地頭職《じとうしき》は本拠地の伊豆国田方郡《たがたごうり》北条郷（静岡県田方郡韮山町）を始め、東北隣の奈古谷郷（同）、北辺と思われる馬宮荘（同函南町《かんなみちょう》間宮《まみや》付近）・三島神領（同三島市）・仁科荘《にしなのしょう》（同賀茂郡西伊豆町仁科）、駿河国富士郡《ふじごうり》上方荘《かみかたのしょう》（同富士宮市・芝川町）・同下方荘《しもかたの》・賀島荘《かじま》・須津荘《すど》（以上富士市）・同益頭郡《ましずごうり》益頭荘（同藤枝市）、遠江国《とおとうみのくに》河村荘（同小笠郡菊川町）・蒲御厨《かばのみくりや》（同浜松市、途中停止）、信濃国《しなののくに》塩田荘（長野県塩田村）、越前国《えちぜんのくに》池田荘（富山県池田町）・大蔵荘（同鯖江市《さばえし》大蔵町）・牛原荘（同大野市）、相模国波多野荘《はたのの》南方（神奈川県秦野市《はたの》）・糟屋荘《かすやの》（同伊勢原市）肥前国《ひぜんのくに》武雄社《たけおしゃ》（佐賀県武雄市）・黒髪社（同有田町）、肥後国阿蘇《ひごのくにあそ》社（熊本県阿蘇町・一宮町）・甲佐社《こうさ》（同甲佐町）・郡浦社（同三角町郡浦）・健軍社（同熊本市健軍町）、日向国《ひゅうがのくに》島津荘（宮崎県）・大隅国《おおすみの》島津荘（鹿児島県）・薩摩国新田宮《さつまのくににったのみや》（同川西市、内町）と、東海・北陸・関東・九州にまで及んでいる。

時政の子義時も既に自立しており、合議政治の下に十三人の重臣に入っていたが、その所職・所領もかなり多い。すなわち本據地の伊豆国田方郡江間郷《えまのごう》（静岡県伊豆長岡町江間）以下、尾張国富田荘《とんだのしょう》（愛知県名古屋市富田町）・越後国荒川保《えちごのくにあらかわほ》（新潟県荒川町）・上総国《かずさの》橘木荘（千葉県茂原市《もばら》）・陸奥《むつの》国平賀郡《くにひらが》（青森市平賀町・弘前市《ひろさきし》）・田舎郡《いなかごうり》（同田舎館村《だち》・青森市・黒石市）・山辺郡（同五所河原市）・鼻和郡（同中津軽郡）・外浜（同東津軽郡）・西浜（同西津軽郡）等、やはり東海・北陸・関東、それに東北地方にまで及んでいる。このように時政・義時父子による北条氏の所職や所領はすでに全国に及び、他氏を圧倒する勢いを示して、強固な経済的地盤と共に権力の母胎をなしていた。

なお、時政父子の姻戚関係も簡単に触れておくと、時政の子女に関してはすでに先妻の子として、宗時（若死）・政子（将軍家）・阿波局（阿野氏）・足利義兼室・義時（江間殿）・畠山重忠室・時房（時連《ときつら》）について、第三章第一節以下に触れて来た。そこで次に、義時の子女についてみると、嫡子の泰時は母が阿波局といわれるが、これは問題である。阿波局は時政の次女で阿野全成《あのぜんじょう》の妻であり、泰時の叔母であるから、まず間違いであろう。ここでは不明としておこう。次に比企藤内朝宗《ひきとうないともむね》（遠宗の弟？）の女《むすめ》との間に生まれた朝時、重時《しげとき》、伊賀守藤原朝光の女との間に生まれた政村及び一条中将実雅室（長女）、次いで母飛鳥井《あすかい》氏の相模五郎実泰（金澤氏、五男）、伊佐二郎朝政の女との間に生まれた有時（六男）があり、他に母親や年令等の不明な時経・尚村・時尚、それに二人の女子（竹殿他）等が知られている。これら時政の孫については第九章で触れるとして、義時の妻妾や、時政の先妻の女婿《じょせい》はほとんど東国の武家である。

これに対して時政の後妻牧ノ御方の生んだ子女を見ると、母親が政子とあまり年令差が無かっただけに、政子や義時に比べてかなり年令が若い。したがって第三章では触れなかったので、ここで一応列挙しておこう。まずは四男政範《まさのり》であるが、これは元久元年（一二〇四）十一月五日、京都で十六才で死去している。残りはすべて女子で、その嫡女（時政五女）は平賀朝雅《ともまさ》室（後に藤原国通室）で他は順不同であるが・稲毛重成室・宇都宮頼綱室（後に松殿師家室）・関実忠室（第九章二節参照）・三条実宣《さねのぶ》室・坊門忠清室・河野通信室等が居り、平賀・稲毛・宇都宮の諸氏は東国武士であるが、三条・坊門・

藤原・関・河野の諸氏はいずれも西国の人で、関・河野両氏を除けば京に在住した公卿であり、ここに時政の京都指向の一端が伺われる。以上のように、時政・義時父子の姻戚は一方で東国の有力武家であり、他方は京の公家たちであった。

ついでに、建久十年（＝正治元年、一一九九）から建仁三年（一二〇三）頃まで、幕府創設以来の宿老が相次いで他界しているので、その状況を見ると、まず建治十年三月に足利義兼《あしかがよしかね》、正治二年には梶原景時、三浦義澄、安達盛長、岡崎義実、建仁元年には千葉常胤、同二年には新田義重、同三年には三浦義連・比企能員、が亡《な》くなっている。この中には十三人の合議衆の中、四人が含まれている。なお、建保三年には頼朝の兄弟で只一人生き残っていた阿野全成や挙兵以来の有力な伊豆武士仁田忠常、堀親家《ちかいえ》、またその以前には頼朝の寵臣《ちょうしん》工藤祐経《くどうすけつね》（伊豆）も落命している。なお生存中の有力者三浦・和田・畠山・小山等の諸氏も比企氏討伐の際には挙《こぞ》って北条方に加わっており、北条氏の地位は高まった。

以上のような脊景及び基盤によって、時政の積極的な施政が進められたが、まず実朝の将軍就任後の九月十九日、故比企能員の残党中野義成らの所領を収公すると共に、二十一日には大江廣元と協議して、出家した前将軍頼家を鎌倉から退去させることにし、翌日伊豆の修禅寺《しゅぜんじ》へ下向させた。その行列は先陣の随兵百騎、女騎《にょき》十五騎に続いて御輿《おんこし》三帳、小舎人《ことねり》一人、後陣の随兵二百余騎であった。

十月に入ると、三日に時政の女婿武蔵守《むさしのかみ》平賀朝雅を京都守護として上洛させ、また西国に所領のある御家人も伴党《ばんとう》として在京せしめ、京都の警備に当たらせた。次いで八日には将軍実朝の元服の儀式を時政の名越亭《なごしてい》で行い、多くの御家人が參席、義時も陪膳《ばいぜん》した。続いて翌九日、将軍家の政所始《まんどころはじめ》の儀式があり、時政は大江廣元と共に別当《べっとう》として、他の家司《けいし》と共に政所に出席した。つまり別当（長官）は二人制となったわけである。慣例に従って二階堂行光が吉書《きっしょ》を書き、清原図書允《としょのじょう》清定が清書して、時政が将軍に提出した。つまり時政が首席となったわけである。そのあと垸飯盃酒《おうばんはいしゅ》の儀があり、さらに小山朝政・足立遠元等が甲冑《かっちゅう》・母廬《ほろ》を着用するなどの故実《こじつ》に基づく儀式が続き、夕方には北条時房（時政次子）の奉行による御弓始《おゆみはじめ》の儀式が行われた。

　この政所始を無事果たし、同所の首席となった時政は、この時を以て幕府初代の執権としてのスタートを切ったわけである。『保暦間記』建仁三年の条に、「然《しか》る間、時政・将軍の執権として天下の事執《とり》行《おこな》ふ」とあり、また『梅松論』にも「執権の次第は遠江守時政、義時、泰時、（中略）、皆以て将軍家の御後見として、政務を申《もうし》行《おこな》ひ、天下を治め、武蔵、相模両国の守をもって職とす」と見えている。時政も武蔵守平賀朝雅を京都守護として上洛させた後、おそらく自己が武蔵守を兼務したものと思われる。執権の職務内容は大体前文に示された通りである。時政自身も既述した通り政務に通じた人物であるが、彼は以前から政所の別当であった大江廣元と常に協議し実行に当たった。因みに大江廣元は大江匡房《まさふさ》の孫維光《これみつ》の子で、代々文章道を家業とする家に生まれ、明法道に秀《ひい》でた明法博士中原廣季の養子となり、一時は中原氏を称していた。朝廷に仕えて縫殿頭《ぬいどののかみ》・権少外記《ごんのしょうげき》・安芸権介《あきごんのすけ》等を歴任し、承安三年（一一七三）には従五位下に叙せられたが、元暦元年（一一八四）頃、頼朝に迎えられ鎌倉で活動している。時政にとってもかけがえのない人物であった。

　さて、十月の十三日には法華堂《ほっけどう》（頼朝の墳墓堂）において、新将軍參席の下、故大将軍（頼朝）の追善供養《ついぜんくよう》を営み、十九日には佐々木定綱・中条家長（成尋《じょうじん》子）を使節として上洛させ、将軍の御代始《おだいはじめ》として、中原親能以下在京中の御家人に種々の伝達をさせるなど、時政の積極的な活動が続いた。

（六）　時政と三島神社

時政が執権として将軍を補佐しつつ、幕政を勧めたことは前節の通りであるが、一方、ふるさと伊豆への思いは常に念頭にあった。その一端として彼三島神社の関係を取り上げてみよう。

もともと時政は伊豆国の北条郷に生まれ、頼朝と共に挙兵した治承四年（一一八〇）八月中旬まで、四〇余年をこの伊豆で過ごした。祖父以来在庁官人として国衙《こくが》に勤め、国府（三島）との関係も深かったが、特に同地に鎮座する三島神社（明神大社、後の官幣大社）への崇敬の念は強かった。流人時代の頼朝もその影響を受け、生涯を通じ源家の守神八幡宮と共に、この三島神社を尊敬した。すなはち挙兵の日、神事のあった同神社に側近の安達藤九郎盛長を名代として参拝させ、山木攻めに成功している。それから凡そ、二ヶ月を経て富士川の戦いに勝利すると、直ちに十月二十一日、三島神社に近隣の三園（御園）・河原谷《かわらがや》西郷（共に三島市域）、及び長崎郷（函南町）を寄進したことは、既に第四章第一節で述べた通りである。

次いで平家追討真最中の元暦二年（一一八五）四月二十日に、頼朝が新たに伊豆国糠田《ぬかだ》郷（函南町原木付近）を同社に寄進した事も第六章第一節において記述した。これには北条時政が大きな関わりを持っているので、ここでその内容を紹介しておこう。まず『吾妻鏡』の原文は漢文体で一般には難しいので、新人物往来社の『全訳吾妻鏡』（貴志正造訳注）を基に、若干手を加えて次に示そう。

「廿日、癸酉《みずのととり》、今日、伊豆国三嶋社の祭日を迎ふ。武衛（頼朝）御願を果たさんがために、当国糠田郷をかの社に寄附せらる。しかるにこれより先御奉寄の地、三箇所これあり。今すでに四箇所たるなり。これを相分け、河原谷《かわらがや》・三薗《みその》（三園）を以て、六月二十日臨時祭の料所に募り、神主盛方《もりかた》（東《ひがしの》大夫《たゆう》と号す）に付せらる。糠田・長崎を以て八月放生会《ほうしょうえ》（国府八幡宮）の料所と爲し、神主盛成《もりしげ》（西大夫《にしのたゆう》と号す）に付せらる。これ皆北条殿の御奉わりにて、施行せしめ給うと云々。」

つまり、当時三島神社の神主家は東大夫と西大夫の二家に分かれており（系図14参照）、神事を交互に司掌していた。治承四年八月の「源頼朝下文《げぶみ》」は原文が三島神社文書として、同社に現存しており、その中に「下　留守所在廳《ざいちょう》等所　補任　三薗河原谷郷沙汰職。宮盛方　右。彼郷者三島大明神寄進畢。云々」と見えており、西大夫盛方に宛てられている。そして元暦二年の『吾妻鏡』の記事では、それまでに寄進された四箇所を東・西両神主家に二箇所ずつ分与し、西大夫には国府八幡宮の神主も兼ねさせている。そしてこれらの沙汰は時政に任せているが、この件については『三島市史』において、三島神社と親密な関係にあった鳥《と》羽《ば》山瀚《やまかん》氏が西大夫家は頼朝との関係が深く、東大夫家は時政の祖父伊豆介北条時方以来北条氏の庇護を受けて神祭を行ってきたと解説している。

いずれにせよ頼朝及び時政と三島神社の関係は深く、その後も文治二年（一一八六）六月九日、頼朝は同社の修造を時政に命じ、さらに建久五年（一一九四）九月一日には三島神社の神事に当たり、時政は五郎時連を連れて伊豆へ下向し、同十八日には時政の子義時も頼朝の御使いとして同社に參拝、奉幣《ほうへい》している。なお、その翌々日（廿一日）には頼朝も鎌倉鶴岡に奉斉した三島別宮（勧請した三島神社）に自ら参詣している。時政もさらにその一年後建久六年十一月十三日に再び伊豆へ下向し、三島神社の神事に參会している。当時箱根越えの伊豆下向は決して楽では無かったが、領国視察と三島神社への信仰の念が篤かったのであろう。

なお三島神社には源頼朝の「下文」が三通伝えられており、治承四年八月十九日、同五年七月廿九日、同七年三月十七日のものである。また同神社々家矢田部家の文書にも治承四年十月廿一日の「源頼朝寄進状写《うつし》」一通が存在する。そのうち治承五年までのものには「三島大明神」、または「三嶋大明神」とあり、同七年のものには「三島宮」とある。

これらと共に三島神社文書には、時政の花押《かおう》のある「北条時政御教書」一通があるが、これこそ彼が執権となってから発した元久二年（一二〇五）二月廿九日付の三嶋宮御仁帳人の沙汰に関する御教書である。内容は原文のまま示すと次の通り。

北条時政御教書

花押（時政）

貳箇条事

一、三嶋宮御戸帳者。宗と可レ為二東大夫・沙汰一之處。為二西大夫一不レ觸二東大夫一。任二・自由一令二己用一之由聞二食之一。事實者・不二穏使一歟。於二自今以後一者。停二止西大夫・自由之沙汰一。任二先例一宣レ為二東大夫之沙汰一也。

一、鎰預事。同為二西大夫一任二自由一致二其・沙汰一云々。事若實者尤不使。早守二先・例一可レ為二東大夫之沙汰一也。但比上有二由緒一・者。各可レ注二進子細一也。

以前兩（両）條仰旨如レ比。仍以二執達一如レ件。

元久二年二月廿九日　　　　　　　　左右衛門尉政元 奉

東大夫殿

一つには西大夫がみだりに三島神社御戸帳人の沙汰をすることを停止し、先例に任せて西大夫が沙汰するよう指示し、一つには西大夫が自由に鎰預の沙汰をするのを止め、すみやかに先例に任せ東大夫が沙汰することを命じている。この点についても前揚の鳥羽山瀚氏は、「頼朝系であった西大夫家（頼朝在世中は神社の支配権を握っていた）に対して、時政は一種の圧力を加えて、東大夫家を旧位置に復させようとした」と説いている。

結局、頼朝在世中、西大夫家は三島神社の祭祀権と共に国府八幡宮の神主として、東大夫以上の権勢をもったが、頼朝の死後、北条氏の執権政治の下で、祭主権を抑制され、東大夫家が重用されるに至ったわけである。なお、三島神社境内には往時東大夫家所管の弁財天があり、市神《いちがみ》としての厳島《いつくしま》社が祀られていた。この神は平氏の守護神であり、平氏出自の北条氏により篤く信仰され、以前から北条の地（韮山町）にも祀られていたが、後に北条政子は文覚《もんがく》上人に命じて江ノ島の聖地にも勧請されている。同じ元久二年の五月には鶴岡八幡宮と共に三島神社の改修が行われ、『吾妻鏡』同十八日の条に見えているが、この時、時政は佩用の太刀「一文字」一口を三島神社に奉納している（写真18参照）。

余談になるが時政が西大夫から領地を横領したとも言われるが、実は時政の所領は駿河の富士郡にもあり、同地における浅間神社（大社）の神主富士氏との関係もあって、その連携の中で駿河における安定も得られたという説もある。その間の事情は複雑で、ここでは述べないが、概略は『三島市史』にも見えている。なお、これに関連して時政亡き後の貞永《じょうえい》元年（一二三二）八月、御成敗式目《ごせいばいしきもく》制定後において西大夫家の当主盛継から所領還元の訴状が出され、時の執権泰時（時政の孫）はこれを是として、一時富士氏の所領となっていた糠田郷を西大夫家に返還させている。

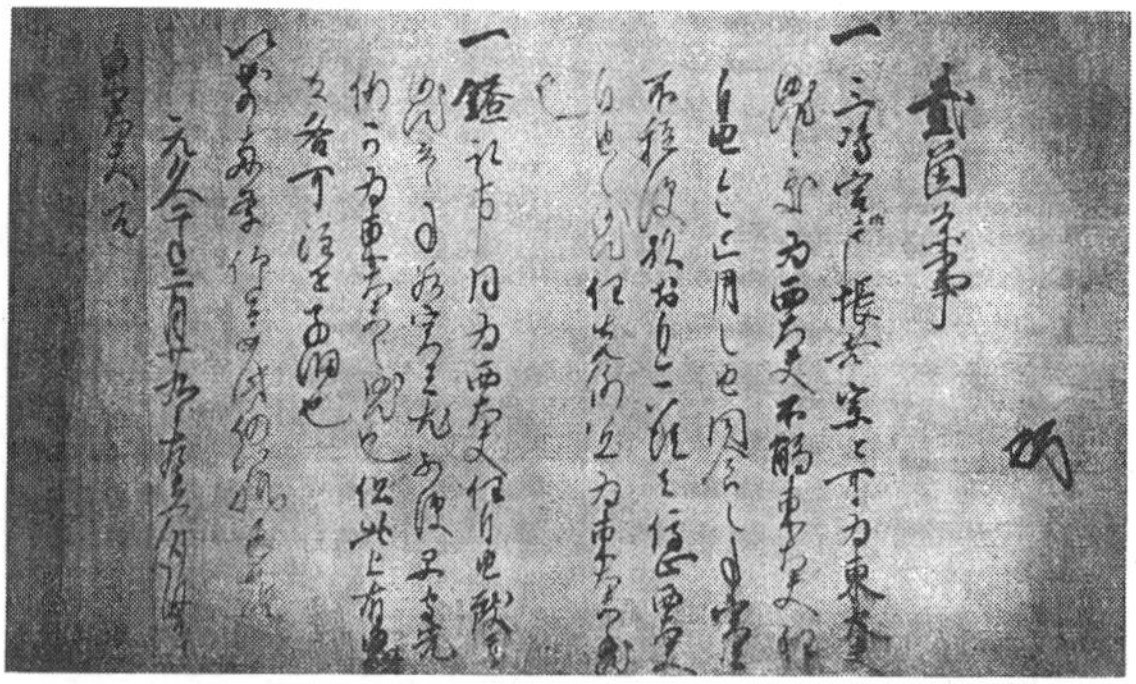

写真17　北條時政御教書（伊豆三島大社蔵）

写真18　国宝北條太刀（伊豆三島大社旧蔵・東京国立博物館蔵）

系図14　伊豆国造族伊豆氏及び三島神社神主矢田部氏関係系図

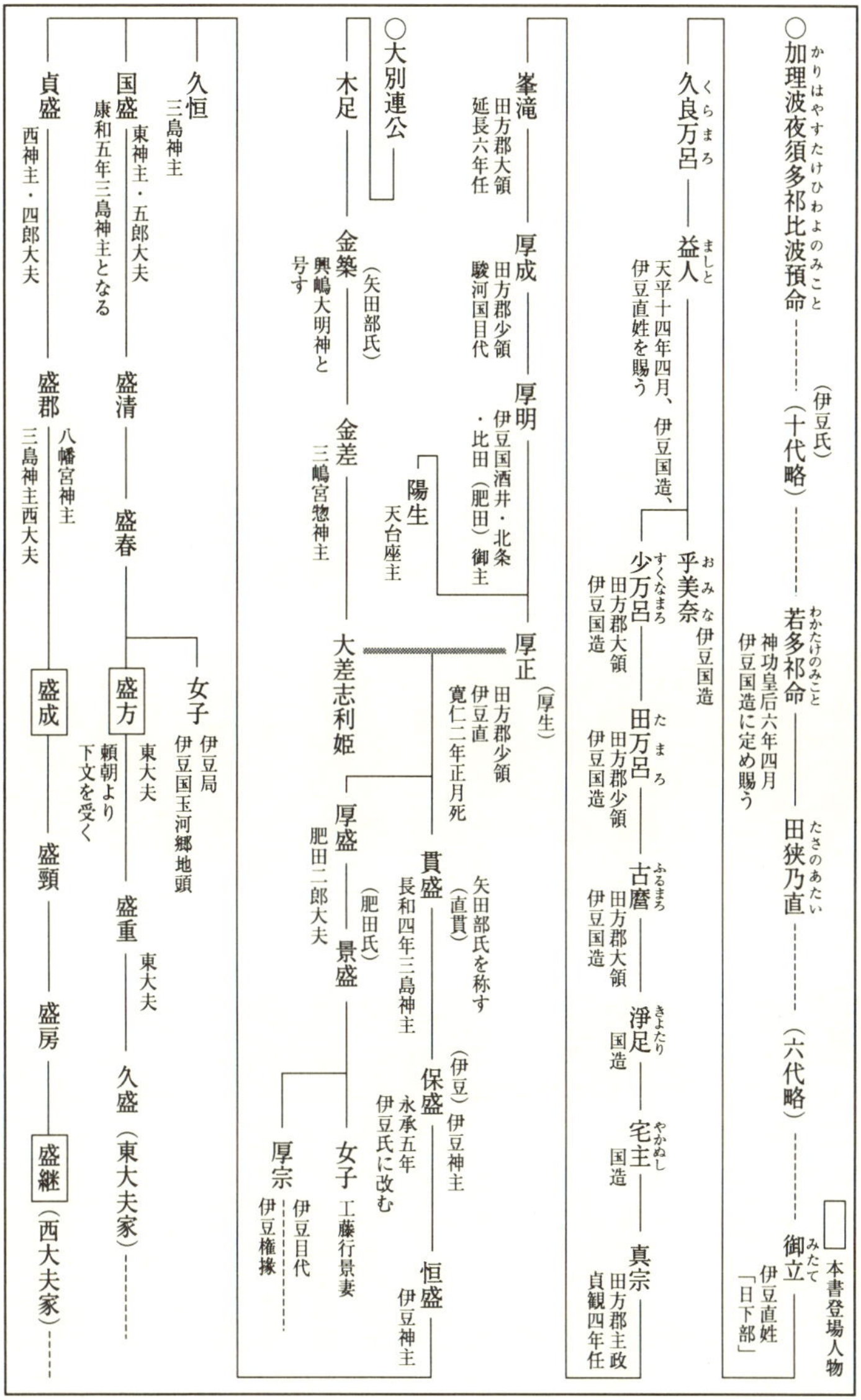
本書登場人物
○加理波夜須多祁比波預命《かりはやすたけひわよのみこと》
（伊豆氏）
（十代略）
若多祁命《わかたけのみこと》
神功皇后六年四月
伊豆国造に定め賜う
田狭乃直《たさのあたい》
（六代略）
御立《みたて》
伊豆直姓
「日下部」
久良万呂《くらまろ》
益人《ましと》
天平十四年四月、伊豆国造、
伊豆直姓を賜う
乎美奈《おみな》
伊豆国造
少万呂《すくなまろ》
田方郡大領
伊豆国造
田万呂《たまろ》
田方郡少領
伊豆国造
古麿《ふるまろ》
田方郡大領
伊豆国造
浄足《きよたり》
国造
宅主《やかぬし》
国造
真宗
田方郡主政
貞観四年任
峯滝
田方郡大領
延長六年任
厚成
田方郡少領
駿河国目代
厚明
伊豆国酒井・北条
・比田（肥田）御主
陽生
天台座主
厚正
（厚生）
田方郡少領
伊豆直
寛仁二年正月死
貫盛
（直貫）
矢田部氏を称す
長和四年三島神主
保盛
（伊豆）
伊豆神主
永承五年
伊豆氏に改む
恒盛
伊豆神主
○大別連公
木足
金築
（矢田部氏）
興嶋大明神と
号す
金差
三嶋宮惣神主
大差志利姫
厚盛
肥田二郎大夫
（肥田氏）
景盛
女子
工藤行景妻
厚宗
伊豆目代
伊豆権掾
久恒
三島神主
国盛
東神主・五郎大夫
康和五年三島神主となる
盛清
盛春
女子
伊豆局
伊豆国玉河郷地頭
盛方
東大夫
頼朝より
下文を受く
盛重
東大夫
久盛
（東大夫家）
貞盛
西神主・四郎大夫
盛郡
八幡宮神主
三島神主西大夫
盛成
盛顕
盛房
盛継
（西大夫家）

（七）　悲しき迷路

話は少しばかり遡るが、同じ建仁三年（一二〇三）の五月頃、比叡山延暦寺《ひえいざんえんりゃくじ》において、貴族出身の上級僧侶（学生派《がくしょうは》）と、これに批判的な寺領荘園出身の下級僧侶（堂衆派《どうしゅうは》）の対立が強まり、八月一日、学生派が大納言《だいなごん》の岡並びに南谷走井坊《はしりいぼう》に城郭を構え、西塔《さいとう》の釈迦堂衆《しゃかどうしゅう》など堂衆派を追い払った。続いて六日には堂衆派が三ヶ荘の荘官等勇士を引率して山に攻め上り、城郭を攻撃して合戦が行われ、双方から無数の死傷者を出した。そこで院宣《いんぜん》が下り、堂衆派は七日、城を捨てて退散し、学生派も十九日城を出て山麓に下った。その後静穏であったが、同二十八日に至りまた蜂起して、学生派が霊山《りょうぜん》・長楽寺・祇園寺《ぎおん》に群居して不穏な情勢になった。その報告が九月十七日、京都守護の中原親能《ちかよし》から鎌倉へ届いた。これに対して時政は直ちに官軍（幕府軍）派遣等の指示を出したらしい。十月二十六日に再び京都から報告があり、同月十日堂衆派が八王子山に城郭を構え群居したので、十五日に官軍を派遣して攻撃し、堂衆派を退散させたというのである。しかし、葛西《かさい》四郎重元《しげもと》や豊島《としま》太郎朝経《ともつね》・佐々木太郎重綱《しげつな》等官軍三百人が討死したため、十九日、五畿七道《ごきしちどう》に命じて悪徒を捕らえるよう宣下し、佐々木経高・盛綱兄弟等が延暦寺《えんりゃくじ》に向かい合戦をした。

この頃、時政は前述したように、北条氏が豆・駿・遠三国及び信濃・越前《えちぜん》両国など東海・信越方面に所領を持ち、有力御家人の多い関東地方には相模武蔵両国の一部を有するだけであったため、この関東方面に関心を寄せていたようである。この地方は全国最大の関東平野を有し、水利も気候も良く、肥沃な土壌による農作物の収穫高は、平地に乏しい駿遠豆や信濃、気温の低い北陸等時政の所領とは全く問題にならない。比企氏滅亡後武蔵の糟屋荘《かすやのしょう》を取得し、また同国の国守（武蔵守）は女婿《じょせい》の平賀朝稚、国衙《こくが》（国府の役所）の総検校職《そうけんぎょうしき》も同じく女婿の畠山重忠であったが、間もなく自身が武蔵守となった事で、武蔵国との関係は一層深まったに違いない。朝稚上洛後「前武蔵守」と『吾妻鏡』に見えるのはその証であり、また同月二十七日には侍所別当の和田義盛が、武蔵国の御家人に対して、時政に二心《ふたごころ》（異心）なきよう特に伝達しているのもそのためである（『吾妻鏡』）。なお、朝稚も上洛後間もなく、時政から四代目の京都守護の任につき、中原親能と交替したものと思われる。こうして時政は関東にも足場を固め、幕閣では若年の将軍実朝に代わって、後見人として政務をゆだねられ、その実権を持つに至った。この事は従来廣元が一人であった政所別当を複数として自分も就任し、しかも、首席として動いていることを見ても判る。

建仁四年（一二〇四）正月には、将軍の鶴岡八幡宮參詣（五日）、御弓始め（十日）、御読書始め（十二日）、箱根・伊豆の二所権現《にしょごんげん》参詣（十八日）等も滞りなく済ませている。二月に入ると、二十日に改元されて元久元年となったが、その二十二日、備後国《びんごのくに》（広島県）御調本《みつぎほん》北条の地頭四方田《よもだ》左近将監《さこんしょうげん》の問題で、時政は同地頭の所務を停止させ、三月十日には伊勢・伊賀両国（三重県）に蜂起した平氏一族を糺断《きゅうだん》するよう平賀朝稚に命じている。また四月十八日には将軍実朝の夢想告示によって、時政・義時・時房父子を始め、三浦義連など多数が随従して岩殿《いわどの》観音堂に参詣した。同月の末には平賀朝稚が伊勢平氏の叛徒を全滅させ、五月十日に朝稚は賞として伊勢国守護職に補任された。なお同じ伊勢国員辨《いんべ》郡《ごうり》の郡司進士《ぐんじしんじ》行綱が夜討ちの疑いで捕らえられたが、関係者の辨明で無罪が判明したため、時政は本所《ほんじょ》を安堵《あんど》し、赦免するよう指示した。その後六月には伊勢平氏追討の恩賞洩《も》れについて加藤光員《みつかず》より訴えがあり、時政はその功を賞した。翌七月には伊豆の修善寺に幽閉されていた前将軍頼家が暴徒に襲撃され、この世を去った。その主謀者は北条氏と言われるが、具体的には誰であったか不明である。続いて同月二十六日、安芸国壬生荘《あきのくにみぶのしょう》地頭職に関する相論が、山形五郎爲忠と小代八郎の間に起こり、守護人惟宗孝親《これむねたかちか》の注進状について、将軍実朝が時政・廣元両別当を伺候させ決裁を下したが、『吾妻鏡』には「これ将軍家直《じき》に政道を聴断せしめたまふの始めなり」と記録している。

十月には坊門前大納言信清卿《ぼうもんさきのだいなごんのぶきよきょう》の息女《そくじょ》が将軍の御台所《みだいどころ》として京都から下向されることになり、御迎えのため、鎌倉から北条政範《まさのり》（時政子）以下多くの若武者が十四日上洛した。その中には畠山重忠の子重保《しげやす》や、和田義盛の子朝盛《とももり》も居り、また宇佐美氏等伊豆の武者や、南条平次等、北条家御内《みうち》の者も加わっていた。しかし、十一月五日、政範は京都で病死し、その報《し》らせが十三日鎌倉に到着した。時政と牧の御方《おかた》の間に生まれた唯一人の男子で両親の悲しみは大きかった。ところで坊門信清卿の子息忠清の夫人は時政と牧の御方の女であり、実朝の御台所となる女性は坊門忠清の妹である点、この縁談は時政夫妻の働きかけで成立した事が考えられ、時政と京都公家との関係が一層強まったものと思われる。

一方、同月二十日、京都の六角東洞院《ろっかくひがしのとういん》における平賀朝稚と畠山六郎重保が口論となった。この時は同席の者達が宥《なだ》めて一応治まり退散するに至った。しかし、その風聞はやがて鎌倉にも伝わった。

明けて元久二年（一二〇五）の元旦、時政は将軍に垸飯《おうばん》及び御馬・御剣等を献じ、新年の儀を終えた。次いで二十一日、武蔵国土袋郷《つちふくろごう》の年貢《ねんぐ》を永福寺住僧の供料《くりょう》に充てる事を時政は下知《げち》した。それからやや日を置いて四月十一日、時政は武蔵国に蟄居《ちっきょ》していた稲毛重成《いなげしげなり》入道（時政の女婿）を招いたが、重成が武装した郎従を率いて参上したため、人びとが怪しんだ。しかし、五月に入ると平穏になった。翌六月の二十日には鶴岡《つるがおか》八幡宮の臨時祭が行われたが、夕方畠山重保が武蔵から帰参したので稲木重成が自亭に招いた。翌日、前々から朝稚の報告を受けて気分を悪くしていた牧の御方は、重忠に謀反《むほん》の疑いがあるとして時政に讒言《ざんげん》した。牧の御方にしてみれば、自分の生んだ女《むすめ》の夫平賀朝稚をことさらに愛し、将来への期待を強くもっているだけに、相手の畠山父子が憎かった。一方時政は、畠山重忠も平賀朝稚も自分の女婿である。また重忠とは頼朝以来の宿縁仲間である。本来ならば例え妻の発言とはいえ簡単に同調できない筈である。それが妻に攻め立てられ心を動かされたらしい。とも角息子たちにも相談しようという事で、義時と時房を自宅へ呼んだ。元久二年（一二〇五）六月二十一日の事である。父の説明に対し、兄弟は、「重忠は治承四年（一一八〇）以来、将軍家に忠義を一途《いちず》に尽くしてきたので、故右大将公《うだいしょうこう》（頼朝）がその心意気を配慮され、（畠山は）将軍の子孫を守護するように」と遺言されています。比企能員との合戦の時にも金吾将軍（頼家）に仕えていながら、北条家の味方になり、その忠は他に抜き出ていました。これは岳父と婿すなわち父子の礼を重んじたからです。そうであるのに今重忠がどんな憤りがあって反逆を起こしましょうか、もし度々の勲功を忘れて、軽卆にこれを誅殺《ちゅうさつ》したならば、きっと後悔することでしょう。犯否の真相を明らかにした後で、処置するのがよいと思います」と答え、父を諫《いさ》めた。時政は一言《ひとこと》も云わず立ち去り、義時兄弟も退出した。そのあと、牧の御方の兄大岡備前守時親《びぜんのかみときちか》が、姉の使者として追いかけるように義時亭を訪ね、「重忠謀反の事はもう発覚しています。従って主君のため世のために、この事を遠州殿（時政）にお知らせしたところ、貴殿等に話し、それが諫言されたとか、これはただ重忠に代わって宥《なだ》められようとしたのでしょうか、また継母（牧の御方）を讒者にしようとするためでしょうか」と詰問された。そこで義時は「それでは御随意になさって下さい」と返答をした。

結局、時政は迷った末、妻を抑えきれず、畠山重忠討伐に踏み切った。そして翌朝早く由比ヶ浜の方が騒がしくなり畠山重保が三人の従者を連れて出むいたところ、三浦義村の手の者に囲まれ、いずれも誅殺されてしまった。一方、召し出しの書状を受けて鎌倉に僅かな郎従を率いて向かっていた父の重忠も、途中武蔵の二俣川（横浜市旭区）で、父命に従って出撃した義時以下の大軍に遭遇し、合戦の末、重忠は愛甲《あいこう》季隆の射た矢に倒れ、畠山勢は潰滅した。なお、重忠に連座して、榛谷《はりがや》四郎重朝父子や稲毛重成も誅殺された。翌日、鎌倉に帰參して検視が行われ、義時は、時政に「重忠の弟や親族は多く他所へ行っており、戦いに臨んだ者は僅か百余人で、謀反を企てたなどうそです。大変可愛そうな事をしました。討ち取られた首も日頃と同じく静かな合眼でした」と報告した。これには時政も無言のままであったという（『吾妻鏡』）。

時政も晩年にきて、溺愛の妻に惑わされ、進路に迷いを生じたのであろう。この畠山氏討伐問題の他に、修善寺における頼家の暗殺問題も疑惑がある。その主謀者は時政とも政子とも言われるが実態は不明である。本来ならば祖父や実母にできる事ではない。しかし、中世の武家社会には今日と異質な面があり、「血ぬられた源家」の実相もある。政子はともかく、時政と頼家の危険な関係、頼朝亡き跡の御家人統制と政権の強化を計る為政者の思惑等を考え検討する必要がある。

（八）　ふるさとの土に

時政の晩年における所行については不審な点が幾つかあるが、特に前項で記した畠山重忠討伐と、これから記述する牧氏の事件は、北条時政の運命を変える大事件で、時政の真意の理解に苦しむものであるが、ここではまず畠山問題について、学者や作家はどう見るか、その一端を取り上げ、各位の御意見を紹介してみよう。A.「時政の若い妻の牧の方やその一族、牧の方の女婿の平賀朝稚等に動かされた時政が当時の有力御家人の一人である畠山重忠の追討を断行した」（安田元久「北条執権政治の成立と展開」『歴史読本』一九八三年）。B.「時政としては、実朝が結婚して一人前となる前に、つまり自分が権力を振るうことができる間に、武蔵国の邪魔者を一掃したいと焦っていたので、この時強引に重忠を殺す段取りをつけたと考える」（貫達人『畠山重忠』一九八七年）。C.「義時に畠山を討つことを決意させたのは、時政及び牧の方との対立を避けるためであったろうが、同時に彼は一大勢力である畠山をこの際に亡ぼすことは、北条のために良いと思ったかも知れない。また畠山が無実であるとわかった時には、平賀朝稚もまた、除くことができると計算していたかもしれない」（多岐川恭《きょう》「時政引退の理由は何か」『歴史読本』一九八三年」、D.「畠山氏事件では、時政はなんらの得るところがなかったのである。それどころか、東国武士の鑑《かがみ》と敬愛されていた重忠を、後妻の讒言によって謀殺したことは、時政にとっては致命的な失敗でもあった」（奥富敬之『鎌倉北条一族』一九九三年）。

以上の内で主謀者を見ると、Aは牧の御方や大岡時親等牧一族、Bは北条時政、Cは北条義時、Dは牧の御方と時政というように受け取れるが、いずれにせよ発端は牧の御方や平賀朝雅にある。あとは時政や義時が乗ぜられたか、逆に利用したかの問題である。朝雅は源氏の血を引く頼朝の猶子《ゆうし》（養子）であり、その妻は時政と牧の御方の女であり、権力者の親族として幕閣からも注目され、京都守護になり、伊賀・伊勢の三日平氏の乱を平定して武勲も挙げたので、牧の御方にとっては次代を担《にな》わせるべきホープであったに違いない。これに晩年の時政が同調し、義時も当初反対したが北条家の利害関係を考えて従ったのであろう。いつの時代にも強い女性とこれに迷う男性がいたわけである。

　同年の七月八日には畠山重忠及び余党の所領は収公され、勲功を立てた者に、政子の配慮で分与された。次いで閏《うるう》七月、今度は牧の御方の奸謀《かんぼう》により、実朝を廃して朝雅を将軍にしようとする計画が露顕し、驚いた政子は三浦義村や天野六郎政景・結城《ゆうき》朝光等を時政亭に派遣し、そこに居た将軍を義時の亭に移したため、時政の許に集っていた勇士もほとんど義時亭に移動して将軍の守護に当たった。時政も自己の失態を認め、同日出家し、翌二十日牧の御方と共に故郷の伊豆へ下向した。

　これに対し、上横手雅敬《うわよこてまさたか》氏も「流石《さすが》の時政も耄碌《もうろく》したのか、後妻牧氏への愛に溺れて実朝を廃し、その女婿の平賀朝雅を将軍に就《つ》けようとした」とし、政子と義時の姉弟が父と継母《けいぼ》を伊豆に隠退させたことに関しても、「父を幽閉《ゆうへい》するという大それたことは、政子、義時を陰険な人物のように考えさせる一つの原因であるが、幕府と北条氏の発展のためには、いわば〈大義親《しん》を滅《めっ》する〉だけのきびしさが必要であった」と解説している（上横手雅敬『北条泰時』一九八八年）。

　このあと八月五日には、牧の御方の兄大岡備前守時親も出家し、史上から名を消しているが、父の牧三郎宗親以来の所領大岡荘（静岡市沼津市大岡地区）もこの時収公されたものと思われる。また、時政の後の執権には直ちに義時が就任し、彼は在京中の御家人後藤基清・佐々木広綱等に命じて、京都六角東洞院の朝雅亭を襲わせ、逃走した朝雅は京都松坂で殺害された。元久三年の事である。なおこの頃から『吾妻鏡』の記事には義時・尼御台所（政子）・時房が多く登場するようになったが、時政は十年ほど伊豆で侘びしく過ごし、その名もほとんど消え去っている。しかし、僅かに承元元年（一二〇七）七月十九日、時政が伊豆国北条の願成就院の南傍に「南の塔」を建て、大日如来《だいにちにょらい》を本仏として供養したことが見えている。夫妻共に出家の身であり、仏事に明け暮れる毎日であったろうか。

やがて月日も過ぎて建保三年（一二一五）一月八日再度『吾妻鏡』に登場するが、それは前々日の六日、伊豆の北条郷で卆去し、その訃報《ふほう》が鎌倉に届いたというものであった。使者の伝言では日頃煩《わずら》っていた腫物が原因であったという。かくして時政はふるさとと北条の土となったが、一方牧の御方は夫の死後女婿の藤原国通を頼って、彼女の祖宗の地京へ移ったらしく、『明月記』安貞元年（一二二七）正月二十三日の条に、「今日遠江守時政朝臣後家牧尼《ごけまきのあま》、国通卿聟《むこ》、有巣河《（有須川）》家に於いて一堂を供養す。十三年忌日《きじつ》云々、宰相《さいしょう》（爲家）女房并《なら》びに母儀（宇津宮《（宇都宮）》入道頼綱妻）昨日彼の家へ向かう。（略）関東又堂供養。餘慶家門照歟」と記されている。すなわち同日亡夫時政の十三回忌を京で営んでおり、国通の邸内に一堂を供養として建立し、宰相藤原爲家の母堂や、その母宇都宮頼綱夫人等も前日より来ていたことがわかる。また関東でも堂宇が建立されたことを記している。因みに中納言国通や宇都宮頼綱の内室はいずれも時政と牧の御方の女である。

なお、時政夫妻に関しては『保暦間記《ほれきかんき》』にも次のような記事がある。

「（前略）牧ノ女房ヲモ同国（伊豆国）ニ流サルルト聞シガ、後ハ知ラズ。朝稚ヲバ京都ニテ同二十

北条時政の子孫略系図

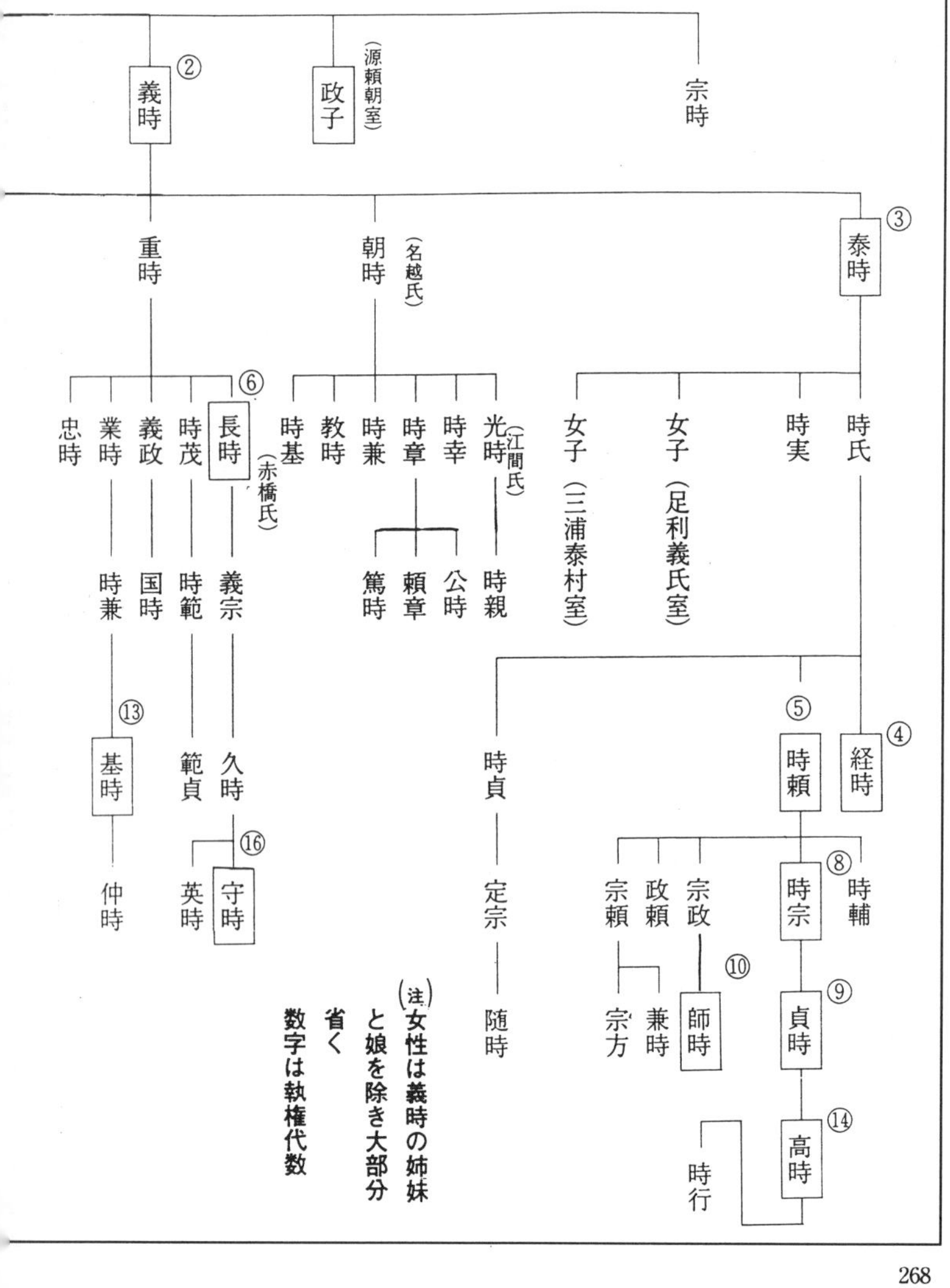

義時 ②
政子（源頼朝室）
宗時
重時
朝時（名越氏）
泰時 ③
長時 ⑥（赤橋氏）
時茂
義政
業時
忠時
光時（江間氏）
時幸
時章
時兼
教時
時基
時氏
時実
女子（足利義氏室）
女子（三浦泰村室）
義宗
時範
国時
時兼
時親
公時
頼章
篤時
経時 ④
時頼 ⑤
時貞
久時
範貞
基時 ⑬
守時 ⑯
英時
仲時
時輔
時宗 ⑧
宗政
政頼
宗頼
定宗
師時 ⑩
兼時
宗方
貞時 ⑨
随時
高時 ⑭
時行
（注）女性は義時の姉妹と娘を除き大部分省く
数字は執権代数

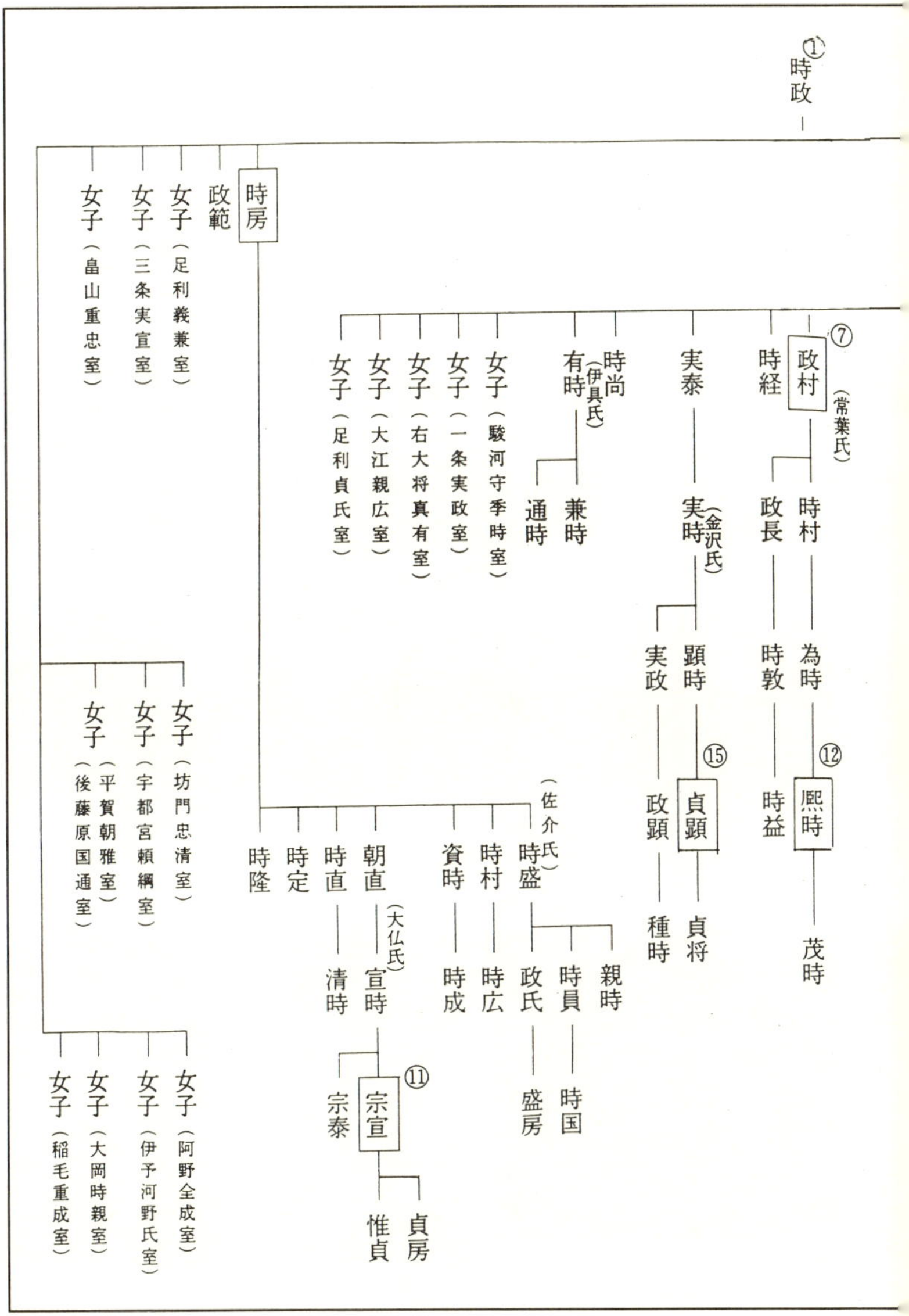
①時政
⑦政村（常葉氏）
時村
為時
⑫熙時
茂時
政長
時敦
時益
時経
実泰
実時（金沢氏）
顕時
⑮貞顕
貞将
実政
政顕
種時
時尚
有時（伊具氏）
兼時
通時
女子（駿河守季時室）
女子（一条実政室）
女子（右大将真有室）
女子（大江親広室）
女子（足利貞氏室）
時房
政範
女子（足利義兼室）
女子（三条実宣室）
女子（畠山重忠室）
時盛（佐介氏）
親時
時員
時国
政氏
盛房
時村
時広
資時
時成
朝直（大仏氏）
宣時
⑪宗宣
貞房
惟貞
宗泰
時直
清時
時定
時隆
女子（坊門忠清室）
女子（宇都宮頼綱室）
女子（平賀朝雅室）
女子（後藤原国通室）
女子（阿野全成室）
女子（伊予河野氏室）
女子（大岡時親室）
女子（稲毛重成室）

七日打《うち》タリケリ。時政此事争力知サルベキナレ共、女性ノ計《はかり》ニ付ケルカ、老耄《ろうもう》ノ到《いたり》カ、不思議也シ事也《なり》。二位殿《にいどの》（政子）の御計《おはかり》ニテ、義時ヲ時政ニ替テ将軍ノ執権トス。相模守トゾ申《もうし》ケル」

さらに『将軍執権次第』も掲げておこう。

「時政・号北条四郎、北条四郎大夫時家一男。自《（上り）》治承四年、至《（いたる）》元久二年乙丑《きのとうし》、遠江守、閏《うるう》七月二十日出家（年六十八）、法名明盛、實朝の事に依り、修禅寺《（伊豆北条）》に押籠《おしこめ》らる、牧女□《（不明）》奸の故也。建保三年正月六日死、年七十八」

これ等の資料からも晩年は「牧の御方」の影響強く、その主導の下に時政も連られて動いた傾向がうかがわれる。壮年期の上洛時代を中心とする、あの明析な判断力、慎重な態度、秀でた行政力は一体どうなったのであろうか。それにしても調和を計り妥協性も持ち合わせていたので、それが老後夫婦の間で強まったのであろうか。老衰もあろうが、何としても老後の始末は残念でならない。あるいは政子・義時等新しい世代との交替期に入ってから、ままならぬ事も増えて、精神的変化の生じた可能性もある。いずれにせよ、従来よく言われた「権謀家」・「策略家」的マイナス面を強調した先入観でなく、「入情味」も「誠意」もある、そして時には妻にも迷う人間時政として、新しい視点から少しでも理解して行けたらと希う次第である。

写真19　韮山に残る北条時政の墓
（寺家、願成就院）

第九章　時政の後裔

（一）　義時と承久の乱

時政の子女については第五章一節で先妻伊東氏の女《むすめ》との間に生まれた子女、第八章五節で後妻牧の御方の子女について紹介した。その中で家督を嗣いだ義時と、これを補佐した時房の両名について、ここで補説しておこう。いずれも先妻の子である。

義時については、安田元久氏の『北条義時』（吉川弘文館、人物叢書、一九八六年）に詳しいが、幼少の頃については殆ど触れていない。僅かに『古今著聞集《こきんちょもんしゅう》』に書かれた「武内宿祢《たけのうちのすくね》の生まれ代わり云々」の伝説が紹介されている程度である。外に筆者の書いた『伊豆武將物語』（明文出版社、一九八六年）があり、その中に「執権政治の基礎を固めた江間義時」として記述した。ここで『伊豆志』・『豆州志稿』・『田方郡誌』・『函南村誌』・『増鏡』等を引用して、若き日の小四郎義時について触れたが、ここでも幼少期の小四郎については好適な資料が無く思うように記述できなかった。しかし彼の没年から換算して、誕生したのは長寛元年（一一六三）で、安田氏の前掲書に見る通りである。

父親の系統は勿論、母親伊東氏の系統も国司その他地方官吏を出した名門であり、伊豆国内でも智的水準の高い家柄であったから、決して唯の田舎人《いなかびと》ではなかった。したがって姉の政子にしても、本人や弟の時房にしても他の武家から一目置かれ、中央に出ても公家《くげ》・僧侶その他支配層・知識層に充分互して行くだけの資質を有していた点、幼少の頃から利発であった事が推察される。当時男子が成人するのは十三才頃であったから、彼が元服したのも安元元年（一一七五）か、同二年（一一七六）頃であったろう。母の親族河津祐泰が一族の工藤祐経に討たれたり、反平氏派の公達《きんだち》が鹿ヶ谷に会合して捕らえられたりした時期である。元服して小四郎義時と名乗ったが、名前の「時」は北条氏の通字であり、父時政の一字であり、もう一つの「義」は慣例として烏帽子《えぼし》親の一字であろう。そうすると母方の縁で伊東祐親次女の夫、三浦義澄《よしずみ》あたりが最もふさわしい該当者である。伊東・北条・三浦はこうした関係で本来深く結ばれていたものと思われる。『増鏡《ますかがみ》』に「次郎（四郎＝義時）は心も猛《たけ》く、たましひ《（魂）》まさ《（勝）》れるものにて云々」と記されている如く、子供の頃から勇猛心をもち剛胆な性格であったらしい。

　姉の政子が頼朝に嫁いだ時、義時は十七才、また父と共に石橋山の戦いに參加したのは十八才であるから、十五才年上の頼朝にも同じ北条の里《さと》にいて、早くから可愛がられていたことであろう。治承四年（一一八〇）八月、頼朝の挙兵に參加し、父と共に山木攻め、石橋山の合戦に臨み、さらに安房《あわ》・甲斐《かい》等に滞在し、同年十月十八日、武田信義以下甲斐源氏二万騎と共に駿河の黄瀬川宿に到来し、頼朝の率いる房総・武蔵・相模等の大軍と合流したが、この時、あたかも平家方に加わろうとして南伊豆の鯉名《こいな》（小稲）の浜から船出しようとしていた伊東祐親が天野遠景に捕らえられ、女聟の三浦義澄に預けられたが、この前後に伊豆国北条郷と川一つ隔てた西隣の江間郷の住人江間次郎も伊東氏の縁者として誅殺された可能性がある。すなわち『豆州志稿』に、「次郎　伊東祐親ノ女《（八重姫）》（源頼朝所通）ヲ娶り一子ヲ生ム　後源頼朝次郎ヲ誅シ北条義時ヲシテ其子ヲ育テシム　成人ノ後義時元服ノ子トシテ小次郎ト名クト真本《しんほん》曽我物語ニ見ユ（コレ一説ナリ）」と見えている。この事は『真本曽我物語』のみでなく、『源平盛衰記』第十八にも、「（祐親）娘ヲハ呼取テ、当国住人江間小次郎ヲゾ聟ニ取テケル。（後略）」と見えている。次郎・小次郎が混同されているようであるが、伊東祐親の女八重姫（若くして自殺）を娶ったことのある江間次郎または小次郎が、頼朝のために誅殺され、その所有する江間郷を時政の子小四郎義時に与え、義時も以後江間小四郎と称したり、江間殿と呼ばれるに至ったことが推察されるのである。そう言えば『吾妻鏡』の記載にも、翌年（養和元年）四月以降に「江間四郎」・「江間殿」「江間小四郎」の名が登場してくる。なお江間郷は『正倉院宝物銘文集成』に見える奈良時代の貢納物の銘文や、『倭《わ》名類聚抄《みょうるいじょうしょう》』に見える平安時代の郷名に、「伊豆国田方郡依馬郷《えまごう》」とあり、古代以来の古地名である。

同じ養和元年（一一八一）四月、十九才の義時は頼朝の寝所近辺の警護に当たる祗候衆《しこうしゅう》十一人の一員に選ばれたが、これは和田義茂《よししげ》・梶原景季《かじはらかげすえ》・千葉胤正《ちばたねまさ》というように有力御家人の息子で、弓矢にすぐれ、隔心《かくしん》のない若武者達であった。さらに義時は元暦元年（一一八四）八月以降には源範頼《のりより》に従って平家追討軍に加わり、九州にまで出征し、翌年二月と三月には頼朝から激励と賞讃の書状を贈られている。また文治五年（一一八九）七月以降には奥州藤原氏討伐のため東北地方に出征し、総大将頼朝の側近として活動した。次いで翌建久元年（一一九〇）には頼朝上洛《じょうらく》に当たり、先陣の随兵となり、長期に亘る滞在中も常に側近に供奉していた。頼朝はこの頃、「義時を以て家臣の最となす」とさえ公言し、義時に対する信頼が篤かった。

頼朝の没後は姉の政子（御台所）を援け、将軍頼家の下に設けられた有力御家人十三人の合議制政治に加わり、父時政以下の宿老に混じって、三十七才の最年少の壮年議員として活動した。政務に不熱心な頼家に対して時政や政子と共に幕府の行く末を案じ、比企氏《ひきし》の乱にはその一党と一幡《いちまん》（頼家の子）を討った。この間、平時には鶴岡八幡宮や箱根・走湯《はしりゆ》（伊豆山）の二所権現・三島社等への例年の參詣、その他の行事には将軍に供奉することが多かったが、将軍の不参の時には奉幣使として代参することも多くなった。

その後、時政や政子と共に頼家を修善寺に幽閉したが、元久元年（一二〇四）七月にその頼家は暗殺された。母親の政子にはそのような事は出来ず、時政も積極的には動かなかったようで、結局は義時が主謀者であったらしい。この頃から時政と義時は確執する仲となり、北条一族も時政とその妻牧ノ御方、義時と姉政子及び阿波局の二つのグループに分かれてしまったようである。こうした中で、元久二年（一二〇五）六月、畠山氏討伐の問題が起こった。時政及び牧ノ御方の動きに対して、義時とその弟時房は反対したが、結局畠山氏は討伐され、義時等の父に対する批判は高まり、これに対して牧ノ御方の事件が起きると、義時と政子は時政夫妻を伊豆へ引退させ、その女婿平賀朝雅《ひらがともまさ》は京都で討たれた。それと共に義時は執権となり、かねてから胸中にあった北条氏による幕政独裁の傾向は強まり、その覇権主義の下で、これまた開幕以来の功労者和田氏が滅亡するという運命になった。すなわち建暦三年（一二一一）二月、信濃国《しなののくに》の泉親衡《いずみちかひら》という御家人が、頼家の遺子千手《せんじゅ》を奉じて乱を企てたが、その一味の中に和田義盛の子の義直《よしなお》・義重《よししげ》兄弟及び甥の胤長《たねなが》等が加わっている事が発覚したのである。義盛は将軍実朝に対面したところ、実朝は長年に亘る義盛の功に免じて義直・義重の罪を許した。義盛は涙を浮かべて喜び、翌日あらためて胤長の赦免を乞うため一族九八人を伴って御所へ赴いたが、これは許されず、その上、和田一族の面前で胤長を縛《しば》り、二階堂行村《にかいどうゆきむら》に引き渡し、陸奥国《むつのくに》の岩瀬郡（福島県内）に流すという恥ずかしめを与えたのである。しかも胤長の屋敷は一たん義盛に渡されたが、間もなく義時がそれを奪ってしまった。これらは明らかに義時の挑発行為である。こうして和田義盛等は決起し、幕府・義時邸等を攻撃したが同族の三浦一族に裏切られ、敗れて討死するに至った。義盛は侍所別当であったため、義時はその職を兼務し、政所と侍所を手中に収め、いよいよ権力を高めた。義時は獲得した旧胤長の邸を被官《ひかん》の金窪《かなくぼ》行親と安東忠家に分け与え、行親を侍所の所司《しょし》（次官）に任じた。また旧和田氏の所領から義時は相模国山内荘《やまのうちしょう》（鎌倉市西北部・横浜市西南部）・同菖蒲（泰野市菖蒲）を、さらに弟時房は上総国《かずさのくに》飯富荘（袖ヶ浦町飯富）を獲得し、子の泰時も陸奥国遠田郡（志田郡・吉川市）等を得た。これらの内、山内荘のような鎌倉幕府に近い広大な土地を得た事は、北条氏がいざという時に手兵を集め易く大きなプラスとなった。

義時はすでに元久元年に従五位下、相模守になっていたが、健保四年（一二一六）には従四位、翌五年には右京権太夫《うきょうごんだいう》、続いて陸奥守《むつのかみ》というように、武家としては異例の高い昇進を続けていった。承久元年（一二一九）正月、将軍実朝が甥の公暁《くぎょう》（頼家の遺子）によって暗殺されたが、これも義時の陰謀説がある。時政は既に死してこの世に無く、政子は五八才であるが、やはり母親として主謀者にはなり得ないであろうから、義時が疑われるのも止むを得ない。しかし、これも諸説あって決定的なものはない。ともかく、四代将軍には頼朝の女の血を引く九条家から藤原頼経を迎えて就任させた。この頃、京都では後鳥羽上皇《ごとばじょうこう》による院政が行われ、鎌倉の武家政権との対立が深まり、ついに承久三年（一二二一）五月、上皇は義時追討の院宣《いんぜん》を出したため、承久の乱が勃発した。この時義時は子の泰時・朝時と、弟の時房に十九万の大軍を率いさせ、東海・東山・北陸の三道から京都へ攻め上らせた。そして後鳥羽上皇をはじめ三上皇を流刑にし、仲恭《ちゅうきょう》天皇を廃して後堀河天皇を即位させた。また上皇方についた公《く》卿《ぎょう》・武士を処断して、その所領三、〇〇〇余カ所を没収し、功労のあった武士たちに分配し、新補地頭を置いた。この戦いの経過については『吾妻鏡』や『承久記』等に記述されているが、次に従来ほとんど登場しなかった資料として、日蓮の遺文を若干紹介してみよう。まず文永九年（一二七二）の「祈祷抄」（『日蓮大聖人御書全集』下巻、大石寺版）に次のよう記されている。

「承久三年辛巳《かのとみ》四月十九日京都乱れし時関東調伏の為め院《（後鳥羽上皇）》政の法皇の宣旨に依って始めて行われた御修法十五檀の秘宝（中略）、五月十五日伊賀太郎判官光季京にして討たれ、同十九日鎌倉に聞え、同二十一日大勢軍兵上ると聞えしかば残る所の法・六月八日之を行ひ始めらる（中略）、五月二十一日武蔵守殿《（泰時）》が海道《（東海道）》より上洛し甲斐源氏は山道《（東山道）》を上る、式部殿《（名越朝時）》は北陸道を上り賜う、六月五日、大津をかた《（固）》むる手・甲斐源氏に破られ畢《おわ》んぬ。同六月十三日十四日宇治橋の合戦・同十四日に京都破られ畢《おわ》んぬ、同十五日に武蔵守殿六条へ入り給ふ、諸人入り畢んぬ、七月十一日に本院《（後鳥羽上皇）》は隠岐国へ流され給ひ・中院《（土御門上皇）》は阿波国へ流され給ひ・第三院《（順徳上皇）》は佐渡の国へ流され給ふ、殿上人七人誅殺せられ畢んぬ（後略）」

次に弘安四年（一二八一）十月二十二日付の、「富《と》城《き》《（木）》入道殿御返事」にも次のような記事がある。

「（前略）去《い》ぬる承久年中に隠岐の法皇義時を失わしめんが為に調伏を山《（比叡山）》の座主《ざす》・東寺・御室《みむろ》・七寺・園城《おんじょう》《（寺）》に仰せ付けられ、仍って同じき三年の五月十五日鎌倉殿の御代官伊賀太郎判官光末《（季）》を六波羅に於いて失わしめ畢んぬ、然る間同じき十九日二十日鎌倉中に騒ぎて同じき二十一日・山道・海道・北陸道の三道より十九万騎の兵者《つわもの》を指し登《のぼ》らす、同じき六月十三日其の夜の戌亥《いぬい》の時より青天俄《にわか》に陰《かげ》りて震《（振）》動雷電して武士共首の上に鳴り懸り（中略）、爰《ここ》に十九万騎の兵者等遠き道は登りたり兵乱に米は尽きぬ馬は疲れたり在家の人は皆隠れ失せぬ冑《かぶと》は雨に打たれて綿の如し、武士共宇治瀬多に打ち寄せて見ればば常に三丁四丁の河なれども既に六丁七丁十丁に及ぶ。（中略）又宇治勢田にむかへたる公卿・殿上人は冑を震《（振）》い挙げて大音声を放って云く、義時・所従の毛人《えびす》等慥《たしか》に承われ、昔より今に至るまで王法に敵を作《な》し奉る者は何者か安穏《あんのん》なるや、（中略）関東の武士等・或は源平・或は高家等先祖相伝の君を捨て奉り伊豆の国の民爲《た》る義時が下知《げ》に隋う故にかかる災難は出来するなり、（中略）急ぎ急ぎ冑《かぶと》を脱ぎ弓弦《ゆずる》をはづして参参《まいれまいれ》と招きける程に、何《いか》に有けん申酉《さるとり》の時にも成りしかば関東の武士等河を馳せ渡り勝かかりて責《せ》（攻）めし間京方の武者共一人も無く山林に逃げ隠るるの間、四つの王をば四つの島に放ちまいらせ、云々（後略）」

承久の乱後五〇年以上も経った後の記録であるが、期日や人物など『吾妻鏡』の記載と一致しており、さすが博学の日蓮だけある。前後の歴史の記述も詳しい。

さて、話を元へ戻すが、承久の乱後泰時と時房は京都六波羅の邸に留まる事になり、朝廷をはじめ畿内近国から西国一帯を所管する事になった。いわよる六波羅探題である。

かくして、鎌倉幕府における執権政治の基礎固めをしたが、なお多くの計画をかかえたまま、義時は元仁元年（一二二四）六月十三日急死した。その死因については彼によって悲境に追い込まれた者の怨霊《おんりょう》によるという説や、近従の深見三郎による殺害説などがあるが、前掲の安田元久氏は、脚気衝心《かっけしょうしん》説をとられている。

義時は多忙な生涯の中で、建久五年（一一九五）七月に、故郷である伊豆国の北条郷の願成就院の修理に当たったのを始め、西隣の江間に立ち寄ったり、三島神社に参詣したりしている。彼の墓も鎌倉の他に、伊豆長岡町北江間《きたえま》（旧江間荘）の北条寺に残っている。その墓に相添うように先妻比企朝宗の女と、後妻佐伯氏の女の記銘をもつ墓が並立している。

義時の没後は嫡子泰時が直ぐ執権に就任し、義時の弟時房が翌嘉禄元年（一二二五）初代の連署《れんしょ》となって補佐した。

（二）　泰時と執権政治の確立

義時には多くの子女がいたが、その点については第八章第五節等において触れた。妻妾も多かったわけで、本章の第一節で挙げた佐伯《さえき》氏等も含むと六〜七名は居たであろう。それはともかく長男は泰時で、治承七年（一一八三）の生まれであるが、母親は不明である。叔母の阿波局《あわのつぼね》に育てられた可能性はある。父が伊豆国の江間荘《えまのしょう》を有するようになり、その関係で江間太郎と称したが、幼名は金剛《こんごう》である。

江戸時代の『伊豆志』には次のような事が書かれている。

「池田郷内と云ふ處あり、昔は大池にて大蛇すみけり。昔江間小四郎《えまのこしろう》の嫡子泰時の兄安千代丸、十一才の時陳野《（珍野）》村千葉寺という真言寺に、学問して居りしに、或る時江間に帰るとき彼は池の堤を通りしに、蛇出て若君を取り、水底に沈む、家来《けらい》馳せ来りて此由を告ぐ。義時大に怒れども、流石《さすが》大蛇の事なれば詮方なし、或時義時自ら大蛇の左眼を射る。大蛇射られて水底に入る。之《これ》より何方へか去りければ、之より池段々浅くなりて、田地となる。名づけて池田といふ。萬徳山北条寺は彼安千代丸の爲めに義時の建てたるものなり、故に北条寺と号す」

この説話は同じ江戸時代の『豆州志稿《づしゅうしこう》』巻三三、人物の項にも見えており、大正七年（一九一八）刊の『田方郡誌《たがたぐんし》』にも江間村北江間の口碑伝説として「池田大蛇」の事が書かれている。この説話によると、泰時には安千代という兄があったらしい。千葉寺は後に廃寺となり、北江間の珍場《ちんば》という所に珍野（前掲の陳野）という地名と共に小字名《こあざめい》となって残っている。なお、北江間の珍場神社にある木札には義時がこのあと泰千代（安）の霊を祀って神社を建てた事が記されており、同神社には泰千代の姿を象《かたど》ったという古い神像が一体ある。また「天正元年、大六天」と裏面に陰刻された絵馬もある。北江間の鎮守豆《まめ》塚《づか》神社にある鰐口《わにぐち》の銘に、「文明四年」（一四七二）とか、「江間荘《えまのしょう》」とあるので、中世には江間郷も荘園化していたのであろう。

さて、安千代は夭死したとして、その弟の泰時は鎌倉で生まれたようであるが、江間太郎と称して、この地または父の江間小四郎との関わりを示している。彼が未だ成人前の金剛と言っていた十歳の時（建久三年）、五月末の出来事であるが、鎌倉の中を散歩していると、伊豆多賀郷（熱海市）出身の多賀重行が馬に乗ったままその前を通り過ぎた。これを聞いた頼朝は、「礼は老少を論ずるものではない。特に金剛は北条家の子で汝等傍輩《ぼうはい》とは身分が違う。なぜ下馬の礼をとらなかったのか」と重行を叱った。重行はおそるおそる「決してそうではありません、若公（金剛）とお伴の者に聞いて下さい」と答えた。そこで頼朝が金剛に尋ねると、金剛も欠礼はなかったといい、傍にいた奈古谷橘次《なごやのきつじ》（伊豆奈古谷郷出身）も、重行は下馬したと答えたので、頼朝は機嫌《きげん》を悪くした。「糺明《きゅうめい》をすれば分かるものを、嘘《うそ》を言って罪を逃れようとするはけしからん」というわけで、重行の所領を没収し、一方、幼いながらも重行をかばった金剛は立派だというわけで愛用の剣を与えたという。これは『吾妻鏡』の記事であるが、金剛が賢い子として頼朝に認められていたことを示している。

そういうこともあって金剛が十二才になった建久五年（一一九四）二月二日、頼朝が烏帽子親（加冠者）となって元服の式を挙げ、頼朝の一字を賜って頼時と名乗ることになった。この時頼朝は古参の御家人である三浦義澄《よしずみ》に、孫娘を将来泰時の妻に与えるよう命じている。翌六年には八月十五日の鶴岡八幡宮馬場における流鏑馬《やぶさめ》に、江間太郎頼時も十五番の射手として出場し、十月七日にも叔父の時連《ときつら》（後の時房）等と共に頼朝に供奉して、同社に参拝している。それから三年三カ月後の建久十年（一一九九）一月に頼朝が薨じたが、その翌年（正治二年）二月二十六日、嗣子頼家の鶴岡八幡宮參拝に随兵として加わった泰時は、『吾妻鏡』に未だ江間太郎頼時と見えている。頼時から泰時へ本名が変わったのは当然ながら頼朝没後の事であるが、その明確な時期は判らない。『吾妻鏡』では建保元年（一二一三）十二月十八日の記事に「修理亮泰時」の称が見える。したがって正治二年から建保元年まで十三年間のどこかで改名したのであろう。

この間は鎌倉幕府二代将軍となった頼家が蹴鞠《けまり》など遊興に耽っている時期であり、建仁元年（一二〇一）九月に、泰時がこれに諫言《かんげん》したことは既に第八章第三節で述べた。そして頼家の不興をかったため、泰時は翌月伊豆の北条領へ行き、北条や江間付近の飢民救済のために尽くしたことも同節で紹介した通りである。また前年、淡路国《あわじのくに》（兵庫県）守護の佐々木経高が国務を乱したという事で処罰されたが、同年末に至って罪を許されたため、泰時は父義時に経高の旧領を返還するよう勧めたり、いろいろな面で配慮し、仁愛の情を示している。

翌二年八月には、頼朝の遺命に従い三浦義澄の孫娘（義村女）と結婚し、翌年長男時氏《ときうじ》が誕生した。同じ年に祖父の時政は比企氏を滅し、父の義時や伯母《おば》の政子と共に将軍頼家を廃して実朝を擁立し、時政は執権となった。二年後頼家が暗殺され、三年後牧の御方の陰謀発覚に伴い、時政は出家して伊豆へ下向、代わって父義時が執権となった。元久二年（一二〇五）の事である。

この後、建永・承元年間を経て九月に泰時は修理亮《しゅりのすけ》に任ぜられ、建保元年（一二一三）には将軍実朝の学問所番に選ばれ、御所に出仕した。この年五月には和田合戦が起こったが、この時泰時は幕府側の一将として正面の若宮大路を叔父の時房と共に守り、一時は和田義盛方の土屋義清の軍に破られて義時に援軍を求めたが、結局は新手を入れ替える幕府側が勝ち、和田氏は滅亡した。数日後行われた論功行賞で、泰時は陸奥国遠田郡（志太郡・古川市）を得たが、泰時はこれを辞退し、また伊豆国阿多美郷《あたみごう》（熱海市）の地頭職《じとうしき》も、元は同地が伊豆山（走湯権現）領であったことを知り、これを同権現に寄進した。同四年には式部少丞《しきぶしょうじょう》、十二月には従五位下、同六年三月には武蔵守に任ぜられたが、この武蔵守は過分であるとして国辞した。しかし、七月には幕府の侍所別当に就任した。

明けて承久元年（一二一九）正月には従五位上、駿河守となり、十一月には武蔵守となった。この間正月に将軍実朝が甥の公暁《くぎょう》に暗殺され、六月には藤原頼経《よりつね》が公家《くげ》将軍として鎌倉に下向して来た。その後、既述した承久の乱が承久三年（一二二一）五月に起こり、泰時も叔父の時房と共に京都へ攻め上り大勝した。占領された京都には幕府の出先である六波羅探題府が設置され、泰時は時房と共に探題に任ぜられた。それから三年後の元仁元年（一二二四）六月、義時が六十二才で病没した。その直後義時の後妻伊賀ノ方が三浦氏と結んで謀反を企てたが、尼将軍北条政子の出馬で不成功に終わり、泰時が北条氏の家督と幕府の執権職を嗣いだ。政子は直ちに伊賀ノ方に連座した伊賀光季を政所執事から罷免し、その所領五十二カ所を没収、二階堂行盛を政所執事にして泰時の後見とした。また執権家（得宗家）の家令を初めて置き、尾藤左近将監《びとうさこんしょうげん》景綱を任じた。翌嘉禄《かろく》元年（一二二五）七月十二日には尼将軍政子が六十九才で他界し、同月時房は亡父時政の旧邸に移住すると共に幕府の連署《れんしょ》として、泰時の補佐役となった。

こうして泰時を中心とする幕府の体制が整い、有能な人物であった彼は同年十二月に評定衆《ひょうじょうしゅう》を設置し、諸政務の最終決定、重要裁判の議決などを合議で行うことにした。次いで貞永元年（一二三二）八月には関東御成敗式目《ごせいばいしきもく》（貞永式目《じょうえいしきもく》）五十一カ条を制定し、裁判の公平を期することにした。これによって御家人の代表である評定衆が、わが国最初の武家法に基づいて合議・裁決するという、画期的な法治主義の政治になり、執権政治が確立するに至った。

泰時は幕府・御家人の保護のみでなく、承久の乱後の衰退した公家政権との協調を計り、また天災に苦しむ地方民衆のためにも意を用いた。建仁《けんにん》二年（一二〇二）に伊豆の窮民を救ったばかりでなく、安《あん》貞《てい》元年（一二二七）の飢饉《ききん》の際にも、折からの伊勢神宮造営の費用負担に当たって、自分の管下にある駿河・伊豆で出挙米《すいこまい》を集め、その利子は国衙《こくが》から朝廷に納める貢物を充てるなど、一般百姓に配慮した施策をとった。さらに寛喜《かんき》三年（一二三一）の京都付近の飢饉においても、伊豆・駿河の富有者に米を放出させて百姓を救い、出挙米《すいこまい》への利子返還を延期し、返済できぬ場合には自らが代わりに返済してやるなど、積極的な対策を講じた。

この他、従来北条氏の代替わりに際して、時政の妻牧ノ御方の陰謀事件、義時の妻伊賀ノ方と弟伊賀光宗の変などがあり、また泰時の代にも三浦氏と手を組む弟朝時（名越氏）の暗躍が伺《うかが》えたので総領家の強化を計り、元仁元年（一二二四）閏七月には家令の職を設け、その初代に家臣尾藤景綱を任命し、同八月には北条氏の家法も作った。これ以来北条氏の惣領家は得宗家《とくそうけ》と呼ばれたが、それは時政以来の呼称となり、その領地も他の北条支族と区別して得宗領とされ、家令はそれを管領すると共に、得宗被官または御内人《みうちびと》と称される陪臣《ばいしん》を率いて幕政にも参与した。

嘉禎元年（一二三五）に起こった石清水八幡宮《いわしみず》と興福寺の荘園の用水をめぐる争いに伴う神人・僧徒の蜂起に対しては、泰時も強い圧力を加えて鎮定した。また、この年泰時は新亭を建てて移ったが、その周囲には御内人の居館がとりまき、警護を固めた。なお仁治三年（一二四二）、四条天皇の崩御に当たっては、後嵯峨《ごさが》天皇を推挙するなど皇嗣問題にも関わった。なお同年出家し、観阿と号したが間もなく卆去した。

こうして、泰時は十八年間に亘って執権職にあったが、その間戦乱も殆ど無かった。

以上のように泰時は、祖父以来の政治家の血を引き、最も有能な力を発揮した人物であったが、それは謀略的要素をもたず、滅私奉公的な仁政であっただけに、後世に讃えられる人物となった。

（三）　経時・時頼と得宗政治

泰時には先妻三浦義村の女《むすめ》との間に生まれた時氏《ときうじ》と、後妻安保実員《あんぼさねかず》の女（安保の方）との間に生まれた時実《ときざね》があった。また順序や母はよく分からないが、女子が多くあり、中将実春《さねはる》、足利義氏、参議実政、三浦泰村、武蔵守北条《（大仏）》朝直《ともなお》に、それぞれ嫁いでいた。

嫡子時氏は建仁三年（一二〇三）、父が二十一才の時誕生し、元服してからは武蔵守の長男ということで武蔵太郎と称した。やがて十九才になった承久の乱の時、父の命で家人の佐久満太郎、南条七郎等と共に宇治川を敵前渡河し、六波羅《ろくはら》を守った。次いで貞応《じょうおう》三年（一二二四）六月からは叔父時房の子掃部助《かもんのすけ》時盛と共に京都に派遣されて六波羅探題《たんだい》となり、修理亮《しゅりのすけ》と称していたが、寛喜《かんき》二年（一二三〇）四月に鎌倉へ帰り、間もなく発病して六月十八日、二十八才で病没した。またその三年前の嘉禄《かろく》三年（一二二七）六月には次子の武蔵次郎時実が得宗被官《とくそうひかん》の高橋次郎（京都高橋住）に殺害されており、二人の男子を失った泰時の悲嘆は大きかった。しかし、死は人の力の及ばないことであるため、泰時は時氏の遺体を源実朝が建保《けんぽ》二年（一二一四）に建立した大慈寺《だいじじ》の傍らの山麓に葬り、四十九日の法要も懇《ねんご》ろに行った。

こうして跡をとるべき子息が父に先立って他界したため、得宗家の四代目の家督と執権職は時氏の長男経時《つねとき》が継いだ。

経時は建保二年（一二一四）の生まれで、母は安達《あだち》景盛（盛長の子）の女であり、弟に時頼・為時・

時定、他に女子二人が居た。父が病死した後、母は出家して子等を連れ、実家（甘縄の安達亭）に移ったが、その賢母ぶりは『徒然草《つれづれぐさ》』に見る障子貼りの説話の如くであった。すなわち松下禅尼《まつしたぜんに》、その人であった。泰時も亦孫の成長に伴い、自らもその教育に配慮したといわれる。

天福《てんふく》二年（一二三四）三月、将軍頼経《よりつね》を烏帽子親《えぼしおや》として十一才で元服し、北条弥四郎《やしろう》経時と名乗り、同八月に小侍所別当《こさむらいしょべっとう》に就任、嘉禎《かてい》三年（一二三七）二月、左近将監《さこんしょうげん》と早い昇進を遂げた。また若い時から狩猟を好んだらしく、暦仁《れきにん》元年（一二三八）十二月、鳥立を見に大庭野《おおばの》に遊び、さらに山内付近で雉《きじ》など多数を得たり、時には駿河富士野の藍沢で熊を射とめたりしたことが記録されている。今日でいうスポーツ好きであったが一方、延応《えんのう》元年（一二三九）九月末、将軍の御所で歌会が開かれ、経時も未だ十六才であったが出席して、自作の和歌を献じている。したがって文才もあったに違いない。次いで仁治二年（一二四一）八月には弱冠十八才で評定衆となったが、その十一月末には御家人中でも有力であった三浦一族と小山一族の争論が起こった。この時、経時は三浦氏側に理があるとして、家人《けにん》を三浦泰村の助勢に派遣したが、弟の時頼は単なる喧嘩として静観した。翌日父の泰時が両者を呼び、「お前達はいずれも将来の後見役（執権）の器《うつわ》をそなえているが経時の所業は軽率である」として謹慎を命じ、「時頼の考えは結構である」と賞《ほ》め、十二月早々に時頼に所領として一村を与え、経時にはその謹慎を解いたという。兄弟ではあるが、後継者の器の差を示した事件であった。

しかし、泰時の嫡孫として得宗家の後継者としての位置は不動であった。いわば弟と比較しつつ、それに負けぬ人物になることを泰時は願っていたのであろう。元服後の名を見ても将来が期待されていた事がわかる。つまり、北条弥四郎の四郎は第一章で既述したように、北条氏嫡流の通称であり、北条時政も四郎、その子義時も小四郎、後に四郎とも称している。小四郎は子四郎で、四郎の子を現わしている事が多く、中世武家社会では四郎の孫を孫四郎、曽孫を弥四郎と言うように、整然と使用している例も少なくない。勿論太郎・次郎・三郎等の兄弟通称（横通称）もあり、当然弥次郎や孫三郎もあるが、兄弟も十郎を越えると世代通称のつけられない余一（十一男）、余五郎（十五男）等もある。鎌倉北条氏の場合、義時の子泰時は江間太郎と称し、その子時氏は武蔵太郎であるが、弥四郎が四郎の曽孫というように考えると、四郎義時から泰時（子）・時氏（孫）を経て経時が弥四郎と名乗ったことも推測され、義時指向の傾向もうかがわれる。前述したように昇任の早かった経時は僅か十八才で評定衆《ひょうじょうしゅう》に加えられた。そこには早く病死した父一代の欠亡もあったが、祖父泰時の力と期待がかかっていた事は間違いない。

　執権職を嗣いだ時には十九才であったが、その翌年には庶流の大仏朝直《おさらぎともなお》（時房子息）を武蔵守から遠江守（時政・時房と踏襲）に移し、自身が武蔵守となり、その称号を得宗家の象徴とした。彼の執権在任期間は仁治三年（一二四二）六月から寛元四年（一二四六）の、僅か足掛け五年間であったが、その間の主な出来事といえば寛元二年四月の将軍更迭《こうてつ》であった。すなわち時の将軍藤原頼経の妻はかつての二代将軍源頼家の息女で、竹ノ御所と呼ばれていたが、三十二才で亡くなり、頼経は源家との関わりを失っていた。しかし、長期に亘る鎌倉滞在で、北条氏の庶家である名越光時《なごしみつとき》（北条泰時の甥）や三浦氏の分流光村等と側近集団を作り、これが得宗家に対して反抗的な動きを示していた。そこで経時は先手を打って、寛元二年（一二四四）四月、頼経の子頼嗣《よりつぐ》を六才で元服させ、間もなく頼経を引退させて頼嗣を将軍とした。さらに翌年には経時の妹桧皮姫《ひわだひめ》（十七才）を頼嗣の妻として入室させ、頼経側近勢力の駆遂を図り、北条一門の支配を強化した。この他、経時は訴訟制度など幾つかの改革を行ったが、仕事は敏速で、非凡な手腕を示し、執権政治の安定化を計った特筆すべき人物であった。

しかし、経時は政務に励み過ぎたためか、または本来病弱であったためか、寛元三年の春以来病床に伏すことが多くなり、同四年（一二四六）の三月二十三日、執権職を弟の時頼に譲り、四月には出家して安楽《あんらく》と号し、閏《うるう》四月一日、二十三才で病没した。彼よりも先に他界した宇都宮《うつのみや》泰綱の女との間に男子二人があったが、いずれも出家し、兄隆政《りゅうせい》は権律師《ごんりつし》となり、弟頼助《らいじょ》は佐々目僧正《さざめそうじょう》と呼ばれて仁和寺《にんなじ》に住した。

家督を嗣ぎ第五代の執権となった時頼は、安貞元年（一二二七）の生まれで、母は経時と同じ安達景盛の女であった。したがって本来利発であり、その器量は兄を越えるものとして、父泰時から期待されていた。嘉禎三年四月に元服し、『将軍執権次第』によれば、嘉禎四年（一二三八）九月一日左兵衛尉に任ぜられ、寛元元年（一二四三）閏七月二十七日に左近将監となり、同四年閏四月一日、「舎兄経時の跡を譲り得て、御後見（執権）と為る」と記されている。兄経時の場合は連署《れんしょ》を置かなかったが、時頼は祖父泰時の弟重時を二代目連署としている。

六代執権職を嗣いで間もなく五月に、同族の名越光時等が前将軍頼家を擁して時頼を討とうとする陰謀が発覚し、六月十四日、北条政村・同実時・安達義景・三浦泰村・尾藤景氏・諏訪盛重等が時頼亭で会議を開き、光時を伊豆国の江間荘に配流し、所領の大半を没収した。事件に関わった千葉秀胤も上総国の自領へ追われ、藤原為佐《ためすけ》・三善康持《みよしやすもち》・後藤基綱等も評定衆を解任されると共に、康持は問注所執事も退職させられ、頼経も京都へ送り帰された。世に言われる「宮騒動」がこれである。

この騒動も以上の如く一見落着したかに見えたが、時頼側に帰伏した当時最大勢力をもつ御家人三浦泰村の弟光村は別な動きを示した。すなわち頼経を京都へ送り届けた光村は、頼経との別れ際に、もう一度鎌倉へ迎え入れたいという意味の事を言ったらしく、それを同行していた北条氏の一族北条時定（時房子息）が聞き、鎌倉へ帰着後、時頼に報告したのである。そこで時頼も直ちに対応策を立て、三浦氏を挑発して起こったのが「宝治《ほうじ》の乱」である。乱の内容については『吾妻鏡』その他の記録に見えているが、ここでは紙面の関係上省略する。ただ起こったのは宝治元年（一二四七）の六月で、合戦は一日で終わったが、結果は三浦泰村や光村等三浦一族はもとより、泰村の妹の縁で三浦氏へ加わった毛《もう》利西阿《りさいあ》（大江廣元の子）の一族、さらに佐原・長江・稲毛・波多野・多々良・平塚・榛谷・武《たけ》・長尾《ながお》・秋庭《あきば》・岡本など、相模国の武士が多く討死し、泰村の妹の夫である上総の千葉秀胤や常陸の関政泰も攻められて自殺した。一説によると自刃して果てた者は三浦の余党二百七十六人、郎従等を入れると五百余人にも達したという。こうして頼朝の伊豆挙兵以来の御家人で、相模国内その他に所領をもつ大族となっていた三浦氏は滅亡し、三浦・千葉・毛利等討伐された諸氏の陸奥・上総・武蔵等における所領の多くが北条氏の手に入り、時政以来最大の領域を持つに至った。かくして時頼による幕政掌握は強固なものとなった。

同年十一月十四日、時頼は新築した亭内に移り、兄経時の執権時代に行われた自亭で評定する傾向が一層強まった。また建長元年（一二四九）には、裁判の公正・敏速を計るために引付《ひきつけ》制度をつくり、引付衆を設けた。次いで同四年二月二十日、僧良行《りょうぎょう》等の陰謀事件に乗じて将軍頼嗣を廃し、同年四月一日、幕府の宿望であった皇族将軍が実現し、後嵯峨《ごさが》上皇の皇子宗尊《むねたか》親王を鎌倉へ迎えた。

建長八年（一二五六）八月頃から、鎌倉に疫病が流行し、幕府上層部の将軍宗尊親王《むねたかしんのう》や時頼等も感染した。一度は治るかに見えた時頼も十一月には再発し、その下旬に十一年間在任した執権職を一族の長時（重時の子）に譲り、最明寺で出家し、覚了房道崇《かくりょうぼうどうそう》と称した。運よく翌月には恢復したが、嫡子時宗《ときむね》の成長を待って七年間得宗《とくそう》として幕政を指導した。こうして得宗時頼の私亭で北条氏一門の主な者が集まって、幕府の重要事を協議する得宗政治《とくそうせいじ》が定着し、従来の評定衆は形骸化した。

時頼は鎌倉幕府が全盛時代に生きた人であり、泰時と共に善政を行った人と言われるが、宋《そう》からの渡来僧蘭渓道隆《らんけいどうりゅう》に師事し、建長二年から工事を起こして同五年十一月建長寺《けんちょうじ》を落慶させ、道隆を開山としたり、文応《ぶんのう》元年（一二六〇）にはやはり宋から渡来した普寧兀庵《ふねいこつあん》（道隆の旧友）を鎌倉に招き、建長寺に留める等、仏事に尽くした。また、変装して諸国を巡回し、地方の実情を視察して、民衆の困窮を救ったという伝承があり、謡曲『鉢の木』の題材になったり、青砥藤綱の話を生んでいる。あまり知られていない事であるが、現在の静岡県沼津市大岡地区の三枚橋にある臨済宗蓮光寺《れんこうじ》の寺記に、「往昔此地に牧之御所《まきのごしょ》あり、貞永《じょうえい》中頼経京師《けいし》往還の旅宿《りょしゅく》たり。建長の初め北条時頼巡国の途、暫く此《ここ》に卜居《ぼくきょ》し禅定三昧《ぜんじょうざんまい》を修め、而して大岡院《たいこういん》と云、爾後禅宗の一師を住せしめ、車返《くるまがえし》の貢を入れて衆僧の修学料とす、云々」とみえている。文中の「牧之御所」は、北条時政の後妻牧ノ御方の父で、この付近の大岡牧《おおおかまき》及び大岡荘を支配した牧一族の所縁の地と伝えられており、その西方近隣（JR沼津駅東方）に大岡院の後身という蓮光寺が現存している。また貞永中、将軍頼経が宿泊した事は『吾妻鏡』嘉禎四年（一二三八）正月二十八日の条に、「将軍家（頼経）御上洛進発、二十九日藍沢（竹下）駅に入御し、二月一日車返牧御所着御、二日蒲原宿《かんばら》（後略）」とあり、また帰りは「十月十三日関東御下向」、「二十六日車返御宿」、「二十七日藍沢竹下《たけのした》御宿、云々」とあるので、京都往復共にこの車返（今の沼津市三枚橋辺）に宿泊しており、この東海道筋の宿駅に時頼が立ち寄った可能性もある。（『沼津市誌』下巻一九五八年）。なお、『北条九代記』等には時頼が廻国使《かいこくし》を派遣し、諸国を密偵させたとしている。

弘長三年（一二六三）十一月二十二日、時頼は最明寺《さいみょうじ》の北亭において病没した。その遺骨は鎌倉の他、北条氏の本貫の地伊豆にも分けられたと伝えられ、北条郷近接の伊豆長岡町古奈《こな》にも最明寺と墓がある。

（四）　時宗と元寇

時頼が得宗政治を行う中で、執権職は長時（六代）が引き嗣いだが、時頼の死と共に嫡子時宗が得宗家を継承した。しかし、まだ十三才の少年であったため長時が執権に留まっていたが、翌年七月病気のため引退し、政村（義時の四男）が七代執権、時宗が連署《れんしょ》となった。そこで、この長時・政村についても若干触れておこう。

長時は極楽寺《ごくらくじ》流北条重時《しげとき》の子で、寛喜《かんき》二年（一二三〇）の生まれ、母は大納言平時親の女であった。通称は陸奥《むつ》四郎といい、宝治《ほうじ》元年（一二四七）七月、北方《きたかた》の六波羅探題《ろくはらたんだい》となり、建長《けんちょう》四年（一二五二）宗尊親王《むねたかしんのう》の鎌倉入りに随行して関東に下向し、その後再び上洛している。康元《こうげん》元年（一二五六）三月探題を去り、十一月に時頼の後を受けて執権となった。しかし、幕府の実権は病気から恢復した時頼が握り、長時は和歌を嗜むなど、比較的安穏な毎日を送っていた。その間特記すべきこともないが、参考までに挙げると、かつて北条泰時の代に安房国《あわのくに》（千葉県）清澄寺《せいちょうじ》で修業し、鎌倉に遊学、経時の代に比叡山延暦寺《えいざんえんりゃくじ》、時頼の代に三井寺《みいでら》・南都《なんと》諸大寺に学んだ僧日蓮が鎌倉で弘教《ぐきょう》を始めた。そして長時の執権時代に『立正安国論《りっしょうあんこくろん》』を撰し、文応《ぶんのう》元年（一二六〇）七月十六日、幕府の要人宿屋入道《しゅくやにゅうどう》を通じて得宗時頼に上書したところ、八月に日蓮の在住する松葉ヶ谷《まつばがやつ》の草庵が襲われ、翌年五月には伊豆の伊東に流されるなど、禅宗や念仏宗に帰依《きえ》する幕府当局者から大きな弾圧を受ける事件などがあった。（「撰時抄」他『日蓮遺文』）。また、この長時の代の建長《けんちょう》八年（一二五六）七月建長寺が、続いて翌々正嘉《しょうか》二年（一二五八）正月に寿福寺《じゅふくじ》など鎌倉の禅寺が焼けている。また、長時の父重時が正元《しょうげん》元年（一二五九）極楽寺《ごくらくじ》を建立した。

さらに、日蓮の遺文によれば時頼を最明寺殿《さいみょうじどの》、重時を極楽寺殿と言ったようで、特に駿河国富士郡加島《かじま》の高橋入道に宛てた、建治《けんじ》元年（一二七五）七月の「高橋入道殿御返事」には「するがの国は守殿《こうどの》の御領ことにふじ《（富士）》なんどは後家尼ごぜんの内の人人多し、故最明寺入道・極楽寺殿、云々（中略）、ふじかじま《（富士加島）》のへんへ云々《うんぬん》」と見えるので、駿河国は得宗領で、その内の富士郡には時頼の妻（時宗の母）や重時の妻（長時の母）などの采地《さいち》があった事がわかる。

長時は文永元年（一二六四）七月に病《やまい》のため出家し、執権職を政村に譲って、翌八月二十一日、浄《じょう》光明寺《こうみょうじ》で入寂《にゅうじゃく》、三十五才であった。

次の政村《まさむら》は元久《げんきゅう》二年（一二〇五）の生まれで、義時の四男、母は伊賀朝光の女であった。父義時の死後、政村の母伊賀《いが》ノ方《かた》が弟の伊賀光宗と謀って、女婿の一条実雅《さねまさ》を将軍に、また政村を執権にして、幕府の実権を得ようとしたが失敗した。この事件について泰時は、政村が関係ないとして処罰の対象者にしなかった。政村はその後延応《えんのう》元年（一二三九）に評定衆になり、幕政に加わったが、建長元年（一二四九）には一番引付の頭人となった。さらに康元《こうげん》元年（一二五六）には、兄重時の後を受けて連署に任ぜられ、時頼・長時を補佐した。そして文永《ぶんえい》元年（一二六四）、短期の執権をつとめ、同五年甥の時宗に譲り、自分は連署に戻っている。陸奥守、相模守を歴任し、勅撰集《ちょくせんしゅう》に三十余首の和歌を残している。文永十年（一二七三）没、六十九才であった。

次にいよいよ時宗の登場であるが、彼は建長三年（一二五一）五月、鎌倉甘縄《あまなわ》の安達亭《あだちてい》で生まれた。

母は北条重時の女である。幼名は正寿丸で、七才で元服、烏帽子親《えぼしおや》の将軍宗尊親王の一字を拝領して、相模太郎《さがみたろう》時宗と称した。太郎というと長男のようであるが、実は三つ上の兄（宝寿丸、後の時輔《ときすけ》）があり、次男であった。兄は生母が将軍付きの女官（女房）であったため庶子として扱われ、時宗は本妻の子として大事に育てられた。兄弟の順序の記載も時頼の命で、相模太郎（時宗）から同四郎（宗政）・同三郎（時輔）・同七郎（宗頼）となっている。時輔は十一才の正嘉二年（一二五八）、下野国（栃木県）の豪族、小山長村《こやまながむら》（出羽前司《でわぜんじ》）の女と結婚し、時宗は弘長《こうちょう》元年（一二六一）四月二十三日、同じ十一才で幕閣御家人の最有力者となっていた安達泰盛の女（堀内殿）と結婚した。その二日後、祖父重時（極楽寺殿）の新亭で笠懸《かさがけ》や小笠《おがさ》懸の武芸が行われ、将軍宗尊親王の御前で、時宗も見事な小笠懸の射術を見せた。これを見た父の時頼は「吾が家を受け継ぐべき器《うつわ》に相当する」と言って賞めたという。同年の八月、執権の長時が病気のため政村にその職権を譲り、時宗も前年就任の小侍所《こざむらいしょ》別当から連署に抜擢され、執権の補佐役になった。

文永三年（一二六六）六月、将軍宗尊親王の子惟康親王《これやすしんのう》が時宗亭に迎えられ、七月には将軍が京都へ帰還して、惟康親王が僅か三才で新しい将軍になった。その翌月、隣の中国を征服、支配していた元《げん》（蒙古）のフビライ王は日本を服属させるため、国書を持った使者を派遣してきたが、その使者は途中で引き返し、三年後の文永五年正月、高麗《こうらい》王を通じて再び国書を持った使者が九州太宰府《だざいふ》に到着した。朝廷も幕府もこれを無視したが、強大な元の襲来も予測して京都では東寺《とうじ》や延暦寺などが祈祷《きとう》を始めた。こうした状況下にあって同年三月、政村は成長した時宗に執権職を譲り、自らは連署に下った。

この元《げん》の国書到来の話を聞いた日蓮は、前章に紹介した『立正安国論』の予言が的中したということで、同年八月に幕府の要人宿屋《しゅくや》光則《みつのり》に、また十月には同じく平頼綱《たいらのよりつな》や北条弥源太《やげんた》等に書状を送っている。その該当部分を次に列記しておこう。

○宿屋入道への御状　文永五年八月二十一日　宿屋左衛門入道殿宛

「（前略）若し此れを対治《たいじ》無くんば他国の為に此の国を破らる可きの由勘文一通之を撰し正元元年庚《かのと》申《さる》七月十六日御辺に付け奉って故最明寺入道殿へ之を進覧す、其の後九箇年を経て今年大蒙古国より牒状《ちょうじょう》之有由《あるよし》風聞す等云々（後略）」

○北条時宗への御状　文永五年戊辰十月十一日　宿屋入道殿を通じて言上

「謹んで言上せしめ候、抑《そもそ》も正月十八日・西戎《さいじゅう》大蒙古国の牒状到来すと、日蓮先年諸経の要文を集め之を勘えたること立正安国論の如く少しも違《たが》わず普合《ふごう》しぬ、（中略）速やかに蒙古国の人を調伏して我が国を安泰ならしめ給え、云々」

○平左衛門尉頼綱への御状　文永五年戊辰《つちのえたつ》十月十一日　平左衛門尉殿宛

「蒙古国の牒状到来に就いて言上せしめ候《そうら》い畢《おわ》んぬ。抑《そもそ》も先年日蓮立正安国論に之を勘《かんが》えたるが如く少しも違わず普合せしむ、然る間重ねて訴状を以て愁欝《しゅううつ》を発《そ》かんと欲す爰《ここ》に以て諫旗を公前に飛ばし争戟《そうげき》を私後に立つ。併しながら貴殿は一天の屋梁《おくりょう》為り万民の手足為り争《いか》でか此の国滅亡の事を歎かざらんや慎まざらんや、早く須《すべから》く退治を加えて謗法《ほうぼう》の咎《とが》を制すべし。（後略）」

○北条弥源太への御状　文永五年戊辰十月十一日　弥源太入道殿宛

「去《い》ぬる月御来臨《ごらいりん》急ぎ急ぎ御帰宅本意無く存ぜしめ候い畢《おわ》んぬ、抑《そもそ》も蒙古国の牒状到来の事・上一人より下万民に至るまで驚動極《きわ》まり無し然りと雖《いえど》も何の故なること人未だ之を知らず、日蓮兼ねて存知せしむるの間既に一論を造って之を進覧せり。徴《しるし》先達て顕れ即ち災必ず後に来る。（中略）、殊に貴殿は相模《さがみ》の守《かみ》殿の同姓なり根本滅するに於いては枝葉《しよう》豈《あに》栄えんや、早く蒙古国を調伏し国土を安穏《あんのん》ならしめ給え、（後略）」

この他、建長寺道隆《どうりゆう》・寿福寺・極楽寺良観《りようかん》・大仏殿別当・長楽寺・多宝寺・浄光妙寺の七ヶ寺へもそれぞれ書状を送っている。まさに仏法により国を想う日蓮の獅子吼《ししく》が伝わってくるようである。この結果、文永八年（一二七一）九月十二日、日蓮は平左衛門尉頼綱により捕らえられ、鎌倉滝ノ口の難（死刑未遂）を経て、佐渡ヶ島への流刑となり、日朗以下五人の弟子が土牢へ入れられ、多くの門弟が退転するに至った。その後、文永十一年（一二七四）二月に赦免され、三月二十六日鎌倉へ帰り、四月八日平頼綱に会って最後の諫言を行った。そして頼綱より「蒙古国はいつ寄すか」と聞かれ、「今年寄すべし」と答えている。結局諫言はいれられず、「三度いさめ（諫）んに御用《もちい》なくば、山林にまじ（交）わるべきよ（由）し存ぜしゆえ（故）に」として、五月十二日鎌倉を出発し、身延山《みのぶさん》に退隠した。その五ヶ月後、元《げん》（蒙古）が来冠し、対馬《つしま》・壱岐《いき》（長崎県）を侵略したが、十一月大暴風雨となり、元兵は敗退して去った。その後も建《けん》治《じ》元年（一二七五）、弘安《こうあん》二年（一二七九）と元の使者は日本に来たが、時宗は日本防衛の総指揮官として、毅然《きぜん》たる態度を持ち、使者を斬殺した。そのため元は弘安四年（一二八一）十四万の大軍を以て再度来冠し、対馬・壱岐から九州本土の太宰府《だざいふ》や肥前鷹取島を侵したが、閏七月三十日の夜再び大風が襲い、元兵の殆どが死滅した。弘安の役に際しては前の経験により、時宗は九州の御家人を督励して海岸線に石塁《せきるい》を構築し、防備を固めると共に、来襲に当たっては御家人や非御家人たちが勇敢に戦った。また、京都や鎌倉においては異国降伏の祈祷が盛大に行われた。

この間、文永十年（一二七三）五月に連署政村が六十九才で亡くなると、時宗は重時の子義政（時宗の叔父）を連署とし、義政が建治三年（一二七七）で出家し、隠遁《いんとん》した後は連署を置かなかったが、弘安の役後の弘安六年（一二八三）には、同じく重時の子業時《なりとき》を連署とし、身内で固めている。

なお、元もその後日本の征服を考えていたらしく、日本側も異国警備番役《ばんやく》を残し、一年間博多湾周辺の海防に当たった。二度の元寇においても敵地を占領したわけではないので、必死に戦った御家人たちへの恩賞はできず、役後の負担もできたので、九州の御家人たちの窮乏は著しくなり、幕府に対する不満も強まった。

一方、時宗は元寇《げんこう》に際して戦死した敵味方の兵士を供養するため、千体地蔵を安置した円覚寺《えんかくじ》を建て、弘安五年十二月に竣工した。こうして多忙をきわめた時宗は体調を崩して、弘安七年（一二七四）三月末に病床に臥し、四月四日出家したが、同日の酉《とり》の刻（午後六時頃）、三十四才でこの世を去った。北条氏の故地北条郷（韮山町）四日町の成福寺《じょうふくじ》はその菩提寺の一つと言われ、時宗の墓があり、また浄土真宗のため代々住職が世襲され、現在も北条姓を名乗っている。

（五）　貞時・高時と幕府滅亡

弘安七年（一二八四）七月、時宗の子貞時が十四才で執権となった。時宗の在任中の文永九年（一二七二）には、時宗の異母兄で六波羅探題南方《みなみかた》（南六波羅探題）であった時輔《ときすけ》が謀反の疑いで、与党と見られた一族の名越教時《なごしのりとき》や、その父名越時章《ときあきら》と共に殺されていた。そこへ、時宗の死後、六日に六波羅探題南方の時国が関東へ呼び帰され、常陸国《ひたちのくに》（茨城県）で殺されている。さらに貞時が執権になって間もない八月頃、時国の伯父時光（時房の孫）も陰謀が発覚したとして佐渡国《さどのくに》（新潟県）に流されるなど、歴代北条氏の宿病とも言うべき血縁の悲劇が相も変わらず生じている。

ともかく、貞時が生まれたのは文永八年（一二七一）で、時宗の長男、母は安達泰盛の女であった。幼名は幸寿丸《こうじゅまる》、弘安五年六月左馬権守《さまごんのかみ》、同七年に九代執権となったが、この頃は時頼以来の得宗政治の中で、得宗家に仕える御内人《みうちびと》（得宗被官《ひかん》）の権力が強まり、殊に貞時の父時宗の時期に、平左衛門尉《へいのさえもんのじょう》盛時の子頼綱（平左衛門尉）が内管領《うちかんりょう》（家令）になると、その権力は大いに増大した。頼綱の妻が執権貞時の乳母であったこともあり、頼綱が最有力の地位を獲得したわけである。一方御内人以外で幕政に参与する御家人は外様《とざま》と呼ばれ、その代表が安達泰盛《あだちやすもり》であった。この両者はやがて衝突し、弘安八年十一月の霜月騒動《しもつきそうどう》となった。この戦いに頼綱が勝ち、安達氏を滅した結果、頼綱が幕府の実権を握り、御内人の勢力は一層強化された。いわゆる御内人専制、それも内管領専横の時代に入ったわけである。

内管領平頼綱は入道して杲円《こうえん》と言ったが、頼朝の伊豆配流時代以来の側近で、北条氏との結縁関係も深く、生き残りの幕府御家人（外様）として最大の勢力を持っていた安達氏を倒してからは、これに肩を並べる者が無くなった。頼綱と子の飯沼判官資宗（為綱）の『保暦間記』や『公卿公記《くぎょうこうき》』・『とはずがたり』・『吾妻鏡』・『日蓮遺文』（『日蓮大聖人御書全集』）などに見られるが、日蓮に関しては前節で記述したように、政所の執事であった頼綱が文永八年（一二七一）に日蓮を捕らえ、鎌倉竜ノ口で処刑しようとしたり、また佐渡へ流したりした当人である。さらに弘安二年（一二七九）の駿河における熱原《あつはら》法難でも、頼綱が次男飯沼判官資宗（為綱）と共に、熱原神四郎《じんしろう》等を痛めつけ、処刑している。そして、貞時の執権時代に入り、霜月騒動から三年四ヵ月を経た鎌倉の様子が、『とわずがたり』に記されているので、同書により垣間《かいま》見ることにしよう。

「平左衛門入道（頼綱）と申す者が嫡子、平二郎左衛門（資宗）が、将軍の侍所《さむらいどころ》の所司《しょし》とて参りし様などは、物にくらべれば（たとえて言えば）関白などの御振舞と見えき。ゆゆしかりし事（大層な威勢である）なり。（中略）平左衛門入道が二男飯沼判官、未だ使の宣旨《せんじ》蒙《こうむ》らで新左衛門と申候ふが云々」

因みにこの『とわずがたり』は宮内庁書陵部の蔵本で、昭和二十五年以降一般に知られるようになったものである。著者は藤原一門久我《くが》家の血を引く女性で、後深草天皇の御寵愛を受けた二条《にじょう》と呼ばれた人である。彼女は弘安四年（一二八一）、京都において、「九州に蒙古軍が襲来したりなどして、世の中がざわついていた」ことについて、日誌「とわずがたり」に記しているが、正応《しょうおう》二年（一二八九）二月には出家して、三十二才の身を法衣に包み東海道を下っている。三月の末に鎌倉へ入ったが、早速、頼綱父子の権勢ぶりに驚いたわけである。それにしても彼女が幕府の内情を詳しく知ったのは只の旅人ではないように思われる。実はこの頃、京都においては政権が持明院統《じみょういんとう》に移り、鎌倉でも将軍が更迭《こうてつ》され、将軍の惟康親王を都へ送還すると共に、後深草《ごふかくさ》天皇の皇子久明親王を新将軍に迎えるという政変に、この著者は出会ったのである。そして鎌倉で新将軍の下向に関連する準備を手伝っているのであるから、彼女はその役目を負って鎌倉へ旅してきた可能性もある。ともかく、彼女は暫く鎌倉に滞在し、翌年二月には善光寺に行き、帰途は単独行動を望んだため、仲間達は彼女一人を残すことを心配した。なお、八月には浅草の観音堂、隅田川・堀兼の井などを巡って鎌倉へ戻り、やがて帰京した。

次に『保暦間記』の記事も見よう。

「平左衛門《（頼綱）》入道杲円《こうえん》、驕《おご》りの余りに子息《（資宗）》廷尉《ていじょう》になりたりしが、安房守《あわのかみ》になりて飯沼殿《いいぬまどの》とぞ申しける。今は更に貞時《（執権北条貞時）》は世に無きが如くなりて、杲円父子、天下の事は安房守を将軍にせんと議せり。」

こうして、頼綱が資宗を将軍にしようとした陰謀が、長男の宗綱によって密告され、執権の貞時によって永仁《えいにん》元年（一二九三）四月二十二日の払暁（寅の刻）に襲撃され、頼綱父子は自害、その余党も合わせた十三名が死亡した。これが平禅門の乱である。

貞時はこの後、永仁五年に御家人の窮乏を救うため有名な徳政令を出している。やがて貞時は正安三年（一三〇一）八月、三十一才で出家し、嫡子菊寿丸が四才であったため、従弟の師時《もろとき》（時宗の弟宗政の子）を十代執権にした。また連署は六十才の時村（元執権政村子）、内管領は従来の御家人に代えて一族の北条宗方《むねかた》（貞時の甥）が就任した。この宗方は侍所の別当も兼ねて御家人の統制に当たり、貞時の出家以後は四番引付の頭人にもなって訴訟にも関わっていた。そして、執権への野心も抱いていたようである。『保暦間記』には「大方天下ノ事ヲ行《おこない》ケリ」とあり、驕心も見られた。ライバルの師時や時村に先を越されたと残念がり、嘉元《かげん》三年（一三〇五）四月には時村を殺害してしまった。その襲撃者工藤有清等十二名の者は梟首《きょうしゅ》され、宗方も北条宗宣《むねのぶ》等に討たれた。空席となった連署には陸奥守宗宣が就任し、内管領には平禅門《へいのぜんもん》の乱で父を密告して、不孝の罪で一時佐渡へ流されていた宗綱が赦免となって起用された。しかし、また罪を着て上総国へ流された。この間頼綱の弟光盛が父盛綱以来の采地《さいち》伊豆国の長崎邑（韮山町長崎）に居住し、長崎三郎左衛門と称して、近隣の中御所（北条館か？あるいは韮山町中区にあった居館か）の留守居をし、その子の光綱が嗣いでいたが、宗綱の鎌倉退去後鎌倉に召し出され、その子高綱が内管領に起用された。

応長元年（一三一一）九月、師時が死亡すると、貞時はまだ子息の高時が九才であったため、宗宣を十一代執権とし、北条熈時《ひろとき》を連署とした。子息が幼いため庶家から執権を立てたのは時頼の例に慣ったわけである。その約一ヵ月後の十月貞時も没し、翌正和元年（一三一二）六月に宗宣も病死したため、熈時が十二代執権となった。

師時は出家後の貞時がなお幕府の実権を握っていたため形式的な存在となり、宗宣・熈時の代には内管領の長崎氏の権力が強まった。一説に貞時は祖父時頼の如く廻国使という密偵を諸国に派遣したり、自らも変装して四年間諸国を巡ったといわれるが、あるいはこの巡国中等に長崎氏の専横が始まった可能性もある。

正和四年（一三一五）七月には重時の曽孫基時が十三代執権、金沢貞顕（北条一門）が連署となったが、基時は四ヵ月余りで出家し退職した。貞時には嫡男菊寿丸、三男金寿丸、五男成寿丸等の男子があったが、次々に夭死し、成寿丸が成長した。これが高時で十四才の時、すなわち正和五年七月、得宗家九代当主として、十四代執権職を嗣いだ。連署は金沢貞顕が継続して高時を補佐した。高時の母は安達泰宗の女で、通称は相模太郎であった。幕政の実権は長崎高光の子高資《たかすけ》に握られており、嘉暦元年（一三二六）高時が出家すると高資は執権に貞顕を推挙したが、高時の夫人が強く憤慨し、高時の弟泰家を出家させたため、貞顕は十五代執権を十日程で止め出家してしまった。そこで高資は北条一族の赤橋久時（極楽寺系）の子守時《もりとき》が高資の養子となっていたので、これを十六代の執権とした。

まさに貞時以来の執権は北条氏嫡流の貞時・高時によって左右され、さらにそれを内管領が操縦し、下剋上的な傾向にあり、ロボット的存在の将軍と共に、御内人専制の時期を生み出し、その中で高時は田楽《でんがく》や闘犬《とうけん》に耽る等、幕政は弱体化し、末期的現象が見られるに至った。

一方、京都においても、持明院統と大覚寺統《だいがくじとう》の両統迭立《てつりゅう》による抗争が激しくなり、後醍醐天皇の討幕計画を生み、正中の変が起き、次いで元弘元年（一三三一）の元弘の変では、幕府側が大軍を上洛させ、後醍醐天皇を隠岐《おき》へ流し、光厳《こうげん》天皇を立てる事態となった。しかし、やがて後醍醐天皇が隠岐を脱出し、朝廷側の勢力が増大すると、幕府側は不利となり、元弘三年五月二十一日、新田《にった》義貞の軍が稲村ヶ崎より鎌倉へ突入し、高時は一族や被官（御内人）と共に、葛西ヶ谷《かさいがやつ》の東勝寺で自害した。『太平記』には「その門葉たる人二百八十六人、我先にと腹切りて、屋形に火をかければ、（中略）死骸は焼けて見えねども、後に名字を尋ねれば、此一所にて死する者、惣《すべ》て八百七十余人なり、云々」と記述されている。まさに北条一族の壮絶な最後であった。

第十章　御内人たち

（一）　尾藤景綱とその一族

御内人というのは北条家嫡流である得宗家の家臣団で、得宗《とくそう》被官《ひかん》とも呼ばれている。これは執権第二代の北条義時の法名が「得宗」であることに由っている。初代の時政には宗時・義時・時房・政範と四人の男子が居たが、その内、子孫のある者は義時と時房で、義時の方が得宗流北条氏（得宗家）、時房の方が佐介《さすけ》流北条氏であった。

後者については、北条系図に「時房—時盛（掃部介《かもんのすけ》、越後守、正五位下、法名勝園、佐介祖）」とある。鎌倉郡の佐介に居住したことによる。また義時の子息も嫡男の泰時が得宗家を嗣ぎ、次男朝時《ともとき》の系統は名越《なごし》流、三男重時《しげとき》の系統は赤橋流、四男政村の系統は常葉《ときわ》流、五男実泰の系統は金澤流、六男有時の系統は伊具《いぐ》流となり、佐介流からも時房の次男朝直が大仏《おさらぎ》流の祖となっている。時政の頃までは伊豆の小豪族で家人《けにん》も分家の南条氏等少数であったが、義時の代にはかなり多くなり、承元二年（一二〇八）十一月十四日には、義時が伊豆の住人で功のある北条家の郎従に、侍（御家人）に準じた処遇を願い出ているが、実朝はこれを許可しなかった経緯がある。義時の郎従でこの対象となるものには、尾藤《びとう》景綱、長崎盛綱、南条時員《ときかず》などが居た筈である。ただ長崎盛綱は伊豆の北条館に近い長崎邑《ゆう》に采地《さいち》をもち、南条時員は北条館の南方、南条邑が本貫の地であったが、尾藤景綱の場合は頼朝の東国政権樹立後御家人となり、その分流が鎌倉に出て北条氏の配下となった。

御内人は得宗家の家政執行機関である得宗家公文所《くもんじょ》（政所）の業務を分担したが、北条泰時の代になって、元仁元年（一二二四）七月、初めて家令が置かれ、八月には家法を制定し、この業務が総括されるに至った。その初代家令が尾藤景綱であった。

尾藤氏は家系図に見る通り、秀郷流藤原姓の佐藤氏から出ており、佐藤公清《きみきよ》の曽孫智昌《ともまさ》及びその子知《とも》忠《ただ》が尾張守《おわりのかみ》に任ぜられており、その孫の知宣《とものぶ》と知景が共に尾藤《びとう》氏を称している。これは尾張守の「尾」と藤原の「藤」を組み合せたもので、伊藤（伊勢と藤原）遠藤（遠江）、加藤（加賀）近藤（近江）、佐藤（佐渡）、武藤（武蔵）等の姓の由来と共通している。

『吾妻鏡』元暦元年（一一八四）二月二十一日の条によると、木曽義仲に属していた尾藤太知宣《びとうたとものぶ》という者が、内々に頼朝の御気嫌を伺い、この日関東にやってきた。頼朝は直ちに面会し事情を聞いたところ、知宣の家は先祖藤原秀郷《ひでさと》以来、信濃国（長野県）中野御牧と、紀伊国《きいのくに》（和歌山県）田中・池田両庄を知行《ちぎょう》してきたが、平治の乱の時義朝（頼朝の父）に従ったため、牢《ろう》に籠《こ》められた後所領を没収されてしまった。そこでこれを愁いていたところ、去年八月、木曽義仲より田中庄を与えるとの下文《げぶみ》を頂いたと話し、その下文を差し出した。頼朝はそれを見て知行間違いなしとして、中野御牧と池田・田中両庄を知行するよう申し渡したと記している。なお、紀伊国中三谷の金剛寺《こんごうじ》は明恵上人《みょうえしょうにん》の開基《かいき》で、尾藤太知宣が建てたといわれている。また『氏族志』によると、「尾藤知廣《ともひろ》（知宣の父）の玄孫《げんそん》知信は従って紀伊国池田に居る」とあるので、知宣の子孫は紀伊国池田庄に住んだようである。いずれにしても尾藤知宣は頼朝の亡父義朝の縁で、頼朝から父の旧領を保障され、頼朝の御家人になったようである。

『吾妻鏡』をさらに追って見ると、文治五年（一一八九）七月十九日の条に、奥州征伐のため頼朝が鎌倉を出発した軍勢一千騎の中に、知宣の子尾藤太知平《びとうたともひら》の名がある。この軍勢の先陣は畠山重忠で、その従兵の後に頼朝の御駕《おかご》が続き、さらに武蔵守《むさしのかみ》大内義信、遠江守安田義定、参河守《みかわのかみ》源範頼等、いわゆる門葉（源家一門）の十名の重臣、そして北条時政・義時・時房など北条一族の名が見られるが、それよりさらに一四二番目（末尾から二番目）に、知平の名が見えるので、御家人中ではまだ低い位置にいたようである。その後、建久元年（一一九〇）十一月七日、頼朝の上洛《じょうらく》（入京）に当っては、先陣の随《ずい》兵《へい》六十番（各番三名）百八十名に、知宣の弟尾藤次知景《びとうじともかげ》が、右衛門兵衛尉・中条平六と共に加わっており、その後方には水干《すいかん》を着《ちゃく》する者十名と後陣四十六番、百三十八名の者が随《したが》っている。但し、この場合先陣六十番に義時や小山朝政・稲毛《いなげ》重政等が居るので、番の順が身分の差を表わしているわけではない。思うに嫡流の知宣の系統は紀州の御家人に留まり、知景の系統は鎌倉に居住して北条氏に従属したらしい。知景は建仁三年（一二〇三）九月の比企氏討伐にも加わり、負傷している。

知景の子景綱は貞応《じょうおう》三年（一二二四）二月二十三日、義時の使者として平三郎兵衛尉《へいのさぶろうびょうえのじょう》盛綱《もりつな》と共に、駿河国の富士新宮に火事見舞として派遣されている。これは前日同国の惣社《そうじゃ》及び新宮が焼失したためである。（北条氏と富士浅間神社の関係については第八章六節参照）。

景綱は通称を次郎といい、おそらく父知景が義時の配下となり、その関係で景綱も義時の子泰時の側近になったのであろう。建暦二年（一二一二）、泰時の次男時実《ときざね》が誕生すると、景綱の妻はその乳母になっている。また翌建保元年（一二一三）五月の和田合戦でも景綱は泰時の側近にあり、承久の乱（承久三年＝一二二一）では左近将監として、五月二十二日、先発北条泰時以下十八騎の一員として、他の御内人等と共に京都へ向かっている。この時景綱は平出《ひらいで》弥三郎・綿貫《わたぬき》次郎三郎の二名の郎従を伴っており、六月十四日には宇治橋の上で官軍（朝廷側）と合戦している。翌《よく》日は郎従の弥三郎と共に民家を壊して筏を作り、泰時以下幕府軍渡河の便を図った。幕府軍の善戦によって官軍は敗退し、勢多の橋を渡った幕府軍は十五日入京した。この後、貞応三年（一二二四）二月には前掲の如く義時の使で駿河の富士新宮（駿府の浅間神社）へ參詣した。

元仁《がんにん》元年（一二二四）閏《うるう》七月二九日には得宗家の初代家令《かれい》（御内人の長）となり、八月二十八日には、泰時の命で平盛時《たいらのもりとき》（盛綱子）と共に「家務条々」（家法）の作製奉行をつとめた。次いで嘉禄《かろく》元年（一二二五）十月二十七日には、天災が続く中で新しい御所造成を延引すべきか否かに付いて、評議が泰時亭《やすときてい》で行われたが年内実現に決し、景綱から工事関係者に申し伝えられた。また翌二年八月に将軍頼経《よりつね》の御所が宇津宮辻子《うつのみやつじこ》に移動した。続いて同年十月九日、幕府において家人《けにん》の所領に関して評議があったが、その評定所脊後で盗聴する者が発見され、十二日には訴人《そにん》の評定所近接を禁止することになり、景綱始め平盛綱・南条七郎（時員）・安東左衛門尉等御内人が取り締まるよう命じられている。なお、同十三日には政所前の失火により景綱及び平盛綱・清右衛門志《せいのうえもんさかん》・弾正忠《だんじょう》・大和《やまと》左衛門尉・近藤刑部丞《ぎょうぶのじょう》等の住宅が焼亡している。

明けて嘉禄三年（一二二七）四月二十二日、京都に火災があり、余災は大内裏《だいだいり》（皇居）にまで及び、承久元年以来新造した殿舎門宇がことごとく焼失した。その報告が五月一日鎌倉に到着し、幕府から将軍頼経の使者として伊東左衛門尉祐時、執権泰時の使者として景綱が見舞いに上洛した。そしてこの両者は六月十五日、鎌倉に帰着している。また、その三日後の十八日、泰時の次男時実が家人の高橋二郎（京都高橋の住人）に殺害され、犯人は伊東祐時の郎従により捕えられたが、時実の乳母の夫である景綱はこの夜仏門に入り（入道）、出家した。

寛喜二年（一二三〇）一月四日、将軍の御行始《おなりはじめ》があり、泰時亭に迎えられた。その還御《かんぎょ》の際に、恒例により、剣・砂金・蒔絵《まきえ》羽櫃《はねびつ》等が北条有時・同政村・大江佐房《おおえすけふさ》等から贈られた。なお、蒔絵の鞍《くら》と総鞦を懸けた一の御馬は越後太郎光綱と尾藤太景氏《びとうたかげうじ》（景綱の子）、二の御馬は銀の鞍を置き陸奥《むつ》五郎実泰と平盛綱が引いた。続いて同二十六日には泰時の公文所において、武蔵国太田庄内の荒野を新しく開発することについて評議があり、景綱が奉行として当ることになった。次いで閏正月及び二月を経て三月の三十日には御所や泰時亭の門前に甲冑《かっちゅう》を身につけ、旗を挙げた武者が数百騎競うように集まり、鎌倉中に騒動が起った。そこで景綱・盛綱及び諏訪兵衛尉盛重等が、泰時の命で郎従を引き連れ門外に出て、軍士を稲瀬川の辺に導き、叛逆者などは無いことを告げ、解散させた。なお、秋の十月十六日には泰時の念願であった北条御堂《みどう》の上棟式があり、左近入道《さこんにゅうどう》道念（景綱）と斉藤兵衛入道浄圓（長定）が奉行をつとめている。

その後貞永元年（一二三二）七月十二日、勧進聖人《かんじんしょうにん》往阿弥陀仏の申請に基き、和賀江《わかえ》嶋へ埠頭《ふとう》を築くことになり、十五日より工事を起していたが、八月九日に築造が終り、左近入道（景綱）が平盛綱や諏訪盛重《すわもりしげ》と共に、泰時の使いとして巡検した。翌天福《てんぷく》二年（一二三三）四月五日には、泰時の発願として鶴岡八幡宮で大般若経《だいはんにゃきょう》一部の書写が行われ、その筆立《ふでた》てとして入道道念（景綱）と斎藤入道浄圓がこれを奉行した。そして八月二十一日、泰時の家令尾藤左近入道道念は病気のため職を辞し、同二十二日、その人生を閉じるに至った。

景綱の跡は弟景信（中野三郎）の子景氏が養子となって嗣ぎ、養父同様尾藤太《びとうた》と称している。『吾妻鏡』にも前掲寛喜二年の他、嘉禎《かてい》二年（一二三六）十二月、寛元四年（一二四六）五月、建長二年（一二五〇）一月、弘長三年（一二六三）十一月の各条にその名が見える。その子孫については系図を参照されたい。

系図15　尾藤氏系図

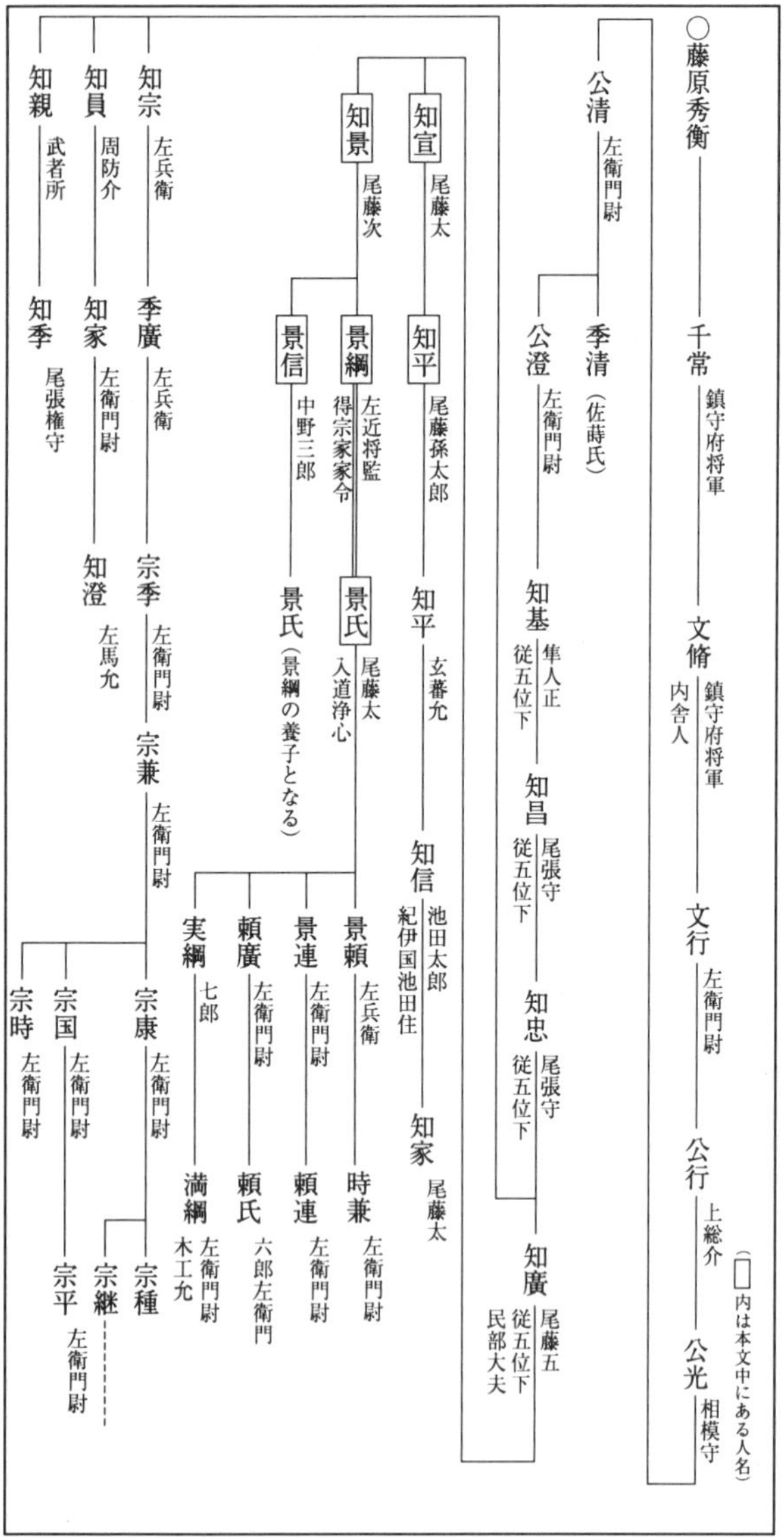

（二）関実忠・平盛綱の一統

尾藤景綱の後、得宗家の第二代家令となったのは平盛綱である。『吾妻鏡』にも尾藤氏や南条氏と共に多く出ているが、『尊卑分脈』を始め諸書いずれも平姓とし、平貞盛あるいは重盛の子孫と記している。伊勢の関氏との関係も見られ、関系図には「（平）重盛―資盛《すけもり》―盛国（左近大夫将監《さこんだいうしょうげん》、夢庵、関谷大夫、民部丞《みんぶのじょう》）―実忠（関左近将監）とあり、実忠の弟盛綱（長崎平左衛門尉、平三郎、北条義時の執事）、その子頼綱（平左衛門尉）―宗綱（平左衛門尉、貞時執事）、頼綱の弟光綱（次郎左衛門尉、入道杲園《こうえん》）―光綱（光継、太郎、左衛門尉）―高綱（高経、入道圓喜）―高資（四郎左衛門尉、高時執事）―高重（次郎、東勝寺自殺）―重保（次郎、属足利基氏《もとうじ》）と見えている。また『増訂豆州志稿』によると、平重盛―□―盛綱（平、内管領）―光盛（二郎左衛門尉、又は三郎左衛門尉、長崎村に邸居し、長崎を氏とす。）―光綱（太郎左衛門尉、判髪して圓喜入道と称す。内管領、長崎村長昌院開基）―高資（内管領）―高重（元弘三年五月、北条氏滅亡の日、弟高直と共に鎌倉にて自盡す（太平記）。長崎村古屋敷に墓あり（裏表なし）とある。『関系図』には光綱を二代重ね、『増訂豆州志稿』には高綱を欠き、光盛を加えている。なお、『尊卑分脈』には高綱があり、『吾妻鏡』にも光綱の子に高綱を挙げ、共にこれを入道圓喜としているが、長崎氏の末裔中野盛紀《もりのり》氏宅にある中野系図等『中野文書』では高綱が無く、光綱を圓喜として『豆州志稿』と同様である。筆者も「得宗被官長崎氏と伊豆の長崎」（『韮山町史の栞』一九号、一九九五年）では、高綱を除いたが、あるいは光綱が一時高綱と称したか、または高資の兄に高綱が居た可能性もある。今後検討すべき問題である。

次に長崎氏と北条氏との関係が生じた動機であるが『勢州《せいしゅう》四家記《しかき》』・『伊勢軍記』・『関家筋目《せきけすじもく》』等を要約すると次の如くである。

関の一党は六波羅大臣平清盛公の後胤《こういん》である。先祖小松内大臣重盛公が天下を治められていた頃で、次男の小松新三《しんさん》位《み》資盛《すけもり》卿《きょう》が十三才の時、殿下《でんか》乗合《のりあい》（摂政藤原基房に対する路上での無礼）によって、父公《ちちぎみ》が憤《いきどう》り、伊勢国鈴鹿《すずか》郡《ぐん》関谷《せきや》久我庄《くがのしょう》に六年間流刑となった。元来伊賀・伊勢両国は平氏重代の領地であるため、両国の住人は平氏に親しみをもっていた。ここで資盛に一人の男子ができたが、資盛の帰洛後の事であったため地元で育ち、後に盛国と称した。やがて月日が立ち寿永三年八月、伊賀・伊勢の平氏が蜂起した時、頼朝は北条時政に命じてこれを討伐させた。その時、本来なら盛国も平氏の一人として誅殺されるべきところ、頼朝はかつて自分が盛国の祖父重盛に救われた恩があるとして命を助け、時政に身柄を預けた。以来盛国は頼朝の味方になり功を立てた。そしてその長男の実忠は伊勢国関谷を与えられて関氏を名乗り、次男の盛綱は時政の子義時に仕えるようになり、無二の寵臣《ちょうしん》となった。そして義時・泰時二代の内執政となり、長崎姓を名乗り、時頼の時代には長崎左衛門尉と称して家令をつとめた。

以上であるが、盛綱が長崎姓を称したのは北条氏の本拠地北条郷に接した長崎邑《ゆう》を采地《さいち》として与えられたからであり、『豆州志稿』によると、その子光綱がこの長崎村に邸居《ていきょ》して長崎氏を称したとある。

次に各世代に亘り概説しておこう。

まず始祖の盛国であるが、前掲の『中野文書』では北条時政に預けられた後、伊豆国田方郡中村庄《なかむらのしょう》に住んだと記されている。これが正しいとすれば、現在の韮山町の大字「中」の地域と考えられる。同地は古くから田方郡中村と呼ばれ、平地や台地に遺跡も多く、暦応二年（一三三九）の円城寺《えんじょうじ》文書（往時北条郷にあった寺の文書）には北方の中村（函南町）に対して「南中村」とも見えている。北条氏の本拠地北条郷に近く、その一角には近世造立の反射炉もあるので、大体の位置は知られるであろう。元暦元年（一一八四）、盛国は北条義時に従い平氏追討軍に加わって西征したが、屋島攻略を前に播摩《はりまの》国《くに》（兵庫県）の高砂浦《たかさごのうら》で長期にわたり、源範頼以下源氏の軍勢が滞留した。その間、盛国は土豪八田治郎大夫の娘と婚を通じ、その後長門国《ながとのくに》（山口県）豊田郡本郷の地へ行き、平家滅亡後ここに妻を残して帰郷した。この間に生まれたのが盛綱であったという。後年盛国は中村庄の中御所の留守居《るすい》役を勤めたというが、この中御所とはどこであろうか、一説に今の韮山町の西隣伊豆長岡町江間地域にあったといわれるが、そこは江間庄である。また御所という以上韮山町北条にあった北条館とも思われるが、この場合、北条や中・内中《うちなか》・南条・中条・長崎・原木等を含む古代の原木郷の旧地が、後に中村庄と呼ばれたのならともかく、その確証はない。したがって現在の中区に屋敷を構え御所と呼ばれた可能性が強い。また盛国は晩年伊勢国久我庄白石谷で、建久九年（一一九八）病死したという。入道名は夢庵《むあん》と記されている。

　次に盛国の子盛綱は文治元年（一一八五）八月、長門国豊田郡本郷に生まれ、同三年父と共に伊豆に移り中村に居住した。異母兄に実忠が居り、彼は父盛国の死後功を立てて伊勢国関谷二十四郷の地頭に補せられ関左近将監《さこんしょうげん》と称し、北条時政の女《むすめ》を妻としたという。この事はすでに第八章五節にも記したが、事実とすれば北条氏と姻戚関係になる。この関一族も『吾妻鏡』に登場しているが、盛綱は義時に仕え無二の寵臣となり、その仲介で小早川景平（土肥実平の養子）の女を妻とした。やがて元仁元年（一二二四）七月以降に執権となった泰時の下で家令となった尾藤景綱を補佐して活動した。通称は平三郎であったが、任官後は三郎兵衛尉、平左衛門尉等と称し、采地《さいち》（食封《じきふう》）長崎に因《ちな》んで初めて長崎姓を名乗った。『関系図』には長崎平左衛門尉、『関家筋目』には長崎左衛門尉盛綱と見えている。なお、長崎の地は平安末期から鎌倉初期にかけて近藤氏が居住し、今でも「近藤屋敷」の名称が残っているが、承久の変後この近藤氏は甲斐国（山梨県）万沢郷へ移住したため、盛綱に与えられたらしい。こうして盛綱は長崎氏の初代となった。

その主な業績は多く、ここではそのすべてを書き得ないが、『吾妻鏡』により概略の動きを挙げると、承久《じょうきゅう》三年（一二二一）五月、上洛軍の先陣北条泰時の従軍十八騎の一員として西征し、貞応《じょうおう》三年（一二二四）六月には鎌倉に不穏《ふおん》の空気があり、他の御内人と警戒に当った。また嘉禄《かろく》二年（一二二六）十月、訴人の評定所近接禁止に伴い推参者の監視を行い、安貞《あんてい》二年（一二二八）十月には、泰時が将軍頼経に馬一頭を献ずるため、その引き手として御所に随行した。また寛喜《かんき》二年（一二三〇）五月には常御所に盗賊が侵入したため、四方を警固し、貞永《じょうえい》元年（一二三二）七月には和賀江嶋《わかえ》での阜頭《ふとう》工事が開始され、尾藤景綱等と共にその督励に出向した。

天福《てんぷく》二年（一二三三）八月二十一日、得宗家家令尾藤景綱が病気で辞職すると、その跡を受けて家令となった。嘉禎《かてい》二年（一二三六）十二月には泰時が新亭に移り、御内人もその邸内周国に家屋を構え、盛綱は南門西脇に居住した。なお、同四年二月の将軍の御行《おなり》に随行し、延応《えんのう》二年（一二三九）七月には泰時の命で、六波羅探題北条時盛の帰洛を催促している。次いで仁治《にんじ》二年（一二四一）四月には武田信光（伊豆入道光蓮）より異心無き旨の誓詞を受け、執権泰時に上提した。さらに同十一月、三浦氏の一族と小山氏の一党の喧嘩が起り、若宮大路付近が騒しくなったため、泰時の命を受けて後藤基綱と共に仲裁に当った。翌三年（一二四二）六月には執権泰時の死に当り、入道して盛阿《せいあ》と号し、その三年後寛元《かんげん》三年（一二四五）五月には、浜の御倉《おくら》の内に小蛇の悩乱死があり、泰時の命で盛綱（入道盛阿）が奉行として卜筮《ぼくせい》及び祈祷《きとう》をさせた。さらに寛元四年（一二四六）十二月、下人《げにん》が幕府台所に逃げ込み、これを追う者が侵入したため、北条重時の命で盛綱等が両名を捕えた。また宝治元年（一二四七）六月、三浦氏の事で鎌倉が物騒になり、盛綱は執権時頼の書状を三浦泰村に届け、和平を計る等東奔西走している。かくして正嘉《しょうか》二年（一二五八）頃、七十余才でその生涯を閉じた。

盛綱には『関《せき》系図』では頼綱・光綱の二子があり、『豆州志稿《ずしゅうしこう》』では光盛、『長崎系図』では重綱、長崎市の『照光寺誌』には照光《あきみつ》の名が載っているので、実際には男子だけでも数名はいたのであろう。ここでは『中野系図』に見える盛時、頼綱、光盛を主体に紹介しておこう。

まず盛時であるが、『中野系図』では「平左衛門三郎、新左衛門尉《しんざえもんのじょう》、暦仁《れきにん》元戊戌《つちのえいぬ》二月十七日将軍家御上洛ニ供奉《ぐぶ》、宝治《ほうじ》元年丁未《ひのとひつじ》六月二十五日三浦氏ノ家族ヲ鎌倉ヨリ追放ス」とある。『吾妻鏡』にも安貞二年（一二二八）十月から弘長《こうちょう》元年（一二六一）六月までの間に約二〇回登場している。通称も嘉禎四年（一二三八）頃までは左衛門三郎、暦仁二年（一二三九）以降は新左衛門尉または左衛門尉、正嘉二年（一二五八）三月ではまた三郎左衛門尉と書かれている。『吾妻鏡』での記事は多く年始の儀や将軍の參詣等における供奉あるいは御的初の射手等であるが、寛元二年（一二四四）四月には、将軍頼経の子頼嗣《よりつぐ》の元服の儀や吉書《きっしょ》初、将軍職継承等の事で、幕府の使として上洛しており、正嘉二年（一二五八）三月一日には侍所《さむらいどころ》の所司《しょし》として、将軍頼嗣の二所権現《にしょごんげん》（箱根・走湯両権現）參詣の奉行《ぶぎょう》をつとめている。このほか、弘長元年（一二六一）六月二十二日には故三浦義村の子大夫律師良賢等、三浦の残党を捕えて、謀反の疑いで諏訪兵衛入道《すわひょうえにゅうどう》と共に、その取調べに当たったりしている。これ等の点を考えると、盛時は父盛綱と同様、御内人の中でも有力な存在であったことが推察される。參考までに、盛綱・盛時及び頼綱生存時期を調べてみると、盛綱から頼綱に至る間に、長男として家督を嗣いだことも推測される。

次にその頼綱であるが、『中野系図』では盛時の弟として、「左衛門尉、入道杲園《こうえん》、又景園、母小早川景平女、時宗貞時執権内管領、後次男飯沼判官為綱ヲ将軍ニ立テントノ陰謀アリシヲ長男宗綱貞時ニ訴フ　遂ニ永仁《えいにん》元　癸巳《みずのとみ》四月二十二日為綱ト共ニ誅セラル」と注記してある。この頼綱が『吾妻鏡』に登場するのは、兄盛時よりも遅く、建長八年（一二五六）一月四日の条で、平新左衛門《へいのしんざえもん》三郎頼綱と記されている。この時は新年の御的始《おまとはじ》の射手《いて》候補として北条時頼より指名されており、九日にも決定十八名の中に入っている。以下、正嘉二年（一二五八）一月に同じく射手、弘長三年（一二六三）一月に将軍御行始《おなりはじめ》の御引出物係（一の御馬担当）などで參列している。通称に三郎と入っているのは、盛時の場合も同じであり、また弟に三郎光盛とある点気になる。これは父盛綱以来の踏襲であろうか。『関家筋目』には「長崎平左衛門尉頼綱」、「嫡子平太郎左衛門殿頼綱」とあって、父同様長崎姓が見られるが、『吾妻鏡』にはそれが無く、本姓の「平」になっている。

執権時宗の代には政所《まんどころ》の執事と侍所の所司を兼ね、妻は時宗の子貞時の乳母となり、内管領（家令）として権力を増大させた。文永《ぶんえい》八年（一二七一）には第九章で触れたように僧日蓮の処刑問題もあったが、弘安二年（一二七九）には、駿河国富士郡（得宗領）で行った熱原《あつはら》法難にも関っている。この時は一族の長崎左衛門尉時綱を派遣し、熱原の神四郎《じんしろう》以下約二十名の法華衆徒《しゅうと》を捕えて鎌倉に連行させ、自邸で三男の資宗（為綱）と共に改宗を迫って痛めつけ、遂には三名を殺害している。日蓮の弟子日興《にっこう》（大石寺開山）の『本尊分与帳《ほんぞんぶんよちょう》』によれば、この時の裁判は頼綱によって裁決され、念仏を要求する最中に、十三才になる頼綱の子飯沼判官資宗に命じて、朴《ほう》や桐の木で作った「ヒキメ」と呼ばれる中空の鏃《やじり》を使った矢を放ち、神四郎等三人を威嚇したが動じなかったため、遂に斬殺したという。この後、弘安八年（一二八五）十一月には、幕府における外様《とざま》（御家人）の第一人者安達泰盛《あだちやすもり》と衝突し、頼綱が泰盛を執権貞時に「謀反の疑いあり」として訴えた。そのため泰盛は貞時に討たれ、頼朝以来の名門がまた一つ滅亡するに至った。これが霜月《しもつき》騒動であった。その後の頼綱の権勢ぶりはこれ亦前章で紹介したように、元女官の日記『とはずがたり』や『保暦間記《ほれきかんき》』に見る通りであったが、やがて長男の宗綱の訴えによって、将軍職を奪う陰謀ありとして、永仁九年（一三〇一）四月二十二日、貞時に討伐され、頼綱及び資宗は自害し、一族・余党九十余名も落命した。世にいう平禅門《へいぜんもん》の乱である。父や弟を訴えた長男の宗綱も罪ありとして佐渡へ流されたが、やがて許され、内管領となったものの、また罪を着て上総国へ流されたという。

この宗綱は『関家筋目』に「長崎平太郎左衛門尉宗綱」とあり、守邦親王《もりくに》が将軍の治世に執事職を勤め、応長元年（一三一一）に入道して圓善と号したという。また同書には宗綱・為綱（資宗）の弟に三郎左衛門頼基と四郎高頼を挙げているが、『中野系図』ではこの両者を頼綱の弟光盛の子としている。前述したように頼綱の系統は平禅門の乱で宗綱を除き殆ど全滅しているので、光盛系とした方が正しいように思われる。いずれにせよ頼基は子の勘解由《かげゆ》為基と共に、『太平記』にその武勇が記録され、幕府滅亡の際に北条高時と共に東勝寺で自刃している。

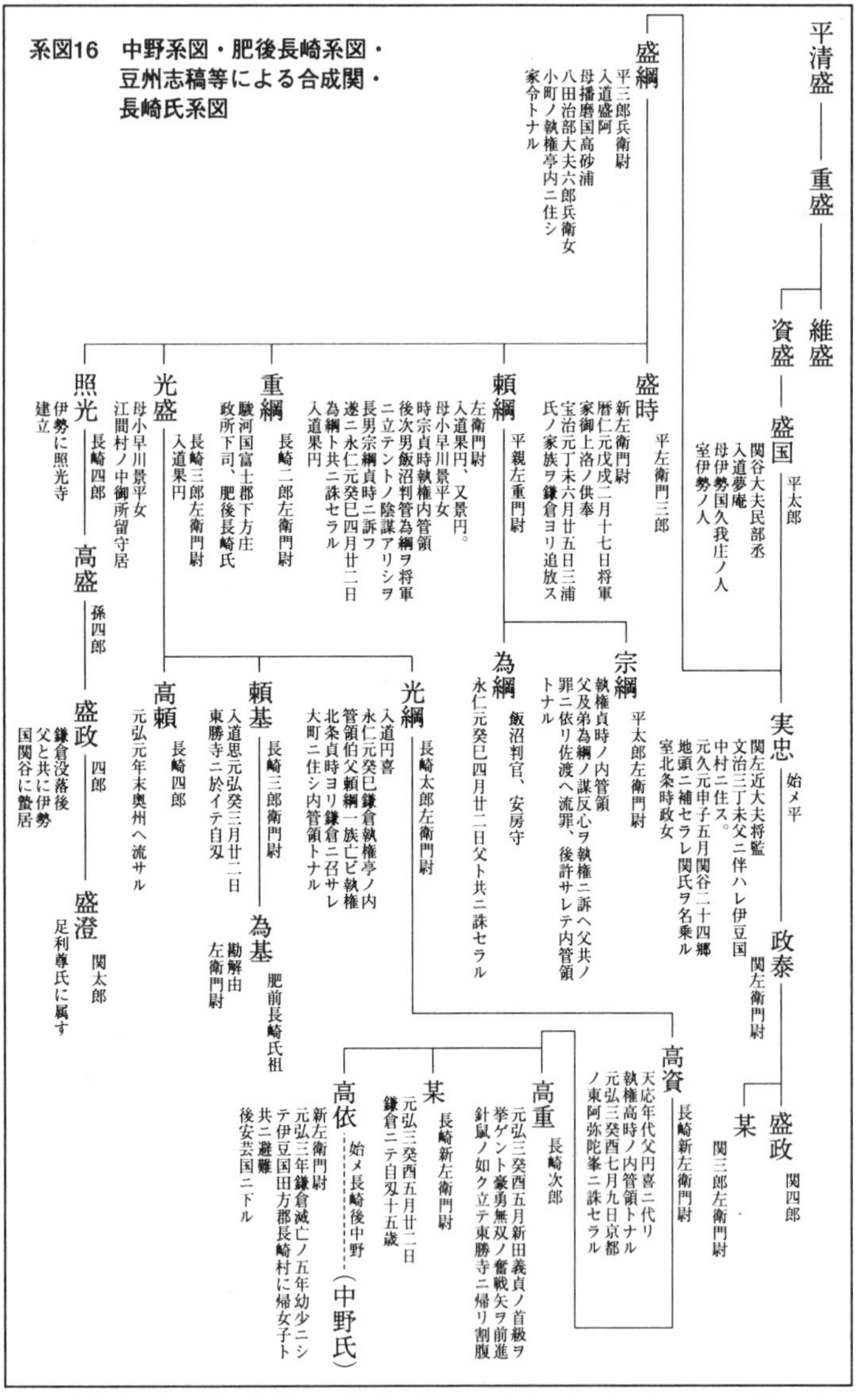
平清盛
重盛
維盛
資盛
盛国 平太郎
関谷大夫民部丞
入道夢庵
母伊勢国久我庄ノ人
室伊勢ノ人
盛綱
平三郎兵衛尉
入道盛阿
母播磨国高砂浦
八田治部大夫六郎兵衛女
小町ノ執権亭内ニ住シ
家令トナル
盛時 平左衛門三郎
新左衛門尉
暦仁元戊戌二月十七日将軍
家御上洛ノ供奉
宝治元丁未六月廿五日三浦
氏ノ家族ヲ鎌倉ヨリ追放ス
頼綱 平親左重門尉
左衛門尉
入道果円、又景円。
母小早川景平女
時宗貞時執権内管領
後次男飯沼判管為綱ヲ将軍
ニ立テントノ陰謀アリシヲ
長男宗綱貞時ニ訴フ
遂ニ永仁元癸巳四月廿二日
為綱ト共ニ誅セラル
入道果円
重綱 長崎二郎左衛門尉
駿河国富士郡下方庄
政所下司、肥後長崎氏
光盛 長崎三郎左衛門尉
入道果円
母小早川景平女
江間村ノ中御所留守居
照光 長崎四郎
伊勢に照光寺
建立
高盛 孫四郎
盛政 四郎
鎌倉没落後
父と共に伊勢
国関谷に蟄居
盛澄 関太郎
足利尊氏に属す
宗綱 平太郎左衛門尉
執権貞時ノ内管領
父及弟為綱ノ謀反心ヲ執権ニ訴ヘ父共ノ
罪ニ依リ佐渡ヘ流罪、後許サレテ内管領
トナル
為綱 飯沼判官、安房守
永仁元癸巳四月廿二日父ト共ニ誅セラル
光綱 長崎太郎左衛門尉
入道円喜
永仁元癸巳鎌倉執権亭ノ内
管領伯父頼綱一族亡ビ執権
北条貞時ヨリ鎌倉ニ召サレ
大町ニ住シ内管領トナル
頼基 長崎三郎衛門尉
入道思元弘癸三月廿二日
東勝寺ニ於イテ自刃
為基 肥前長崎氏祖
勘解由
左衛門尉
高頼 長崎四郎
元弘元年末奥州へ流サル
実忠 始メ平
関左近大夫将監
文治三丁未父ニ伴ハレ伊豆国
中村ニ住ス。
元久元甲子五月関谷二十四郷
地頭ニ補セラレ関氏ヲ名乗ル
室北条時政女
政泰 関左衛門尉
盛政 関四郎
某 関三郎左衛門尉
高資 長崎新左衛門尉
天応年代父円喜ニ代リ
執権高時ノ内管領トナル
元弘三癸酉七月九日京都
ノ東阿弥陀峯ニ誅セラル
高重 長崎次郎
元弘三癸酉五月新田義貞ノ首級ヲ
挙ゲント豪勇無双ノ奮戦矢ヲ前進
針鼠ノ如ク立テ東勝寺ニ帰リ割腹
某 長崎新左衛門尉
元弘三癸酉五月廿二日
鎌倉ニテ自刃十五歳
高依 始メ長崎後中野
（中野氏）
新左衛門尉
元弘三年鎌倉滅亡ノ五年幼少ニシ
テ伊豆国田方郡長崎村に帰女子ト
共ニ避難
後安芸国ニ下ル
系図16 中野系図・肥後長崎系図・豆州志稿等による合成関・長崎氏系図

（三）　長崎圓喜・高資とその末裔《まつえい》

平禅門の乱で滅亡した頼綱一族亡きあと、わずか二十二才の執権貞時は、幕政の改革に着手し、得宗被官専制化から元の得宗政治に復帰させる動きを示した。一時は内管領も御内人を外して北条一族から選んだが、一門の中に内訌《こう》を生じ、やがて、頼綱の甥で伊豆にいた光綱が召し出されて内管領になった。

この光綱は頼綱の弟長崎三郎左衛門光盛の子で、この光盛に関しては『増訂豆州志稿』巻之十三、人物の部に「長崎光盛（三郎左衛門尉）、北条氏ノ内管領平盛綱ノ子也、長崎村ノ采地ニ邸居ス、因テ長崎ヲ氏トス」と見えている。また同書巻之十、仏刹《ぶっさつ》の部には、東方山長昌院（伊豆国田方郡長崎村所在）に関連して同様の記述があるが、そこには「三郎左衛門尉光盛」と記されている。通称は『関家筋目』や『中野系図』にも「三郎左衛門」と見えており、これが正しいのであろう。母親は頼綱と同じ小早川景平の女である。

光盛は『関系図』には「太郎左衛門」とあるが、『中野系図』にも「長崎太郎左衛門尉、入道圓喜《えんき》、永仁《えいにん》元癸巳《みずのとみ》鎌倉執事ノ内管領伯父頼綱一族亡ビ執権北条貞時ヨリ鎌倉ニ召サレ大町ニ住シ内管領トナル」と記されている。この点『増訂豆州志稿』にも「太郎左衛門尉、剃髪シテ圓喜入道ト称ス。内管領。長崎村長昌院開基」とあって、大体一致している。問題は「圓喜」という法号である。『増訂豆州志稿』にも『中野系図』にも光綱を圓喜としているが、『増訂豆州志稿』には（武家系図筋目等ニハ圓喜ヲ光綱ノ子高綱トス）との注記がしてある。この高綱を圓喜とする説は『関家筋目』や『関系図』にも見られるが、『中野系図』では高綱の存在を認めていない。『保暦間記』には長崎圓喜入道高綱を「正応《しょうおう》ニ打《うた》レシ平左衛門（頼綱）入道カ甥、光綱ノ子」と記しているが、これを「頼綱の甥光綱の子」と解するか、「頼綱の甥で、光綱の子」と解するかで系図が違ってくる。この場合前者を採れば高綱は頼綱の弟の孫になり、時間的に妥当性を欠き、後者をとれば光盛が一代抜けることになる。この点、光綱と高綱が同一人物で、高綱の名が改名後のものとし、『保暦間記』の光綱が光盛の誤記とすると、まことに理解し易くなる。また高綱は光綱の弟で、兄の養子になったとしても説明はつく。ともかくここでは光綱の子を高資とする『中野系図』に従っておく。

次に光綱を圓喜として、なお後事を補説するならば、応長《おうちょう》元年（一三一一）十月、執権貞時の遺言で高時の舅安達時顕《しゅうとあだちときあき》と共に後事を託され、正和元年（一三一二）六月、執権宗宣《むねのぶ》の死去に当たって熈時《ひろとき》を後任に立て、同五年七月、高時を執権とした。その後元応《がんのう》二年（一三二〇）、嫡子高資《たかすけ》に内管領を譲ったが、元弘《げんこう》三年（一三三三）鎌倉幕府滅亡に当たり、北条氏の菩提寺《ぼだいじ》鎌倉の東勝寺において、高時以下北条一門や孫たちと共に自害した。

光綱の跡を嗣いだのは高資《たかすけ》である。新左衛門尉と称し、また四郎左衛門尉とも云った。元応二年、父圓喜に代わり執権高時の執事（内管領）となり、同年七月高時が田楽《でんがく》や闘犬《とうけん》に耽《ふけ》ったため、政権を掌握し、大きな権勢を誇るようになった。嘉暦《かれき》元年（一三二六）三月に至り、高時が病床に臥《ふ》すと剃髪・引退させ、北条氏一門の金沢貞顕《さだあき》を執権とし、さらに同族の赤橋守時を執権とした。高時はこの高資を誅殺させようと計画したが、発覚したため高資の叔父高頼に罪を着せ、高頼は高資によって奥州へ流された。その後元弘三年（一三三三）正月、軍奉行《いくさぶぎょう》として東国八ヵ国の兵を率いて西上したが、楠木正成の軍に捕えられ、七月九日京都の東阿弥陀峯《あみだみね》で処刑された。この圓喜・高資二代は頼綱以上の権勢をほしいままにした御内人であった。

高資には高重・高直・高依《たかより》の三子があったが、高重は長崎次郎と称し、元弘三年五月二十二日、北条氏滅亡の時、祖父の圓喜や弟の高直と共に自決した。『増訂豆州志稿』の人物の部、墳墓の部、仏刹の部等に関連記事が載っているが、その内、巻之十三人物の部の「長崎光綱」の項には、「其孫高重・高直云々、（太平記）」とあって、父高資の説明はないが、祖父の光綱との関係が記され、光綱と高資の父子関係が間接的に記されている。またそこに引用されている『太平記』を実際に見ると、巻十に長崎二郎高重の名が見え、特に「長崎次郎高重最後合戦」の条に、「去《いぬ》る程今日に至るまで夜昼八十余ヶ度の戦に、毎度先を懸《か》け、囲《かこ》いを破って、自ら相当る事、其の数を知らざりしかば、手の者、若党共、次第に討ち亡ぼされて、今は僅かに百五十騎に成りにけり」とある。また、「高重今はとても敵に見知られぬる上はと思ひければ、馬を懸《かけ》居え、大音揚げて名乗けるは、桓武《かんむ》天皇第五の皇子葛原親王《くずはらしんのう》は、三代の孫平将軍貞盛より十三代、前《さきの》相模守高時の管領に、長崎入道圓喜が嫡孫次郎高重、武恩を報ぜんがため討死にするぞ」とも記されている。なお、「一門自害」の条では、高重の壮絶な割腹場面が描かれている。

『豆州志稿』の巻の十二、墳墓の部に、伊豆国田方郡内のものとして、「長崎高重（次郎）墓」が載せられており、その説明に、「長崎村古屋敷ニアリ今榎《えのき》アリテ墓表ナシ」とあり、江戸時代後期には長崎氏の屋敷跡と、墓地の存在したことを伝えている。またそれに加筆した『増訂豆州志稿』には「元弘三年五月二十二日北条氏滅亡ノ時、其祖圓喜、及弟高直ト與《とも》ニ鎌倉ニ於テ自尽《じじん》ス按ズルニ此地長崎氏ノ食邑《じきゆう》ナルヲ以ッテ或ハ遺骸ヲ送葬セル乎」と記している。現在韮山町長崎の長昌院には二つの古い位牌が残っており、その一つには「長昌院殿悦山入道《ちょうしょういんでんえつざんにゅうどう》圓喜大居士《えんきだいこじ》、元弘三年五月二十二日」とあり、これは光綱の霊版である。またもう一つは「英岸禅雄《えいがんぜんゆう》禅定門《ぜんじょうもん》　長崎次郎高重牌」と書かれている。

高重の弟高直については『中野系図』に「某、長崎新左衛門尉　元弘三年癸酉《みずのととり》五月二十二日鎌倉ニテ自刃　十五才」とあり、もう一つの『中野氏系図』には「長崎新左衛門　東勝寺ニテ自刃」と見えている。また、その弟高依《たかより》（高資三男）に関して『中野系図』には、「始メ長崎後中野、新左衛門尉、元弘三年鎌倉滅亡の時は幼少ニシテ伊豆国田方郡長崎村ニ婦女子ト共ニ避難、後安芸国ニ至ル」とあり、また一本に「長崎、中野、新左衛門尉、小早川家に属し安芸郡中野邑に住す。氏を藤原と称し長崎を中野に改む　七千石を禄す」とある。その子孫が『中野文書』及び『中野系図』を保有する中野家で、鎌倉幕府滅亡後、先祖盛綱が小早川家の女を内室にしていた縁を頼って安芸国《あきのくに》（広島県）に下り、辺境の地中野村に土着したわけである。子孫は代々小早川家に仕え、後に長門国《ながとのくに》（山口県）豊田郡本郷の地へ移住した。その高依以後の系図は『韮山町史の栞』第十九集の「得宗被官長崎氏と伊豆の長崎」（拙著）に紹介したが、ここでは省略する。

なお、高重の子に高保という子があったようで、『関《せき》系図』には「次郎、属足利基氏」とあり、『中野氏系図』にも見えているが、尊氏の子基氏に仕えたという事以外は不明である。

この他、長崎氏の庶流が若干あり、『増訂豆州志稿』人物の項にも、「此地光盛ノ裔長崎村ニ居住セン者ト思ハルレ共事蹟詳《つまびらか》ナラズ」とある。そこで同書の仏刹の部、長昌院の項を見ると、「又寺記ニ長崎勘解由《かげゆ》左衛門尉為基《ためもと》此所ニ遁居《とんきょ》シ年九十二ニテ卆ストアレドモ是レ太平記ニ行方《ゆくえ》知レズトアルニヨリテ索強《けんきょう》セシナラム、為基ノコトハ村里部ニ記ス」とある。その町村部（村里部）には漢文の碑文名を紹介して、元弘の乱後為基が海西の肥前国《ひぜんのくに》（長崎県）に逃亡し、そこに姓氏による長崎の地名が生じたと記している。太田亮氏の『姓氏家系大辞典』にも、肥前の長崎氏を挙げ、『徂来《そらい》文集』の漢文記事（前記碑文）などを紹介し、為基の子孫が長崎（今の長崎市）の邑主となったなどいわれるが「信じ難し」と記している。

確かに『太平記』には巻十の「長崎父子武勇」の条に「長崎三郎左衛門思元《しげん》、子息勘解由左衛門為基」と見えている。思元は系図に見る通り長崎頼基であり、頼綱の三男とも言われるが、実際には『中野系図』にあるように光盛の子で、光綱の弟と思われ、その子為基は高資と従兄弟である。『太平記』に「行方知れず」とある為基は鎌倉から逃亡したのであり、伊豆の長崎に隠遁したというのが事実であろう。『増訂豆州志稿』墳墓の部、長崎高重墓の末尾に、「縁起《えんぎ》又曰《いわく》為基嘉慶二年九月十七日、年九十二ニテ卒ス　法名禅雄ト亦誤り也、寺ノ古牌《こはい》ニ英岩禅雄定門、脊ニ長崎次郎高重牌トアレバ此塚《このつか》ハ必高重ナルヘシ云々」とある。そうすると古屋敷にある塚（土饅頭）は結局誰の墓か不明であるが、長崎氏一族のものであろうし、当地に埋葬された者を考えると、戒名《かいみょう》は別として為基の確率が高いようにも思われる。一方、肥前の長崎氏については、『姓氏家系大辞典』所載の「長崎系図」によると、「盛綱―重綱《しげつな》―重定（長崎左馬助）を挙げ、以下江戸時代に至るまでの系図を載せている。同国彼杵《そのき》郡長崎邑（長崎市）を本拠とする名族で、その祖重綱の注記には「長崎小太郎、貞応年中、肥前国彼杵郡に至り、深江浦に居す、云々」とある。貞応年中といえば　西暦一二二二〜一二二四年の間であり、当時この付近は北条氏所領の一つとして、御内人の長崎重綱の所管となったのであろうか。

最後にもう一つ、伊勢国員弁《いんべ》郡石榑《いしくれ》南村に土着した一派がある。同地の昭光寺の伝記に「小松重盛四代の孫盛綱の四男長崎四郎照光・本邑に一寺を創立し、その名を以って寺号とする。当時禅（宗）なりしが、正嘉中・真宗に転じ、名を澄念と改む」とある。以下高盛（孫四郎）―盛政（四郎）―盛澄（関太郎）と続き、盛澄は足利尊氏に属している。

（四）南条氏一族

『吾妻鏡』における鎌倉時代の記事は文永三年（一二六六）七月までで終っているが、この間の御内人（得宗被官）の登場状況を概算すると、複数であるが長崎氏の系統（平姓も含む）が六一名、尾藤氏が二七名、南条氏が二八名、と多く、これに諏訪氏が二五名で次いでいる。長崎氏は平姓、尾藤氏は藤姓で両者共に北条義時以来の外来の家臣であるが、南条氏は北条氏と同族の平姓で、同じ伊豆国発祥の家柄であり、早くより北条氏に属していた。

すなわち南条氏の本拠地は伊豆国田方郡北条郷から中条を経て南方の南条郷であった。その一族は『吾妻鏡』のみでなく、『真字本曽我物語』・『承久軍物語』・『太平記』・『梅松論』・『日蓮遺文』・『大石寺文書』・『妙蓮寺文書』・『豆州志稿』等多くの書籍に見えている。その初見は『真字本曽我物語』で、安元二年（一一七六）十月、伊豆の奥野に頼朝を迎えて行われた近郷豪族達の狩野に、南条小太郎なる者が加っていることである。「物語」の中の人物で実在したか否かは不明であるが、ともかく伊豆における南条を名乗る者の初見である。次は『吾妻鏡』建久六年（一一九五）三月十日の条に見える南条次郎で、東大寺落慶供養のため南都（奈良）東南院に着いた頼朝に、北条時政・安達藤九郎・加藤光員・堀親家・仁田忠常・北条義時・天野遠景・加藤景廉《かど》・平盛綱等と共に供奉している。次いで元久元年（一二〇四）十月十四日、前大納言坊門信清卿の息女を実朝の御台所《みだいどころ》として迎えるため、北条政範《まさのり》（時政子）や宇佐美祐茂・鎌田俊長等、伊豆の武士と共に南条平次が上洛している。この平次は「平姓の次郎」で、前記の南条次郎と同一人かも知れない。

その後十余年を経た建保三年（一二一三）一月二日、北条義時が将軍に献じた垸飯《おうばん》の儀に、南条七郎時員が、加藤光資・曽我祐綱・肥田宗直等伊豆の武士達と共に参席し、進物の係をつとめている。この七郎時員は、その後『承久軍物語』にも登場するが、『吾妻鏡』をなお追うと承久三年（一二二一）五月二十二日、承久の乱に際して、北条泰時の側近十八騎の一騎として、平（長崎）盛綱・加藤景廉・北条時氏・葛山小次郎等と共に従軍している。

そして、同年六月十四日、宇治川を渡るため、泰時から浅瀬の探索を命ぜられた芝田橘六《きつろく》兼義と七郎時員は、水練の達者であったため、流れの中で浅瀬を発見、無事渡河を成功させた。また貞応三年（一二二四）六月二十八日には鎌倉に不穏な空気があり、平盛綱・尾藤景綱・関実忠・安東光家・萬年右馬允《うめのじょう》等御内人仲間で警戒に当たっている。次いで翌嘉禄二年（一二二五）十月十二日には、評定所役人として、訴人が評定所へ近接するのを取り締まるため前記の面々と共に行動している。それから十一年後の嘉禎二年（一二三六）一月二日及び三日には、子息太郎左衛門尉と共に、新年の垸飯の儀に列席し進物の御馬の係をつとめ、八月三日には幕府の新造御所移徙の儀があり、平盛時等と参列している。さらに十二月十九日には執権北条泰時の新亭ができ、屋敷内周縁に主要な御内人の居宅が設けられ、時員は西側に安東光成の家と並んで当てがわれた。翌三年（一二三七）一月二日垸飯の儀に出席、同四月二十二日、次男の兵衛四郎経忠と共に北条時頼元服の式に列席、役務分担し、四年一月二日、また垸飯の儀に関与している。

このあと時員の弟と思われる八郎兵衛尉（後に左衛門尉）忠時が『吾妻鏡』暦仁二年（一二三九）一

月三日、同五日、延応二年（一二四〇）一月二日、建長八年（一二五六）一月四日の条々に見え、垸飯の儀の進物係や御弓始の儀の射手などとして新年の行事に加わっている。また時員の子息と思われる大郎兵衛尉は実名不明であるが、前掲の如く嘉禎二年一月二・三日の条に垸飯の儀に関係しており、時員の次男七郎次郎（二郎）は寛喜元年（一二二九）九月九日及び同十二月十七日の条に登場し、後に左衛門二郎と称したらしく建長八年（一二五六）一月四日の条に記されている。この人も実名不明であるが、和琴《わぎん》をよくし、その秘曲を伝授して貰うため京へ派遣されている。その弟に七郎三郎があり、安貞三年（一二二九）一月十五日、鶴岡八幡宮における御弓始の儀で四番射手をつとめている。暦仁二年（一二三九）一月三日に垸飯の儀の進物係として記されている平四郎は、多分後の建長六年（一二五四）一月四日、御弓始で五番射手をつとめた左衛門四郎と同一人物であろう。

時員の孫、つまり太郎兵衛尉の子息は長男が新左衛門尉頼員、次男が兵衛二郎経忠で、頼員は康元二年（一二五七）一月一日、平盛時や工藤高光・鎌田二郎等と年始の儀に加わり、同二月二六日には北条時宗の元服の儀、正嘉二年（一二五八）及び正元二年（一二五九）の元旦には年始の儀に加わっている。また、経忠は前掲の如く嘉禎三年四月の時頼の元服に陪席しており、その弟兵衛六郎は建長八年（一二五六）一月四日及び九日、工藤朝高等と共に、御的始の射手に選ばれている。『吾妻鏡』における南条氏の記録はこれで終りであるが、『日蓮遺文』によると、兵衛六郎の弟と推定される兵衛七郎の存在が、文永元年（一二六一）十二月十三日付の「南条七郎殿御返事」等で知られる。太郎兵衛尉の七男であったから、本来なら庶流として分家する筈であるが、どうも長兄の太郎頼員に子が無く、この七郎が嗣いだ可能性がある。いずれにせよ鎌倉在勤中に日蓮の信者になったのであるから、建長五年（一二五三）

から弘長元年（一二六一）までと、伊豆配流から帰還した弘長三年から翌文永元年（一二六四）秋までの、日蓮鎌倉在住中の入信であろう。日蓮正宗総本山大石寺の元管長日亨《にちこう》師は、大石寺建立の外護《げごしゃ》者南条時光について、伝記『南条時光全伝』を書いておられるが、同師は南条兵衛七郎の入信時期を弘長年間と推定されている。当時鎌倉は京都と並ぶ政治・文化の大中心地であり、武家や僧侶等の指導者層の集結した地域であったが、その中で日蓮上人に帰依する者、心を寄せる者も次第に増えつつあった。その中には北条氏の一族北条弥源太入道や、幕府に仕える富木《とき》五郎左衛門尉胤継・太田五郎左衛門尉乗明、池上右衛門大夫宗仲・同兵衛志《さかん》宗長兄弟、宿谷《しゅくや》左衛門大夫光則、比企大学三郎能本（能員遺子）、南条兵衛七郎、石川新兵衛宗忠等、さらには甲斐の波木井《はきい》実長、大井荘司入道等地方の御家人等がいた。

南条兵衛七郎は入信当初は北条一族同様、念仏の方も捨て切れなかったが、次第に法華教の信者となり、その家族や縁者も多く日蓮信者となった。南条氏の家督を嗣いだらしく所領も各地にあったが、文永元年（一二六四）頃には病弱の身となり、采地《さいち》の駿河郡富士郡上野郷に移住して静養した。そして翌二年三月に病没しており、法号は行増といった。妻は駿河国庵原郡松野郷の地頭松野六郎左衛門行易《ゆきやす》の女で、その母（祖母）は北条氏の女と伝えられるので、あるいは御内人であったかも知れない。この兵衛七郎と松野氏の女との間に生まれた子は三男六女が知られているが、長男の七郎太郎と三男の七郎五郎は若くして死し、七郎次郎時光が家督を嗣いだ。

時光が家督を嗣ぎ領有した土地は、伊豆国田方郡南条邑を始め、駿河国富士郡上野郷（富士宮市上野地区）、同蒲原庄関嶋（富士市加島地区）、同安倍郡麻機《あさはた》（静岡市麻機地区）、相模国山内庄舞岡郷（鎌倉市）、同鎌倉の屋地《やち》（屋敷）、丹波国《たんばのくに》小椋庄《おくらのしょう》（兵庫県青垣町）、陸奥国岩手郡仁王郷（盛岡市）等で、

富士宮市大石寺に伝わる『大石寺文書』の中、「南条氏関係文書」一三点（主として譲状《ゆずりじょう》）に見えるものである。鎌倉の屋地は南条氏嫡流が居住した所であろうし、時光が宗家《そうけ》（本家）を嗣いで在住した地であろう。『日蓮聖人遺文』の文永十一年七月十一日付の「上野殿後家《ごけ》尼御前《あまごぜん》御返事」によれば、同年五月に鎌倉から身延山（山梨県身延町）に移住された日蓮に、時光の母が種々の品物を供養した事への謝辞と共に、「（こうえのどの）《(故上野殿＝兵衛七郎)》をんかたみに御み《(身)》をわか《(若)》くして、とどめをかれるか、すがた《(姿)》のたが《(違)》わせ給わぬに、御心さ《(え)》ひに《(似)》られける事いふばかりなし」とあって、兵衛七郎の忘れがたみである七郎次郎時光が、姿も心も父に似ていると賞讃されている。同月下旬に、時光も身延山を訪問し、日蓮に鵞目《がもく》（銭貨）十連、川のり《(海苔)》二帖《じょう》、薑《はじかみ》（しょうが）二十束を寄進している。

翌十二年（一二七五）は四日で建治元年となったが、十七才になった時光は既に元服し、南条家の惣領として結婚も考え、上野郷の旧宅の東北方に新しい屋敷を設定し、半町（約五〇ｍ）四方の方形に堀と土塁をめぐらした、当時流行の武家屋敷を構えた。後年この屋敷は時光によって寺となり、母の法名をとって妙蓮寺と称し、日蓮正宗の本山となっている。なお、弘安五年（一二八二）九月日蓮が入滅した後も時光の信仰と供養は続き、身延山久遠寺《くおんじ》を嗣いだ日興《にっこう》が、地頭波木井氏との確執から退山し、富士山麓へ下向すると、同上人《しょうにん》を迎えて上野郷（大石ヶ原）に寺地を寄進し、上人と共に大石寺《たいせきじ》を建立した。三十二才の時である。これが今日の日蓮正宗総本山となっている。延慶《えんぎょう》二年（一三〇九）の時光自筆の書状には、「左衛門尉時光」とあり、また「平時光」と本姓を記した書もある。その子女は十三人の多きに及んでいるが、男子は左衛門尉の子ということで、長男は左衛門太郎高直、次男は左衛門次郎時忠、三男は左衛門三郎、四男は左衛門四郎で共に本名不明、五男は左衛門五郎時綱、六男は左衛門六郎清時、七男は左衛門七郎で、本名不明の三名も、日郷師の『日興上人御遷化次第《ごせんげしだい》』には、葬儀の参列者として通称名が記されている。八男は乙若《おとわか》、九男は乙次《おとつぐ》であった。

嘉暦元年（一三二六）二月、次男時忠が病没し、十月には八日、大石寺で行われた日蓮の五十回忌に時光も出席したが、この頃、幕府の衰運著しく、元徳二年（一三三〇）七月には時光の長男高直が、討幕運動を起した日野俊基を捕えて鎌倉へ送るなど時光一族も幕府側にあって活動した。しかし、元弘二年（一三三二）五月一日、時光は七十四才の生涯を閉じた。法名は大行《たいぎょう》である。同年八月十日、時光の五男時綱も主家加勢のため鎌倉へ向い、翌三年五月十八日には、長男高直が執権守時の侍大将として戦い討死（法名妙行）し、翌日には、その子の次郎左衛門宗直も北条氏の一族大仏《おさらぎ》貞直と共に死亡（法名行蓮）。鎌倉幕府滅亡に殉じた。

南条一族で生き残ったのは、高直の長男高光と、時光の五男時綱で、高光は上野郷へ帰り、時綱は伊豆の南条へ落ち着いた。高光の子孫は不明であるが、時綱の子孫は代々伊豆に残り、後に後北条氏に仕えた。なお、時綱の子牛王丸は出家して日伝といい、後に安房国の妙本寺及び小泉（富士宮市）の久遠《くおん》寺《じ》（富士五山の一）の第二世となった。さらに、時綱の弟乙若（時光七男）は日相、乙次（同八男）は日眼《にちげん》と称して、妙蓮寺の二世及び三世となった。かくして、御内人南条氏は主家北条氏と運命を共にし、戦場へ出なかった幼少の男子は出家して僧侶となったが、これは南条氏と姻戚関係にあって、時光と共に北山本門寺を建立した石川氏一族の場合も、同様であった。

系図17　南条氏系図

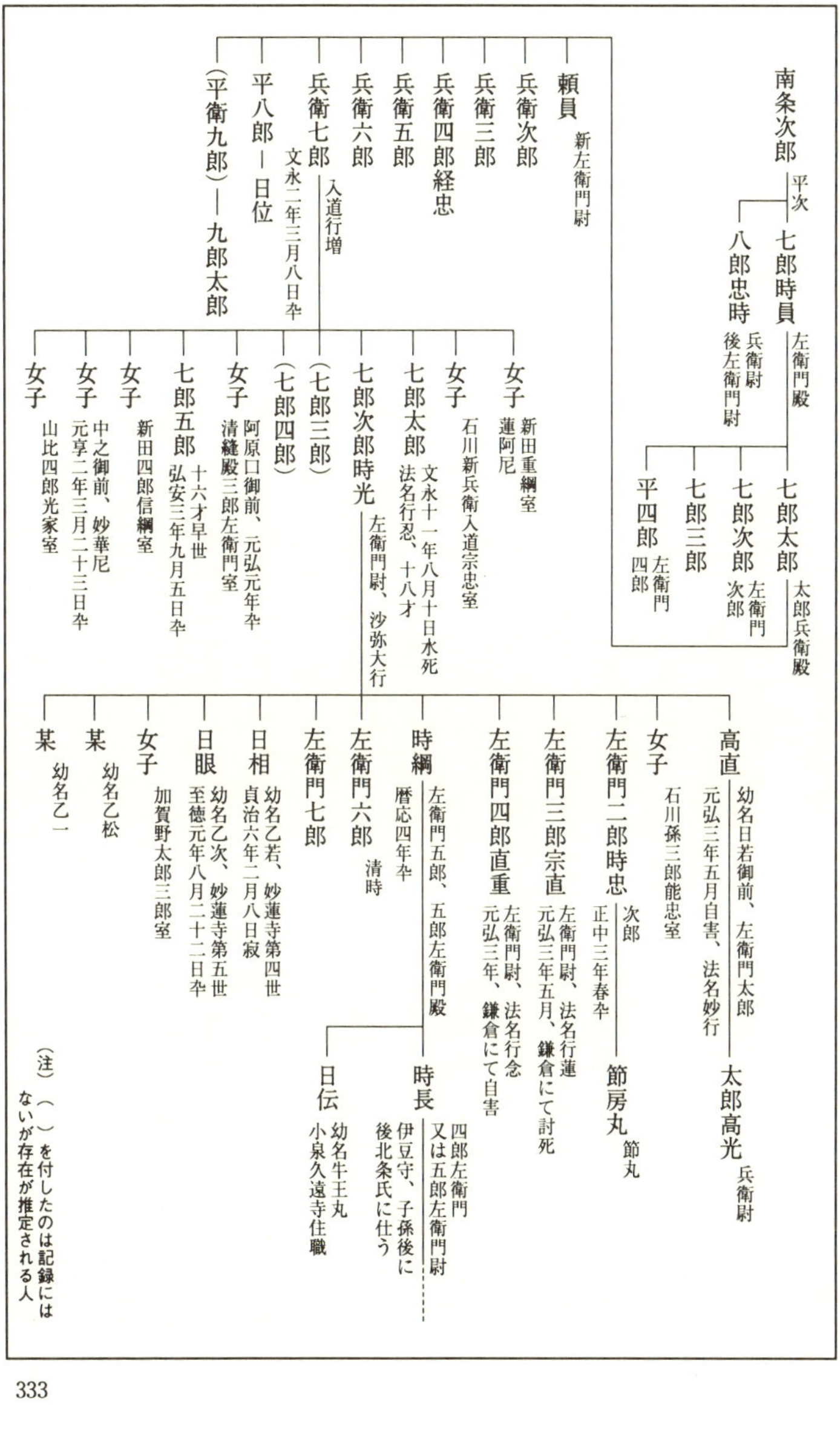
南条次郎
平次
七郎時員
左衛門殿
八郎忠時
兵衛尉
後左衛門尉
七郎太郎
太郎兵衛殿
七郎次郎
左衛門
次郎
七郎三郎
平四郎
左衛門
四郎
頼員
新左衛門尉
兵衛次郎
兵衛三郎
兵衛四郎経忠
兵衛五郎
兵衛六郎
兵衛七郎
入道行増
文永二年三月八日卆
平八郎—日位
(平衛九郎)—九郎太郎
女子
新田重綱室
蓮阿尼
女子
石川新兵衛入道宗忠室
七郎太郎
文永十一年八月十日水死
法名行忍、十八才
七郎次郎時光
左衛門尉、沙弥大行
(七郎三郎)
(七郎四郎)
女子
阿原口御前、元弘元年卆
清縫殿三郎左衛門室
七郎五郎
十六才早世
弘安三年九月五日卆
女子
新田四郎信綱室
女子
中之御前、妙華尼
元享二年三月二十三日卆
女子
山比四郎光家室
高直
幼名日若御前、左衛門太郎
元弘三年五月自害、法名妙行
太郎高光
兵衛尉
女子
石川孫三郎能忠室
左衛門二郎時忠
次郎
正中三年春卆
節房丸
節丸
左衛門三郎宗直
左衛門尉、法名行蓮
元弘三年五月、鎌倉にて討死
左衛門四郎直重
左衛門尉、法名行念
元弘三年、鎌倉にて自害
時綱
左衛門五郎、五郎左衛門殿
暦応四年卆
時長
四郎左衛門
又は五郎左衛門尉
伊豆守、子孫後に
後北条氏に仕う
日伝
幼名牛王丸
小泉久遠寺住職
左衛門六郎
清時
左衛門七郎
日相
幼名乙若、妙蓮寺第四世
貞治六年二月八日寂
日眼
幼名乙次、妙蓮寺第五世
至徳元年八月二十二日卆
女子
加賀野太郎三郎室
某
幼名乙松
某
幼名乙一
(注)（　）を付したのは記録にはないが存在が推定される人

（五）　安東氏一族

御内人として駿河国に本拠をもつ安東氏《あんどう》も著名であり、『吾妻鏡』には延べ三〇回程登場する。太田亮氏の『姓氏家系大辞典』には「駿河の安東氏」として次のように見える。

駿河国安倍郡安東荘より起る。安東荘の名は那智山貞和二年（一三四六）文書に見え、安東氏の事は東鑑（吾妻鏡）承久二年条に「駿河の人安東忠家」を載せたり。

しかし、『吾妻鏡』を調べると承久二年（一二二〇）よりも七年早く、建暦《けんれき》三年（一二一三）二月十六日の条に「安東忠家」の名が見え、泉親衡《ちかひら》が故頼家の遺子を擁して謀反を計画したとし、小山朝政・金窪《かなくぼ》行親等と共に奉行を命ぜられている。またこの忠家は同年四月二日には北条義時より故和田胤長の屋地《やち》を金窪行親と共に分配されており、五月三日には和田義盛が戦死したため、義時の命で行親と共に死骸の実検をしている。そして同六日には侍所所司《しょし》に新任された行親や二階堂行村と共に、五月二日、三日の和田合戦で討死した亡卒《ぼうそつ》や生虜《いけどり》にした者の交名《きょうみょう》を義時の命で記録しており、八月三日には御所の上棟があり、御家人その他諸人が群集、騒然となったため、行親と共に鎮定の役をつとめている。さらに建保《けんぽ》七年（一二一九）一月二十五日には長尾定景に誅殺された公暁《くぎょう》（頼家の遺子）の首を義時が実検し、忠家が傍で指燭《しそく》をとっている。次いで承久三年（一二二一）五月二十二日は承久の乱に当って、上洛する北条泰時の従軍十八騎の中に安東藤内《とうない》左衛門尉の名が見え、二十五日には泰時の駿河到着時に、安東兵衛尉《ひょうえのじょう》忠家が参加したことが見えている。実はこの時忠家は、以前に義時の命に背《そむ》くことがあって、駿河国に籠居《ろうきょ》していたが、泰時が軍勢を率いて上洛することを聞き、急いで馳せ参じ、決死の覚悟で配下に加わることを請い、許されて従軍することになったのである。前記『姓氏家系大辞典』の「東鑑承久二年」の記事は誤りで三年の筈である。同年六月十四日の条に、「安東兵衛尉忠家等、（芝田）兼義が後に従ひ、河俣《かわまた》に副《そ》いて下り行く」と記されている。また、この承久の乱の宇治合戦で敵を討ち取った者として、「安東兵衛尉が手、伊豫玉井四郎一人」とあり、忠家の部下の名が見える。なお討死した者の中に「安東平次兵衛尉、安東藤内左衛門尉」があり、この藤内左衛門尉が忠家と思われる点、ここを死場所と考え奮斗したのであろう。以後忠家の名は『吾妻鏡』から消え、代って左衛門尉、藤内左衛門尉と名乗る光成の名が登場するので、この光成が父の跡を踏襲したのであろう。父子共に「藤内」と云っているところから本姓は藤原姓であったと思われる。それにしても系譜を記したものが無いのは残念である。

光成も執権北条泰時に仕えたが、その所見は貞応《じょうおう》三年（一二二四）六月二十八日で、鎌倉に不穏な空気のある中で、平盛綱・尾藤《びとう》景綱・関実忠・萬年右馬允《まんねんうめのじょう》・南条七郎時員、それに安東左衛門尉光成等、御内人の面々が巡回警備に当っている。嘉禄二年（一二二六）十月十二日には、評定所への訴人近接取締のため尾藤景綱・平盛綱・南条時員と共に光成も加わり、推参《すいさん》者があれば法に従って沙汰することになった。以後しばらく音沙汰はないが、天福元年（一二三三）九月には二十四日に院の御所において皇子が誕生したが、母の女院《にょいん》（将軍頼経の姉、二十五才）が崩御され、二十九日に幕府の使者として伊賀仲能が見舞いに上洛することになり、同時に安東光成も執権泰時の使者として参上した。その三年後、嘉禎《かてい》二年（一二三六）十二月十九日には、泰時の新亭移転に伴い、御内人の主要なものがその周囲に屋敷を構えることになり、光成は泰時亭の西側に南条時員の屋敷と並んで居宅を持った。それからまた数年を経て仁治《にんじ》元年（一二四二）十月十日には、泰時亭において山内に道路を造る旨指示があり、藤内左衛門尉光成がこれを奉行することになった。彼が藤内左衛門尉と称した初見であり、以後この通称を用いている。六年後の宝治二年（一二四八）十二月二十日には、安東五郎太郎が時頼の命で、寒中の的調《まとしらべ》を廃止する旨、北条実時に伝えている。さらに三年の後の建長三年（一二五一）五月十五日には、北条時宗の誕生に関して、安東五郎太郎がまた鶴岡八幡宮の別当法印隆辨の所へ使者に立っているが、これは光成の子であるかも知れない。「五郎太郎」の通称は五郎の長男の意であろうから、父は五郎と思われるが光成の通称が不明であるため断言できない。

翌四年一月十四日の弓始《ゆみはじめ》には時頼の命で、射手の選定について小侍所に指示を下し、さらに五月二十六日には鎌倉泉谷に二条教定《のりさだ》亭が新築されるに当り、光成は後藤基綱や清満定《せいみつさだ》等と共に奉行となった。また翌六年二月四日には藤原親家の宿所から出火して、北条時定（右近大夫将監）と光成の家が灰燼に帰した。次いで十月六日に時頼の内室が女子（時宗の妹）を生み、北条重時夫人や松下禅尼等が集まり、加持祈祷《かじきとう》をしたが、その奉行を光成がつとめた。その後も光成は康元二年（一二五七）一月一日には年始の儀で引手物（進物）の馬の係をつとめ、正嘉元年（一二五七、改元）八月十七日には大慈寺の事で評議があり、清満定と共に陰陽師《おんようし》を伴って日の出前の山上へ登り、方角を占卜させているが、翌十八日にも早朝に光成等は西御門の山へ登り方位を糺《ただ》している。なお同九月十八日には勝長寿院造営の斧始《おのはじめ》があり、光成は工藤《くどう》光泰などと共に匠《たくみ》等の禄物を募る沙汰をしている。以後『吾妻鏡』の文応《ぶんのう》二年（一二六一）一月四日の条に、光成の名が出てくるが、これは前年、時頼の子息の序列決定に関して光成の発言していることを記したものである。また、弘長三年（一二六三）十一月二十日、北条時頼が重態となり、最明寺北亭《さいみょうじ》にて臨終したいとの希望で同亭に移し、六〜七名の看病する者のみ祇候《しこう》を許されたが、その中に武田政綱・南部実光の甲斐武士と共に、長崎次郎左衛門尉、工藤光泰・安東光成・宿屋光則《しゅくやみつのり》等の御内人が見られた。翌々日の二十二日に時頼は卒居し、これに伴って親族・御家人・御内人の多くが出家したが、光成もその一人であったらしく、この後の記録から光成の名は消えている。

光成の子または一族と思われる者に、安東宮内《くない》左衛門尉景光、同刑部《ぎょうぶ》左衛門尉、同新左衛門尉があり、景光は文応二年（弘長元年、一二六一）一月一日、及び弘長三年（一二六三）一月三日の年始の儀に進物の係として出任している。また刑部左衛門尉は正嘉二年（一二五八）一月一日の年始の儀、新左衛門尉は正元二年（一二六〇）一月一日の年始の儀に、それぞれ進物の係として御所に出仕している。新左衛門尉はその通称より考えて光成の孫と思われるが、北条時頼の孫貞時が執権の時、内管領の平頼綱を討伐した時（平禅門《へいのぜんもん》の乱）、重要な役割をしている安東新左衛門尉重綱と考えられる。

次にやや後れて安東蓮聖《れんしょう》（または蓮生）という人物がいる。高野山金剛三昧院《こんごうさんまいいん》所蔵の『仏説三亭厨経』奥書に、蓮性の宿所が鎌倉山内《やまのうち》にあったことが見えている点、得宗被官《とくそうひかん》の安東氏であろう。『静岡県史』通史編2、中世第一編第二章第三節において、筧雅《かけい》博氏は「得宗被官安東蓮聖とその一族」の項で、大阪府岸和田市の久米田寺所蔵「安東蓮聖画像」を紹介しておられる。この蓮聖は時頼の卒去後間もなく鎌倉を離れ、京都五条に宿所を持って独自の活動をしたという。文永十年（一二七三）には得宗領の摂津国《せっつのくに》（大阪府）多田院造営の惣奉行をつとめ、弘安七年（一二八四）には摂津国の守護代（守護は北条兼時《かねとき》）、正慶元年（元弘二年、一三三二）には、得宗領の豊前国《ぶぜんのくに》佐賀郷の給主として名が見える。

また摂津国には昭慶門院領の生魂新庄《いくたましんしょう》を始め、福嶋・美作の各庄、和泉国《いずみのくに》(大阪府)にも山直庄などを所管し、特に和泉国では久米田寺の檀越《だんおつ》として同寺復興に尽力している。

なお、重代の御内人として武家でありながら銭貨の世界にも踏み込み、『鎌倉遺文』一〇八二五によると、百五十貫文の銭貨貸し付けに関連して山門(延暦寺《えんりゃくじ》)の悪僧と結託して、近江国堅田浦《かただのうら》で年貢運送船の積荷を点検して訴えられたり、乾元《かんげん》元年(一三〇二)には数百貫文の銭財等を費して堤防を築き、摂津国の福泊《ふくどまり》を良港にしたり(『峯相記』)、特異な存在であった。以上の点に触れられた福田豊彦氏は、『鎌倉・室町人名辞典』において、「瀬戸内海地方を主要な舞台として活躍した北条氏の御内人であり、主家の富力蓄積の現実面を直接担当しつつ、みずからも急速に有徳人化してゆく人物の典型」としておられる。

（六）　其の他の御内人

前節で紹介した尾藤・平・長崎・南条・安東の五氏の他、得宗被官すなわち北条氏に仕えた御内人の数は多い。次にその幾つかを簡単に紹介しておこう。

諏訪氏（諏方氏）

本来は信濃国《しなののくに》諏訪《すわ》郡の大族で、諏訪神すなわち建御名方命《たけみなかたのみこと》の子孫とする諏訪上宮《かみのみや》の神家《しんけ》、諏訪下社《しものみや》の金刺《かなざし》流神主家など諸流があるが、『吾妻鏡』には承久の乱以前の諏訪氏として、諏訪上宮大祝《おおはふり》敦光《あつみつ》・諏訪大夫盛澄・諏訪太郎盛隆等が登場している。この盛澄は一本諏訪系図に「初め平氏、後頼朝家人《けにん》」とあり、他の諏訪系図には金刺流の敦重なる人物の注に「東鑑《（吾妻鏡）》に盛重、法名蓮佛《れんぶつ》は此の人也」と記し、子に小太郎信重を挙げている。この盛重は『尊卑分脈』には清和源氏伊奈氏族としているが、『吾妻鏡』承久三年（一二二一）六月十一日の条に「諏訪大祝盛重、子息太郎信重」とあり、社家の出である事は間違いない。この盛重が承久の乱後、信濃国が得宗領となった関係で御内人となり、鎌倉に在住したようで執権北条泰時亭の西南部に居を構えていた。承久の乱以後、義時に属し、後年時頼の御守役として得宗家のために尽した。

次に前記承久三年以後、『吾妻鏡』に見える盛重及び一族の名を年次別に拾い列挙しておこう。

貞永元年（一二三二）八月九日諏方兵衛尉盛重、文暦二年（一二三五）九月一日諏訪兵衛尉盛重、嘉禎二年（一二三六）十月十九日諏方《すわ》兵衛入道（盛重）、延応元年（一二三九）十一月一日諏訪社の大祝信濃権守信重、寛元四年（一二四六）五月二十五日諏方兵衛入道（盛重）、同六月六日諏方兵衛入道蓮佛（盛重）、同十月二日諏訪入道（盛重）、宝治元年（一二四七）六月四日諏方兵衛入道、同月十八日諏方兵衛入道蓮佛。同二年（一二四八）七月九日及び建長五年（一二五三）十一月二十九日、正嘉二年（一二五八）一月六日、弘長元年（一二六一）六月二十二日各兵衛入道蓮佛。なお前後するが建長三年（一二五一）一月八日・同九日兵衛四郎盛頼、同十一月二十七日三郎盛綱（上洛）、同十二月五日・同二十六日兵衛入道蓮佛、同六年一月四日四郎兵衛尉（盛頼）、同八年一月四日四郎兵衛尉盛頼、同五日三郎左衛門尉盛経、正嘉二年（一二五八）八月十七日・同十八日・九月二日各刑部《ぎょうぶ》左衛門入道、文応二年（一二六一）一月一日四郎左衛門尉、弘長三年（一二六三）一月四郎左衛門尉、文永三年（一二六六）六月十九日三郎左衛門入道盛経。

以上の内、刑部左衛門入道は太郎左衛門尉盛高と称し盛重の長男、その弟が三郎左衛門尉盛経及び四郎兵衛または四郎左衛門尉盛頼で、他に大進房重願《ちょうがん》という僧がいた。また盛高の子に三郎または三郎左衛門盛綱があり、盛経の子に信濃守宗経があったが、一説に宗経を盛綱の子とするものがある。なお、宗経の子が信濃権守信重及び三河守頼重とされているが、信重は前記した如く『吾妻鏡』等では盛重の子となっている。そうであれば二男であろうか。頼重は南北朝時代初期に北条高時の子時行を担いで信濃に挙兵し、中先代《なかせんだい》の乱を起したが敗れた。

萬年氏

藤原姓という。『家譜』によると、先祖は院に仕えた北面の武士で、文治年中（一一八五〜九〇）後鳥羽院より萬年の称号を宣下せられ、行光の御剣を賜ったという。後に後堀河天皇の御宇《ぎょう》、遠江国に下り、代々榛原《はいばら》郡川尻村（吉田町）に住み、遠江の名族となった。後堀河天皇の御宇というから、多分執権北条泰時の頃であろう。古い文献での初見は『承久記』巻四における「萬年九郎秀幸《ひでゆき》」で、『吾妻鏡』にも貞応三年（一二二四）六月・嘉禎二年（一二三六）十二月・寛元二年（一二四四）三月に萬年右馬《うめの》允《じょう》・寛元三年（一二四五）六月に萬年九郎兵衛尉、宝治元年（一二四七）六月に萬年馬入道、建長元年（一二五四）に萬年九郎兵衛尉（秀幸）が見えている。結局九郎兵衛尉秀幸は承久の乱（一二二一）から建長六年まで、右馬允及び馬（右馬）入道は寛元二年から宝治元年まで主として供奉や警備の記事が見えている。おそらく北条時政が京都守護として在京していた文治二年（一一八六）中、または泰時等が京へ攻め上った承久の乱を契機に萬年氏は北条氏との縁が開け、承久の乱後遠江国榛原郡に所領を得て一族が下向したのではなかろうか。しかし、御内人として鎌倉に在住することが多く、嘉禎二年十二月には北条泰時の新亭移転に伴って、主な御内人がその周辺に居を構えると、右馬允も泰時亭北土門《ていきたどもん》東脇に住んだ。九郎兵衛尉は右馬允（馬入道）の子であろうか。

子孫は遠江の榛原郡に住み、萬年七郎左衛門頼秀は徳川家康に仕え、子の久頼と共に天正年間（一五七三～九二）、武田氏の籠《こも》る駿河国の田中城（蒔板市）を攻め軍功を立て、家康の関東移封後、相模国で代官を務めた。子の重頼（高頼）、久頼共に三左衛門と称し遠江国で代官になった。

大田氏

『吾妻鏡』嘉禎二年（一二三六）十二月十九日の条に、北条泰時が同年八月に鎌倉宇津宮辻子に新造された将軍の御所の隣に新亭を造り、そこに移転しており、それに伴って御内人の家屋も周囲にできたが、その中に南門西側に平盛綱の家と並んで大田次郎の家が設けられている。この大田氏の出自が必ずしも明確でないが、筆者は三善氏流の大田氏ではないかと考えている。この家は本来京都から頼朝によって招かれた三善康信の子孫であり、門注所執事を代々勤めている。しかし執権北条氏が政所や侍所の別当を占め、幕政の実権を握るに至り、やがて門注所も支配し、康信の子孫も御内人になる傾向を生じたものと思われる。すなわち、康信の長男康俊（加賀守）の系統は三善姓または善を付した通称を継承したが、次男康連は大田民部大夫と称し、その子康宗以下代々大田姓を名乗っている。これは康信が文治二年（一一八六）に備後国《びんごのくに》（広島県）大田庄の地頭職を得、この康連に代々伝えさせたためである。同様に三男行倫《ゆきみち》の子孫は矢野氏を称している。その大田康連・康宗及び康有（康俊の孫、七郎）等の三善流大田氏が『吾妻鏡』に延応元年（一二三九）以降、他の御内人等と共に盛んに登場するのは、門注所の役職を占めると同時に、御内人として活動したためであろう。特に建長以降（一二四九〜）の十三世紀後半になると、大田七郎、大田四郎左衛門尉、大田太郎左衛門尉康宗、大田太郎兵衛尉康宗等の通称を有する者も現われたのはそのためと思われる。前記大田次郎は多分康連と思われる。なお、大田氏は下総国葛飾《かつしか》郡八幡庄などの所領もあったようで、富木《とき》氏や曽谷《そや》氏と共に日蓮の信者となっている。『中山法華経寺正中山縁起』に「下州谷中郷中山村の大田金吾殿の客人富木《とき》三郎左衛門尉常忍《じょうにん》（胤継）建長五年船橋浦にて蓮祖《れんそ》（日蓮）に知遇し、遂に若宮拝殿にて説法ありて、富木殿、曽谷《そや》殿、以下受法す」とある。この大田金吾は大田五郎左衛門乗明《じょうみょう》といい、日蓮の教を受けて自らの亭宅を寺とし、正中山本妙寺と称した。乗明は前記の富木常忍同様法号で、中山民部少輔康連の子であり、この民部少輔康連は大田民部大夫康連と同一人であろう。ともかく日蓮の信者には御内人が多い。第九章第二節で触れたように、得宗領の駿河国富士郡の政所に長崎次郎兵衛尉時綱と共に駐留していた大田二郎左衛門尉親昌《ちかまさ》は、日蓮信者ではないがあるいはこの大田一族であったかも知れない。

金窪《かなくぼ》氏

建仁三年（一二〇三）九月比企氏討伐に加わったものに金窪太郎行親があり、元久元年（一二〇四）七月には前将軍頼家の御家人を義時の命で誅殺し、建暦三年（一二一三）二月には和田義盛の与党等の召捕り手配の奉行などをしている。この頃は兵衛尉と称し、同年五月五日には和田義盛等一党の死体検分を義時の命で行い、また亡卒者や生虜《いけどり》等の交名《きょうみょう》発表をしている。この頃は左衛門尉と名乗り、同年八月には鎌倉での騒動を鎮め、建保七年（一二一九）二月には政子の命で駿河国阿野庄《あののしょう》の阿野時元（全成子、頼朝甥）兄弟を討伐している。承久三年（一二二一）の承久の乱でも、『承久記』に「金窪の兵衛ゆきちか」の名が見え、その二〇年後の仁治二年（一二四一）八月には、鶴岡八幡宮における将軍頼経の御剣落下事件に関して説明をしており、この時は左衛門大夫と称している。武蔵国児玉郡金久保邑の出と推測されている。

工藤氏

藤原南家流で伊豆・駿河・甲斐等に拡った平安末期以来の大族であるが、狩野茂光以降の狩野氏や、伊東祐親及び工藤祐経系の伊東氏、宇佐美祐茂以降の宇佐美氏、工藤景光以降の甲斐工藤氏等が著名である。『吾妻鏡』や『太平記』等にも工藤・狩野・伊東・宇佐美を姓とする者が多く登場しているが、御内人となった工藤氏は甲斐工藤氏の系統である。

景光は頼朝挙兵以降北条時政・義時とも親しく、『吾妻鏡』治承四年（一一八〇）八月二十五日の条には「工藤庄司景光、同子息行光」と親子で見え、文治四年（一一八八）には小次郎行光が見える。なお同五年には景光・行光と三郎助光の父子三人が奥州征伐に参加し、建久三年（一一九三）には景光と行光、同四年から七年までは毎年行光が御弓初その他で射手に選ばれ、同十年には行光が梶原景時弾劾《だんがい》連判状に署名、正治二年（一二〇〇）には梶原氏追討に参加―功を立てた。その後も建仁元年（一二〇一）～同三年、承元五年（一二一一）・建暦二年（一二一二）と御弓始の射手を勤めている。この間、一族の六郎・八郎・十郎等の名も見える。しかし、この景光・行光の代はまだ御家人であり、次の代から得宗家の御内人となったようである。

行光の弟祐光は六郎左衛門尉と称し、寛元四年（一二四六）以降に、また行光の子息かと思われる三郎右衛門尉光泰は仁治二年（一二四二）以降、次郎左衛門尉高光は建長四年（一二五二）以来『吾妻鏡』に見えており、光泰及び高光は、同書巻末の文永二年（一二六五）まで搭載されている。なお、それ以降この族は『楠木合戦注文』・『太平記』・『梅松論』・『近江番場蓮華寺過去帳』にも記されている。

宿屋氏《しゅくや》（宿谷氏）

『新編武蔵風土記』入間郡宿谷村の条に、「宿谷氏相伝ふ。先祖は当国七党の一、児玉惟行《こだまこれゆき》の第四子太郎経行に出づ。経行が四代の孫太郎行俊、此地に来り住せり。是れ当所宿谷氏の祖なり」とあり、行俊より四代の後胤重氏は次郎左衛門尉と称して頼朝に仕え、その子左衛門尉行時、さらにその子二郎左衛門尉光則《みつのり》の頃には得宗家の御内人となって幕政に参与している。『吾妻鏡』建暦三年（一二一三）二月十六日の条に宿屋次郎、承久三年（一二二一）六月十八日の条に宿屋太郎、建長二年（一二五四）一月三日の条に宿屋次郎忠義、弘長三年（一二六三）十一月十九日の条に「宿谷左衛門尉光則《みつのり》、法名最信、同二十日の条に宿屋左衛門尉の名が見えている。また『承久記』にも「しゅくや次郎」とあり、『日蓮聖人遺文』にも文永五年（一二六八）八月及び十月に宿屋左衛門入道（光則）に宛てた書簡がある。これは、文応元年（一二六〇）七月、日蓮が『立正安国論』を書き、最明寺殿（北条時頼）に献上した折、この宿屋光則を通じて提出された。その際に蒙古襲来を予言しており、この事に関する書簡である。この光則は後に極楽寺良観への帰依《きえ》を止め、日蓮の信者になった。

関氏

其の他の諸氏

以上の他、御内人として五大院・飯尾・澁谷・糟谷《かすや》・大蔵《おおくら》・池上・四条・清・石川等の諸氏があったが、ここでは氏姓を記すにとどめる。ただ特記することは、他にも伊豆や駿河・相模・武蔵等に比較的多いようであり、また日蓮の信者（弟子檀徒）には、南条氏を始め、宿屋・石川・池上・四条・高橋・西山・松野・新田（小野寺系）等、この階層が多いように思われる。

（付録）北条時政及び一族関係年表

〈北条時政・政子及びその親族（兄弟姉妹・甥等）、政子の子女（頼朝子女）等を含む〉

西暦	年号	院	天皇	将軍	時政年齢	時政及び一族の事跡	備考
一一三八	保延四		崇徳		一	○時政伊豆国田方郡北条郷で生まれる。	（年令より換算）
一一五七	保元二		後白河		二〇	○政子、時政の長女として北条郷で誕生。	（年令より換算）
一一六〇	永暦元	後白河	二条		二三	○二月、源頼朝捕らえられ、翌月伊豆国へ流される（吾）。	○一月四日、源義朝、尾張で討たれる。
一一六三	長寛元	後白河	二条		二六	○時政次男義時、北条郷で誕生。	（年令より換算）
一一七〇	嘉応二	後白河	高倉		三三	○時政、狩野茂光に従い大島の為朝征伐に参加（保）。	○三月十六日、藤原信親、伊豆国に配流。
一一七六	安元二	後白河	高倉		三九	○十月、伊豆奥で頼朝を迎え狩あり、時政も参加（吾）。	○二月、工藤祐経、伊豆の狩場で河津祐泰を射殺。
一一七九	治承三	後白河	高倉		四二	○政子、頼朝と結婚。	○七月廿九日、平重盛没。
一一八〇	治承四		高倉		四三	○四月廿七日、頼朝、北条館で以仁王の令旨を受け、時政も同席（吾）。	○四月九日、源頼政、以仁王に平氏追討の令旨を請い、源行家を東国に派遣する。
		高倉	安徳			○六月十九日、散位三善康信の使者北条に参着。頼朝、閑所で対面す（吾）。 ○六月廿七日、三浦義澄・千葉胤頼・北条に参向。頼朝、閑所で対面する（吾）。 ○六月廿九日、時兼（時政叔父）、伊豆守に補任される（吾）。 ○七月五日、走湯山（伊豆山）の住僧文陽	○五月二十六日、以仁王、頼政等、平氏に討たれ、宇治川で敗死。 ○六月二日、福原遷都。 ○七月十九日、この頃、文覚、頼朝に挙兵をすすめ、平氏追討の院宣を持ち来るという。

一一八〇	治承 四	高倉 安徳		四三	房覚渕、頼朝に招かれ、北条の御亭に参向（吾）。 ○八月四日、藤原邦道、頼朝の命で山木館の絵図を作製、時政等と作戦計画を立てる（吾）。 ○八月六日、頼朝及び北条時政等、山木兼隆襲撃の日時を定め、伊豆の諸士を召して合戦の事を議す（吾）。 ○八月十一日、相模在住の佐々木秀義、嫡男定綱を使として北条に派遣し、頼朝や時政と会談（吾）。 ○八月十七日、三島社の神事に安達盛長奉幣使として社参。佐々木定綱兄弟四人北条着。時政以下の武士等山木館を襲撃。佐々木兄弟は時政の命で多田の堤信遠を討つ。兼隆、信遠討死す（吾）。 ○八月十八日、北条政子、伊豆国走湯権現の法音尼に般若心経を納めしむ（吾）。 ○八月十九日、相模国土肥辺から伊豆国北条に通ずる勇士等の道は、伊豆山を通る路とし、狼藉のなきよう定める。政子走	○八月十七日、頼朝、挙兵。 ○八月十九日、頼朝、山木兼隆の親戚知親の伊豆国蒲屋御厨の知行を停止する。

一一八〇	治承　四	高　倉	安　徳		四三	湯山覚渕の房に身を寄す（吾）。 ○八月廿日、頼朝・時政等の軍勢、伊豆を出て相模国へ入る。時政の他、三郎宗時、四郎義時、平六時定等北条一族、及び伊豆・相模の御家人多く参加（吾）。 ○八月廿三日、北条時政父子、頼朝と共に石橋山に陣す。三浦氏の加勢、水害で来らず、頼朝軍は大庭景親と伊東祐親の軍勢に挟まれ、頼朝一行椙山に逃れる（吾）。 ○八月廿四日、大庭軍に敗れた頼朝勢は四散し、時政・義時父子は箱根湯坂から甲斐へ向かおうとしたが、変じて椙山に至り頼朝や土肥実平の陣に参着。合体して箱根に至る。時政の子宗時は相模の土肥山から伊豆の桑原に下り、平井郷で伊東方の紀六久重に討たれる。また狩野茂光は自殺（吾）。 ○八月廿五日、箱根にも不穏な空気あり、頼朝や時政等土肥実平の案内で相模土肥郷に下る（吾）。 ○八月廿六日、三浦勢は石橋山の戦いに間

一一八〇	
治承 四	
高倉	
安徳	
四三	
に合わず引き返す途中、畠山重忠の軍と戦って敗れ義明の嫡子の義澄は頼朝との合流を計る。佐々木兄弟は箱根の深山から出た所で頼朝の弟阿野全成に会い、共に澁谷重国の館に行く（吾）。 ○八月廿七日、討死した三浦義明の子義澄は安房国に赴き、時政・義時父子、岡崎義実・近藤国平等も土肥郷岩浦より安房に向かう。箱根にひそんでいた加藤光員・景廉兄弟は父の景員を、弟達のいる走湯山へ送り、甲斐国へ向かう途中三島の伊豆国の国府へ寄る（吾）。 ○八月廿八日、加藤兄弟、駿河大岡牧から富士山麓に籠もる。頼朝も実平の計らいで真鶴岬より船で安房へ行く。実平の子遠平、政子の許に連絡に向かう（吾）。 ○八月廿九日、頼朝、土肥実《さね》平と共に安房の平北郡猟島に到着、時政等出迎える。 ○九月一日、時政等、頼朝より上総介（平）廣常を訪ねる旨指示あり（吾）。 ○九月二日、時政、信濃の凶徒を討ち甲斐	
○九月二日、相模国の大庭景親《かげちか》、東国の様子報告のため早馬で福原へ向かう。（源平盛衰記） ○九月三日、頼朝挙兵の事、京へ伝わる（玉・百）。	

西暦	一一八〇
年号	治承　四
	高　倉
	安　徳
	四三

へ帰国した武田信義以下甲斐源氏を、その宿所逸見山に訪ね、頼朝の意志を伝える（吾）。
○九月廿日、頼朝の使者土屋宗遠、甲斐国へ到着、安房・上総・下総三国の武士が頼朝の配下となった事を時政に伝え、甲斐源氏を先導して黄瀬川辺に速やかに到着するよう促す（吾）。
○十月十一日、政子、秋戸郷（伊豆山）より鎌倉に移る（吾）。
○十月十三日、時政父子、甲斐源氏と共に駿河国大石駅に止宿（吾）。
○十月十四日、石橋山敗戦以来富士北麓にいた加藤光員、景廉兄弟等、甲斐源氏及び時政父子と共に駿河に向かい、平氏方の長田入道父子を斬り、駿河目代橘遠茂を捕らえる（吾）。
○十月十八日、甲斐・信濃の源氏及び時政等二万騎を率いて黄瀬川に到着。時政父子以下頼朝より御馬・直垂《ひたたれ》等を賜る（吾）。
○十月廿日、頼朝に随い時政等源氏の軍勢

○九月四日、内大臣中山忠親、頼朝義兵を起こすと記録（山）。
○九月五日、頼朝追討の宣旨が出される。
○九月七日、源義仲、信濃国に挙兵する。
○十月六日、頼朝、鎌倉へ入る。
○十月十八日、富士川の戦いあり、平家軍は戦わずして撤退。

一一八〇	治承 四	高倉	安徳		四三	駿河国賀島到着。安田義定は遠江国守護、武田信義は駿河国守護となる（吾）。 ○十月廿三日、相模国府において、時政以下甲斐・相模・房総・伊豆等の武士、頼朝より本領安堵・新恩給与を受く（吾）。 ○十二月十二日、時政父子・和田義盛・加賀美長清以下、関東・伊豆・甲斐の武家供奉して、頼朝上総の亭より新造の鎌倉大倉亭に移る（吾）。	○十一月八日、頼朝追討の宣旨が出される。 ○十一月十七日、頼朝、侍所を置き、和田義盛を別当とする。 ○十二月二日、平知盛、頼朝追討のため駿河へ向かう。
一一八一	治承 五 （養和 元）	後白河	安徳		四四	○一月六日、工藤景光、前年北条宗時（時政子）を殺害した平井の紀六久重を捕らえ、時政と頼朝に報ず（吾）。 ○二月一日、時政の娘、下野国の足利義兼に嫁ぐ（吾）。 ○四月七日、義時・宇佐美実政等、弓矢の達人、隔心無き者十一名、頼朝寝所祇候衆となる（吾）。 ○四月十九日、平井紀六、腰越浜で梟首。 ○十二月七日、政子、病にかかる（吾）。	○二月四日、平清盛没す。（六四才） ○閏二月十五日、後白河法皇、平重衡に頼朝追討を命じる。 ○七月十四日より養和元年となる。 ○この年、諸国飢饉、翌年に及ぶ。
一一八二	養和 二	後白河	安徳		四五	○一月三日、頼朝、御行始として、甘縄の安達盛長邸に渡御、時政及び足利・畠	○二月十四日、三浦氏に預けられていた伊東祐親自殺する。

西暦	一一八二	
年号	養和 二	寿永 元
院政	後白河	
天皇	安徳	
年齢	四五	
事項	山・三浦・和田氏等列席（吾）。 ○三月十五日、鶴岡八幡宮より由比の浜まで真直な参道を作る。政子懐妊の祈念もあり、時政以下土石を運ぶ（吾）。 ○四月五日、文覚上人、頼朝のため江島に弁財天を勧請、頼朝これに臨むため腰越の浜より江島へ出る。時政や足利義兼以下随従（吾）。	○七月十二日、政子、出産のため比企ヶ谷の御殿に移る。 ○八月十一日、政子産気づき頼朝渡御、御家人多く参集。走湯権現に安産祈願の奉幣使派遣。同十二日頼家誕生（吾）。 ○十一月十日、頼朝の伊豆居住以来の愛妻亀ノ前が伏見廣綱の屋敷（飯島）にいる事を時政の後妻牧ノ御方が密告し、政子激怒、牧宗親に命じて廣綱の宅を破却させる。廣綱、亀ノ前を伴い遁走（吾）。 ○十一月十二日、頼朝、大多和義久の家に宗親・廣綱を呼び、事情を聴き宗親を懲罰する（吾）。
備考	○五月十二日、遠江国懸川（掛川）居住の伏見広綱、頼朝の佑筆となる。	○五月廿七日より寿永元年と改元。

一一八二	一一八三	一一八四	
寿永　元	寿永　二	寿永　三	元暦　元
後白河			
安徳	後鳥羽	安徳	
四五	四六	四七	
○十一月十四日、時政、宗親に対する譴責を不快とし、伊豆の館に退去する。義時は父に従わず鎌倉に残ったことを頼朝賞す（吾）。 ○十二月十六日、政子、伏見廣綱を遠江国に流す（吾）。	○時政、伊豆より鎌倉に帰る（推定）。 ○時政の孫泰時誕生（没年より推算）。	○三月一日、時政、頼朝の命により関東に通ずる土佐の大名、武家に平氏追討を令す（吾）。 ○三月廿七日、源頼朝伊豆の北条に在り、都から捕らえられてきた平重衡と対面する（吾）。	○四月廿七日、堀親家の郎従藤内光澄鎌倉に帰参し、志水義高（義仲子）を誅したることを聞き、政子大いに愁嘆す（吾）。 ○六月廿七日、政子の命により堀親家の郎従梟首（吾）。 ○八月八日、源範頼、平家追討使として西海に進発、北条義時以下一千余騎これに
	○七月廿五日、平宗盛、安徳天皇を奉じ、平家一門を率い西海へ向かう。	○一月廿日、源範頼、義経等、頼朝の使者として上洛、木曽義仲を討伐する。 ○一月廿六日、朝廷、頼朝に平家追討の宣旨を出す。 ○四月六日、頼朝、平家没官領の内、駿河大岡荘を平頼盛領とす。	○四月十六日より元暦元年となる。

一一八四	元暦 元	後白河	安徳		四七	従う（吾）。 〇十二月二日、時政、頼朝が園成寺に帰依している旨義経に伝える（吾）。	
一一八五	元暦 二 文治 元	後白河	後鳥羽		四八	〇一月廿六日、範頼、豊後国に渡る（吾）。 〇二月一日、先発の義時等、葦屋《あしや》浦で戦う（吾）。 〇二月十六日、頼朝、重ねて範頼及び義時、中原・比企氏等諸氏に書を送り、協力すべき事を指示す（吾）。 〇三月十一日、頼朝、範頼及び千葉常胤の労をねぎらい、また義時以下十二人に慇懃な書を贈る（吾）。 〇四月廿日、時政、頼朝の命を受け、伊豆の三島神社に糠田郷を寄進。また同神社社家を東大夫・西大夫に分立せしむ。（吾） 〇五月十五日、時政、牧宗親・工藤行光を伴い相模国酒匂宿に出向、源義経が連行した平宗盛父子を受取る（吾）。 〇六月七日時政等諸士、簾中の頼朝と共に囚人宗盛を観、比企能員を介して事情を聴く（吾）。 〇八月廿四日、時政、大内義信等多くの士、	〇三月十二日、頼朝、平氏追討のため、伊豆国鯉名（南伊豆）・妻良津（同）に繋留中の兵船に兵粮米を積み、出航を命じる。 〇三月廿四日、源義経、長門国壇ノ浦で平氏を破る。（平氏一門滅亡） 〇七月九日、京都に大地震あり。 〇八月十四日、文治元年に改元。

西暦	一一八五
年号	文治　元
院	後　白　河
天皇	後　鳥　羽
年齢	四八
事項	範頼に随い、鎮西より帰り頼朝に弓を献じた下河辺行平をねぎらう（吾）。 ○十月廿四日、鎌倉の勝長寿院（南御堂）落慶供養あり、頼朝臨席、御台所政子、時政妻牧ノ御方・義時等も參席。多数の武者、警護に当たる（吾）。 ○十一月廿五日、時政上洛。中納言吉田経房を通じて源行家・同義経追討の院宣を受く（吾）。 ○十一月廿八日、時政、諸国に守護・地頭設置と、兵粮米賦課の事を奏上（吾）。 ○十一月廿九日、守護・地頭、兵粮米の事、勅許あり（吾）。 ○十二月一日、時政、頼朝の命により平時実及び平氏残党の捜索に当たる（吾）。 ○十二月八日、時政の宿所へ吉野で捕らえられた義経妾、静が送られてくる。（吾） ○十二月十五日、時政、静を尋問した事を飛脚により頼朝に報ずる（吾）。 ○十二月十六日、頼朝、時政の許へ返事を送り、静を連行するように伝える（吾）。
参考事項	○十月十八日、後白河法皇、義経の請願により頼朝追討の院宣を出す。 ○十一月廿九日、頼朝、総追捕使、総地頭に任ぜられ、兵粮米徴収を許される。（守護・地頭の設置）

一一八五	一一八六
文治　元	文治　二
後白河	
後鳥羽	
四八	四九
○十二月十七日、時政、平宗盛の子や同通盛の子等を捕らえて梟首。また平維盛の子六代は文覚の奔走で助命され、梟首を免れて、駿河国千本松原より上洛。また重盛の子も経房の請願により、頼朝の命を待つ（保・吾）。 ○十二月廿四日、文覚上人より時政の許へ飛脚来り、頼朝より六代を暫く上人に預ける旨、書を以て伝える（吾）。 ○十二月廿九日、時政、去る十七日付高階泰経以下五名の解官の宣旨を中原師尚より受け、鎌倉へ送る（吾）。	○一月二日、頼朝及び政子、甘縄《あまなわ》神明宮に参拝後、安達盛長亭に入御（吾）。 ○一月七日、時政、任解官・配流の公卿の除目に関する宣下を鎌倉に送る。（吾） ○一月九日、時政、高野山領の兵粮米等、地頭の狼藉を停む（吾）。 ○一月十一日、時政、高瀬荘の武家の狼藉を停む（吾）。 ○一月廿九日、頼朝より時政に、義経の在

一一八六	文治 二	後白河	後鳥羽		四九	所調査のため、愛妾静御前を鎌倉に参上させるよう指示す（吾）。 ○二月一日、時政、群盗を使庁に渡さず六条河原で処刑す（吾）。 ○二月六日、一条能保の妻及び姫二人（政子の外孫）鎌倉より帰洛、頼朝・政子、餞別の品を送る。 ○二月七日、時政の使者、平時実上総国配流の官符を鎌倉に届ける（吾）。 ○二月九日、時政の飛脚鎌倉到着。吉田経房より、後白河法皇熊野詣の供米に関する院宣（三日付）が届けられる（吾）。 ○二月十三日、時政、静御前の事及び正月廿三日、廿八両日の洛中群盗十八名を処刑した事を鎌倉に報ず（吾）。 ○二月廿一日、時政、院旨により肥前国弓削庄の兵粮米を止む（吾）。 ○二月廿二日、時政、院旨により肥前神崎庄の兵粮米を天野遠景に伝えて停む（吾）。 ○二月廿五日、時政、配下の者が七条細工の鎧を押妨との訴えを聞き陳謝す（吾）。

一一八六

文治 二

後白河

後鳥羽

四九

○二月廿六日、伊達時長の女、頼朝の男子出産の事が露顕し、政子大いに怒る（吾）。
○二月廿七日、時政、頼朝から帰参の命を受く（吾）。
○二月廿八日、時政、頼朝の命を受け、諸国庄園の兵粮米の未進を免除する（吾）。
○三月一日、諸国に惣追捕使・地頭を補す中で、時政、七ヶ国の地頭職を拝領したが、上表し辞退の意を表す（吾）。また、時政が送り届けた静御前と母磯禅師鎌倉に参着（吾）。
○三月二日、今南・石負《いそう》庄兵粮米停止の院宣、経房より時政に伝えられる。また時政の申状が奏聞され、七ヶ条の地頭職辞退聴許される（吾）。
○三月四日、主水司《もんどのつかさ》の供御所《くごどころ》丹波国神吉《かみよし》の地頭職煩いあり、時政を通じ停止せしむ（吾）。
○三月七日、時政具申の七ヶ国地頭辞退の事を始め、兵粮米の事、没官領の事奏聞すべて終わった旨経房より時政に書状到

一一八六

文治 二

後白河

後鳥羽

四九

着（吾）。

○三月十六日、頼朝、伊勢神領顛倒奉行等の事、諸国兵粮米停止の事、時政に伝え、頼朝、また経房宛の書を発す（吾）。

○三月廿三日、時政、関東に帰る旨奏聞す（吾）。

○三月廿四日、頼朝、前摂政藤原基通の家領を兼実に譲与せしめんとし、基通が愁奏した旨、経房より時政に伝えられる（吾）。また、公家、時政の公平滅私の業績を思い、関東帰参を惜しむ。頼朝の内命により洛中警備は北条時定（時政甥）に申し付けられる（吾）。

○三月廿七日、時政、関東進発に当たり、洛中警護のため、北条時定、常陸房など勇士卅五人を撰び駐留せしむ（吾）。

○四月一日、時政、鎌倉帰参の途上尾張国萱津宿《かやつのしゅく》で、頼朝の使者に会い、去る十六日付の頼朝の書を受け、早速中納言経房の許に送る（吾）。

○四月八日、政子、頼朝と共に静御前の舞

○三月廿一日、朝廷、頼朝の奏請により諸国兵粮米を停止する。

一一八六

文治 二

後白河

後鳥羽

四九

を観る（吾）。源義経を慕い舞う静御前に立腹した頼朝を政子が諌め、伊豆配流の頃、時政が時期を考え政子の恋を止めようとした事や、挙兵の時、伊豆山に残されていた自らの淋しき思い出を語る（吾）。

○四月十三日、時政、鎌倉へ参着。頼朝に京都の諸務を報告する（吾）。

○五月三日、時政の依頼で運慶が製作した願成就院の不動明王像・多聞天像・阿弥陀如来像等造立（胎）。

○五月十三日、時政帰東後、洛中で群盗多発のため、六日付の院宣頼朝の許に届く（吾）。

○五月十五日、時政の雑色、京より鎌倉に参着、六日に一条能保の内室女子出産の報あり（吾）。

○五月廿五日、一条能保・北条時定・常陸房昌明等の飛脚鎌倉に到着、十二日に源行家を梟首した旨伝える（吾）。

○六月十六日、政子、頼朝と共に比企尼の

○五月十七日、大姫（頼朝子、時政孫）邪気消却のため南御堂に参籠。

○五月廿九日、頼朝、三善康信・平盛時等を奉行として、京や東海道筋の守護人に社寺の復興を命じる。

○六月十日、頼朝、甘縄の家で病気療養中の丹後局をひそかに見舞う。

一一八六

文治　二

後白河

後鳥羽

四九

家に渡御し、終日遊園（吾）。
○六月廿八日、一条能保の飛脚鎌倉着、去る十六日、時定が大和国宇陀郡にて伊豆有綱（源仲綱男、義経聟）と合戦、自殺させ、他に行家の残党五人討伐の報告あり（吾）。
○七月一日、北条時定、兵衛尉任官を上申される（吾）。
○七月十五日、勝長寿院において于蘭盆の万灯会あり、政子、頼朝と共に渡御す（吾）。
○七月十九日、義時、駿河国富士郡上政所の福地社に神田を寄進する旨沙汰す。（吾）
○七月廿七日、平家没官領の京の屋敷成敗の中に時政一ヶ所見ゆ（吾）。
○閏《うるう》七月廿九日、静御前男子を出産、安達清経、生児を奪い由比浜に棄てる。政子愁嘆す（吾）。
○八月五日、中納言経房の奉書について、新日吉領武蔵国河越庄の年貢の事、及び

○六月十七日、越前国の徳大寺家領で、時政の代官時定が押妨した旨、訴えあり、頼朝その停止を命じる。土肥・天野氏等にも同停止命令あり。
○七月廿八日、頼朝、駿河国方上御厨を伊勢神宮へ寄進する。
○八月十五日、西行（佐藤憲清＝義清）法師、鶴岡宮で頼朝と会い、質問に応えて兵法を説く（吾）。

一一八六	文治 二	後白河	後鳥羽		四九	長門国向津奥庄の狼藉の事、頼朝の請文を平盛時執筆（吾）。 ○九月十三日、時政の代官時定及び常陸房昌明等、最勝寺領越前国大蔵庄押妨の事、寺の解《ヶ》を副えて院宣あり、今後時政地頭職を知行するに当たり、無道を停止するよう求められる（吾）。 ○九月十六日、静御前及び女子帰洛す。政子は静及び姫を憐れんで多くの賎別品を贈る（吾）。 ○九月廿二日、兵衛尉時定、義経の残党糟屋有季、堀景光を捕らえ、佐藤忠信を誅す（吾）。 ○九月廿五日、兵衛尉時定より紀伊国由良庄濫妨に関する召使藤井則国の報告書、鎌倉に届く（吾）。 ○九月廿九日、時定より糟谷有季・堀景光を捕らえ、佐藤忠信を誅する旨、鎌倉に報告あり。また南都の関係者は一条能保を通じての奏聞を経、比企朝宗に五百余騎を副えて捜査に派遣したと伝える（吾）。	○八月十六日、西行、東大寺料、砂金勧進のため奥州へ下る。

西暦	一一八六	一一八七
年号	文治　二	文治　三
	後白河	後白河
	後鳥羽	後鳥羽
年齢	四九	五〇
事項	○十月十六日、時定、頼朝の命を受け、藤原範季の義経同意追究に当たる（吾）。○十月廿三日、政子、頼朝妾腹の子（二月誕生、貞暁）を扶持し、隠居した長門江太景国に怒を発す（吾）。○十一月五日、藤原範季・仁和寺宮等の義経庇護の事、また義経の使者藤原友実の動きから時政が調査し露顕す（吾）。○十一月十七日、時定の使者鎌倉に届き、範季解任の報あり（吾）。○十二月一日、政子、鶴岡八幡宮に参拝、千葉常胤《たね》等列席（吾）。	○一月一日、政子、頼朝及び若公（頼家）と共に鶴岡八幡宮に参拝（吾）。○二月廿八日、文筆家伊沢家景京都より鎌倉に来り、時政の推挙で幕府に任用さる（吾）。○四月十八日、平清綱年貢を対捍せるとの訴えにより、平盛時、国衙の下知に従うよう執達する（吾）。○五月五日、鶴岡八幡宮に政子参拝。
参考事項	○十二月十日、天野遠景、鎮西九ヶ国奉行人となる。○この頃、比企朝宗等、南都に留まる。	○二月十日、義経一行山伏姿で奥州へ遁れる。○三月、栄西、再度唐へ渡る。○四月二日、頼朝、鶴岡八幡宮、伊豆山・箱根両社等に、後白河法皇の病気平癒の祈祷を命ずる。

一一八七	一一八八
文治　三	文治　四
後白河	後白河
後鳥羽	後鳥羽
五〇	五一
○九月九日、政子、頼朝と共に比企尼の家の南庭、白菊の園に渡御し、三浦・足立氏等と共に酒宴を開く（吾）。 ○九月十三日、摂津国の在庁官人、御室の御領（仁和寺領）の事等、法を定め、時政奉（うけたまわり）として、三条左衛門尉に伝える（吾）。 ○十二月十日、橘為茂、時政の計らいにより駿河国富士郡田所職を賜る（吾）。 ○十二月十六日、政子、足利義兼の妻（妹）の病を見舞う（吾）。 ○十二月廿七日、平盛時等、明春正月の将軍二所権現参詣の供奉人が定められ、各々潔斉すべき命を受く（吾）。	○一月廿六日、政子、若公（頼家）と共に鶴岡八幡宮に参詣。御神楽あり（吾）。 ○六月一日、時政が地頭職にある駿河国益頭郡について調査の沙汰あり（吾）。 ○七月十日、萬寿（頼家）、初めて着甲の儀あり、頼朝出御、義時参進し御簾《みす》を上げる。諸将参席（吾）。
○七月十八日、仁田忠常の妻、三島神社に夫の病気平癒を祈り、帰途水没す。 ○八月十九日、頼朝から藤原経房に宛てた書状に、時政が京から下向の際、東国武士を少数残した事に触れている。 ○九月廿日、藤原俊成『千載和歌集』を撰進する。 ○十月廿九日、藤原秀衡没。 ○頼朝、平家方の橘遠茂の罪を赦し、その子為茂駿河国富士郡田所職に任ずる。	○一月廿日、頼朝、伊豆山・三島社参詣出発。 ○二月廿一日、朝廷、藤原泰衡等に源義経、追討を命ずる。 ○十二月十八日、頼朝、伊豆山権現参詣（吾）。

西暦	一一八九
年号	文治五
院	後白河
天皇	後鳥羽
時政年齢	五二
事項	○一月廿四日、政子、鶴岡八幡宮参拝（吾）。 ○閏四月二日、政子、鶴岡八幡宮参拝（吾）。 ○四月十日、時定、左衛門尉に任官（吾）。 ○四月十八日、時政三男御所で元服、時連と称す。源範頼、平賀義信以下諸将参席、義時御酌を取る（吾）。 ○六月六日、時政、奥州征伐の事を祈念するため、伊豆国北条の内に願成就院の建立を計画、立柱上棟供養のため下向（吾）。 ○六月九日、鶴岡八幡宮の御塔供養あり。先陣随兵に北条義時、後陣に北条時連等諸将参列（吾）。 ○七月五日、義時、頼朝の命により駿河国富士領帝釈院に田地寄進を沙汰する（吾）。 ○七月十九日、頼朝奥州の藤原泰衡征伐に出発。先陣は畠山重忠、凡そ一千騎。頼朝御供の者に北条時政、義時、時房等北条一族も加わる（吾）。 ○八月十日、政子、奥州追討の祈願のため御所中の女房数人と鶴岡八幡宮に百度詣す（吾）。
参考事項	○四月廿日、藤原泰衡陸奥国平泉の衣川館に源義経を討つ。 ○四月廿三日、政子の祖母（時政母）の忌日につき、持仏堂で法華経講読あり。 ○五月十七日、天野遠景等、鬼界ヶ島を征服する。 ○九月三日、泰衡、郎従河田次郎に討たれる。

一一八九	文治　五	後白河	後鳥羽		五二	○十月十七日、政子、鶴岡八幡宮及び甘縄神明社に参詣（吾）。 ○十一月二日、牧政親、日頃泰衡と融通の聞こえあるを以て頼朝の勘気を蒙り、時政に申し預ける（吾）。 ○十一月廿四日、時政、頼朝の立願により、願成就院建立奉行のため、伊豆国に下向（吾）。 ○十二月九日、伊豆国願成就院の北畔に頼朝の宿館を立てるため発掘、古額を得る（吾）。 ○十二月十八日、北条時連、政子に供奉し鶴岡八幡宮に参拝（吾）。	○九月十八日、藤原高衡、頼朝に降伏（奥州藤原氏滅亡） ○十一月廿五日、伊豆・相模両国、頼朝の永代知行国となる。
一一九〇	建久　元	後白河	後鳥羽		五三	○四月十三日、一条能保の妻（頼朝の妹）難産のため死去（吾）。 ○四月廿日、能保妻室の事鎌倉に達し、頼朝嘆息（吾）。 ○七月十八日、時定、左衛門尉を辞退す（吾）。 ○八月三日、河内国の国領、その他を押領したとの事で時定や大江公朝、足利義兼	○一月十五日、頼朝、伊豆山参詣に出発。 ○三月十六日、西行法師没。 ○四月十日まで文治六年、十一日以降建久元年となる。

一一九〇	一一九一
建久　元	建久　二
後　白　河	
後　鳥　羽	
五三	五四
等、頼朝から、勤めを果たすよう執達あり（吾）。 ○九月七日、時政、邸内において伊東祐親の孫曽我筥王を元服させ、時致と名乗らせる（吾）。 ○九月廿一日、頼朝上洛中の留守居が定められ、時政は伊豆国寺家《じけ》荘で警備（吾）。 ○十一月七日、頼朝入洛。義時等先陣として随兵す（吾）。 ○十一月十一日、頼朝、六条若宮及び石清水宮に参詣、御車の後騎に義時加わる（吾）。 ○十一月廿八日、頼朝、院へ拝賀の随兵として義時沙汰す（吾）。 ○十二月一日、頼朝拝賀、随兵に義時加わる（吾）。 ○十二月廿六日、頼朝、関東へ下向途中、黄瀬河宿に着く。時政、駄餉を献ず（吾）。	○一月廿三日、寵女大進局（伊達朝宗女）は若公（貞暁）の母であるが、政子に怨らまれ、在京と共に近国の伊勢国を充て
○十一月九日、頼朝、権大納言に任ぜられる。 ○十一月廿四日、頼朝、右近衛大将に任ぜられる。 ○十二月三日、頼朝、権大納言、右兵衛大将辞任。 ○十二月十四日、頼朝、関東へ下向。	○一月十五日、頼朝、前右大将家政所を開設する。

西暦	一一九一
年号	建久　二
院	後　白　河
天皇	後　鳥　羽
年齢	五四

がわれる（吾）。

○一月廿八日、頼朝二所権現参詣のため由比の浦で精進、義時、足利義兼と共に随従（吾）。

○二月四日、頼朝、横大路を西行、鶴岡宮に参拝し、若宮大路を南行、稲村ヶ崎で行列を整え、二所権現に向かう。北条時政・義時・時連等多数の武者随行（吾）。

○三月三日、鶴岡宮の法会・童舞・流鏑馬・相撲等の行事あり。義時他多数お供す（吾）。

○三月四日、鎌倉大火、幕府や鶴岡及び義時亭等多くの屋敷焼失（吾）。

○七月廿八日、頼朝、安達盛長の甘縄の家より新亭に移る。随兵十六名、後陣に義時属す（吾）。

○八月十八日、頼朝、諸人進上の馬を新厩に立てる。南庭での十六疋《ひき》の内、時政の黒栗毛の馬あり（吾）。

○九月廿九日、時政の内室牧ノ御方上洛す（吾）。

○三月四日、栄西禅師、宋より帰国。

○四月三日、鶴岡八幡宮臨時祭、幕府事始あり。

○四月八日、南御堂仏生会、頼朝・政子・頼家參拝。

一一九一	建久　二	後　白　河	後　鳥　羽		五四	○十一月十二日、牧ノ御方、兄弟や父宗親、外甥高成等を伴って京より下向す（吾）。 ○十一月十四日、故人伊豆有綱の家人、平康盛、北条時定の暗殺を計ったが、梶原景時により捕らえられる（吾）。 ○十一月廿一日、鶴岡八幡宮及び若宮、末社等遷宮、頼朝参宮、義時剣を持ち側近に座す（吾）。 ○十一月廿三日、遠江国河村庄の本主高政、同庄を時政に寄進す（吾）。 ○十二月一日、時政、盃酒・垸飯を献じ、牧ノ御方も御前に参る。牧宗親及び越後介高成等も随膳に候し、高成は営中格勤《かくご》を命ぜらる。時政の眼代で牧ノ御方の外甥である（吾）。 ○閏十二月二日、時政、脚気を煩い、伊豆国北条に下向。越年する（吾）。	
一一九二	建久　三				五五	○四月二日、政子着帯、以後毎日出産平安の祈祷を鶴岡の供僧に指示（吾）。 ○四月十一日、頼朝の子（貞暁）七才になり、政子の嫉妬強き中で、乳母の事辞退	○二月十三日、後白河法皇没。十六日、鎌倉に報ぜられる。

一一九二	
建久 三	
後鳥羽	
源頼朝	
五五	

者相次ぎ、大江景国に命ぜられる（吾）。
○五月廿六日、義時の子金剛（泰時）、歩行に興ずるところ、多賀重行、乗馬してその前を過ぎ、所領を収公される（吾）。
○六月十三日、頼朝、永福寺造営工事に渡御、工事を義時等手ずから沙汰す（吾）。
○七月三日、今暁より政子病み、諸人走り参ず（吾）。
○七月四日、政子の産所に調度整う（吾）。
○七月八日、政子の不例懐妊のためと医師診断す（吾）。
○七月十八日、政子、名越の御館（浜御所）へ渡御、産所を点検す（吾）。
○七月廿三日、政子、産気を催す。鶴岡八幡宮、相模の神社仏寺に神馬を奉り誦経を修す。男子（実朝）出産。義時等六人、御護刀を献ず。阿野全成の妻（阿波局、政子妹）御乳付として参上。名字定めで千幡と呼称（吾）。
○八月廿日、頼朝、産所に渡御、政子、千幡に対面（吾）。

○頼朝の子貞暁上洛。仁和寺の隆暁の弟子となる。
○七月十二日、頼朝征夷大将軍に任ぜられる。
○八月五日、将軍家政所を開設。

年	一一九二	一一九三
年号	建久 三	建久 四
天皇	後鳥羽	後鳥羽
将軍	源頼朝	源頼朝
年齢	五五	五六
事項	〇九月廿五日、幕府の官女（比企朝宗女）、頼朝の仲介で義時に嫁す（吾）。 〇十月十九日、政子及び千幡、名越の浜の御所より幕府に入御。北条時連等供奉（吾）。 〇十一月廿九日、千幡、五十日、百日の儀、時政沙汰、義時これに従う（吾）。 〇十二月五日、千幡御成始、安達盛長の甘縄亭に入御。女房安房局等扶持（吾）。	〇一月一日、頼朝、鶴岡八幡宮參拝後垸飯あり、義時他御家人庭上に參列（吾）。 〇二月廿五日、時政の腹心、眼代として在京せし。時定、京都で卆す（吾）。 〇三月十二日、病気療養していた義時伊豆国より帰參（吾）。 〇三月廿一日、義時等廿二人、下野国那須野、信濃国三原等における狩猟に、頼朝に随行す（吾）。 〇五月二日、時政、頼朝の富士野での狩の準備のため、伊豆国狩野親光を伴い、駿河国へ出発（吾）。
備考		〇四月十三日、千幡（実朝）病気。

西暦	一一九三
年号	建久　四
天皇	後　鳥　羽
将軍	源　頼　朝
年齢	五六

○五月八日、頼朝、富士野藍沢における狩を覧るため駿河に赴き、義時等随行する（吾）。
○五月十五日、頼朝、富士野の狩宿に入御。時政參候し、駄餉《だしょう》を献ず（吾）。
○五月十六日、富士野の狩が終わり、山の神、矢口等の祭あり、義時餅を献ず（吾）。
○五月廿二日、頼朝、梶原景高を鎌倉に送り、頼家が鹿を獲たことを政子に報じる。しかし、景高、政子にたしなめられ富士野に帰る（吾）。
○五月廿九日、頼朝、曽我五郎を尋問。時政、義時等御前左右に並び參列。五郎時致梟首される（吾）。
○八月九日、頼朝、由比の浦に出て、来るべき放生会の流鏑馬の射手を召すため射芸を競わせる。北条時連も始めて選ばれ、下河辺行平より故実を学ぶ（吾）。
○八月十六日、鶴岡八幡宮の馬場で流鏑馬あり、時連ら十三名射手として出場（吾）。
○八月廿九日、政子、岩殿観音堂に參詣、

○五月十六日、頼家初めて鹿を射る。
○五月廿八日、富士野で曽我兄弟、工藤祐経を殺害す。
○八月十七日、範頼、陰謀の疑いにより伊豆国へ送られ、後に誅殺される。

一一九三	建久 四		後鳥羽	源頼朝	五六	時連随う（吾）。 ○九月十一日、義時の嫡男（泰時）、江間より參着。去る七日伊豆国で小鹿一頭を射獲したとの報あり、義時箭祭の餅を備える。頼朝出御、三口の礼を行い、勧盃《けんぱい》数献《すこん》となる（吾）。 ○十月一日、頼家、義時の新造花亭に渡御、馬・剣等を献ぜらる（吾）。 ○十一月廿三日、上総国の本大掾国廉《くにかど》、姨母を刃傷する罪科により鎌倉に呼ばれ、時政奉《うけたまわ》って大島へ流罪とす（吾）。 ○十一月廿七日、永福寺薬師堂供養に頼朝出御、時連、後陣の随兵となる（吾）。 ○十二月十三日、時政に宿意をもつ常陸国の住人下妻弘幹、八田知家により梟首される（吾）。	○十二月五日、安田義定の所領遠江国浅田荘地頭職を没収し、加藤景廉に与える。
一一九四	建久 五				五七	○一月廿九日、政子、伊豆・箱根両権現（二所権現）に奉幣のため進発（吾）。 ○二月二日、義時の長男泰時十三才で元服。頼朝出御、時政も参席、加冠の儀行われる（吾）。	

一一九四	建久 五		後鳥羽	源頼朝	五七	○二月三日、政子、二所権現參拝より還る（吾）。 ○二月六日、政子、義時の亭へ入御（吾）。 ○二月十八日、頼朝大倉観音堂に参拝、帰路義時の亭へ渡御（吾）。 ○七月八日、頼朝、政子、鶴岡八幡宮参拝（吾）。 ○七月廿三日、義時、願成就院修理のため伊豆国下向（吾）。 ○八月八日、頼朝、相模国日向山に参拝、先陣の随兵中に時連、御後に義時水干を着して参加（吾）。 ○八月十六日、鶴岡八幡宮の放生会に頼朝出座、泰時始めて流鏑馬を射る（吾）。 ○閏八月一日、頼朝、三浦に遊び、三崎の津に山荘を建つ。足利義兼と共に時政従う（吾）。 ○同七日故安田義定の屋地、義時拝領（吾）。 ○同廿八日、時定の遺領、子孫に領掌させる（吾）。	○三月十七日、幕府諸国守護人の国衙領侵犯を禁ずる。 ○三月廿五日、伊豆国北条の願成就院にて如法経十種供養を修し、故伊東祐親、大庭景親以下を弔う。 ○四月廿一日、故平維盛の子六代禅師、文覚の書を持って京より參向。 ○五月十四日、六代禅師、関東に住まわせる。 ○七月五日、朝廷、延暦寺衆徒の訴えにより、江西・能忍等の禅宗布教を禁ずる。 ○八月十九日、安田義定誅せられる。 ○十一月八日、幕府東海道諸駅の早馬、疋夫を整備する。

一一九四	一一九五
建久　五	建久　六
後　鳥　羽	
源　頼　朝	
五七	五八
○十一月一日、時政、伊豆国三島神社神事のため、時連を連れて下向（吾）。 ○十一月十日、大姫（頼朝・政子の子）病気、神馬を三島神社に奉納、義時も馳せ参ず（吾）。 ○十一月十五日、頼朝及び政子、一切経、曼荼羅、鶴岡八幡宮奉納（鶴）。 ○十一月十八日、義時、奉幣使として伊豆国三島神社に向かう（吾）。 ○十一月廿三日時政・義時、願成就院の修理終わり、伊豆国より帰参（吾）。 ○十二月廿六日、頼朝、永福寺内新造の薬師堂へ供養のため参り、時連、剣を捧持して側近にあり、随兵八騎の中に義時も加わる（吾）。	○一月廿日、時政、願成就院の修正以下年中仏事の条々を定め、執行させるため伊豆国へ下向（吾）。 ○二月十四日、政子、子女と共に頼朝の上洛に従って出発、南都東大寺結縁供養のため（吾）。
（鶴）は『鶴岡八幡宮一切経等供養記』 ○十一月廿一日、頼朝、三島神社の神事に当たり、鶴岡の三島別宮に参拝。	○三月四日、頼朝夫妻等入京。

一一九五	
建久 六	
後鳥羽	
源頼朝	
五八	
○三月九日、頼朝、政子、頼家と共に石清水八幡宮・左目牛《さめうし》若宮等に参拝、先陣として時連加わる（吾）。 ○三月十日、東大寺供養のため頼朝南都東南院着。義時、時連随兵として加わる（吾）。 ○三月十二日、東大寺供養、頼朝参堂、先陣に義時等参列（吾）。 ○三月廿七日、頼朝參内。義時等随う（吾）。 ○三月廿九日、頼朝、丹後局を六波羅に招待し、政子・大姫等も対面す（吾）。 ○四月三日、頼朝・政子、大姫等、石清水八幡宮以下の霊地順礼（吾）。 ○四月十日、頼朝参内、時連等随従（吾）。 ○四月十五日、頼朝、頼家を連れて石清水參詣、義時等先陣として加わる（吾）。 ○四月十七日、丹後局、六波羅亭を訪れ、政子・大姫等対面す（吾）。 ○五月廿日、頼朝・政子等天王寺参拝。後陣の随兵に義時・時連加わる（吾）。	
○三月十日、東大寺落慶供養に後鳥羽天皇も臨席。 ○三月十三日頼朝大仏殿參詣。	

一一九五

建久　六

後鳥羽

源頼朝

五八

○六月十八日、政子・大姫等清水寺以下の霊地巡礼（吾）。

○七月九日、政子、稲毛氏女房（時政女）他界のため、比企能員の家で服喪す（吾）。

○七月十日、時政・泰時服喪のため伊豆国に下向す（吾）。

○七月廿九日、頼朝、時政の世話で浜御所に渡御、遊興、笠懸《かさがけ》・管弦の曲等で過ごす（吾）。

○八月九日、政子、稲毛氏女房（妹）のため仏事を修す（吾）。

○八月十三日、時政・義時、伊豆国より帰参（吾）。

○八月十六日、頼朝、鶴岡八幡宮で馬場の儀に出御、流鏑馬射手十六騎に泰時十五番出場す（吾）。

○八月十七日、政子、幕府宮中に帰着（吾）。

○十月七日、泰時、時連、頼朝の鶴岡八幡宮参拝に供奉す（吾）。

○十月廿六日、頼家、時連以下供奉人五十

○七月二日、遠江国の在庁及び守護等を橋本宿に集め、国務・検断を親裁す。

○七月六日、頼朝、駿河国黄瀬川駅で駿河・伊豆両国の雑訴を親裁する。

○七月八日、頼朝及び妻子鎌倉帰着。

○七月廿吾日、頼朝一行離京。

	一一九五	一一九六	一一九七	一一九八	一一九九
	建久 六	建久 七	建久 八	建久 九	建久 十
				後鳥羽	
	後鳥羽			土御門	
	源頼朝				
	五八	五九	六〇	六一	六二
	余人を従えて鶴岡八幡宮及び三浦の栗浜大明神等に参拝す（吾）。 ○十一月十三日、時政、三島神社神事に参会のため伊豆国に下向す（吾）。 ○十一月廿日、時政、伊豆から急いで鎌倉に帰り、同月十八日の三島神社の怪異を奉告する。（吾）。 ○十一月廿一日、時連、使として三島神社に参り、神馬・御剣を奉納す（吾）。 ○十二月十六日、幕府、伊豆国北条の願成就院の怪異により、同寺鎮守の祭祀を行わせる（吾）。		○六月、時政、遠江国蒲清成を同国蒲御厨《かばのみくりや》上下両郷地頭代職に補任する（蒲）。 ○七月、大姫（時政孫）死去（吾）。		○一月十三日、頼朝死す（北）。
	○十二月二日、幕府、駿河国富士郡の綿一〇〇〇両を京都に送る。 ○屋根に烏の頸が切れて死んでいる不吉なもの。	○十一月廿五日、九条兼実、関白・氏長者を罷免される。	○十一月廿日、伊豆山の下諸堂炎上する。	○この年、頼朝、伊豆山に参詣する。	

一一九九	
建久十	正治元
後鳥羽	
土御門	
六二	
○一月廿日、源頼家、左中将に転ず（吾）。 ○一月廿六日、頼朝の遺跡を継ぎ、家人郎従に旧の如く諸国守護の事宣下あり。また吉書始に時政以下集会（吾）。 ○三月五日、政子の子乙姫病気中、政子、諸社に祈願し、法事に読経せしむ（吾）。 ○三月十二日、乙姫の病日を追って悪化、針博士丹波時長を招くも固辞される（吾）。 ○四月十二日、政子、源頼家の親政を止め、時政以下十三人の御家人による会議を行わせる（吾）。	○五月七日、院宣により、医師丹波時長京より参着（吾）。 ○五月八日、時長始めて乙姫に朱砂丸（薬）を献ず（吾）。 ○五月十三日、時政以下、結番して日別に医師を饗応する、本日は時政、垸飯を時長に与う（吾）。 ○五月廿九日、乙姫いささか食事あり（吾）。 ○六月十四日、乙姫重態となる（吾）。
○四月廿七日、幕府、東国の地頭に命じて水利のある所に新田開発を行わせる。	○四月廿七日より正治元年となる。 ○六月廿六日、医師時長帰洛す。

一一九九	正治 元	後鳥羽	土御門		六二	○六月三十日、乙姫死す、十四才、母政子歎息、夜、乙姫を亀谷堂の傍に葬る。義時等供奉（吾）。 ○七月六日、政子、墳墓堂において乙姫の仏事（初七日）を行う（吾）。 ○七月廿三日、後鳥羽上皇の使者信季、乙姫遷化《せんげ》を弔うため鎌倉に下向す（吾）。 ○七月廿五日、信季帰洛、政子、二階堂行光を使とし、礼金三十両を贈る（吾）。 ○八月十九日、政子、頼家が安達景盛の妾寵愛の事件に関し、安達盛長の宅に至り、二階堂行光を使として、頼家を諫止す（吾）。 ○八月廿日、政子、盛長宅で景盛に会い、野心なき旨の起請文を書かせ、政子から頼家に献じ、訓戒す（吾）。 ○十月廿七日、女房阿波局、結城朝光に、景時より讒訴があり、誅裁を蒙る恐れあることを告げる。朝光、親友三浦義村と対策を計り、和田義盛、安達盛長と協議、連署状作製案をつくる（吾）。	○八月廿八日、連署状に宿老六十六人が連判す。 ○十月十四日、伊豆山権現の講堂・中堂上棟する。

一一九九	正治　元	後鳥羽	土御門		六二	○十一月十二日、大江廣元、連署状を頼家に示す（吾）。 ○十一月十八日、頼家、比企能員宅で蹴鞠を行い、時連等数名参加す（吾）。 ○十一月十九日、頼家、比企能員宅で蹴鞠前日の如く行い、時連等加わる（吾）。 ○十二月十八日、梶原景時、鎌倉を追われ、相模国一宮に下向す（吾・保）。	
一二〇〇	正治　二				六三	○一月一日、時政、垸飯を献ず（吾）。 ○一月十三日、故頼朝一周忌。時政以下諸大名群參して市をなす。布施の品々多く、また百僧供あり。時政の沙汰で、伊豆国願成就院の北隣にある頼朝御亭を仏閣とし、阿弥陀三尊、不動・地蔵等の仏僧を安置（吾）。 ○一月廿日、景時、一宮に城郭を構え、防戦に備うも、夜中一族と共に上洛を計り当地を出発、時政他御所に参集、追討軍を派遣（吾）。 ○一月廿五日、景時と合戦討伐した駿河国の武士等賞を受ける。また景時の弟友景	○一月廿日、景時とその一族、駿河国狐ヶ崎で討取られる。 ○一月廿四日、景時の朋友、加藤景廉の所領収公。 ○一月廿五日、梶原父子の所領収公。

一二〇〇

正治　二

後鳥羽

土御門

六三

降人となり、時政の亭に至る。工藤行光に預ける（吾）。

〇二月廿六日、頼家、鶴岡八幡宮参拝、先陣随兵に江間頼時（泰時）、時連加わる。

〇閏二月二日、政子、故頼朝の法華堂にて法華懺法《せんぼう》を始行す（吾）。

〇閏二月八日、頼家、伊豆国藍沢原で狩猟を行う。時連等多数参加（吾）。

〇閏二月十二日、政子、亀ヶ谷の地（源義朝旧跡）に伽藍建立を計画、二階堂行光等に巡検せしむ（吾）。

〇閏二月十三日、政子、亀ヶ谷の地を栄西に寄付し、施主として監臨、堂舎（寿福寺）造営の事始とす（吾）。

〇三月三日、鶴岡八幡宮の法会あり、義時法幣使となる（吾）。

〇三月十四日、岡崎義実、衰老し、政子に窮乏を訴える。政子、二階堂行光を使として頼家に伝える（吾）。

〇四月一日、時政、遠江守に任ぜられ従五位下に叙さる。その除書九日に到着（吾）。

一二〇〇
正治　二
後鳥羽
土御門
六三
○四月十日、大江廣元、義時と去月藤原保季を殺害した男の罪状を議す（吾）。 ○四月廿五日、義時の妾、男子を産む。若宮別当の加持、頼家から馬、政子から産衣を贈られる（吾）。 ○六月十六日、大江廣元の新亭で鞠会あり、頼家渡御、歓盃《けんぱい》の管弦の儀あり。時連及び肥田宗直等数名参席（吾）。 ○六月廿九日、故梶原景高の妻は政子の官女で寵愛比類なく、夫の死後隠居していたが、政子より本領を安堵される（吾）。 ○七月六日、政子、京都で画かれた十六羅漢の像を佐々木定綱より調進され、本日観賞の後、栄西の寺に贈る（吾）。 ○七月十五日、金剛寿福寺において、十六羅漢の画像、栄西により開眼供養され、政子聴聞のため参堂（吾）。 ○九月二日、頼家、小壺の海辺に遊び、笠懸、水練、相撲《すもう》等あり。常盛、義秀（朝夷奈）兄弟、頼家の名馬給与をめぐって相撲を取る。義時も中に入って興ずる
○五月十二日、頼家、念仏宗を禁ずる。 ○六月廿一日、岡崎義実八十九才で死す。 ○八月一日、頼家、比企能員亭に入御。

一二〇〇	正治 二	後鳥羽	土御門		六三	（吾）。 ○九月九日、鶴岡八幡宮の神事に、泰時奉幣使となる（吾）。 ○十月廿一日、頼家、浜の御所に入御、時政盃酒を献ず。時連も參席（吾）。	
一二〇一	正治 三	後鳥羽	土御門		六四	○一月四日、義時、頼家の使として鶴岡八幡宮へ奉幣、神馬三疋を奉る。	○二月十三日、建仁と改元。
	建仁 元					○四月三日、時政、大江廣元・三善康信と參会、越後の城資盛謀反の件で評定、佐々木盛綱に討伐を命ず（吾）。 ○四月六日、時政、三善康信と佐々木経蓮の欵状について協議す（吾）。 ○四月十三日、佐々木高重、父経蓮が御気色厚免の御教書を受けて帰洛するに当たり、時政及び廣元、餞の馬を遣す（吾）。 ○七月六日、将軍頼家の御所において百日の鞠会始まり、北条時連等伺候する（吾）。 ○九月十一日、去る九日、京より蹴鞠の師範として招かれた山柄行景を迎えて始めての鞠会が行われ、頼家に時連、比企時貞、肥田宗直等参席（吾）。	○七月六日の鞠会を義時・泰時父子參観。 ○八月十一・廿三日、大風吹き荒れ関東に被害多し。

一二〇一
建仁元
後鳥羽
土御門
六四
○九月十五日、御所における鞠会に時連等数名加わる（吾）。 ○同日、鶴岡八幡宮にて放生会あり、頼家参拝。義時以下多く供奉（吾）。 ○九月廿日、頼家、政務を抛ち連日蹴鞠に興じ、時連以下参集（吾）。 ○九月廿二日、鞠会の際、泰時ひそかに中野能成に、頼家を諫めさせる（吾）。 ○十月一日、御所で蹴鞠行われ、時連や宗直、富部五郎等参席（吾）。 ○十月二日、泰時の館に親清法眼ひそかに訪れ、頼家の不快を伝え、泰時所信を述べる（吾）。 ○十月三日、泰時、伊豆の北条へ下向す（吾）。 ○十月六日、泰時、去年の損亡《もう》で伊豆の庶民窮乏するを見て、証文を焼き棄て、酒米を給す。住民喜悦・合掌す（吾）。 ○十月十日、泰時、伊豆より帰着。 ○十月廿一日、御所の鞠会に時連・源性等
○十月、大仏師快慶、伊豆山常行堂の阿弥陀如来像を造立する。

西暦	年号				年齢	事項	その他
一二〇一	建仁 元	後鳥羽	土御門		六四	多く候ず（吾）。 ○十月廿七日、鶴岡八幡宮の廻廊、八足門上棟し、時政・廣元・善信等参席（吾）。 ○十一月二日、鞠会に時連等三六〇名参席（吾）。 ○十一月十三日、頼朝の忌日に当たり、佐々木経蓮、厚免を謝し、法華堂で法華経六部を供養、政子も所縁のためひそかに参席（吾）。 ○十二月三日、佐々木経蓮、御所に参り、近日中帰洛する挨拶をする。頼家、収公地の一所を返還。泰時これについて内々経蓮に同情、批判す（吾）。 ○十二月十八日、御所で鞠会あり、三二〇名参席（吾）。	○十月廿七日、東大寺僧形八幡像（快慶作）が完成。
一二〇二	建仁 二	後鳥羽	土御門		六五	○一月十日、お鞠始め、時連、紀内行景等参加（吾）。 ○一月廿九日、政子、重臣の忌中に鞠会に興ずる頼家の不謹慎を戒む（吾）。 ○二月廿日、柳の巨木を鞠の御壷に移植のため頼家渡御、時連他六〇余名參会（吾）。	○一月廿三日、頼家、正三位に叙せらる。 ○二月十二日も鞠会あり。

一二〇二	
建仁　二	
後　鳥　羽	
土　御　門	
六五	
○三月十四日、永福寺内の多宝塔供養あり、政子・頼家参席、導師は栄西禅師（吾）。 ○四月三日、鶴岡八幡宮臨時祭、時政、将軍の使として参拝（吾）。 ○四月十三日、頼家、中原親能の亀ヶ谷の宅で鞠会、時連以下参加（吾）。 ○五月五日、鶴岡八幡宮の神事、時連奉幣使を勤む（吾）。 ○五月廿日、御所の鞠会、時連・藤原清基、脚気により不参加（吾）。 ○六月一日、時政、亡息宗時の菩提を弔うため伊豆国北条へ下向、宗時の墳墓堂桑原郷にあり（吾）。 ○六月廿五日、政子、頼家の御所で鞠会を観る（吾）。 ○同日平知康、酒席で時連の名を評し、改名をすすめる（吾）。 ○六月廿六日、政子、前日の知康の言動を怒る（吾）。 ○七月十六日、時政、伊豆北条より帰参	
○三月十五日、終日鞠会あり。その後政子、頼家の御所に入る。 ○時連、名を時房と改名。	

一二〇二

建仁　二

後鳥羽

土御門

源頼家

六五

（吾）。

○七月十七日、頼家、狩猟のため伊豆国へ出発、時連御伴する（吾）。

○七月廿三日、頼家、伊豆より帰着。

○七月廿九日、鞠会あり、時連、紀内行景・比企時員、肥田宗直等加わる（吾）。

○八月十五日、夜舞女微妙、栄西禅師の禅坊で出家、持蓮と号す。政子哀憐の情を以て居所を与え、持仏堂参拝の時に参ずることを伝える（吾）。

○八月廿三日、泰時、三浦義村の女と結婚（吾）。

○八月廿四日、舞女微妙と密通のあった古都保忠、甲州より到着し、持蓮の室を尋ね、従僧等を殴る。政子、結城朝光を遣し、保忠を宥む（吾）。

○九月十日、義時、三島神社の奉幣使となる。また、鞠会あり、北条時房等参加（吾）。

○九月十八日、将軍、鶴岡八幡宮に参拝、時房剣を持て随従（吾）。

○七月廿二日、頼家征夷大将軍となる。

○この年、栄西建仁寺を建立す。

○八月十八日、鶴岡若宮の廻廊に不思議な鳩来り、供僧・民衆騒ぎ、将軍頼家も時政・大江廣元等と見物す。

○九月廿一日、頼家、伊豆・駿河で狩を行う。

○九月廿九日、頼家、伊豆国の仁田忠常の屋敷で終日小笠懸を行う（吾）。

一二〇二	建仁　二	後鳥羽	土御門	源頼家	六五	○十月廿九日、頼家、御所の北の御壺に鞠会の切立を設く（吾）。	
一二〇三	建仁　三				六六	○一月二日、一幡（頼家子）、鶴岡八幡宮に奉幣。その後頼家、三善康清亭で鞠会を開き、時房等參席（吾）。 ○一月廿日、頼家、三善康清宅にて鞠会あり。時房等参加（吾）。 ○二月四日、千幡、鶴岡八幡宮参拝、義時供奉し、神馬二疋奉る（吾）。 ○二月五日、政子、鶴岡八幡宮に法華経を供養す（吾）。 ○二月十一日、建久三年に炎上した鶴岡宮の塔復興のため地曳始あり、頼家と共に時政・広元・康信（三善）等參席（吾）。 ○二月十六日、鞠会あり、時房、肥田宗直等参加（吾）。 ○三月四日、頼家三善康清宅にて鞠会開き、時房以下常連数名参加（吾）。 ○三月廿六日、康清宅で、頼家鞠会開催、時房等参加（吾）。	○三月十日、頼家、夢告により、駿河国方上御厨を地頭武田信光より召し上げ伊勢内宮に寄進する。

一二〇三

建仁　三

羽門家　鳥御頼　後土源

六六

○四月三日、鶴岡祭礼義時奉幣す（吾）。
○四月廿一日、頼家、鞠会を催し、時房等参加（吾）。
○五月廿日、政子、頼家の阿波局（政子妹、官仕）喚問要求を拒む（吾）。
○七月十八日、御所で鞠会あり、時房等参会（吾）。
○八月廿七日、頼家重態のため将軍職譲補を評議す（吾）。
○九月二日、比企能員、頼家に北条時政討伐を謀る（吾）。隣室に居た政子、事を時政及び大江廣元に伝え、時政、能員を招き、天野遠景・仁田忠常に誅殺せしむ。
○九月三日、時政等、比企能員の余党を探し、流刑及び死罪に処す（吾）。
○九月五日、頼家、一幡及び能員の死を知り、堀親家を派遣して和田義盛・仁田忠常に時政誅殺を命ずるも、義盛は従わず、時政に報告、親家は工藤行光に誅せられる（吾）。
○九月六日、時政、仁田忠常を名越の亭に

○五月十九日、阿野全成謀反の聞こえあり、御所中に召し、武田信光が捕らえる。
○五月廿五日、全成を常陸国に配流す。
○六月一日、頼家、狩猟のため伊豆へ出発。
○六月三日、仁田忠常富士の人穴を探検す。
○六月廿三日、全成八田知家により下野で誅せられる。
○八月廿七日、幕府頼家の病により、その跡を子、一幡と千幡に分轄と決定する。
○頼家の子、一幡（政子の孫）の遺骨、小御所跡より発見される。

一二〇三	建仁 三	後鳥羽	土御門	源実朝（源頼家）	六六	招く。忠常はその帰途加藤景廉に誅殺される。また忠常の弟二人も討たれる（吾）。 ○九月七日、政子の計らいで頼家出家す（吾）。 ○九月十日、千幡、将軍に推挙され、政子の許から時政亭に移る。阿波局（政子妹）、義時等供奉（吾）。 ○同日時政、御家人等の所領安堵を下す（吾）。 ○九月十五日、阿波局、姉政子に面会し、牧ノ御方（時政妻）の害心を伝え、千幡を時政亭より迎え取る。時政子細を知らず同意（吾）。 ○九月廿一日、時政大江廣元等と協議し、前将軍頼家を鎌倉より退去させるべく決定（吾）。 ○九月廿九日、頼家、伊豆修禅寺へ下向（吾）。 ○十月八日、千幡、時政の名越亭で元服、実朝と称す。義時等雑具を持参、大内義信が加冠、時政が理髪す（吾）。	○朝廷、幕府からの上奏を受け、九月七日付で千幡を征夷大将軍に任じ名を源実朝と賜う。 ○九月、時政、政所別当となる。 ○九月十五日、千幡（実朝）を征夷大将軍に任ずるの宣旨鎌倉に到着。 ○平賀朝雅、京都警護のため上洛す。 ○十月三日、運慶快慶の東大寺南大門金剛力士像完成する。

一二〇三

建仁 三

後鳥羽

土御門

源実朝

六六

○十月九日、将軍実朝の政所始めに付き、別当の時政・大江廣元以下の家司等政所に集合。二階堂行光吉書を書き、清原清定に返抄を作製させる。実朝出御せず。時政吉書を実朝に持参。時政政所に帰着後、垸飯盃酒の儀あり。その後、執権時政の指導で故実の如く、甲冑乗馬、母盧《ほろ》の着用等あり、晩の弓始は北条時房が奉行す（吾）。

○十月廿七日、武蔵国の諸士が時政に対して異心なき事を、和田義盛を通じて誓う（吾）。

○十一月六日、修禅寺より頼家、政子に書を送り、近習の参入を請うも許されず（吾）。

○十一月九日、実朝・政子、大江廣元の家に入御（吾）。

○十一月十日、政子、伊豆から帰国した三浦義村より、頼家閑居の状況を聞き悲歎す（吾）。

○十一月十五日、鎌倉中の寺社奉行定めら

○この頃、時政、幕府の執権となる。

西暦	一二〇三	一二〇四
年号	建仁　三	建仁　四
天皇（院）	後鳥羽	
天皇	土御門	
将軍	源実朝	
年齢	六六	六七
事項	れ、義時は鶴岡八幡宮、時房は阿弥陀堂の奉行となる（吾）。 ○十一月廿三日、実朝、馬場殿において小笠懸を行う。参席者に時政を通じ御馬を賜る（吾）。 ○十二月一日、将軍の意向で鶴岡の上下宮で法華八講が行われ、安楽房重慶が講師となる。尼御所政子もひそかに廻廊に参席（吾）。 ○十二月三日、政子の計らいで鶴岡の宮寺中に塔婆の造立を停止す。これは塔婆造立の始めに火災があり大火になった事、頼家が病気になったことを不吉としたため（吾）。 ○十二月十四日、実朝、永福寺以下の御堂参拝、時房以下諸士供奉す（吾）。 ○十二月十五日、政子、諸国地頭の狩猟を禁止す（吾）。 ○十二月廿二日、時房、幕府宮中の雑事奉行を命ぜられる（吾）。	○一月十八日、義時、実朝の御祈祷のため
一般事項	○十一月十九日、実朝、将軍代始に当たり、伊豆国および関東分国百姓の年貢を減免する。	

一二〇四	
建仁四	元久元
後鳥羽	
土御門	
源実朝	
六七	

二所権現に奉幣使として参拝。実朝、御所庭上にて伊豆・箱根、三島に向かい遙拝（廿二回）、次いで、義時、鶴岡八幡宮に詣で、三社に進発す（吾）。

○一月廿二日、義時、二所詣を終え、鎌倉に帰還（吾）。

○二月十二日、実朝、由比の浜で笠懸を観る。義時以下供奉。時房等小笠懸、遠笠懸の的を射る（吾）。

○二月廿日、時政、諸庄園の所務は頼朝時の例によるべき事を命ずる（吾）。

○二月廿一日、政子、逆修を始行す（吾）。

○二月廿二日、時政、備後国御調本《みつぎほん》北条、地頭四方田左近将監の沙汰を停止し、国衙に付す（吾）。

○二月廿五日、実朝、義時の亭に渡御（吾）。

○三月十五日、幕府において天台止観の談義始められ、政子、聴聞のため実朝の御所に渡御（吾）。

○四月十八日、実朝、岩殿観音堂に參拝、時政・義時、時房等多く供奉（吾）。

○二月廿日改元。

西暦	一二〇四
年号	元久 元
	後鳥羽
	土御門
	源実朝
	六七
事項	○五月六日、時政の女聟平賀朝稚、去月廿九日、伊勢平氏平定の報を鎌倉に伝える。 ○五月八日、時政、伊勢国の進士行綱の無実判明し、本所を安堵す（吾）。 ○五月十日、平賀朝稚、伊勢守護に任ぜられる（吾）。 ○五月十六日、政子、金剛寿福寺で祖父母の追善供養を行う（吾）。 ○六月八日、伊勢平氏追討の賞に、加藤光員等追加され、時政これを下知す（吾）。 ○七月廿四日、義時、修禅寺に金窪行親を派遣し、謀叛を企てた頼家の家人を誅す（吾）。 ○九月十五日、実朝、義時亭に遊び、月蝕により泊まる（吾）。 ○十月十四日、前大納言坊門信清卿の息女を実朝の御台所として迎えるため、北条政範、南条平次等諸士迎えに上洛す（吾）。 ○十一月五日、在京中の政範（時政と牧ノ方の子）、病気のため十六才で死去（吾）。
関連事項	○四月二十三日、九条兼実、宣秋門院九条任子に伊豆国井田荘、同蒲谷御厨、遠江国小奈御厨等を譲る。 ○五月八日、幕府、国司と地頭の得分などを決める。 ○七月十八日、頼家、修善寺にて薨ず。（吾、愚、鎌）。 ○十一月十三日、政範死去の報鎌倉に到着。 ○十二月十八日、政子の願いにより、七観音の画像、奈良より到着し、開眼供養を行う（吾）。

一二〇四	一二〇五
元久　元	元久　二
後鳥羽	
土御門	
源実朝	
六七	六八
○十二月廿二日、実朝夫人の祗候人等、地頭職を拝領す（吾）。	○一月一日、時政、垸飯並びに御馬・御剣を献ず（吾）。 ○二月十七日、実朝の鶴岡八幡宮参拝に、義時以下随行（吾）。 ○二月廿一日、時政、武蔵国土袋郷の年貢を永福寺住僧の供料とする旨下知す（吾）。 ○三月廿九日、時政、三島神社御戸帳人の沙汰に関して東大夫（神主）に教書を与える（三）。 ○四月十一日、時政武蔵国蟄居中の稲毛重成を招き、鎌倉に騒ぎ起こる（吾）。 ○五月十八日、三島神社の修理開始（吾）、この時、時政は佩《はい》用の太刀「一文字」一口（国宝北条太刀）を寄進（三）。 ○六月廿一日、時政、畠山重忠父子誅殺を計り、義時・時房等諫める（吾）。 ○六月廿二日、時政の命を受け、三浦義村、畠山重保を誅す。また義時・時房大軍を率い、畠山重忠を討伐す（吾）。
	○一月四日、政子の居所に実朝渡御、引出物を貰う（吾）。 ○三月廿五日、藤原定家等、『新古今和歌集』を撰進する。 ○六月廿一日、また牧ノ御方、兄の大岡時親を通じ、義時に重忠謀殺を迫る。

一二〇五	元久　二	後鳥羽	土御門	源実朝	六八	○同日、義時の室（伊賀）男子を生む（吾）。 ○六月廿三日、義時、鎌倉に帰参、時政に重忠の謀反無根なることを報ず（吾）。 ○六月廿九日、義時、鶴岡の供僧等に大般若経を転請せしむ（吾）。 ○七月八日、政子、畠山重忠の与党の所領を勲功者に与える（吾）。 ○七月廿日、政子に仕える女房五六名、新恩に浴す（吾）。 ○閏七月十九日、平賀朝雅を将軍となす牧の方の陰謀露顕し、政子、天野政景等を派遣し、義時の邸に実朝を迎える。同日、時政出家す（吾）。 ○閏七月廿日、政子・義時、父時政を伊豆国北条へ引退させ、義時政所別当となり、執権の座につく。（保暦・吾）。 ○閏七月廿六日、時政が伊豆山に幽閉されたという噂を都の藤原定家が聞く（明）。 ○八月五日、時政の出家に伴い備前守大岡時親（牧の方の兄）出家す（吾）。	○六月廿三日、稲毛重成誅せられる（吾）。 ○七月廿六日、幕府、在京武士に平賀朝雅を討たせる。

西暦	一二〇五	一二〇六
年号	元久　二	元久　三
	後鳥羽	
	土御門	
	源実朝	
	六八	六九
	○八月七日、宇都宮頼綱の謀反疑惑。義時等政子の亭に参集し評議（吾）。 ○八月十一日、宇都宮頼綱、義時に書状を以て辯明（吾）。 ○八月十九日、宇都宮蓮生、義時の亭に行き、陳謝のため髻を献ず（吾）。 ○十一月三日、京より綾小路師季の息女（母稲毛重成女、時政外孫）を小沢信重伴って来る。政子の哀愍の情による（吾）。 ○十一月四日、綾小路の息女、政子の亭に入る。政子猶子とし、武蔵国小沢郷（稲毛遺領）を与える（吾）。 ○十二月二日、頼家の遺子善哉（公暁）、政子の計らいで鶴岡別当尊暁の弟子となり入室（吾）。	○二月四日、実朝、雪見のため名越山の辺にある義時の山荘において和歌の会を開く。泰時等参席（吾）。 ○二月八日、政子、鶴岡八幡宮参拝（吾）。 ○三月十三日、義時、実朝の招きにより雑談し、桜井五郎の鵙による捕鳥実演を観
	○八月十六日、頼綱出家。 ○義時対面せず。 ○十月十日、中原季時、京都守護となる。 ○十二月十八日、実朝夫人、鶴岡八幡宮へ参拝。	○一月二日、実朝、鶴岡八幡宮参拝。 ○三月廿二日、伊豆山権現常行堂上棟する。 ○四月十六日、伊豆山権現法華堂を上棟する。

西暦	一二〇六	一二〇七
年号	元久三 建永元	建永二
天皇	後鳥羽	
	土御門	
将軍	源実朝	
時政年齢	六九	七〇
事項	る（吾）。 ○五月六日、大中臣能隆より加藤光員の神領知行を不法として訴え、義時、大江廣元等と協議す（吾）。 ○五月廿四日、光員の辯明、合法と認められる（吾）。 ○六月十六日、頼家遺子善哉、政子の亭において御着袴《おちゃくこ》の儀あり、実朝や、義時の子息等も参席（吾）。 ○六月廿一日、実朝、御所南庭で相撲を観る。義時・廣元等出席（吾）。 ○十月廿日、政子、善哉を実朝の猶子とし、御所に始めて入れる。乳母の夫三浦義村、贈物を献ず（吾）。 ○十月廿四日、義時の次男朝時（十三才）、御所で元服す（吾）。 ○十二月廿三日、義時、東重胤に助言し、詠歌を捧げさせて実朝の不興を解く（吾）。	○一月廿二日、実朝の二所権現参拝に義時・時房等随行（吾）。
参考	○この年、チンギスハーン蒙古を統一する。	

一二〇七	
建永 二	承元 元
後鳥羽	
土御門	
源実朝	
七〇	七〇
○二月廿日、北条時房、十四日付で武蔵守に就任発表される（吾）。 ○三月三日、北の御壺で鶏闘の会あり、時房他諸臣参席（吾）。 ○三月廿日、北条時房、武蔵国の荒野開発について地頭等に触れるよう命ぜられる（吾）。 ○四月十六日、義時の亭で実朝の病気平癒を祈祷す（吾）。 ○六月二日、天野蓮景（遠景）欵状《かじょう》を義時に進呈、恩賞を所望す。義時より大江廣元を経て将軍に捧ぐ（吾）。 ○八月十七日、去る十五日鶴岡放生会の際将軍出御するも随兵として不参の者あり、義時、時房及び大江廣元、三善康信等協議の結果、吾妻助光出仕停止を命ぜられる（吾）。	○十一月十九日、時政、伊豆国願成就院の南傍に塔を建て供養す。本仏は大日如来等（吾）。 ○十二月三日、御所の酒宴に義時、廣元参
○二月十八日、朝廷、寺修念仏を禁じ、法然を土佐国、親鸞を越後国へ配流する。 ○四月五日、九条兼実没する。	○十月廿五日改元、承元元年となる。

西暦		一二〇八
年号	承元元	承元二
天皇		後鳥羽
		土御門
将軍		源実朝
年齢		七一
事項	席、吾妻助光、弓の妙技により、出仕停止を免ぜられる（吾）。	〇一月十一日、御所の心経会あり、その後政子、車で鶴岡八幡宮に参拝（吾）。 〇三月二日、政子、新調の法服三十具、鶴岡八幡宮の供僧に下賜さる（吾）。 〇三月三日、鶴岡八幡宮の一切経会、実朝疱瘡のため欠席、北条時房奉幣し、政子も参宮（吾）。 〇七月五日、鶴岡神宮寺上棟、義時・時房大江廣元等臨席（吾）。 〇七月十九日、永福寺の阿弥陀堂で二十五三昧《ざんまい》行われ、聴聞のため政子、実朝等参堂（吾）。 〇八月十六日、実朝、馬場の桟敷において御送拝。政子も奉幣す（吾）。 〇十月十日、政子、宿願の熊野詣に進発、時房随行（吾）。 〇十二月十七日、神宮寺薬師像開眼、義時、廣元等参席（吾）。
一般事項		〇一月十六日、幕府の問注所火災で記録文書焼失する。 〇閏四月二日、鶴岡神宮寺造営の材木を伊豆国狩野山の奥より沼津の海に出す。

	一二〇八	一二〇九
	承元　二	承元　三
	後鳥羽	後鳥羽
	土御門	土御門
	源実朝	源実朝
	七一	七二
	○十二月廿日、政子、熊野詣より還る（吾）。	○三月三日、義時、鶴岡八幡宮の一切経会、奉幣使を勤む（吾）。 ○五月十二日、実朝、和田義盛が上総国の国司挙任を希望している旨、政子に相談するも、頼朝の時の例にならい侍の受領は停止として許されず（吾）。 ○五月廿日、法華堂で行われた故梶原景時及び一族の法事に義時参席（吾）。 ○八月十五日、鶴岡八幡宮放生会に義時奉幣使となり、時房随行す（吾）。 ○十月十日、二階堂行光、永福寺の傍に伽藍を建て、供養の法会を行う。政子・義時、時房大江廣元・他参列す（吾）。 ○十月十三日、故頼朝の御月忌の法事が法華堂で営まれ、政子・義時・時房等参列す（吾）。 ○十月十七日、義時・廣元等、園城寺明王院僧正公胤帰京に当たり、餞別を贈り、護衛の兵士をつける（吾）。 ○十一月四日、義時の諫めを受け、実朝、
		○五月廿三日、義盛、上総国司希望の事正式に上申。 ○五月廿六日、実朝右中将に任ぜられる。 ○六月十三日、藤原定家実朝の歌を添削し、「詠歌口伝」一巻と共に贈る。

一二〇九	一二一〇
承元　三	承元　四
後鳥羽	
土御門	
源実朝	
七二	七三
小御所の東小庭において切的を射さしむ（吾）。 ○十一月五日、義時、相模国大庭御厨の大日堂修造を命ぜらる（吾）。 ○十一月七日、義時・廣元、実朝の武道軽視を諫む（吾）。 ○十一月八日、実朝の命で駿河国益頭庄の年貢を鶴岡八幡宮の灯油料に充つるべく、義時沙汰す（吾）。 ○十一月十四日、義時、伊豆の住人で功ある郎従に、侍に準じた処遇を望むが、実朝これを許さず（吾）。 ○十二月十一日、北条時房、実朝の命により、美作《みまさか》朝親と小鹿嶋公業の私闘を仲裁する（吾）。 ○十二月十三日、政子・実朝、法華堂にて恒例の仏事を行う（吾）。 ○十二月十七日、実朝の命で時房、朝親と公業の喧嘩を和解させる（吾）。	○一月一日、義時、実朝に代わり鶴岡八幡宮に奉幣（吾）。
○十一月廿日、守護の怠慢で強盗蜂起との諸国国衙の訴えを受け、幕府、守護人を戒める。	

西暦	一二一〇
年号	承元四
	後鳥羽
	土御門
	源実朝
	七三

○二月五日、義時、実朝の命で越後国菅谷寺に田地を寄進す（吾）。
○三月廿二日、義時夫人、熊野詣に伴い、地頭に道中雑事を課す（吾）。
○五月六日、義時、時房と共に将軍に随行し大江廣元の亭に行く。亭主、実朝に三代集を贈る（吾）。
○六月八日、政子、相模国日向の薬師堂に參拝、時房等随行（吾）。
○八月十六日、義時の計らいで実朝、政子及び夫人と鶴岡八幡宮へ參拝、流鏑馬・競馬・相撲を見物す（吾）。
○九月九日、義時、鶴岡八幡宮の祭礼に奉幣使となる（吾）。
○十月十三日、時房の奉行で諸国の守護・地頭に御牧《みまき》を興行せしむ旨、二階堂行光に書かしむ（吾）。
○十一月廿日、北風強く、北条泰時の小町亭及び近隣の御家人宅焼失す（吾）。
○十一月廿四日、駿河国建穂寺の鎮守馬鳴大明神、去月廿一日託宣あり、鎌倉に伝

○六月十三日、これより先、実朝夫人の女房（女官）丹後局、駿河国宇津山で群盗に会い財宝等を奪われて幕府厳重警告する。
○八月廿八日、大仏師実慶、伊豆国修善寺の大日如来座像を造立す。
○十一月廿四日、これより先、駿河国建穂寺鎮護の馬鳴大明神に合戦の神託あり、この日幕府に注進される。

西暦	年号	天皇	天皇	将軍	年齢	事項	備考
一二一〇	承元四	後鳥羽	土御門	源実朝	七三	えられ義時より大江廣元を通じ将軍に言上、実朝剣を同明神に献ず（吾）。	
一二一一	承元五	後鳥羽	順徳	源実朝	七四	○一月一日、義時、垸飯を献じ、時房、剣を持参す（吾）。 ○一月十五日、実朝、御行始で義時亭に入御（吾）。 ○閏一月七日、鎌倉に火災あり、時房亭より以南人家三十余宇灰燼となる（吾）。	
	建暦元					○四月十三日、義時、伊豆国三島神社神事のため下向（吾）。 ○四月廿一日、義時、伊豆より帰参（吾）。 ○四月廿九日、泰時、実朝に随って永福寺に行き、郭公《ほととぎす》の初声を期待するも空しく帰る（吾）。 ○五月十八日、時房、実朝夫人に随い岩殿観音堂に参拝（吾）。 ○六月二日、実朝にわかに病み、時房、御《おん》撫物《なでもの》及び御衣を持参す（吾）。 ○七月八日、政子及び実朝夫人、相模国日向の薬師堂参拝、時房等随行（吾）。	○三月九日より建暦元年と改元。 ○六月廿六日、幕府、東海道に新宿を設けるよう、重ねて守護・地頭に命じる。

西暦	一二一一	一二一二
年号	建暦　元	建暦　二
天皇	後鳥羽	
	順徳	
将軍	源実朝	
	七四	七五
事項	○七月十一日、惟宗孝尚、命令違反により勘発され、時房に預けられる（吾）。 ○八月十五日、鶴岡八幡宮放生会、実朝病気のため義時奉幣使となる（吾）。 ○八月十六日、義時鶴岡八幡宮に参拝（吾）。 ○十月廿二日、伊賀守朝光、永福寺の傍に仏寺建立、その供養に、義時夫妻及び泰時参列（吾）。 ○十一月十六日、政子、金銅の薬師三尊仏を供養、鶴岡の神宮寺に安置す（吾）。 ○十二月十七日、義時、知行の社寺興行を議す（吾）。 ○十二月廿八日、義時、実朝が明年厄年に当たるため、栄西等に祈祷せしむ（吾）。	○一月一日、義時垸飯進上。時房、剣を持参（吾）。 ○一月十九日、鶴岡八幡宮へ実朝参拝、義時等供奉（吾）。 ○二月三日、実朝及び政子二所権現へ参詣、義時・時房・泰時等随行（吾）。同八日
その他	○九月十五日、故頼家の子善哉、出家して公暁と名のる。 ○十一月三日、永福寺の惣門及び塔など焼失。	○一月廿五日、法然没する（八〇才）。

年	一二一二
年号	建暦　二
院	後　鳥　羽
天皇	順　徳
将軍	源　実　朝
年齢	七五
事項	帰着（吾）。 ○二月十四日、時房、武蔵国諸郷に郷司職を補す（吾）。 ○二月廿八日、義時、三浦義村より相模国相模川の橋朽損の報を聞き、過去に同所付近で頼朝落馬の事あり、再建を躊躇するも、実朝不吉説を退け、修復を命ず（吾）。 ○三月六日、幕府の御鞠始に、実朝、時房・泰時等と共に参会（吾）。 ○三月九日、実朝、三浦三崎の御所に出向、政子及び実朝夫人、義時、時房等随行（吾）。 ○四月六日、実朝病み、小御所東面の柱の根に花が開いたため、天災地変、鬼気等の祭を行うよう、義時が述べる。また鶴岡の供僧等命を受け大般若経転読（吾）。 ○四月八日、御所で安倍親職等陰陽道除災の御祭を行い、義時現地へ向かう（吾）。 ○四月十八日、実朝の希望で大倉郷の一勝地に大慈寺を建て、その立柱上棟式に義
参考	○三月中、鴨長明、『方丈記』を著わす。 ○三月廿二日、朝廷、新制二十一ヵ条を定める（建暦の新制）。

西暦	一二一二	一二一三
年号	建暦　二	建暦　三
天皇	後鳥羽	
	順徳	
将軍	源実朝	
年齢	七五	七六
事項	時・時房・広元等参向（吾）。 ○五月七日、名越朝時（義時子）、女の事で実朝の勘気を蒙り、義時に義絶され、当人駿河に下向（吾）。 ○七月二日、義時・廣元、六月七日の侍所における刃傷事件に鑑み、侍所の改造を命ずる（吾）。 ○八月十五日、政子及び実朝夫人、鶴岡八幡宮放生会の舞楽を観るため車で廻廊に渡御（吾）。 ○八月十八日、時房、伊賀朝光、和田義盛に北面三間所に祠候するよう命ずる（吾）。 ○十月十一日、実朝、大倉の新造堂舎を見に出御、義時等諸士随行（吾）。 ○十二月廿九日、実朝、法華堂以下諸堂巡礼。義時等供奉（吾）。	○一月一日、実朝、鶴岡八幡宮参拝、廣元・義時等随行（吾）。 ○一月二日、義時、垸飯を献ず（吾）。時房以下御進物役人多数随行、南条時員等も加わる（吾）。
参考事項	○七月九日、御所の侍所を破却し寿福寺に寄付。別に新造を計画。 ○十月廿二日、幕府、関東分国に奉行人を派遣し、庶民の訴えを成敗させる。	

一二一三	建暦　三	後鳥羽	順徳	源実朝	七六	○一月三日、時房、垸飯を献ず。進物の役人として北条時氏（馬）、肥田宗尚（馬）等参席（吾）。○一月四日、和田義盛、垸飯。その後、実朝、義時の亭に入る（吾）。○一月十日、実朝、義時亭で社寺以下の吉事始を定む（吾）。○一月廿二日、実朝、二所権現参拝に下向、義時、時房等供奉（吾）、同廿六日帰着（吾）。○二月一日、幕府において和歌の会あり、時房、泰時等参席（吾）。○二月二日、昵近の祗候人のうち芸能ある者を選び学問所番とする。泰時等加わる（吾）。○二月八日、泰時、鶴岡八幡宮奉幣使を勤む（吾）。○二月十五日、義時、千葉成胤が叛逆者の一味として捕らえた僧安念について、廣元等と議す（吾）。○二月十六日、安念の自白により、故頼家

一二一三

建暦　三

後鳥羽

順徳

源実朝

七六

の子を擁し、義時を討たんとする多数の謀叛人が捕らえられる（吾）。

○三月三日、京より使者来り造閑院内裏の功により、実朝正二位、義時正五位下に叙せらる（吾）。

○三月九日、義盛また一族九八人を引率し御所に参じて囚人和田胤長の赦免を請うも許可出ず、その旨義時が伝える（吾）。

○四月二日、義時、和田胤長の屋地を賜り、義盛の代官を追放、金窪行親・安東忠家に分給す（吾）。

○四月三日、時房、鶴岡八幡宮神事の奉幣使勤む（吾）。

○四月四日、義時、陸奥平泉寺の塔破壊に伴い、地頭に命じて修復せしむ（吾）。

○四月廿八日、義時、御所において廣元らと協議、鶴岡八幡宮に祈祷を行わしむ（吾）。

○四月廿九日、北条朝時、籠居先の駿河より召還される（吾）。

○五月二日、和田義盛挙兵、三浦義村、義

○三月八日、和田義盛、鎌倉に参向、子等の不始末を謝罪し、赦される。

○三月十七日、和田胤長陸奥国へ配流す。

○三月廿一日、胤長の女、父の遠流を悲しみ病死。

○三月、義時、侍所別当を兼ねる。

○政子、秀衡の夢を見る。

○四月十五日、実朝龍愛の和田朝盛、出家して京に向かう、義盛怒る。

○五月二日、実朝の御所焼失。

西暦	一二一三
年号	建暦　三
上皇	後　鳥　羽
天皇	順　徳
将軍	源　実　朝
年齢	七六
事項	時に密告、政子、実朝夫人等鶴岡に移る。幕府、義時亭、廣元亭襲われるが、朝時等勇戦し、和田軍前浜に退く（吾）。 ○五月三日、鎌倉各所で激戦、実朝、鶴岡八幡宮に所願。ついに義盛戦死す（吾）。泰時禁酒を決意（吾）。 ○五月四日、和田一族の首を固瀬川の辺に梟す。実朝、法華堂より政子の亭（東御所）に入る（吾）。 ○五月五日、義時、廣元沙汰し、義盛以下叛徒の所職・所領を没収。義時は侍所別当となる（吾）。 ○五月六日、義時、金窪行親を侍所の所司と定める（吾）。 ○五月七日、義時、大倉より若宮大路の亭に行き、祇候人等の勲功を賞す（吾）。 ○五月八日、泰時、去る五日の恩賞を辞退す（吾）。 ○五月九日、義時・廣元連署の教書を在京の御家人に送り、参向を禁ずる（吾）。 ○五月十日、義時、御所に召された辨賞に
備考	○五月五日、北条義時、侍所別当を兼ねる。

一二一三	
建暦	三
後鳥羽	
順徳	
源実朝	
七六	

実朝の言葉を伝え賞す（吾）。

○五月十七日、武部大夫重清、武蔵国大河戸御厨の八条郷を賜い、地頭澁江光衡は本所の如く安堵すべき由、義時・廣元下知す（吾）。

○六月廿六日、義時・時房・廣元、御所新造の事を評議す（吾）。

○七月七日、義時、泰時、東重胤等、御所（廣元亭）の歌会に出席、この日鎌倉付近大地震あり（吾）。

○七月十一日、義時、御所に參り盃酒を献じ、去る五月和田義盛に味方した富田三郎の強力《ごうりき》の事を話す。実朝当人を召し、その芸を見て囚人を赦免する（吾）。

○八月一日、実朝、御所作事の間、政子亭（東殿）に渡御、義時・廣元等參向（吾）。

○八月三日、御所上棟、義時等群衆にわかに騒動あり、義時、金窪行親・安東忠家に鎮めさせる（吾）。

○八月廿日、実朝、新御所に移る。義時・時房他諸士随行。政子も入御、義時、吉

○七月廿日、故和田義盛の妻、遠江国鎌田御厨を伊勢神宮に返付し、祢宜の取りなしにより、恩赦にあずかる。

一二一三	
建保元	建暦三
後鳥羽	
順徳	
源実朝	
七六	
○十二月六日を以て改元。	書を持参（吾）。 ○八月廿二日、実朝、廣元亭に行き、義時・時房・泰時等随行（吾）。 ○九月十日、幕府に女房の勝負事あり、時房等特に加えられる（吾）。 ○九月十二日、実朝、幕府において、泰時進上の駒を観、義時、これを諸臣に分与する（吾）。 ○九月廿二日、実朝、火取沢付近を逍遙し、草花秋興を観賞、時房・泰時・三浦義村等歌道好きの輩供奉（吾）。 ○十月二日、実朝、方違いのため義時亭に入り、時房、藤原長定等供奉（吾）。 ○十月三日、実朝、臨時の御所より還り、義時、馬・劔を進上（吾）。 ○十一月十日、政子の計らいで故頼家の子（三男栄実）御所において出家す（吾）。 ○十二月一日、御所の近辺が焼け、時房・廣元及び知家入道等の亭焼失（吾）。 ○十二月十八日、泰時、伊豆国阿多美郷の

年	一二一三	一二一四
年号	建保　元	建保　二
上皇	後鳥羽	
天皇	順徳	
将軍	源実朝	
年齢	七六	七七
事項	地頭職を走湯山権現に寄進。この地、元は神領、仁田忠常が拝領し、その滅後泰時が受領のもの（吾）。 ○十二月廿八日、義時の子（九才）、御所で元服、三浦義村加冠し、四部政村と名乗る（吾）。	○一月廿二日、実朝、鶴岡八幡宮参拝、義時・時房、廣元・泰時・二階堂行光等供奉（吾）。 ○二月廿三日、実朝、鶴岡八幡宮に参拝、義時等供奉（吾）。 ○三月九日、実朝、永福寺の桜花を見に出向、泰時・二階堂行村等供奉（吾）。 ○四月十八日、実朝、大倉の新御堂供養の事を評議、義時・広元・二階堂行光等参席す（吾）。 ○四月廿七日、時房、三位を所望し、約束される（吾）。 ○六月三日、諸国炎旱を愁い、実朝、栄西僧正に雨乞いのため法華経を転読させる。義時以下鎌倉中の者、般若心経を読誦す
参考事項	○十二月七日、諸国の守護等に鷹狩を禁ず。 ○十二月十三日、加藤光員磬（仏具）を伊豆山常行堂へ寄進する（文化庁蔵）。 ○十二月十八日、実朝の『金槐和歌集』成る。	○一月廿九日、実朝、箱根及び伊豆国三島社に奉幣。 ○二月一日、実朝、伊豆山に参詣。 ○二月四日、栄西、実朝に茶を献じ、『喫茶養生記』を贈る。 ○四月十五日、延暦寺衆徒園城寺を焼く。 ○六月五日、降雨あり。

西暦	一二一四	一二一五	一二一九
年号	建保　二	建保　三	承久　元
天皇	後鳥羽		
天皇	順徳		
将軍	源実朝		
年齢	七七	七八	
事項	（吾）。 ○七月廿七日、政子、実朝共に大倉大慈寺（新御堂）に行き、供養に列す。義時・時房・泰時・廣元等多数参席（吾）。 ○九月廿九日、実朝、二所権現参拝に出発、義時等供奉、前後の随兵五十余騎（吾）。 ○十月二日、実朝帰還、義時は伊豆一宮（三島神社）に奉幣使として出向（吾）。 ○十月三日、義時帰還、御所で子息元服、大内惟義の加冠で相模五郎実義と号す。（後の金澤実泰）（吾）。	○一月一日、実朝、鶴岡八幡宮参拝、義時・時房・泰時等供奉。 ○一月六日、時政、日頃の腫物悪化し、伊豆の北条において卆去、年七十八（吾・鎌）。 ○一月七日、時政の訃報、鎌倉に届く（吾）。 ○十二月十六日、義時の立願により、伊豆北条の願成就院に南新御堂建つ（吾）。	○一月廿七日、実朝、鶴ヶ丘八幡宮で頼家
その他	○八月七日、甚雨洪水あり、大倉新御堂の惣門転倒。 ○九月廿二日大地震。		

一二一九	承久　元	後鳥羽	順徳			遺子公暁に討たる。
一二二一	承久　三			九条頼経		○六月十四日、承久の乱起る。
一二二九	安貞　元					○一月廿三日、時政後家尼牧ノ御方、京都の藤原国通（婿）の邸内に一堂を建て、亡夫の十三回忌供養をする（明）。

（注）文中の（　）引用文献の略。（吾）吾妻鏡、（源）源平盛衰記、（保）保暦間記、（玉）玉葉、（山）山槐記、（明）名月記、（三）三島大社文書・古記録）、（百）百錬抄、（願）願成就院仏僧胎内銘文、（鶴）鶴岡八幡宮一切経等供養記、（北）北条九代記。

著者／小野　眞一（おの　しんいち）
昭和4年10月16日北海道に生まれる。
父の生家は四国。その転勤で大阪・岡山・静岡と転住。
歴史と考古学の道に入る。その間沼津市文化財保護審議委員、加藤学園考古学研究所長、静岡県博物館協会理事、常葉学園短期大学教授、富士フェニックス短期大学教授等を経て、現在、静岡県文化財保存協会常任理事。また『沼津市史』『熱海市史』『静岡県百年史』『韮山町史』等の編纂委員、日本考古学協会委員等を歴任。最近は中世城館や北条一族及び御内人の研究に専念している。

主要著書
『千居』（国指定史跡調査報告書）加藤学園考古学研究所
『祭祀遺跡』（考古学シリーズ）ニューサイエンス社
『伊豆文化のルーツを探る』（静岡）明文出版社
『ふるさとを探る——歴史の多角的研究』近代文芸社
『南条時光』（御内人の研究）富士史書刊行会
『伊豆武将物語』明文出版社
『葛谷城と山静地方の城館』南部町教育委員会

現住所　静岡県富士市境58-8

裏方《うらかた》将軍《しょうぐん》 北条《ほうじょう》時政《ときまさ》

発　行　二〇〇〇年一月一日第一刷

著　者　小野眞一

発行人　伊藤太文

発行元　株式会社叢文社
東京都文京区春日二—一〇—一五
〒一一二—〇〇〇三
電話　〇三（三八一五）四〇〇一

印刷・製本／倉敷印刷株式会社

ISBN4-7947-326-0 C0021